The Yoga Book Vol. I

Copyright © **2003** Osho International Foundation, www.osho.com/copyrights .
2012 by Sodam&Taeil Publishing Co., Ltd.
All rights reserved.
Original English: The Yoga Book Vol. I
This is Volume I of an abridged version of a ten-Volume series of talks Yoga – *The Science of the Soul*
by Osho, commenting on the original Yoga Sutras by Patanjali.
OSHO® is a registered trademark of Osho International Foundation, www.osho.com/trademarks

이 책의 한국어판 저작권은 베스트 에이전시를 통한
원저작자와의 독점 계약으로 (주)태일소담에 있습니다.
저작권법에 의하여 한국 내에서 보호를 받는 저작물이므로 무단 전재와 무단 복제를 금합니다.

내 안의 **참나**를 만나는 가장 빠른 길

"나를 비우는 순간, 내면 깊은 곳에서부터의 쉼이 시작된다."

오쇼 라즈니쉬 지음
손민규 옮김

태일출판사

옮긴이 **손민규**(Swami Prem Yojan, 쁘렘 요잔)

오쇼의 제자로 입문한 후 20여 년 동안 인도를 오가며 여러 스승들을 만나 교류했다. 영혼의 테러리스트로 알려진 유지 크리슈나무르티를 만나 큰 감화를 받았고, 오쇼의 법맥을 이은 끼란지와 12년 동안 친교를 나누며 깊은 가르침을 받았다. 명상서적 전문 번역가로 일하면서 50여 종의 책을 한국에 번역, 소개했다. 현재 오쇼와 끼란지의 가르침에 대해 공부하는 오쇼코리아(oshokorea.com)를 이끌고 있다.

바움 내 안의 참나를 만나는 가장 빠른 길

펴 낸 날 | 2004년 6월 7일 초판 1쇄
2022년 7월 5일 개정판 1쇄

지 은 이 | 오쇼 라즈니쉬
옮 긴 이 | 손민규
펴 낸 이 | 이태권
펴 낸 곳 | 태일출판사
서울특별시 성북구 성북로5길 12 소담빌딩 301호 (우)02880
전화 | 02-745-8566 팩스 | 02-747-3238
e-mail | sodambooks@naver.com
등록번호 | 1979년 11월 14일 제6-58호
홈페이지 | www.dreamsodam.co.kr

ISBN 979-11-6027-246-8 (04150)
979-11-6027-300-7 (세트)

• 책값은 뒤표지에 있습니다.
• 잘못된 책은 구입하신 곳에서 교환해드립니다.

아무것도 하지 않고 고요히 앉아 있으면
봄이 오고 풀은 스스로 자란다.

1장
요가의
길
입문

오쇼 수트라

우리는 희망과 미래, 내일이라는
깊은 환영 속에 산다.

요가는
꿈 없는 마음으로 가는 방법이다.

믿음은 옷과 같다.
본질적인 변형이 일어나지 않은 사람은
예전과 변함이 없다.

요가는 존재와 체험과 실험의 길이다.
믿음은 필요없다.
체험 속으로 뛰어들 용기만 있으면 된다.

요가의 길 입문

우리는 희망과 미래, 내일이라는 깊은 환영 속에 산다. 인간은 스스로를 속이지 않고는 존재할 수 없다. 진리와 더불어 존재할 수 없다. 이를 제대로 이해해야 한다. 이를 이해하지 못하면 '요가'라고 하는 구도의 길로 접어들 수 없기 때문이다.

인간의 마음을 잘 이해해야 한다. 거짓이 필요하고 환영이 필요하고 꿈이 필요하며 실체와는 더불어 존재할 수 없는 마음을 잘 이해해야 한다. 인간은 밤에만 꿈을 꾸지 않는다. 낮에 깨어 있을 때도 계속 꿈을 꾼다.

밤이나 낮이나 마음은 꿈꾸지 않는 상태에서 꿈꾸는 상태로, 꿈꾸는 상태에서 꿈꾸지 않는 상태로 끊임없이 움직인다. 율동적으로 움직인다. 인간은 계속 꿈을 꿀 뿐 아니라 희망을 미래에 투사하기도 한다.

현재는 항상 지옥의 연속이다. 왜냐하면 인간은 계속해서 희망을 미래에 투사하기 때문이다. 내일을 위해서 오늘을 산다. 내일 뭔가 좋은 일이 일어났으면 좋겠다고, 내일 천국의 문이 열리면 좋겠다고 꿈을 꾼다. 그러나 오늘 천국의 문은 열리지 않는다. 내일은 결코 '내일' 이라는 시제로 오는 게 아니라 '오늘' 이라는 시제로 올 뿐이다. 내일이 오늘이라는 시제로 눈앞에 와도 마음은 다시 내일로 뛰어간다. 인간의 마음은 항상 앞서간다. 이것이 꿈이라는 것이다. 인간은 지금 여기 곁에 있는 진짜(현실)를 살지 않는다. 항상 내일로 미래로 뛰어간다.

사람들은 내일과 미래에 그럴싸한 이름들을 붙인다. 누구는 미래를 '천국' 이라고 부르고 누구는 '모크샤[1]' 라고 부르지만 모두 미래에 속한 것이다. 혹자는 미래를 '부(富)' 라는 이름으로 생각하지만 이 역시 미래의 것이다. 다른 이들은 미래에 '천당' 이라는 이름을 붙이지만 이것 역시 죽고 나서의 문제이다. 머나먼 미래의 일이다. 사람은 존재하지도 않는 것을 위해 현재를 허비하고 있다. 이것이 바로 꿈이다. 그 꿈 때문에 사람은 지금 여기에 있을 수 없다. 순간에 존재한다는 것, 이것은 거의 불가능해보인다.

과거를 사는 것 역시 꿈이다. 이미 지나가버린 것을 기억하는 것이다. 욕망을 투사하고 과거의 기억으로 지어내는

---

1)모크샤(moksha): 윤회의 속박으로부터 벗어나 영원한 대자유 속으로 들어가는 해탈을 뜻하는 산스크리트어.

미래 또한 마찬가지이다. 미래는 과거의 투사에 다름 아니다. 다양하고 아름답고 흥미로운 것일지 모르지만 과거나 미래는 존재하지 않는다. 참으로 존재하는 것은 현재이지만 사람은 결코 현재에 존재하지 않는다. 꿈이란 바로 이런 것이다.

요가는 꿈 없는 마음으로 가는 방법이다. 요가는 지금 여기에 존재하는 과학이다. 요가란 마음이 더 이상 미래로 움직이지 않는 것이다. 무얼 희망하지도, 자신의 존재를 앞서 가지도 않는 것이다. 요가란 실재를 있는 그대로 받아들이는 것이다.

그래서 우리는 자신의 마음에 대해 완전히 절망했을 때에만 요가로, 요가의 길로 들어갈 수 있다. 아직도 마음으로 무언가를 바라고 있다면 요가의 길에 들어갈 준비가 되지 않은 것이다. 철저한 절망이 필요하다. 투사하는 마음도, 바라는 마음도 무익하고 무의미하며 쓸데없다는 사실을 뼈저리게 깨달아야 한다. 마음은 정신을 혼미하게 하고 눈을 멀게 한다. 진실을 알아볼 수 있는 눈을 멀게 한다. 눈이 멀 때 진리로 가는 문은 닫힌다.

마음은 마약이다. 존재의 적이다. 따라서 자신의 마음에 완전히 절망하지 않으면, 현재의 존재 방식과 지금까지 살아온 방식에 대해 처절하게 절망하지 않으면 안 된다. 아무런 조건 없이 마음을 내려놓을 때 비로소 요가의 길로 들어갈 수 있다.

요가에 관심을 갖는 사람은 많지만 직접 요가의 길로 들어가는 사람은 드물다. 요가에 대한 관심 역시 마음에서 나오기 때문이다. 지금 요가를 해서 무엇인가를 얻으려는 심산이지는 않은가? 성취욕구가 이면에 숨어 있지는 않은가? 요가를 통해 완벽해지고 싶다거나 절대 지복(至福)의 경지에 도달하고 싶다거나 브라흐만[2]과 하나가 되고 싶다거나 삿치다난다[3]를 성취하고 싶어하지 않는가? 사람들이 요가에 관심을 갖는 것은 이들 중 하나일 것이다. 그렇다면 요가의 길은 그들의 길이 아니다. 그들의 길은 요가와는 완전히 다른 길이다. 정반대의 길이다.

요가란 더 이상 희망도 없고 미래도 없고 욕망도 없는 상태를 말한다. 이런 상태에 있는 사람은 여여[4]를 맛볼 준비가 되어 있다. 무엇을 하고 무엇이 되고 하는 마음이 떨어져나갔다. 그냥 관심이 떨어져나갔다. 이제 존재 자체에만 관심이 간다. 참만이 나를 자유롭게 하며 진리만이 해탈의 문으로 인도하기 때문이다.

---

2)브라흐만(Brahman): 인성(人性)을 초월한 절대자, 궁극의 존재.
3)삿치다난다(satchidananda): 진리와 의식과 지복이 하나로 어우러진 경지.
4)여여(如如): 있는 그대로의 존재.

철저하게 절망해야 한다. 진정 자신의 삶이 고통스럽다고 느끼면 아무것도 바라지 말라. 희망은 고통을 지속시킨다. 희망은 마약이고 희망은 죽음으로 가는 길이다. 모든 희망이란 인간을 죽음으로 끌고 가며 희망의 종착역은 사망이다.

희망도 내려놓고 미래도 내려놓고 완전히 절망하라. 어려울 것이다. 진실과 마주 대하는 데는 용기가 필요하다. 이때 아니면 저때 때만 다를 뿐 절망의 순간은 누구에게나 찾아온다. 처절한 절망의 순간은 모든 사람에게 찾아온다. 절망이 찾아오면 완전한 허탈감에 빠진다. 생활 하나하나가 허무하고 공허해지며 인생이 무의미해진다. 어느 순간 희망이 떨어져나가고 미래가 떨어져나가고 처음으로 현재와 하나가 된다. 처음으로 진실과 마주 대한다.

요가는 '내면으로 들어가기'다. 180도의 방향전환이다. 마음이 미래로 가지 않고 과거로 가지 않으면 이제 내면으로 움직이기 시작한다. 나의 참 존재는 지금 여기에 있지 미래나 과거에 있지 않기 때문이다. 그대는 지금 여기에 있다. 그래서 실체 속으로 들어갈 수 있다. 그러려면 마음도 지금 여기에 있어야 한다. 파탄잘리[5]의 첫 번째 수트라[6]는 지금 여기의 순간을 가리킨다.

첫 번째 수트라에 들어가기 전에 몇 가지 유념해야 될 것이 있다. 먼저 요가는 종교가 아니라는 것이다. 이 점을 명심하라. 요가는 힌두교도 아니고 이슬람교도 아니다. 요가는 수학이나 물리학, 화학처럼 순수 과학이다. 물리학이 기독교의 것이나 불교의 것이 아닌 것처럼 말이다. 설령 기독교인이 물리학을 최초로 발견했다고 하더라고 물리학은 기독교의 것이 아니다. 기독교인의 발견은 우연이다. 물리학은 누구에게나 통용되는 과학일 뿐이다. 요가도 과학이다. 어쩌다 힌두교인들이 발견한 것 또한 우연일 뿐이다. 요가는 힌두교의 것이 아니다. 요가는 내면의 수학이다.

순수 과학인 요가의 세계에서 파탄잘리는 가장 위대한 인물이다. 그는 참으로 보기 드문 인물이다. 파탄잘리와 비견될 수 있는 인물은 존재하지 않는다. 파탄잘리는 인류 역사상 최초로 종교를 과학의 경지로 끌어올렸다. 그는 종교를 과학으로, 순수 법칙으로 만들었다. 더 이상 믿음이 필요없게 된 것이다.

세상 종교는 믿음을 필요로 한다. 세상 종교간에는 별다른 차이가 없다. 믿음의 차이만 있을 뿐이다. 이슬람교의 믿

---

5)파탄잘리(Patanjali, A.D. 5세기경): 불후의 힌두 고전인 『요가 수트라(Yoga Sutra)』와 『대주석서(Mahabhasya)』를 지어 기존의 힌두이즘 및 요가를 집대성하였다.
6)수트라(sutra): 경전을 뜻하는 산스크리트어.

음이 다르고 힌두교의 믿음이 다르며 기독교의 믿음이 다르다. 유일한 차이는 믿음뿐이다. 요가는 믿음과 아무런 관계가 없다. 요가는 무엇을 믿으라고 강요하지 않는다. 요가는 체험을 이야기한다. 과학이 실험을 이야기하듯 요가는 체험을 이야기한다. 실험과 체험은 방향이 다르지만 결국 같은 것이다. 실험이 바깥세상에서 하는 것이라면 체험은 내면세계에서 하는 것이다. 체험은 내면의 실험이다.

과학은 이렇게 말한다. '믿지 마라. 할 수 있는 데까지 의심하라. 불신하지도 마라. 불신도 믿음의 일종이기 때문이다.' 신을 믿을 수도 있고 무신론을 신봉할 수도 있다. 광신적으로 신이 존재한다고 주장할 수도 있고, 광신적으로 신이 존재하지 않는다고 주장할 수도 있다. 유신론이든 무신론이든 모두 믿음의 세계이지만 그 믿음은 과학의 세계가 아니다. 과학은 믿음에 구애받지 않고 존재하는 것을 있는 그대로 밝혀내는 작업이다.

다음으로, 요가는 존재와 체험과 실험의 길이다. 이점 또한 명심하라. 여기에는 믿음이 필요없다. 뛰어들 용기만 있으면 된다. 사람들에게는 이것이 부족하다. 사람들은 아무것이거나 쉽게 믿어버린다. 그렇게 해서는 삶의 변형이 일어나지 않는다. 믿음이란 외부로부터 들어오는 피상적인 것이다. 그래서 믿음으로 인간의 존재 자체는 변하지 않는다. 변용의 과정을 거치지 않는 것이다. 어떤 사람이 힌두교에서 기독교로 개종했다고 하자. 그것은 기타[7]를 성경으로 바꾼 것에 지나지 않는다. 기타를 코란[8]으로 바꿀 수 있지만 코란을 손에 들고 있는 사람은 여전히 똑같은 사람이다. 믿음만 바뀌었을 뿐이다.

믿음은 옷과 같다. 본질적인 변형이 일어나지 않기 때문에 예전과 변함이 없다. 힌두교인을 해부해보라. 이슬람교인을 해부해보라. 그들의 내면은 한결같다. 힌두교인은 신전에 다닌다. 이슬람교인은 신전을 싫어한다. 대신에 그들은 모스크[9]에 다닌다. 힌두교인은 모스크를 경멸한다. 하지만 그들의 내면은 한결같이 똑같다.

믿음은 참으로 쉬운 것이다. 실제로 무엇인가를 힘들여 할 필요가 없다. 피상적인 옷만 갈아입고 장식만 바꾸면 된다. 벗고 싶으면 언제든지 벗을 수 있는 것, 이것이 믿음이다. 요가는 믿음이 아니다. 그래서 요가는 쉽지 않다. 때때로 대단히 어렵게 보이기도 한다. 요가는 존재론적인 접근이다. 사람이 진리에 도달한다면 그것은 믿음을 통해서가

---

7)기타(Gita): '바가바드 기타(Bhagavad gita)' 의 약칭. 인도의 대서사시 (마하바라타(Mahabharata))의 제6권 25장에서 42장까지 실려 있는 700편의 시. 크리슈나가 제자 아르주나에게 요가의 여러 양상을 가르치는 내용.
8)코란(Koran): 이슬람교의 경전. 아랍어로 기록되었으며 총 114장으로 구성되어 있음.
9)모스크(mosque): 이슬람교에서 예배하는 건물을 이르는 말. 집단 예배를 보는 신앙 공동체의 중심지로 군사, 정치, 사회, 교육 따위의 공공 행사가 이루어짐.

아니라 자신의 체험을 통해서, 자신의 깨우침을 통해서이다. 자신의 존재가 송두리째 변해야 하는 것이다. 요가의 길에서는 인생관, 생활 패턴, 마음과 정신 등이 모두 산산조각날 수 있다. 그런 다음 새로운 것이 태어난다. 그 새로운 무언가를 통해 진리와 만난다.

그래서 요가는 죽음이자 거듭남이다. 지금의 모습이 죽지 않으면 다시 태어날 수 없다. 새로운 무언가가 내면에 감춰져 있다. 씨앗으로. 그 씨앗은 땅에 떨어져야 한다. 그리고 죽어야 한다. 오직 그때에만 새로운 무언가가 태어나기 시작한다. 인간의 죽음은 곧 새로운 생명으로 다시 이어진다. 그래서 요가는 죽음이자 새로운 생명이다. 죽을 준비가 되어 있지 않으면 다시 태어날 수 없다. 따라서 이는 믿음을 바꾸는 문제가 전혀 아니다.

또한 요가는 철학이 아니다. 말하노니, 요가는 종교도 아니요 철학도 아니다. 요가는 머리로 생각할 수 있는 것이 아니다. 요가는 인간의 존재 자체가 되어야 하는 것이다. 생각으론 어림도 없다. 생각은 머릿속에서 맴돈다. 생각은 존재의 뿌리 깊은 곳까지 내려가지 못한다. 생각은 인간의 전 존재가 아니라 일부일 뿐이다. 교육을 통해 기능을 원활히 하는 일부일 뿐이다. 머리는 논리적으로 토론을 하고 합리적으로 생각하지만 가슴은 존재의 중심에서 변함이 없다. 가슴이 내면 깊은 곳에 있는 줄기라면 머리는 곁가지이다. 인간은 머리 없이 살 수 있지만 가슴 없이는 살 수 없다. 머리는 뿌리나 줄기가 아니기 때문이다.

요가는 인간의 전 존재와 뿌리를 다룬다. 철학을 다루지 않는다. 파탄잘리가 말하는 요가에서 우리는 생각을 하거나 사색을 하지 않을 것이다. 그 속에서 우리는 궁극의 존재 법칙을 알려고 할 것이다. 변형의 법칙, 죽음의 법칙과 재생(再生)의 법칙, 존재의 새로운 질서에 관한 법칙을 알려고 할 것이다. 이러한 연유로 나는 요가를 과학이라 부른다.

이제 요가를 수행할 때이다.

파탄잘리는 결코 불필요한 말을 하지 않는다. 따라서 그의 한마디 한마디를 잘 이해해야 한다. 먼저 '이제'라는 말을 이해해보자. '이제'는 내가 말하고 있는 마음의 상태를 가리킨다.

삶에 환멸을 느낄 때, 절망을 느낄 때, 욕망의 부질없음을 뼛속 깊이 깨달을 때, 삶의 덧없음을 볼 때 자신이 지금까지 해온 모든 것이 무너져 내리고 미래는 허무로 가득 차고 절망—키에르케고르가 말하는 '고통(anguish)'—의 나락 속으로 빠진다. 무엇을 어떻게 해야 할지 모르고 어디로 가야 할지 모르고 누구를 만나야 할지 모른다. 삶이 고통스럽고 괴로우며 미치고 싶고 자살하고 싶어지면 갑자기 인생의 모든 것이 허무하게 느껴진다. "이런 순간이 찾아오면 요가를 수행할 때이다" 라고 파탄잘리는 말한다. 이런 순간에만 인간은 요가의 과학을, 요가의 수행을 이해할 수 있다.

그런 순간이 아직 찾아오지 않았다면 아무리 열심히 요가를 공부하고 위대한 요가 학자가 된다 해도 요기[10]는 될 수 없다. 설령 요가에 대해 대단한 글을 쓰고 뛰어난 강의를 한다 해도 요기는 될 수 없다. 아직 때가 찾아오지 않은 것이다. 지적인 호기심을 통해 요가와 관련을 맺을지라도 수행을 하지 않는다면 그런 사람에게 요가는 아무런 의미도 없다. 요가는 경(經)도 논(論)도 아니다. 요가는 수행이다. 실천해야 하는 것이다. 요가는 호기심도 아니다. 철학적 사색도 아니다. 그보다 깊은 어떤 것이다. 그것은 생과 사의 문제이다.

인생의 어느 방향으로 갈 것인가 혼란스러우면 길이 잘 보이지 않는다. 미래가 어두워지고 내면의 욕구는 쓰디쓴 실망만을 안겨준다. 꿈과 희망으로 향하던 마음이 그 움직임을 멈춘다. 이제 요가를 수행할 때이다.

───────────────

10)요기(yogi): 요가 수행자.

진정으로 실망했는가? 모두들 그렇다고 대답하겠지만 사실은 그렇지 않다. 이것에 실망하고 저것에 실망했는지 모르지만 아직도 철저하게 실망해보지는 않았다. 아직도 무언가를 희망하고 있다. 과거의 희망 속에서 실망이 나오고 또 나왔지만 아직도 미래를 꿈꾼다. 실망이 아직 철저하지 못한 것이다. 실망이 거듭되어도 인간은 만족을 갈구하고 충족을 갈구한다.

때때로 절망감을 느끼지만 그 절망감 역시 철저하지 못하다. 어떤 희망을 현실에서 이루지 못해서, 어떤 희망을 잃어버려서 절망한다. 아직도 희망을 붙잡고 있다. 완전히 떨어져나간 것이 아니다. 아직도 미래의 무언가를 희망한다. 저번에 실망하고 이번에 또 실망하지만 아직도 처절하게 절망하지는 않았다. 희망에 처절하게 절망하는 순간 인간은 요가의 길로 들어간다. 그 길은 사념적이거나 사색적인 길이 아니다. 그 길은 수행의 길이다.

수행이란 무엇인가? 수행이란 내면에 질서를 잡는 것이다. 지금의 인간은 혼돈 자체이다. 내면의 질서는 완전히 파괴되었다.

어느 날 한 사람이 붓다에게 와서 붓다 당신은 사회개혁가요 혁명가라고 말했다.

그가 붓다에게 이렇게 말했다.

"세상은 고통 속에 있습니다. 저도 세존의 말에 동감합니다."

붓다는 세상이 고통 속에 있다고 말한 적이 없다. 붓다는 이렇게 갈파했었다. "세상이 아니라 그대가 고통이다. 세상이 아니라 삶이 고통이다. 세상이 아니라 인간이 고통이다. 세상이 아니라 마음이 고통이다."

하지만 붓다를 찾아온 혁명가는 이렇게 말했다.

"세상이 고통 속에 있습니다. 저도 세존의 말씀에 동의합니다. 어떻게 하면 세상을 건질 수 있는지 말씀해주십시오. 자비로 인류에 헌신하고 싶습니다."

봉사가 그의 인생 모토였다. 붓다는 침묵 속에 그를 바라보고 있었다.

붓다의 제자 아난다[11]가 참지 못하고 끼어들었다.

"이 사람 참 진실되어 보입니다. 지도해주십시오. 왜 침묵하고 계십니까?"

그러자 붓다가 혁명가에게 말했다.

"세상을 위해 헌신하고 싶다고? 한데, 그대는 어디에 있는가? 내 그대를 지켜보았지만 그대의 내면에는 아무도 보이

---

11)아난다(Ananda): 붓다의 십대 제자 중의 한 사람으로 다문제일(多聞第一). 아난(阿難)으로 음역. 붓다의 사촌 동생으로 후에 출가하여 붓다의 시자(侍者) 역할을 했음.

지 않는다."

　인간에게는 중심이 없다. 중심이 없이 하는 일은 무엇이나 해가 될 뿐이다. 소위 세상의 개혁가나 혁명가, 지도자들은 하나같이 사회 발전의 방해 분자들이다. 지도자들이 없었다면 세상은 훨씬 더 좋아졌을 것이다. 하지만 그들의 입장에서 보면…… 고통의 바다를 건지기 위해 무언가를 해야만 한다. 그러나 그들에게는 존재 중심이 없다. 그래서 그들의 노력은 더 많은 불행을 만든다. 연민만 가지고는 안 된다. 봉사정신만 가지고는 안 된다. 중심이 잡힌 사람이 마음을 일으켰을 때는 완전히 다르다. 그러나 군중의 연민은 사회에 방해가 된다. 위해가 된다.

　수행이란 존재의 능력이요, 앎[12]의 능력이며, 배움의 능력이다. 이 세 가지를 제대로 이해해야 한다.

　첫째는 존재의 능력이다. 요가의 아사나[13]는 몸과 관계가 있는 것이 아니라 존재의 능력과 관계가 있다. 파탄잘리는 이렇게 말한다. "몇 시간 동안 움직이지 않고 고요히 앉아 있을 수 있다면 존재의 능력이 깊어진다." 몸을 왜 움직이는가? 사람들은 단 몇 초도 몸을 가만 놔두지 않는다. 명상을 하면 몸 어디가 가렵거나 다리가 저리거나 온갖 잡다한 일

---

12)앎(knowing): 머리로 아는 것이 아니라 체험으로 아는 것을 말한다.
13)아사나(asana): 하타(Hatha) 요가에서 하는 동작 및 자세.

들이 일어난다. 이 모두는 몸을 움직이려는 구실에 불과하다.

인간은 몸의 주인이 아닌 것이다. '자, 한 시간 동안 움직이지 않겠다'라고 몸에게 말할 수 있는 사람이 드물다. 그렇게 해보려고 시도하면 몸은 즉각적으로 반항한다. 몸은 즉시 움직이라고 무언가를 하라고 몸의 주인에게 강요한다. 온갖 구실을 대가며 강요한다. 벌레가 무니까 움직이라고 한다. 하지만 무는 곳을 보면 벌레는 없다. 이런 면에서 보면 인간은 존재가 아니다. 인간은 떨림이다. 끊임없이 몸을 움직여야 하는 떨림이다. 파탄잘리가 말하는 아사나는 육체적인 수련과는 별 관계가 없다. 파탄잘리의 아사나는 내면의 존재를 수련하는 것이다. '그냥 존재하라'는 것이다. 무얼 하지 말고 움직이지도 말고 행동하지도 말고 그냥 있으라. 그냥 있으면 존재 중심으로 들어가는 데 도움이 된다.

몸이 나를 따르면 내면의 존재가 성장하고 깊어진다. 이점을 명심하라. 몸이 움직이지 않으면 마음도 움직이지 않는다. 몸과 마음은 둘이 아니기 때문이다. 몸과 마음은 하나의 두 가지 표현이다. 인간은 몸과 마음이 아니다. 몸마음이다. 인성(人性)은 심신 상관관계적이다. 무슨 말이냐 하면, 마음은 몸의 가장 미묘한 부분이요 몸은 마음의 가장 거친 부분이라는 말이다.

파탄잘리는 먼저 몸에서 시작한다. 다음으로 호흡 존재의 두 번째 층에 있는 프라나[14]로 옮아간다. 호흡이야말로 인간의 생명이기 때문이다. 그런 다음 사념에 관한 수행을 시작한다.

사념의 차원부터 수행을 시작하는 수행법들이 많은데, 이는 그다지 과학적이지 않다. 인간은 몸에 뿌리박고 있기 때문이다. 인간은 소마(soma), 즉 몸이다. 과학적으로 수행하려면 몸에서 시작해야 한다. 몸이 먼저 변화되어야 한다. 몸이 변화되면 호흡이 변화된다. 호흡이 변화되면 생각이 변화된다. 생각이 변화되면 인간이 변화된다.

가장 거친 부분이 몸이고 가장 미묘한 부분이 마음이다. 미묘한 부분부터 시작하지 말라. 이는 너무 어렵다. 너무 막연해서 붙잡기 힘들다. 따라서 몸부터 시작하라. 그래서 파탄잘리는 몸의 자세, 즉 아사나부터 시작하는 것이다. 기분이나 감정에 따라 우리의 몸자세가 달라진다는 점을 관찰해 본 적이 있는가? 특정 자세는 특정 기분과 관련이 있다. 사람들은 무의식적으로 생활하기 때문에 이를 제대로 관찰하지 못한다. 화가 났는데도 불구하고 몸이 이완되어 있을 수 있을까? 불가능하다. 화가 나면 몸은 화난 자세를 취한다. 정신이 바짝 들면 거기에 맞는 자세를 취한다. 졸리면 몸은 졸린 자세를 취한다.

---

14)프라나(prana): 기(氣), 혹은 우주에 충만한 생명 에너지.

완전히 침묵 속에 잠기면 붓다처럼 앉고 붓다처럼 걷는다. 붓다처럼 걸으면 내면에 침묵이 내려오는 것을 느낀다. 붓다처럼 걸으면 침묵으로 가는 다리가 놓이기 때문이다. 나무 아래 붓다처럼 앉으라. 그냥 앉아 있으라. 그러면 호흡이 변하는 것을 느낄 수 있다. 좀 더 부드러워지고 좀 더 이완된다. 호흡이 부드럽게 이완되면 마음의 긴장이 풀린다. 사념이 줄어들고 구름이 줄어들며 공간이 넓어지고 하늘이 넓어진다. 안과 밖으로 침묵이 흐른다.

그래서 나는 파탄잘리의 길이 과학적이라고 말한다. 몸의 자세를 바꾸고 싶은 사람에게 파탄잘리는 식생활을 먼저 바꾸라고 말한다. 식생활이 몸의 자세에 많은 영향을 주기 때문이다. 육식을 하면 붓다와 같이 앉을 수 없다. 육식을 하는 사람의 자세가 다르고 채식을 하는 사람의 자세가 다르다. 몸은 음식에 의해 만들어지기 때문이다. 우연히 그렇게 된 게 아니다. 몸속에 집어넣는 것대로 몸은 반응을 보인다.

그래서 파탄잘리의 채식주의는 맹목적인 주의가 아니라 과학을 토대로 한 생각이다. 고기를 먹는 것은 단순히 음식을 먹는 게 아니다. 고기가 몸 속으로 들어가면 동물성도 몸 속으로 들어간다. 고기는 당연히 동물 몸의 일부이며 그렇기 때문에 고기 속에는 동물성이 남아 있다. 동물적인 본능과 동물적인 습관이 남아 있다. 그래서 고기를 먹으면 동물성의 영향을 받는다.

민감한 사람은 먹는 음식에 따라 몸이나 몸 상태가 변하는 것을 바로 감지한다. 술을 마시면 술을 마신 대로 사람이 바뀐다. 술 자체가 직접 사람을 바꾸는 것은 아니다. 술은 사람의 몸을, 몸의 화학적인 상태를 바꾼다. 몸이 바뀌면 마음도 따라서 바뀐다. 마음이 바뀜으로써 드디어는 사람도 바뀌는 것이다.

파탄잘리는 모든 것을 과학의 눈으로 보았다. 음식과 몸 자세, 잠드는 자세와 잠 깨는 자세. 몸이 높은 차원의 것을 받아들일 수 있도록 몸과 그 자세에 대해 깊이 성찰했다. 그는 몸을 살핀 다음 호흡에 주의를 기울였다.

슬플 때 호흡의 리듬이 달라진다. 이를 잘 살피라. 해보라. 그러면 깊이 있는 통찰을 얻을 것이다. 슬플 때마다 자신의 호흡을 잘 지켜보라. 얼마 동안 숨을 들이마시고 얼마 동안 숨을 내쉬는가 잘 살펴보라. 하나, 둘, 셋…… 이렇게 세면서 해도 좋다. 숨을 들이쉬면서 '하나, 둘, 셋' 세고, 숨을 내쉬면서 '하나, 둘, 셋' 센다. 세심하게 지켜보면서 세라. 그러면 들숨과 날숨 각각은 일정한 길이가 있음을 알게 될 것이다. 그런 다음 기쁠 때, 슬플 때 하던 호흡의 길이로 호흡을 해보라. 기쁨이 곧바로 사라질 것이다.

그 반대 또한 사실이다. 먼저 기쁠 때 호흡의 길이를 센다. 그리고 나서 슬플 때, 기쁠 때의 호흡을 한다. 이내 슬픔이 사라진다. 왜냐하면 마음은 진공 상태로 존재할 수 없기 때문이다. 마음은 일정한 시스템 안에서만 존재할 수 있다. 호흡은 마음의 가장 깊은 시스템이다. 호흡이 곧 사념이다. 호흡을 멈추면 사념도 즉각 멈춘다. 잠깐 호흡을 멈추어보라. 즉각 사념의 흐름이 뚝 끊길 것이다. 사념은 보이는 호흡의 보이지 않는 부분이다.

그래서 나는 파탄잘리가 과학적이라고 하는 것이다. 그는 시인이 아니다. 그가 고기를 먹지 말라고 하는 것은 육식이 폭력이기 때문에 그러는 것이 아니다. 육식은 자기 파괴적이기 때문에 고기를 먹지 말라고 하는 것이다. 비폭력은 아름답다고 시인은 노래한다. 반면에 비폭력은 건강에 좋으며 자기를 사랑하는 일이라고 파탄잘리는 설파한다. 채식하는 일은 동물을 사랑하는 일이 아니라 일차적으로 자기를 사랑하는 일이다.

파탄잘리는 인간에게 관심을 둔다. 인간의 변형에 관심을 둔다. 변화를 생각한다고 변화가 일어나는 게 아니다. 몸소 상황을 변화시키는 노력을 해야 한다. 세상 사람들 모두가 사랑을 외치지만 어디에도 사랑은 보이지 않는다. 사랑의 터전이 없기 때문이다. 고기를 먹으면서 누구를 사랑한단 말인가? 고기를 먹는 것 자체가 폭력이다. 폭력이 마음속 깊은 곳에 뿌리를 내리고 있는데 누구를 사랑한단 말인가? 그런 사랑은 가짜다. 어쩌면 그런 사랑은 사랑의 탈을 쓴 증오일 수 있다.

파탄잘리는 사랑해야 된다고 말하지 않는다. 대신에 그는 사랑이 꽃피어날 수 있는 터전을 만들라고 말한다. 그래서 나는 파탄잘리의 가르침이 과학적이라고 말한다. 한발 한발 그를 따라가다 보면 이전에 상상도 할 수 없었던 꽃들이 자신의 터전에 피어난다. 음식을 바꾸면, 몸의 자세를 바꾸면, 수면의 패턴을 바꾸면, 일상 습관을 바꾸면 내면에 새로운 사람이 태어난다. 그렇게 되면 더 많은 변화가 일어난다. 하나의 변화가 일어나면 또 다른 변화가 가능한 법이다. 한단계 한단계 가능성의 문들이 열린다. 그래서 나는 파탄잘리가 논리적이라고 한다. 그는 논리적인 철학자가 아니라 논리적인 현실주의자이다.

몸에서 일어나는 일은 그대로 마음에서 일어나고, 마음에서 일어나는 일은 그대로 몸에서 일어난다. 한 자세로 몸을 움직이지 않으면, 몸에게 '고요히 있으라' 고 이야기하면 마음은 가라앉는다. 마음은 몸을 움직이려고 한다. 몸이 움직이면 마음도 움직일 수 있기 때문이다. 몸을 움직이지 않으면 마음은 움직일 수 없다. 마음이 움직이려면 먼저 몸이 움직여야 하는 것이다.

몸이 움직이지 않고 마음이 고요해질 때 우리는 존재 중심으로 들어갈 수 있다. 한 자세에서 움직이지 않고 있는 것은 몸 수련을 목표로 하지 않는다. 몸 수련을 통해 존재의 중심으로 들어갈 수 있는 환경을 조성하는 것을 목표로 한다. 있는 그대로 존재할 때, 중심으로 들어갔을 때, 그것이 무얼 뜻하는지 이해했을 때 알게 된다. 그리고 겸손하게 된다. 자신을 내맡기게 된다. 일단 존재의 중심으로 들어가면 에고는 가짜라는 사실을 알게 된다. 그래서 더 이상 에고에 집착하지 않게 된다. 그리고 존재계[15]에 절을 한다. 이제 제자가 태어난 것이다.

제자란 무릇 군중에 속하지 않는 구도자, 자신의 의식을 결정화해서 중심으로 들어가려는 구도자를 뜻한다. 그는 우뚝 선 개인이 되기 위해, 있는 그대로의 존재가 되기 위해, 자신의 주인이 되기 위해 진지하고 성실하게 노력한다. 요가 수행은 자기 자신의 주인이 되려는 노력에 다름 아니다. 지금 인간의 모습을 보면 수많은 욕망의 노예 생활을 하고 있다. 수많은 주인(욕망)이 이끄는 대로 끌려다니는 하인 노릇을 하고 있다.

요가는 마음을 초월한 무심의 경지이다. 여기서 마음이란 에고와 욕망, 희망, 철학, 종교, 경전 등 모두를 가리킨다. 그 모든 것들이 곧 마음이다. 생각하는 무엇이나 다 마음이다. 알려진 것과 알 수 있는 것 모두는 다 마음 안에 있다. 마음

---

15)존재계(existence): 존재하는 모든 세계를 아울러 이르는 말.

이 멈추면 알려진 것과 알 수 있는 것이 모두 멈춘다. 그러면 알 수 없는 미지의 세계로 도약이 일어난다. 마음이 없으면 그곳은 미지의 세계이다. 요가는 곧 이 미지의 세계로의 도약이다. 미지의 세계라 함은 알려지지 않은 세계가 아니라 알 수 없는 세계이다.

마음이란 무엇인가? 마음이 하는 일은 무엇인가? 우리는 마음이 머릿속에 있는 어떤 실체라고 믿는 경향이 있다. 하지만 파탄잘리는 이에 동의하지 않는다. 마음을 들여다본 사람이라면 마음이 머릿속에 있는 실체라는 말에 동의하지 않는다. 현재 과학도 동의하지 않는다. 마음은 머릿속에 있는 실체가 아니다. 마음이란 기능이요 움직임이다.

어떤 사람이 산책하는 모습을 보고 내가 '그는 산책한다'고 말한다고 하자. 산책이란 무엇인가? 그가 멈추면 산책은 어디로 가는가? 그가 앉으면 산책은 어디로 사라지는가? 산책은 어떤 실체가 아니다. 단지 하나의 움직임일 뿐이다. 그가 앉은 뒤 내가 그에게 "산책을 어디다 두었어요? 방금 전까지만 해도 산책을 하고 있었는데 그 산책 어디로 갔습니까?"라고 물으면 그는 웃을 것이다. 그것은 실존하는 물건이 아니라 하나의 행동이었다고 말할 수밖에. 내가 걷는다. 멈춘다. 이 모두는 움직임이다.

마음 역시 움직임이다. 마음이라는 말에 속아 마음이 실존한다고 생각하는 사람들이 있다. 아니다, 마음은 산책과 같이 움직이는 것이다. 그래서 마음은 '마음 쓰기'이고 '생각하기'이다.

보디달마가 중국에 가자 황제가 마중 나왔다.

황제가 물었다.

"제 마음은 참으로 불편하고 귀찮습니다. 당신이 위대한 현자라고 해서 여기 왔습니다. 마음이 평화로우려면 어떻게 해야 합니까?"

보디달마가 대답했다.

"아무것도 할 필요없습니다. 먼저 마음을 가져오십시오."

황제가 어리둥절해했다.

"뭐라고요?"

그러자 보디달마가 이렇게 일러주었다.

"내일 새벽 4시, 아무도 없을 때 오십시오. 혼자 오시되, 마음을 꼭 챙겨 오십시오."

황제는 밤새도록 잠을 이루지 못했다. 약속을 취소할까, 말까 수없이 생각했다. '이 사람, 정신이 어떻게 된 거 아닌가? 대체 마음을 가져오라니!' 그래도 보디달마의 모습이 너무 강렬하고 아름다워 약속을 취소할 수 없었다. 마치 자석이 잡아당기기라도 하는 것처럼 황제는 새벽 4시에 잠자리에서 벌떡 일어났다. 그리고 생각했다. '무슨 일이 있어도 가야 한다. 이 사람은 뭔가 다르다. 그의 눈은 강렬하게

무언가를 말하고 있었다. 약간 이상해보였지만 그래도 가야
한다. 가서 보자!

황제가 도착했을 때 보디달마는 주장자를 들고 앉아 있었
다.

보디달마가 물었다.

"오셨군요. 폐하의 마음은 어디에 있습니까? 가져오셨습
니까, 아니 가져오셨습니까?"

황제가 대답했다.

"아니, 무슨 소립니까? 마음은 내 안에 있는 거지요. 어떻
게 마음을 떼어놓기라도 할 수 있단 말씀입니까?"

보디달마가 말했다.

"좋습니다. 마음은 폐하 내면에 있는 것이지요, 확실하
죠?"

황제가 대답했다.

"그렇습니다. 마음은 내 안에 있습니다."

보디달마가 말했다.

"그럼 눈을 감고 마음이 어디에 있는지 찾아보십시오. 마
음이 어디에 있는지를 찾은 즉시 저에게 그 자리를 말씀해
주십시오. 제가 그 마음을 평화롭게 해드리겠습니다."

그래서 황제는 눈을 감고 마음이 어디에 있는지 찾고 또
찾아보았다. 마음을 찾으려고 노력할수록 마음은 잡히지 않
았다. 그러다가 '마음이란 존재하지 않는 거구나, 마음이란

움직임에 불과하구나' 는 사실을 깨닫게 되었다. 마음은 그것이 어디에 있다고 가리킬 수 있는 성질의 것이 아니었다. 이를 깨닫자 자신의 질문이 어리석었음을 깨달았다. 마음이 진짜로 존재하는 실체라면 무언가를 할 수 있겠지만, 마음이 실체가 아니고 단지 움직임에 불과했을 때는 그냥 움직임을 멈추기만 하면 될 것이었다. 걷다가 걸음을 멈추기만 하면 되는 것이었다.

황제가 눈을 떴다. 보디달마에게 절을 하고 나서 말했다.

"마음을 찾지 못했습니다."

그러자 보디달마가 이렇게 말했다.

"폐하의 마음을 평화롭게 해드렸습니다. 마음이 불편할 때는 내면을 들여다보고 그 불편함이 어디 있는지 살펴보십시오."

살펴봄은 무심이다. 살펴봄은 생각이 아니기 때문이다. 강렬하게 살펴볼 때 에너지는 전부가 살펴봄이 된다. 똑같은 에너지가 마음을 쓰면 움직임이 되고 생각이 된다.

파탄잘리는 요가를 이렇게 정의한다.

요가는 마음을 멈추는 것이다.

마음이 없는 곳에서 요가가 시작된다. 마음이 있는 곳에서 요가는 사라진다. 몸을 이리 꼬고 저리 꼬고 한다 해도 마음이 계속 움직이면, 생각을 계속하면 그것은 요가가 아니다. 요가는 무심의 경지이다. 특별한 자세를 취하지도 않고 마음 없이 존재할 수 있다면 그는 완벽한 요기이다. 세상에는 아무런 자세를 취하지 않고도 요가의 경지로 들어간 사람들이 있는가 하면 여러 생에 걸쳐 수없이 아사나를 수련했어도 요가의 경지로 들어가지 못한 사람들이 있다.

그래서 기본적인 것을 잘 이해해야 된다. 생각이 일어나면 인간이 존재한다. 마음이 움직이지 않을 때, 생각이 사라질 때, 마음에 구름이 끼지 않을 때 인간의 존재가 푸른 하늘과 같이 드러난다. 존재는 항상 거기 있었다. 생각의 구름이 덮고 있을 뿐이다.

파탄잘리는 말한다. "보라!"

마음이 지나가도록 놔두고 마음이 하고 싶은 것을 하도록 그냥 놔두라. 그냥 보기만 하라. 끼어들지 말라. 마치 나하고 마음하고 별개의 존재인 것처럼, 나는 마음이 아닌 것처럼, 그 마음에 관심이 없는 것처럼 끼어들지 말고 구경하라, 지켜보라. 관심을 두지 말라! 그냥 보고 있으라, 마음이 흘러가도록. 마음은 과거에서 오는 관성에 의해 흘러가게 되어 있다. 사실 마음이 지속적으로 움직이는 것은 인간이 마음에 계속 기름(관심)을 붓고 있기 때문이다. 마음은 거기에서 힘을 얻는다. 이제부터는 마음에 기름을 붓지 말고 지켜보라. 마음이 흘러가도록 놔두라.

인간은 수없는 생을 거듭하면서 마음에 기름을 붓고 에너지를 주고 힘을 주었다. 강물은 한동안 흘러갈 것이다. 그러나 도와주지 말라. 관심을 주지 말고 지켜보라. 붓다는 '우펙샤(upeksha)'라는 말을 했다. '무관심'이라는 말이다. 어떠한 관심도 두지 않고 지켜보는 것, 어떠한 행위도 하지 않고 지켜보는 것이다. 그렇게 지켜보면 마음은 한동안 흘러가겠지만 멈추는 때가 온다. 마음은 그 힘이 떨어졌을 때 에너지가 고갈되었을 때 멈춘다. 마음이 멈출 때 요가의 경지가 온다. 이때 수행자는 요가를 얻는다.

마음과 동일시하지 않고 아무런 판단도 않고 '좋다거나 싫다거나' 선택도 하지 않고 그냥 지켜보기만 하면 마음은 어느 만큼 흘러가다 저절로 멈춘다. 마음이 존재하지 않을 때 관조가 확고히 자리를 잡는다. 관조자가 된다. 그때 행위자를 초월하고 사상가를 초월한다. 순수 존재, 가장 순수한 존재가 된다. 거기에서 관조자가 확고히 자리를 잡는다.

2장
바른 지혜와 그릇된 지혜

오쇼 수트라

마음을 바르게 사용하면 명상이 되고
마음을 그르게 사용하면 지옥이 된다.

편견과 지식, 관념 등을 내려놓고
다시 어린아이가 되어
새로운 눈으로 보라.

관조하는 의식만이 참되다는 것을 명심하라.
관조에 의해서만 동일시는 무너진다.

바른 지혜와 그릇된 지혜

마음은 속박의 근원이 되기도 하고 자유의 근원이 되기도 한다. 마음은 이 세상의 입구가 되기도 하고 출구가 되기도 한다. 인간을 지옥으로 이끌기도 하고 천국으로 인도하기도 한다. 모두가 마음을 어떻게 이용하느냐에 달려 있다. 마음을 올바로 이용하면 명상이 되고 마음을 그릇되게 이용하면 지옥이 된다.

인간이면 누구나 가지고 있는 마음, 거기에는 빛과 어둠의 가능성이 공존한다. 마음 자체는 적도 친구도 아니다. 때문에 마음을 친구로 만들 수도 있고 적으로 만들 수도 있다. 그것은 자신에게 달려 있다. 마음의 배후에 있는 자신에게 달려 있다. 도구로 사용하거나 하인으로 부리면 마음은 궁극의 세계로 가는 징검다리가 된다. 그러나 마음이 주인이 되고 자신은 하인이 되면 마음은 고통과 어둠의 세계로 가는 지름길이 된다.

테크닉과 방편, 요가의 길 등은 모두 딱 하나의 문제, '마음을 어떻게 이용하느냐'와 깊은 관련이 있다. 바르게 사용하면 마음은 무심으로 간다. 그르게 사용하면 마음은 혼돈과 갈등으로 간다.

정신병원의 정신병자와 보리수 아래의 붓다, 둘은 모두 마음을 지나간 사람들이다. 붓다는 마음을 지나서 마음이 사라지는 곳으로 갔다. 마음을 바르게 이용하면 마음은 점차 사라진다. 그러다가 어느 순간 마음이 완전히 사라지는 날이 온다. 정신병자도 마음을 사용했다. 그는 마음을 그릇되게 사용하여 마음이 분열되었다. 마음을 잘못 사용하여 마음이 무수하게 많아졌다. 그러다가 미친 마음이 그의 온 존재를 지배해버렸다.

붓다의 마음은 사라졌다. 그래서 붓다는 전체성으로 현존한다. 정신병자의 존재는 사라졌다. 그래서 마음이 정신병자를 지배한다. 붓다는 마음을 이용한다. 마음은 그의 수족처럼 움직인다.

사람들은 내게 와서 이런 질문을 던지곤 한다. "깨달은 사람의 마음은 어떻게 됩니까? 그냥 사라지나요? 마음이 사라졌다면 깨달은 사람은 마음을 이용할 수는 없는가요?" 깨달으면 마음은 주인의 자리를 내놓고 하인이 된다. 수동적인 도구가 된다. 붓다는 마음을 사용하고 싶으면 사용할 수 있다. 붓다가 말을 하려면 마음을 이용해야 한다. 마음이란 도구를 쓰지 않으면 말은 가능하지 않다. 의사소통을 하려면 마음을 이용해야 한다. 붓다도 사람을 알아보려면 마음을 사용해야 한다. 마음 없이는 외부 대상을 인식할 수 없다. 마음이 없으면 기억할 수도 없다. 붓다는 기억을 위해 마음을 사용한다. 바로 이 점이 보통 사람들과 다르다. 사람들은 마음에 이용당한다. 하지만 붓다는 마음을 사용하고 싶을 때 마음을 사용한다. 사용하고 싶지 않으면 사용하지 않는다. 붓다에게 마음은 수동적인 도구일 뿐이다. 붓다 앞에서 마음은 전혀 힘을 쓰지 못한다.

붓다는 거울로 존재한다. 사람이 거울 앞에 오면 거울은 그냥 비춘다. 사람이 지나가면 비춤도 지나가고 거울은 텅 빈다. 하지만 사람들은 거울과 같지 않다. 한 사람이 자기 앞을 지나가면 사념은 계속 그 모습을 마음속에 비춘다. 지나간 사람을 계속 생각하는 것이다. 생각을 멈추고 싶어도 마음은 말을 듣지 않는다.

마음을 지배하는 것이 요가이다. 파탄잘리가 말하는 '마음의 정지'는 마음이 주인 행세를 멈추는 것이다. 주인 행세를 멈춘 마음은 능동적으로 움직이지 않는다. 이제 수동적인 도구가 된다. 내가 명령을 내리면 복종한다. 명령을 내리지 않으면 움직이지 않는다. 가만히 주인의 명령을 기다린다. 스스로를 내세우지 않는다. 나서고자 하는 마음이 사라진 것이다. 폭력적인 마음이 사라진 것이다. 이제 더 이상 나를 지배하려고 들지 않는다.

인간은 어디에 있는가? 인간은 존재의 중심에 있지 않다. 바른 지혜의 중심과 그른 지혜의 중심 사이에 있다. 그래서 인간은 혼란스럽다. 바른 지혜의 중심에 기울어져 있다가 때로 진리의 일견이 찾아온다. 왜곡된 지혜의 중심에 기울어 있다가 왜곡된 지혜가 마음속으로 들어온다. 이렇게 모든 것이 마구 섞여 있는 인간은 혼돈스럽다.

붓다는 평생 수없이 많은 질문을 받았다.

어느 날 한 사람이 붓다에게 이렇게 물었다.

"항상 새로운 질문이 쏟아집니다. 그런데 우리가 질문을 꺼내놓기도 전에 답을 말씀하십니다. 아무런 생각 없이 말씀하시는 것 같은데, 이게 어떻게 가능한 것인가요?"

붓다가 이렇게 대답했다.

"이건 생각의 문제가 아니다. 누가 문제를 들고 오면 난 그 문제를 본다. 문제의 진실된 모습이 모두 드러난다. 이건 생각이나 사색의 문제가 아니다. 나의 대답은 논리적인 사색과정에서 나오지 않는다. 나의 대답은 바른 중심을 꿰뚫어보는 데서 나온다."

붓다는 햇불과 같다. 햇불이 가는 곳마다 진실된 모습이 드러난다. 어떤 질문이냐는 문제가 아니다. 붓다는 빛이고 질문이 빛 속으로 들어오면 답이 저절로 드러나는 것이다.
답은 빛에서 나온다. 간명한 이치이다.

바른 지혜의 요소는
직접 인식과 추론, 깨달은 자의 말 등 세 가지이다.

프라티악샤(pratyaksha), 즉 직접 인식이 바른 지혜의 첫째 요소이다. 직접 인식이란 대상과 자신 사이에 어떠한 중개자나 중보자[1], 매개체 없이 직접 마주대하는 것이다. 무엇인가를 안다는 것은 대상을 직접 대한다는 것이다. 중간 역할을 하는 것이 필요없다는 것이다. 이것이 바른 지혜다. 하지만 여기에는 많은 문제가 있다.

일반적으로 직접 인식을 뜻하는 프라티악샤는 잘못 해석되고 번역되었다. 프라티악샤라는 말 자체는 '눈앞' 이라는 뜻이다. 눈이 중간 역할을 하고 아는 자는 뒤에 있다. 눈이 매개체인 것이다. 사람들이 지금 내 말을 듣고 있지만 사실 내 말을 직접 듣는 게 아니다. 귀라는 청각 기관을 통해 듣는 것이다. 사람들은 눈을 통해서 나를 본다. 하지만 눈은 잘못된 정보를 전달할 수도 있다. 귀도 잘못된 정보를 전달할 수 있다. 따라서 중개 역할을 하는 것을 곧이곧대로 믿어

---

1) 중보자: 하나님과 인간 사이에 서서 그 관계를 성립시키고 화해를 가져오는 역할을 하는 사람.

서는 안 된다. 눈이 아프면 정보를 잘못 전달한다. 약을 먹으면 눈은 정보를 다르게 전달하기도 한다. 과거의 기억이 눈앞을 가리면 눈은 사실과는 다르게 전달한다.

사랑에 빠지면 대상이 달라 보인다. 사랑하지 않는 경우라면 사랑에 빠졌을 때 본 것을 볼 수 없다. 사랑의 눈으로 보면 평범한 여자도 세상에서 가장 아름다워 보인다. 사랑이 눈앞을 가리면 사물이 다르게 보인다. 증오가 눈앞을 가리면 똑같은 사람이 추하게 보인다. 이런 감각기관들은 신뢰할 수 없는 것이다.

우리는 귀를 통해 듣는다. 귀는 하나의 신체 기관일 뿐이며 언제든지 잘못 들을 수 있다. 상대가 말한 것을 다르게 들을 수 있다는 말이다. 감각은 그리 믿을 만한 게 못 된다. 단지 신체 기관에 지나지 않기 때문이다.

그렇다면 프라티악샤는 무엇인가? 직접 인식이란 무엇인가? 직접 인식이란 어떠한 중개자, 어떠한 감각에도 의존하지 않을 때 가능하다. 파탄잘리는 어떠한 중개자에도 의존하지 않는 직접 인식을 바른 지혜라고 한다. 대상을 알되 아무것에도 의존하지 않을 때 이것이 바른 지혜의 첫째 요소이다.

명상이 깊어져야 감각을 초월할 수 있다. 그때 직접 인식이 일어난다. 붓다는 내면의 가장 깊은 존재를 알게 되었다. 내면 가장 깊은 곳에 있는 존재가 프라티악샤, 즉 직접 인식이다. 여기에서는 어떤 감각기관도 간섭하지 않고 어떠한 중개자도 끼어들지 않는다. 아는 자와 알려지는 자가 직접 마주대한다. 둘 사이에 어떠한 것도 없다. 이것이 직접성[2]이 다. 직접성만이 참될 수 있다.

첫 번째 바른 지혜만이 참나가 될 수 있다. 온 세상을 다 안다 해도, 내면 가장 깊은 곳에 있는 존재의 중심을 모른다 면 그 지혜는 틀린 것이다. 참된 지혜가 아니다. 바른 지혜 를 알지 못했다면 그 지혜는 참된 것이 아니다. 그 지혜의 전부가 거짓이다. 수많은 지식을 안다 해도 자신을 모른다 면 그 지식과 지혜는 감각이 왜곡 전달한 정보에 지나지 않 는다. 감각이 전달한 정보가 맞다고 어떻게 확신할 수 있는 가?

밤에 꿈을 꾸고 있다고 해보자. 누구나 꿈속에 꿈이 사실 이라고 믿는다. 감각은 꿈이 사실이라고 전달한다. 눈에 보 이고 귀에 들리고 심지어 만져지기까지 한다. 감각이 이렇 게 전달하기 때문에 꿈이 사실이라는 착각에 빠지는 것이 다. 지금 여기 있는 자신도 꿈일지 모른다. 내가 말하고 있는 것이 실재하는 것이라고 어떻게 증명할 수 있는가? 꿈 일 수 있다. 듣는 이가 지금 꿈을 꾸고 있는 것일 수 있다. 꿈 꿀 때는 모든 게 사실로 보이지 않는가?

---

2)직접성: 중간에 아무것도 개재시키지 아니하고 바로 연결되는 성질.

어느 날 장자는 나비가 되는 꿈을 꾸었다. 다음날 아침 일어난 장자는 슬펐다.

제자들이 물었다.

"왜 슬퍼하십니까?"

장자가 대답했다.

"문제가 생겨서. 내 평생 이런 문제는 처음이야. 이 문제를 풀 수 있는 방도는 없을 것 같아. 간밤에 나비가 되는 꿈을 꾸었는데 말이야."

그러자 제자들이 웃으며 말했다.

"그게 무슨 문제가 됩니까? 꿈은 그냥 꿈일 뿐이에요."

장자가 한숨을 쉬며 말했다.

"자, 들어보라. 이건 어려운 문제야. 장자가 꿈속에서 나비가 되었다고도 할 수 있지만 반대로 나비가 지금 장자가 되는 꿈을 꿀 수도 있는 거야. 그러니 지금 이게 꿈인지 생신지 어떻게 안단 말인가? 장자가 꿈속에서 나비가 되었다면 나비가 꿈속에서 장자가 되지 말란 법이 없지 않은가 말이다."

맞다, 세상에 불가능이란 없다. 반대가 일어나지 말라는 법은 없는 것이다. 감각을 믿어서는 안 된다. 꿈속에서 감각이 하는 일을 보라. LSD[3]나 다른 마약을 먹으면 환각을 보기 시작한다. 감각이 속이는 것이다. 그런 감각에 절대적인 신뢰를 보내다보면 위험에 빠질 수도 있다.

감각을 믿어서는 안 된다. 그렇다면 직접 인식이란 무엇인가? 직접 인식이란 감각을 통하지 않고 아는 것이다. 그래서 첫 번째 바른 지혜란 참나를 아는 일이다. 오직 그때에만 감각이 필요하지 않게 된다. 그 밖의 다른 곳에서는 감각이 필요하다. 지금 나를 보려면 눈이라는 감각을 통해서 보아야 하지만 자기 자신을 보는 데는 눈이 필요치 않다. 눈면 장님도 자신을 볼 수 있다. 나를 보려면 빛이 필요하지만 자신을 보는 데는 어둠도 상관없다. 빛이 필요하지 않은 것이다. 칠흑같이 어두운 동굴 속에서도 자신을 볼 수 있다. 빛이나 눈이나 그 밖의 어떠한 매개체도 필요없다. 내면의 체험은 즉각적이다. 이 즉각적인 체험이 곧 바른 지혜의 근간이다.

일단 내면의 체험에 뿌리를 내리면 많은 일들이 일어나기 시작한다. 지금 당장 그러한 것들을 다 이해할 수는 없다. 중심에 뿌리내리는 자는, 내면의 존재에 뿌리내린 자는, 직접적인 체험으로 내면의 존재를 만난 자는 감각이 속이지 못한다. 그는 깨달았다. 이제 눈도 그를 속이지 못하고 귀도

---

3)LSD: 맥각(麥角)의 알칼로이드로 만든 강력한 환각제. 맛과 색, 냄새가 없고 적은 양으로도 정신 분열병과 같은 증상을 일으킨다.

속이지 못하며 아무것도 속이지 못한다. 속는 자체가 사라진 것이다.

사람은 미망 속에 살기 때문에 속는다. 바르게 아는 자가 되면 미망은 사라진다. 더 이상 속지 않는다. 서서히 모든 사물이 바른 지혜의 모습을 갖추어간다. 일단 자신을 알게 되면 모두 바른 지혜가 된다. '자신'이 바른 존재가 되었기 때문이다. 이 차이를 잘 알라. 자신이 옳으면 모든 것이 옳게 된다. 자신이 그르면 모든 것이 그르게 된다. 결국 이 모든 것은 밖에서의 문제가 아니라 안에서의 문제이다.

누구도 붓다를 속일 수 없다. 그것은 불가능하다. 어떻게 붓다를 속인단 말인가? 무슨 재주로? 붓다는 자신의 존재에 뿌리를 내렸다. 붓다 앞에서는 모든 것이 훤히 드러난다. 그러니 붓다를 속일 수 없는 노릇이다. 그대가 알기도 전에 붓다는 그대를 알아본다. 붓다는 그대의 희미한 생각조차 들여다본다. 그대의 존재 자체를 꿰뚫어본다.

의식이 밖으로 나가는 만큼이나 안으로 들어갈 수 있다. 자신을 꿰뚫어 들어가는 만큼 밖으로도 꿰뚫어 나갈 수 있다. 내면으로 들어가는 만큼이나 밖으로 퍼져나갈 수 있다. 한 치도 안으로 들어가지 않으면 자신이 하는 모든 일은 백일몽이 되고 만다.

추론이 바른 지혜의 두 번째 요소라고 파탄잘리는 말한

다. 바른 논리, 바른 회의, 바른 논의가 참된 지혜로 나아가는 길이라는 것이다. 파탄잘리는 추론을 '아누만(anuman)'이라고 부른다. 진리를 직접 보지는 못했지만 모든 것이 진리를 입증한다. 모든 상황이 그럴 수밖에 없다고 증거한다.

파탄잘리는 추론이 바른 지혜로 나아가는 데 도움이 될 수 있다고 말한다. 하지만 그 추론은 바른 추론이어야 한다. 사실 논리는 위험하다. 양날의 칼이다. 논리를 잘못 사용하면 그릇된 결론에 도달한다.

바른 추론이란 인간의 성장에 도움이 되는 추론을 말하며 그른 추론이란, 아무리 완벽하게 보일지라도, 인간의 성장을 저해하는 추론을 말한다. 추론 또한 바른 지혜의 요소가 될 수 있다. 논리 또한 바른 지혜의 요소로 사용할 수 있지만 자신이 논리를 어떻게 사용하는가에 깨어 있어야 한다. 논리주의자가 되는 위험을 경계해야 한다는 말이다. 논리주의는 영적인 자살이다. 그러나 불행하게도 세상에는 논리를 통해 자살하는 사람들이 많다.

며칠 전 캘리포니아 출신의 구도자가 온 적이 있다. 나를 보기 위해 장거리 여행도 마다하지 않았다.

그는 다짜고짜 이렇게 물었다.

"제가 명상을 하기 전에, 저에게 명상을 하라고 하기 전에…… 찾아오는 사람에게는 누구에게나 명상을 시킨다고 들었습니다. 저에게 명상을 시키기 전에 먼저 제 질문을 받아주십시오."

그는 산더미 같은 질문을 적어왔다. 가능한 질문은 모조리 적어온 것 같았다. 신에 대해, 영혼에 대해, 진리에 대해, 천국과 지옥에 대해 등등, 엄청나게 적어왔다.

그가 이렇게 말했다.

"먼저 제 질문에 답변해주시지 않으면 저는 명상을 않습니다."

이렇게 말하는 것으로 봐서 일견 논리적이었다.

"질문에 대한 궁금증이 풀리지도 않았는데 어떻게 명상을 하죠? 선생님이 맞다는 확신이 서지도 않는데, 제 의심을 풀어주지도 않는데 어떻게 선생님이 인도하는 대로 따라갈 수 있습니까? 선생님이 틀릴 수도 있는데 말입니다. 먼저 제 궁금 사항을 답해주셔야 믿고 따르겠습니다."

그의 의심은 너무나 뿌리 깊은 것이었다. 명상을 해야 의심이 사라질 수 있는데, 그는 의심이 먼저 사라져야 명상을 시작하겠다고 하니, 그야말로 딜레마였다.

그가 말했다.

"먼저 신이 있는지 증명해주십시오."

누가 신의 존재를 증명할 수 있는가? 아무도 할 수 없다. 신이 없다는 말이 아니다. 신은 증명의 대상이 아니라는 말이다. 신은 증명을 하고 안 하고, 할 수 있는 대상이 아니다.

신을 알려면 신을 살아야 한다. 증명은 가능하지 않다.

하지만 논리적으로 보면 그의 말이 맞다.

"신의 존재를 증명해주시지 않는데 제가 어떻게 시작합니까? 영혼이 없다면 명상하는 자는 누구입니까? 먼저 진아(眞我)가 존재하는지 입증해주십시오. 그러면 명상을 하겠습니다."

이 사람은 자살하고 있다. 그 누구도 그의 질문에 대답해줄 수 없다. 그는 자신의 주위에 수많은 장벽을 쳐놓는다. 장벽들 때문에 그는 성장하기 어려울 것이다. 하지만 그가 논리적이라는 것은 사실이다. 내가 그에게 무엇을 해줄 수 있겠는가? 그의 질문에 답을 하기 시작하면 그는 단지 수백 가지가 아니라 수만 가지 질문을 만들어 낼 것이다. 마음이 하는 일이, 의심이 하는 일이 그렇다. 하나의 질문에 답을 해주면 열 개의 질문을 만들어 낸다. 그것이 마음이 하는 일이다.

그는 항상 의심을 쫓아다닌다. 내가 논리적으로 답을 하면 그의 논리적인 마음은 더 강해질 것이다. 그의 논리성에 타당성을 부여하는 대답을 해서는 안 된다. 문제는 그를 논리성으로부터 끄집어내야 한다는 것이다.

그래서 내가 물었다.

"사랑을 해본 적이 있는가?"

그가 당황했다.

"아니, 왜요? 왜 말머리를 바꾸십니까?"

내가 이어 물었다.

"말머리는 바꾸려는 게 아니다. '사랑을 해본 적이 있느냐'고 물어보는 것도 다 이유가 있다."

그가 대답했다.

"예."

얼굴색이 변했다.

내가 캐물었다.

"사랑에 빠지기 전에 자신이 왜 그러는지 의심해보았는가?"

그러자 그가 당황하는 기색이 역력했다.

그가 말했다.

"아닙니다. 그런 생각해본 적 없습니다. 그냥 사랑에 빠졌고 그런 다음 '아, 내가 사랑하고 있구나'는 사실을 알게 되었습니다."

내가 정곡을 찔렀다.

"정반대로 했구면. 먼저 사랑에 대해 사색을 해보아야지. 사랑이 가능한 일인지, 사랑이 존재하기는 한지 모두 따져보아야지. 먼저 사랑의 존재를 증명해야지. 그러한 모든 것을 증명하지 못하면 사랑을 않겠다고 맹세하는 게 낫지 않았겠나?"

그가 어쩔 줄 몰라했다.

"무슨 말씀을 하시는 겁니까? 그러면 제 인생은 어찌 되라고요? 그런 맹세를 하면 전 평생 사랑을 못해요."

내가 일러주었다.

"사랑이나 명상이나 다 똑같은 게야. 명상도 역시 사랑과 같은 것이어서 먼저 그것을 알지 않으면 안 돼. 신도 사랑과 같은 거야. 그래서 예수는 '신은 사랑이다'라고 말하지 않았나. 그건 사랑과 같은 거야. 먼저 경험을 해야지."

논리적인 마음은 닫힌 마음이다. 너무 논리적이다 보면 마음이 닫혀 있다는 사실조차 자각하기 어렵다. 성장의 가능성이 닫힌다. 아누만, 즉 추론은 그런 모든 것에 대한 이해를 바탕으로 성장에 도움이 되는 생각을 말한다. 그러면 이 또한 바른 지혜의 요소가 되는 것이다.

세 번째 요소가 가장 아름답다. 이는 '아가마(agama)', 즉 깨달은 자의 말이다. 이 세 번째 요소에 대한 논란은 옛날부터 있었다. 파탄잘리는 진리를 직접 알면 문제가 없다고 했다. 추론을 올바르게 하면 존재의 근원에 도달한다고 했다.

그러나 직접 알기도 어렵고 바르게 추론할 수도 없는 것들이 있다. 그대는 이 땅의 최초의 사람도, 최초의 구도자도 아니다. 수없이 많은 사람들이 수없이 오랜 세월 동안 도(道)를 찾고 진리를 찾았고 또 찾고 있다. 지구에서뿐 아니라 다른 행성에서도. 구도는 영원히 진행되는 것이다. 그리고 수많은 사람들이 진리에 도달했다. 그들은 목적지에 도달했다. 신의 사원에 들어갔다. 그들의 말은 바른 지혜의 근원이다.

'아가마'는 아는 자의 말을 뜻한다. 붓다가 말을 했고 예수가 말을 했다. 하지만 우리는 그들의 말을 모르고 그들의 체험을 모른다. 그래서 그들의 말을 판단할 길이 없다. 그들의 말을 통해 무엇을 어떻게 추론해야 하는지 모른다. 그들의 말은 모순투성이여서 추론을 하기도 어렵다.

깨달은 자의 말들은 모순이 많고 비논리적이다. 진리를 안 자는 역설적(逆說的)이고 이율배반적으로 말한다. 진리가 그러하기 때문에 역설적으로 말할 수밖에 없는 것이다. 깨달은 자들의 말은 명확하지 않고 신비적이다. 그 말을 추론하다보면 어떠한 결론도 다 가능하다. 깨달은 자의 말을 마음으로 추론하면 그 추론은 자신의 것이 된다. 깨달은 자의 것이 아니다. 그래서 파탄잘리는 세 번째 요소에 대해 말한다.

인간은 모른다. 인간이 직접 알면 아무런 문제가 없다. 다른 요소도 필요없다. 직접 인식을 얻으면 추론도, 깨달은 자의 말도 필요없다. 자신이 깨달았기 때문이다. 그러면 다른 두 요소는 떨어져 나간다. 스스로 깨닫지 못할 때는 추론의 수행을 해볼 수 있다. 두 번째 추론을 얻지 못하면 세 번째 깨달은 자의 말을 시도해볼 필요가 있다.

깨달은 자의 말은 맞다고 증명할 수도 없고 틀리다고 증명할 수도 없다. 그저 신뢰할 뿐이다. 하지만 그 신뢰는 가설적이다. 이는 매우 과학적인 사실이다. 모든 과학은 가설에서 시작한다. 가설은 맹목적인 믿음이 아니다. 가설은 일을 시작해서 진행시키기 위한 하나의 토대이다. 가설은 방향 설정이다. 방향이 설정되었으면 자신이 직접 실험해야 한다. 실험이 입증되면 가설은 이론이 된다. 실험의 결과가 틀리면 가설은 폐기된다. 깨달은 자의 말도 마찬가지이다. 하나의 가설로 받아들이고 신뢰를 보내고 직접 자신의 삶 속에서 실험한다. 결과가 맞으면 가설은 신앙이 되지만 틀리면 폐기된다.

붓다에게 가면 이렇게 말할 것이다. '기다려라! 인내심을 갖고 명상하라. 2년 동안 아무것도 묻지 말고 명상하라.' 그렇다면 신뢰가 유일한 길이다. 신뢰하고 따르는 수밖에 없다.

이렇게 생각할 수도 있다. '이 사람이 나를 속이는지도 몰라. 그렇다면 2년을 허비하는 게 된다. 2년 후, 이 사람이 그저 그렇고 그런 사람이라는 게, 혹은 사기꾼이라거나 깨달았다는 착각에 빠진 사람이라는 게 드러나면 인생의 소중한 2년을 허비하게 된다.' 하지만 다른 길은 없다. 모험을 감수해야 한다. 붓다를 신뢰하지 않고 거기 있으면 역시 2년을 낭비하는 것이 된다. 명상의 길은 대단히 치열한 정신을 요구하는 것이어서 완전한 신뢰를 보낼 때만 그 속으로 철저하게 빠지고 몰입할 수 있다. 붓다의 말을 신뢰하지 않고 자신의 생각을 고집하면 붓다가 가리키는 것을 체험할 수 없다. 모험을 해야 한다. 삶 자체가 위험이요 모험이다. 삶이 깊어질수록 모험과 위험의 가능성은 커진다. 위험한 길을 가는 것이다. 삶에는 딱 하나의 실수가 있다. 전혀 움직이지 않는 일이 그것이다. 이 점을 명심하라. 무서워서, 이 길을 가다보면 뭔가 잘못될 것이라는 걱정에 가만히 앉아 있는 것, 이것이 삶의 유일한 실수이다. 위험을 감수하지 않으면 성장의 가능성이 없다.

사람이 모르는 것이 존재한다고, 논리가 도저히 추론해낼 수 없는 것이 존재한다고, 그러니 신뢰 속으로 뛰어들라고 파탄잘리는 말한다. 이 세 번째 요소 때문에 구루(guru), 즉 스승이 필요하다. 진리를 아는 자가 필요하다. 위험을 감수해야 한다. 다시 한번 말한다. 진리로 가는 길에는 어떠한 보장도 없기 때문에 위험 속으로 뛰어들어야 한다. 그것이 설령 시간 낭비의 결과로 끝날지라도 위험 속으로 뛰어드는 게 낫다. 위험 속으로 뛰어들면 시간을 허비하게 될지라도 많은 것을 배우게 된다. 그러면 어떤 사람도 쉽사리 속이지 못한다. 그래도 이만큼은 배우지 않았는가!

신뢰로 길을 가면, 전체적으로 길을 가면, 그림자처럼 붓다를 따르면 여러 가지 일들이 일어난다. 붓다에게 일어났던 일들이 벌어진다. 고타마 붓다에게도 일어났으며 예수와 마하비라[4]에도 일어났다. 그들은 자신이 지나온 길을 깨달았다. 그들과 논쟁하는 사람은 백전백패다. 아는 자와 모르는 자, 상대가 되지 않는 것이다.

20세기에도 구제프[5]에게 이런 일이 일어났다. 수많은 사람들이 그에게 매료되었다. 그는 새로운 제자를 입문시킬 때 자신을 전적으로 신뢰하지 않으면, 심지어 앞뒤가 맞지 않는 말이라도 신뢰하지 않으면 바로 내보냈다. 구제프는 일부러 앞뒤가 맞지 않는 상황을 연출했다. 심지어 거짓말을 하기도 했다. 아침에 이 말을 했다가 오후에 말을 바꾸어 저 말을 하기도 했다. "묻지 마라!" 구제프는 제자의 논리적인 마음을 완전히 부쉈다.

어느 날 아침 구제프는 한 제자에게 이렇게 지시했다.

"여기에 구덩이를 파라! 구덩이가 필요하다. 저녁까지 끝

---

4)마하비라(Mahavira, BC 599-527): 본명은 바르다마나(Vardhamana). 자이나교를 일으킨 24명의 티르탕카라(Tirthankara, 완전히 깨달은 스승) 가운데 마지막 인물이며 자이나교 승가의 개혁자.
5)구제프(Gurdjieff, 1872-1949): 그리스계 아르메니아인으로 한때 인도와 티베트 등을 여행하면서 동양의 신비주의를 배웠으며 '조화로운 인간개발 연구소(The Institute for the Harmonious Development of Man)'를 설립하여 동양의 신비주의를 서양에 널리 소개했다. 그의 저서로는 『Meetings with Remarkable men(위대한 사람들과의 만남)』『All and Everything(전부 그리고 모든 것)』『Beelzebub's Tales to His Grandson(빌제붑이 손자에게 들려주는 이야기)』 등이 있다.

내도록 하라."

제자는 하루 종일 구덩이를 팠다. 땀이 비오듯 하고 팔다리가 저리고 점심도 못 먹고, 구덩이를 다 파기 위해 갖은 애를 썼다.

저녁이 되자 구제프가 와서 지시했다.

"다시 메우라! 잠자기 전까지 다 메우도록 하라."

'무슨 말인가? 난 하루 종일 죽을 고생을 했다. 정말로 저녁까지 끝내지 않으면 안 되는 일인 줄 알았다. 그런데 다시 메우라고!' 누구라도 이렇게 생각했을 것이다. 만약 제자가 이렇게 따졌다면 구제프는 즉시 '가라! 나는 너를 위한 스승이 아니다. 너는 나의 제자가 될 수 없다' 라고 말했을 것이다.

구덩이나 구덩이 파는 게 문제가 아니다. 문제는 스승이 시키는 것이 비록 불합리해 보일지라도 스승의 말을 신뢰하느냐 안 하느냐이다. 제자가 신뢰한다는 것을 알 때, 어디로 가든 스승과 함께 할 준비가 되어 있을 때 스승은 본격적인 가르침을 준다. 시험이 끝난 것이다. 진실된 제자라는 것이 드러난 것이다. 신뢰심이 있으며 진리의 바다로 뛰어들 준비가 된 참된 구도자임이 입증된 것이다. 이제 본격적인 가르침이 시작될 것이다.

파탄잘리는 수많은 제자를 가르치면서 스스로의 체험을

통해 바른 지혜의 세 번째 요소를 체득한 스승이었다. 『요가 수트라』와 같은 경전을 써낼 수 있었던 것은 파탄잘리가 수많은 제자와 구도자를 지도하면서 벌어지는 일들을 세밀하게 관찰했기 때문에 가능했다. 『요가 수트라』는 사상가의 책이 아니다. 여러 유형의 마음을 지닌 구도자들을 관찰하고 마음의 다양한 층들을 꿰뚫어보고 이렇게 저렇게 실험해본 사람이 쓴 경전이다. 이렇게 하여 파탄잘리는 깨달은 자의 말을 바른 지혜의 세 번째 요소로 정했다.

그릇된 지혜는
있는 그대로의 모습이 아니라
거짓 관념이다.

편견이나 선입견을 사실로 인식하는 우리는 그릇된 지혜의 짐을 지고 있다.

힌두교인이 이슬람교인을 소개받으면, 그 즉시 상대 이슬람교인이 잘못되었다고 그릇된 판단을 내린다. 기독교인이 유대교인을 소개받았을 때도 마찬가지이다. 상대 유대교인이 어떤 사람인지, 그가 어떻게 살고 있는지 알아보려고 하지 않는다. 그냥 '유대교인'이라는 말 한마디로 상대의 전 인격을 판단해버린다. 상대를 이미 알고 있다는 편견으로 말이다.

사람들은 편견이나 선입관념으로 산다. 이런 편견 때문에 그릇된 지혜를 갖게 된다. '유대교인은 무조건 나쁘다. 기독교인은 무조건 틀렸다. 이슬람교인은 모두가 좋지 않다. 힌두교인은 모두가 틀렸다.' 하지만 좋고 나쁨은 종교나 인종의 문제가 아니다. 완전히 개인의 문제이다. 좋은 힌두교인도 있고 나쁜 힌두교인도 있으며, 좋은 이슬람교인도 있고 나쁜 이슬람교도도 있는 것이다. 좋고 나쁨은 국가나 인종이나 문화의 문제가 아니라 사람의 문제요, 개인의 문제이다. 그러나 아무런 편견 없이 사람을 대한다는 게 그리 쉽지는 않다. 편견 없이 볼 때 진리가 보이기 시작한다.

　나에게도 그런 일이 있었다. 내가 여행을 하고 있을 때였다. 당시 플랫폼에는 많은 사람들이 나를 배웅하러 나와 있었다. 차표를 보고 객차를 찾아 들어갔다.

　그러자 어느 한 승객이 다짜고짜 엎드려 나의 발에 손을 갖다대며 말했다.[6]

　"위대한 성자이시군요. 이렇게 많은 사람들이 배웅하러 나오다니……."

　내가 대꾸했다.

---

6)그러자 어느 한 승객이 다짜고짜 엎드려 나의 발에 손을 갖다대며 말했다: 윗사람이나 성인의 발 아래 엎드려 그의 발에 손을 갖다대는 것은 인도에서 최상의 인사법이다.

"난 이슬람교인이요. 내가 성자인지는 잘 모르겠지만 하여튼 난 이슬람교인이요."

그는 상당히 충격을 받은 얼굴이었다. 이슬람교인의 발을 만지다니, 그는 브라만[7]이었던 것이다. 식은땀을 흘리며 어쩔 줄 몰라 했다.

그가 나를 다시 보더니 초조하게 물었다.

"아니죠? 농담하시는 거죠?"

자신을 위로하듯 "농담하시는 거죠?"라고 했다.

"농담이라니요? 왜 내가 농담을 하겠소? 내 발을 대기 전에 먼저 물어봐야 할 게 아니오!"

그리고는 우리 둘 모두 객차의 의자에 자리를 잡았다. 그는 흘끔흘끔 나를 쳐다보더니만 긴 한숨을 내쉬었다. 그는 욕실에 가서 목욕을 해야겠다고 생각하는 모양이었다. 내가 그 앞에 있었지만 그는 나를 마주보지 않고 있었다. '이슬람'이라는 말에 완전히 죽을상을 하고 있었다. 힌두교의 브라만이 이슬람교인의 발에 손을 댐으로써 부정을 탔다고 생각했을 것이다.

아무도 대상을 있는 그대로 마주 대하지 않는다. 편견 때문이다. 이 편견이 왜곡을 낳고 그릇된 지혜를 낳는다. 무엇

---

7)브라만(brahman): 인도 사성계급 중 제1계급인 승려계급.

을 생각하든 대상을 깨끗한 눈으로 보지 않으면 그릇된 결과를 낳게 되어 있다. 과거를 생각하지도 말고 편견을 생각하지도 말라. 마음을 내려놓고 사실과 마주 대하라. 그냥 보이는 대로 보라. 자신의 마음을 대상에 투사하지 말라.

우리는 계속 투사한다. 어렸을 때부터 우리들의 마음은 외부에서 들어온 것들로 가득 차고 한쪽으로 고정된다. 모든 것이 이미 만들어진 대로 우리에게 주입된다. 이러한 기성품 지식들로 인해 우리네의 삶 전부는 환영의 삶이 되는 것이다. 세상에는 참 사람이 없고 참 꽃도 없다. '이건 장미야'라는 말을 들으면 반사적으로 '아름답네'라고 한다. 이 장미를 만져보려 하지도, 그 아름다움을 느껴보려 하지도 않는다. 그냥 '장미는 아름답다'라는 말이 마음속에 틀어박혀 '장미'라는 말을 듣자마자 '아름다운 거야'라는 마음을 투사한다.

사람들은 장미의 아름다움을 실제로 느껴보았다고 생각할지 모르지만 사실은 그렇지 않다. 그릇된 믿음이다. 보라! 어린아이는 어른보다 사물을 더 깊게 들여다본다. 이름을 모르기 때문이다. 아직 선입관에 물들지 않았기 때문이다. 어떤 장미가 진짜 아름다울 때만 아름답다고 말할 수 있는 것이다. 모든 장미가 무조건 아름다운 것은 아니다. 아이들은 사물에 다가갈 때 신선한 눈으로 다가간다. 그리고 있는 그대로 본다. 마음을 대상에 투사하는 법을 아직 모르기 때문이다.

그런데 우리는 아이들을 마구 서둘러서 어른으로, 성인으로 만들려고 한다. 아이들의 마음에 온갖 지식과 정보를 채운다. '아이들은 학교를 졸업할 때보다 입학할 때 더 머리가 좋다.' 이는 심리학자들의 최근 연구 결과이다. 여러 연구 결과가 이를 입증하고 있다. 아이들은 입학할 때 더 머리가 좋다. 머리에 지식이 쌓일수록 머리가 나빠진다. 그들이 학사나 석사, 박사를 딸 때는 거의 끝장난다. 박사 학위를 가지고 집에 돌아올 때 그들의 지성은 완전히 소진된다. 지식을 머리에 꽉꽉 밀어넣었는지는 모르지만 대학교 문을 나올 때 지성은 죽어 있다. 이런 지식은 가짜이고 편견이다. 이제 그들은 사물을 직접 느끼지 못하고 사람을 생생하게 느끼지 못하며 삶을 살지 못한다. 모든 게 말로 변하고 언어로 변해 버렸다. 그것은 진짜가 아니다. 그저 지적인 것일 뿐이다.

그러니 편견과 지식, 관념, 선입관을 내려놓고 새롭게 보라. 다시 어린아이가 되라. 우리는 매 순간 지식과 관념과 편견을 쌓는다. 그러니 순간 순간 새로운 눈으로 보는 어린아이가 될 일이다.

요가의 옛 금언이 하나 있다. "매 순간 죽으라. 그래서 매 순간 다시 태어나라." 매 순간 과거에 죽으라. 지금까지 쌓아온 모든 때를 씻어내고 새롭게 보라. 인간의 영혼에는 매 순간 때가 낀다. 그러니 매 순간 때를 씻어내고 새로운 눈으로 보라.

남원[8] 화상이 출가하여 스승을 찾아 돌아다녔다. 그러다가 스승을 만나 여러 해 동안 스승과 함께 수행을 했다.

그러던 어느 날 스승이 말했다.

"모든 게 다 좋다. 이제 거의 다 했구나."

남원이 기이해서 물었다.

"'거의' 라니 무슨 말씀입니까?"

스승이 대답했다.

"며칠 동안 너를 다른 선사에게 보내야겠다. 그게 마지막이 될 게야."

남원은 너무 기분이 좋았다. 그래서 "빨리 보내주십시오" 라고 스승을 재촉했다.

스승은 그에게 서찰 한 장을 쥐어주었다. 남원은 너무 기분이 좋은 나머지 스승보다 더 훌륭한 선사에게 가는 거라고 믿었다. 그런데 왠 걸, 도착해보니 스승이 만나보라고 한 사람은 다름 아닌 문지기, 여관의 문지기였다.

남원은 크게 실망했다.

"이건 말도 안 돼! 이런 자가 나의 마지막 스승이 될 거라구? 나에게 마지막 가르침을 줄 거라구?"

---

8)남원(南院, 연대미상): 당나라 때의 선사.

어떻게 하겠는가? 이미 여기까지 온 바에 '온 길이 머니 며칠 동안 묵었다 가자' 라고 생각했다.

그렇게 마음을 먹고 문지기에게 퉁명스레 말했다.

"이 편지를 스승이 주었습니다."

문지기가 대답했다.

"난 글을 읽을 줄 모르니 필요없소. 가지고 계시오. 여기에 그냥 머무시오."

남원이 말했다.

"하지만 배우러 왔습니다."

문지기가 말했다.

"난 문지기요. 선생도, 스승도 아니오. 뭔가 오해가 있는 모양인데, 사람을 잘못 찾았소. 난 문지기라서 아무것도 모르니 어떻게 무얼 가르치겠소. 이왕 여기까지 왔으니 나를 지켜보시오. 그게 도움이 될지 모르겠소. 편히 쉬면서 지켜보시오."

하지만 그다지 지켜볼 게 없었다. 문지기가 아침에 여관 문을 열면 손님들이 들어오기 시작했다. 그는 손님들의 그릇과 물건들을 닦으면서 시중을 들었다. 밤이 되자 모두들 돌아가고 손님들이 잠자리에 들자 문지기는 손님들의 그릇과 물건들을 닦았다. 다음날 아침이 되자 똑같은 일이 반복되었다.

그렇게 3일이 지나자 지루해진 남원이 문지기에게 따져

물었다.

"지켜볼 게 아무것도 없지 않습니까? 계속 식기나 씻고 똑같은 일을 하고, 떠나야겠습니다."

그러자 문지기는 아무 말 없이 웃기만 했다.

남원이 여관을 떠났다. 스승이 계신 곳으로 돌아와서 따졌다.

"왜, 왜 그 먼 곳까지 저를 보내셨습니까? 정말 지루했습니다. 찾아가라고 한 사람은 문지기였다구요. 아무것도 가르칠 수 없다고, 그러니 그냥 지켜보라고 했습니다. 하지만 아무것도 지켜볼 게 없었어요."

남원의 말에 스승이 대답했다.

"그래도 거기서 며칠을 묵었지 않느냐? 아무것도 지켜볼 게 없다고 했지만 그래도 무언가를 지켜보았을 텐데, 무엇을 했느냐?"

남원이 대답했다.

"그냥 계속 지켜보기만 했습니다. 그 양반은 밤에도 손님들의 물건이나 식기를 닦고 아침에도 닦고, 그랬습니다."

스승이 말했다.

"그것! 그것이 가르침이다. 그것를 위해 너를 거기에 보냈던 것이다. 문지기는 저녁에도 그릇을 닦고 아침에도 깨끗한 그릇을 닦았다. 무슨 뜻인지 알겠느냐? 밤에도 먼지가 내려앉아 더러워지기 때문이다. 네가 지금 깨끗하고 순수할지 모르지만 매 순간 닦기를 게을리 하지 말아야 한다. 아무것도 안 한다 해도 시간이 흐르면 더러워지게 되어 있다. 순간 순간, 그냥 시간이 흐르기만 해도…… 아무 일을 하지 않아도, 나무 아래 앉아 있기만 해도 더러워진다. 네가 무슨 나쁜 일을 했다거나 좋지 않은 일을 해서가 아니다. 시간이 흐르면 모든 것은 더러워진다. 먼지가 내려앉는다. 그러니 계속 닦아야 될 일이다. 너는 순진무구해졌다고 자만하면서 닦는 일을 등한히 했다. 이것이 네게 주는 마지막 가르침이다."

순간에서 순간으로 죽고 다시 태어나야 한다. 그럴 때만 그릇된 지식으로부터 자유로워질 수 있다.

실체를 보지 않고 언어로 그려내는 상(像)은
비칼파[9], 즉 상상이다.

상상은 말과 언어의 시스템으로 한다. 존재하지 않는, 실존하지 않는 하나의 대상을 마음속에 떠올린다. 그 대상을 너무나 생생하게 그려낸 나머지 스스로 그것이 진짜라고 속는다. 최면은 이렇게 해서 일어난다. 최면 속으로 들어가는 사람에게 아무 말이나 해주면 거기에 따라 상을 만들고 그

---

9)비칼파(vikalpa): '불확실', '추측' 등을 뜻하는 산스크리트어.

상을 진짜로 믿는다. 아무나 다양한 방법으로 이를 실험해 볼 수 있다.

상상은 하나의 힘이다. 마음속에 그림이나 영상을 떠올릴 수 있는 힘이다. 상상을 이용할 수도 있고 상상에 이용당할 수도 있다. 상상을 이용하면 도움이 되지만 상상에 이용당하면 대단히 위험하다. 상상은 어느 때고 광기로 돌변할 수 있다. 내면의 성장이나 명상에 상상을 이용하면 좋다. 하지만 상상은 머리로 지어낸 것으로 언어의 한계를 벗어날 수 없다.

인간에게 말과 언어, 그 체계의 중요성이 너무 커진 나머지 이제는 언어보다 더 중요한 게 없을 지경이 되었다. 누가 느닷없이 '불이야' 하고 소리치면 '불' 이라는 한마디에 사람은 완전히 변해버린다. 불이 나지 않았을지도 모르는데 '불' 이라는 한마디 소리에 나의 강의를 듣는 것을 멈춘다. 멈추려고 해서 멈추는 게 아니라 반사적으로 멈추고 여기저기 뛰어다닐 것이다. '불' 이라는 말이 사람의 상상을 자극한 것이다.

인간은 이런 식으로 말의 영향을 받는다. 광고부서에 일하는 사람은 효과적인 이미지를 전달하기 위해 어떤 말을 써야 할지 잘 아는 사람들이다. 그들은 광고 문구로 사람들의 눈과 귀를 사로잡고 시장을 선점한다. 광고 언어는 매우 다양하며 유행에 민감하게 반응한다.

이러한 말과 말이 주는 영향을 깊이 들여다볼 필요가 있다. 진리를 찾는 사람이라면 말이 주는 영향에 대해 깨어 있어야 한다. 대중을 선동하는 정치가들이 언어를 교묘히 사용하여 대중의 마음속에 매혹적인 이미지를 만들어내면 대중은 거기에 목숨을 걸기도 한다. 단지 정치가가 내뱉은 언어에 목숨을 걸기도 하는 것이다.

'국가' 니 '국기' 니 하는 말들이 그것이다. '힌두교가……힌두교가 위험에 처해 있다' 는 말을 들으면 사람들은 당장 경계 태세에 들어가거나 목숨을 내걸 준비를 한다. 그저 몇 마디 말에! '우리 나라가 모욕을 당했다.' '우리 나라' 는 무엇인가? 그저 두 마디 말일 뿐이다. 국기도 한 조각의 천에 불과하지만 다른 나라가 자기 나라 국기를 모욕하기라도 하면 죽기를 각오하며 들고일어난다. 아무것도 아닌 말 때문에 세상에서는 한심한 일들이 일어나는 것이다. 말은 인간의 마음속 깊은 곳에 박혀 인간을 사로잡는다. 조그마한 자극에도 불끈 일어나게 만드는 위험한 것이다.

명상의 길에서 타인에 의해 휩쓸리지 않으려면 말을 내려놓아야 한다. 그래서 파탄잘리는 상상이 무엇인지 이해하라고 말한다. 말은 태어날 때부터 가지고 나온 게 아니다. 타인이 주입한 것이다. 이 점1을 명심하라. 타인이 가르친 이 말을 통해 수많은 편견이 나온다. 말을 통해 종교가 살찌고, 말을 통해 신화가 살찐다. 말은 중개자이다. 문화와 사회,

정보의 매개체이다.

오직 지켜보는 의식만이 참되다. 다른 어떤 것도 참되지 않다. 이 점을 기억하라. 주위에서 일어나는 일들이 아름다운가, 즐길 만한가? 그러면 즐겨라. 크리슈나와 춤추는 것도 아름답다. 전혀 이상할 게 없다. 춤을 추라! 즐겨라! 그러면서도 이 모두는 상상이요 아름다운 꿈이라는 점을 유념하라. 그 속에 매몰되지는 말라. 매몰되면 상상은 위험한 것이 된다. 세상의 수많은 종교인들이 상상의 세계 속에서 산다. 상상 속에서 생활하면서 자신의 인생을 허비한다.

질문
정신병이냐 명상이냐, 인간에게는 오직 이 두 가지 대안밖에 없다고 말씀하셨습니다. 하지만 수많은 세상 사람들을 보면 미치지도, 명상을 하지도 않는 것 같습니다. 여기에 대해 어떻게 생각하십니까?

사람들은 이미 미쳐 있다! 명상을 하는 사람이 없다. 정신병원에 있는 정신병자와 세상에 있는 정신병자의 차이는 정도의 문제일 뿐이다. 질적인 차이가 없다. 그저 양적인 차이만 존재할 뿐이다. 세상 사람은 덜 미쳤고 정신병원에 있는 사람은 조금 더 미쳤다는 차이일 뿐, 인간은 기본적으로 미쳐 있다.

왜 나는 인간을 미쳤다고 선언하는가? '정신병'에는 여러 가지 뜻이 있다. 첫째 사람은 존재의 중심에 있지 않다. 존재의 중심에 있지 않은 자체가 정신 이상이다. 중심에 있지 않으면 수많은 목소리가 떠오른다. 내면에 수많은 사람이 공존하는 것이다. 집에 주인이 없는 가운데 수많은 하인이 자신이 주인이라고 우기고 있다. 혼돈과 갈등, 투쟁의 연속이다. 계속 내전(內戰) 중이다. 명상을 할 때만 이 내전은 가라앉는다. 밤낮, 24시간 동안 내전이 계속된다. 몇 분 동안만이라도 마음속에 떠오르는 것들을 정직하게 적어보라. 있는 그대로, 생각이 떠오르는 대로 적어보라. 그러면 '내가 미쳐 있구나' 하는 사실을 알게 될 것이다.

선사들은 "가서 네 본래 면목을 찾으라"라고 말한다. 태어나기 전의 얼굴, 그리고 죽고 나서의 얼굴 말이다. 탄생과 죽음 사이에 있는 얼굴은 모두 가짜다. 인간은 계속 속이고 있다. 타인을 속일 뿐만 아니라, 거울 앞에 서서는 자신을 속인다. 거울 속에서도 자신의 진짜 얼굴을 보지 않는다. 자신을 마주 대할 용기조차 없다. 거울에 비친 모습 또한 가짜이다. 스스로 지어내고 스스로 즐긴다, 분장한 가면을.

우리는 타인을 속일 뿐 아니라 자신을 속이고 있다. 사실, 타인을 이미 속이지 않았다면 자신을 속일 수 없다. 자신이 만든 거짓말을 믿어야 한다. 그래야 타인도 믿게 만들 수 있기 때문이다. 자신이 만든 거짓말을 스스로 믿지 못하면 타인은 그 거짓말을 믿어주지 않을 것이다.

'인생'이라고 이름 부르는, 이와 같은 허망한 일 때문에 인간은 길을 잃었다. 이것은 미친 짓이다. 인간은 일을 너무 많이 한다. 이리 뛰고 저리 뛰고 과로한다. 평생 고군분투를 해보지만 모두가 허사로 끝난다. 어디에서 왔는지, 어디로 가고 있는지, 그리고 결국 어디로 가게 될지 아무것도 모른다. 길을 가다가 한 사람을 만났다. 그에게 어디서 오느냐고 묻는다. 그가 모른다고 대답한다. 다시 어디에 가느냐고 묻는다. 이번에도 그는 모른다고 그러면서 갈 길이 바쁘니까 방해하지 말라고 짜증낸다면 누구나 이 사람을 미친 사람이라고 생각할 것이다.

어디서 왔는지도 모르고 어디로 가는지도 모르면서 왜 그렇게 서두르고 있는가? 세상 사람들 모두가 이렇게 하고 있다. 사람은 모두 길 위에 있다. 인생은 길이다. 사람은 항상 길 위에 있다. 그러면서 자기가 어디에서 왔는지, 어디로 가는지 모른다. 출발지도 모르고 목적지도 모르는 것이다. 하여튼 바쁘게 서둘러도 보고 이리 가고 저리 가보지만 모두 허사로 돌아간다.

이는 어떤 유형의 정신병인가? 무진장 애를 써보지만 털끝만큼의 행복도 모른다. 그저 언젠가, 미래의 언젠가, 죽어서, 내세에 행복을 누릴 수 있을까, 꿈을 꾼다. 이는 지금의 불행을 못 본 체하기 위한 트릭에 불과하다.

인간은 지복(至福)을 털끝만큼도 모른다. 무슨 정신병이 이런가? 끊임없는 고통, 누가 만든 것인가? 다름 아닌 자신이 만들고 있다. 무슨 정신병이 이런가? 인간은 끊임없이 고통을 만들어내고 있다! 나는 이를 '정신병'이라고 부른다. 그렇다면 어떻게 해야 건강한 정신을 회복할 수 있는가? 먼저 자신이 존재의 중심에 있지 않다는 사실을 자각해야 한다. 그런 다음 존재 중심을 찾아서, 존재 중심으로 들어가 자신의 삶을 인도할 주인을 만나 생활하고 수행해야 한다. 그러니 먼저 중심에서 자신의 존재를 결정화한 다음 더 이상은 자신에게 고통을 주지 말아야 한다. 욕망과 동기, 희망 등 고통을 만드는 모든 것을 놓으라!

그러나 인간은 깨어 있지 않다. 똑같은 일을 계속 되풀이하고 있다. 스스로 고통을 만들어내고 있다는 사실을 자각하지 못한다. 자신이 하는 모든 것에 씨앗을 심는다. 그리고 뿌린 대로 거둔다. 인간이 거두는 것은 고통뿐이다. 그렇지만 자신이 스스로 씨를 뿌렸다는 사실을 자각하지 못한다. 고통이 오면 그 고통은 외부에서 온다고, 우발적으로 일어났다고, 아니면 악의 존재가 그 배후에 있다고 생각한다.

그렇게 사람들은 악마를 만들어 낸다. 악마는 사실 희생양이다. 인간이 악마이기 때문이다! 인간이 스스로 고통을 지어낸다. 삶이 고통스러우면 그 책임을 악마에게 떠넘긴다. 악마가 무엇인가를 했기 때문이라고. 그리고는 마음 편해한다. 이렇게 하여 어리석은 삶의 패턴을 자각하지 못하고 넘어간다.

또는 이런 고통스런 삶을 운명으로 치부하거나 신이 나를 시험하는 거라고 생각해버린다. 자신에게 일어나는 모든 것들의 유일한 원인은 곧 자기 자신이라는 사실을 계속해서 외면하기만 한다. 세상에 우발적인 것은 아무것도 없다. 모든 것은 인과의 법칙에 따라 돌아간다. 인간도 인과의 법칙에 따라 움직인다.

예를 들어, 누가 사랑에 빠졌다고 가정해보자. 사랑은 더 없는 행복이 가까이 다가오고 있다는 느낌을 준다. 처음으로 누군가가 자기를 따뜻이 받아준다고, 적어도 한 사람은 자기를 따뜻하게 받아준다고 생각한다. 그는 꽃피어난다. 사랑의 시작에만 그럴 뿐, 이내 나쁜 패턴이 작동하기 시작한다. 사랑하는 사람을 소유하려 들기 시작하는 것이다.

소유는 일종의 살인이다. 사랑하는 사람을 소유하는 순간 사랑하는 사람은 죽는다. 그리고 나서 그는 고통스러워한다. 울고불고 하면서 상대가 나쁘다고, 뭔가 운명이 잘못됐다고 생각한다. 운명이 내 편이 아니라고 생각한다. 하지만 소유 때문에, 그의 소유욕 때문에 사랑이 죽었다는 사실을 자각하지 못한다.

모든 사람들이 그렇게 사랑하고 고통스러워한다. 더 없는 행복감을 주는 사랑은 더 없는 불행이 된다. 역사가 깊은 문화일수록, 특히 예전의 인도 사람들은 사랑과 그 관계를 철저히 파괴해버렸다. 단지 아이를 낳기 위해 중매 결혼을 하는 사회에서, 사랑은 불행을 낳는다고 믿는 사회에서 진정한 사랑은 가능할 수 없다. 그래서 사랑의 뿌리마저 잘라버리는 것이 낫다고 생각한 모양이다. 아이들을, 그것도 어린아이들을 결혼시켰다. 사랑을 알기 전에 결혼시킨 것이다. 그런 아이들은 사랑이 무엇인지 모르지만 사랑으로 인한 불행을 겪지 않아도 된다고 생각했다.

사랑은 불행을 낳지 않는다. 사랑을 죽이는 것은 다름 아닌 자신이다. 사랑은 언제나 기쁨이요 축제이다. 사랑은 자연이 준 가장 황홀한 선물이다. 그런 선물을 사람들은 파괴하고 있다.

깨어 있으라! 다른 사람이 미쳤다고 생각하지 말라. 자신이 미쳤기 때문에 여기서 빠져나와야 한다는 사실을 깊이 자각하라. 지금 즉시 말이다! 급하다! 자신이 아무것도 할 수 없는, 병이 너무 깊어서 손을 쓸 수 없는 때가 온다. 그러니 내일로 미루지 말라.

지금 당장 할 수 있다. 아직도 한계를 벗어나지 않았다. 무엇인가 할 수 있다. 노력을 할 수 있다. 나쁜 삶의 패턴을 바꿀 수 있다. 모든 것이 산산이 부서지고 의식이 없어지고 더 이상 손을 쓸 수 없는 때가 온다. 그러니 지금 하라!

자신이 미쳐 있다는 사실을 느낄 수만 있어도 좋은 징조이다. 진리의 길로 나아갈 수 있다는 징표이다. 문이 거기있다. 정신이 건강해질 수 있는 문이 거기 있다. 자신의 진짜 모습을 자각할 정도의 의식만 있다면……. 알게 될 것이다.

질문
뇌세포에 기록된 것을 지켜본다고 어떻게 생각의 흐름이 멈출 수 있는지 보다 상세하게 설명해주십시오.

생각의 흐름이 멈추는 게 아니다. 지켜보면 동일시의 끈이 끊어지는 것이다. 붓다가 깨닫고 40년을 더 살았지만 붓다의 몸이 없어진 것은 아니다. 붓다는 40년 동안 하루도 쉬지 않고 자신에게 무슨 일이 일어났는지, 그 일이 사람들에게 어떻게 가능한지를 이해시키기 위해 끊임없이 말했다. 그는 말을 하기 위해 마음을 사용했다. 그의 마음이 사라진 것은 아니다. 12년 후 고향에 돌아왔을 때 붓다는 아버지도 알아보고 아내와 아들도 알아보았다. 깨닫고 나서 붓다의 마음도 거기에 있고 기억도 거기에 있었다. 그렇지 않다면 모든 인식이 불가능하다.

사실 마음이 사라지는 것이 아니다. 우리가 '마음이 사라진다'라고 말할 때 이는 동일시가 끊어진다는 뜻이다. 마음은 이렇게, 나는 마음과 떨어져 이렇게 '존재'한다. 연결고리가 끊어진 것이다. 이제 더 이상 마음이 주인 노릇을 못한다. 마음은 하인이 된 것이다. 원래의 제자리를 찾아간 것이다. 이제 원할 때마다 마음을 불러내 쓸 수 있다. 이는 마치 선풍기와 같다! 선풍기를 쓰고 싶을 때 스위치를 켜면 선풍기는 활발히 돌아간다. 쓰고 싶지 않을 때 스위치를 끄면 제 기능을 멈춘다. 이렇듯 마음도 항상 거기 있다. 존재하기를 멈춘 것이 아니다. 어느 때고 사용할 수 있다. 사라진 게 아니다.

그냥 지켜봄으로써 동일시가 사라지고 마음은 스스로 움직이지 못한다. 동일시가 사라지면 완전히 새로운 존재가 된다. 처음으로 자신의 참나를 알고 본체를 알게 된다. 처음으로 자신이 누구인지를 알게 된다. 이제 마음은 자신이 부리는 하인이 된다. 이는 조종사로서 비행기를 조종하는 것과 같다. 자신이 주인이 되어 여러 계기(計器)들을 다룬다. 여러 계기들에 눈을 맞추지만 자신은 계속해서 깨어 있다. 계기가 자신이 아님을 알고 있는 것이다.

이 마음과 이 몸, 심신의 여러 부분들이 자신을 둘러싸고 있지만 이들 모두 기계로써 작동하고 있음을 본다. 이러한 기계구조 속에서 두 가지 존재 양식이 가능하다. 하나는 참나를 잊고 자신이 기계라고 생각하는 것이다. 이는 속박이요 고통이다. 삼사라(samsara), 즉 이 세상이 그렇다. 다른 하나는 자신과 마음이 다른 존재임을, 자신과 마음이 떨어져 있음을 자각하는 것이다. 마음의 주인이 되어 마음을 이용하면 상황은 180도로 달라진다. 이제 더 이상 기계가 자신이라고 생각하지 않는다. 기계 어느 곳이 고장나면 여기에 얽매이지 않고 고칠 줄 안다. 기계 전체가 사라진다 해도 동요하지 않는다.

붓다의 죽음과 인간의 죽음은 완전히 다르다. 붓다는 죽어도 기계만이 죽는다는 사실을 본다. 쓸 만큼 썼기 때문에 더 이상의 필요가 없어진 것이다. 짐을 내려놓고 자유가 된다. 이제 형상 없이 존재한다. 그러나 인간의 죽음은 완전히 다르다. 인간은 자신이 죽는 줄 알고 울부짖으며 괴로워한다. 이것이 그의 죽음이다. 그 죽음은 처절한 고통이다.

깨닫는다고 해서 마음이 죽고 뇌세포가 죽은 것이 아니다. 오히려 마음과 뇌세포는 더욱 생생하게 살아난다. 갈등이 사라지고 에너지가 넘쳐흐르기 때문이다. 더욱 활기 넘친다. 마음을 더욱 올바르고 정확하게 사용하게 된다. 이제 마음에 얽매이는 일이 없다. 마음은 더 이상 그대를 강요하지 못한다. 그대를 여기저기 끌고 다니지 못한다. 이제 그대가 주인이다.

어떻게 지켜보는 것만으로 이런 일이 일어날 수 있는가? 지켜보지 않았기 때문에 마음에 얽매이고 세사에 시달렸다. 깨어 있지 못했기 때문에 속박의 굴레를 벗어나지 못했던 것이다. 이제 깨어서 지켜본다면 속박의 굴레는 사라진다. 속박은 각성이 없는 상태일 뿐이다. 다른 것은 필요없다. 무엇을 하든 깨어 있기만 하라!

지금 앉아서 내 강의를 듣고 있는 사람은 깨어서 들을 수도 있고 깨어 있지 못한 상태에서 들을 수도 있다. 깨어 있지 못한 상태에서 들으면 이는 질적으로 완전히 낮은 상태이다. 귀는 듣고 있지만 마음은 다른 것을 한다. 어쩌다 몇 마디가 마음속으로까지 들어오기는 하지만 멋대로 해석한다. 자신의 생각을 덧붙인다. 그러면 모든 게 뒤죽박죽이 된다. 듣고는 있지만 많은 부분을 그냥 흘려보내다가 마음에 맞는 것을 받아들인다. 그러면 전부가 왜곡되어 버릴 것이다.

깨어 있으면, 깨어 있는 순간 생각은 멈춘다. 깨어 있는 상태에서는 생각을 하지 않는다. 온 에너지가 깨어 있다. 생각으로 흘러갈 수 있는 에너지가 없게 된다. 단 한순간이라도 깨어 있으면 '진실로' 듣는다. 장벽이 없다. 중간에 끼어들어 훼방을 놓는 생각이 없다. 해석할 필요도 없어진다. 직접 와 닿는다.

깨어서 들으면 내가 하는 말이 의미가 있든 없든, 깨어 있음 자체가 의미 있게 된다. 바로 그러한 깨어 있음이 의식의 최고봉이다. 과거가 녹아든다. 미래가 사라진다. 그리고 지금 여기에 있다. 생각이 없어지는 침묵의 순간, 내면 깊은 곳에서 존재의 근원과 하나가 된다. 그 근원이 지복이고 그 근원이 신성(神性)이다. 따라서 '모든 것을 깨어서 하는 것', 이것만 하면 된다.

3장
무착과
헌신으로
하는
지속적인
내면 수행

오쇼 수트라

무착과
지속적인 수행은 명상 기법이다.

이해가 몸의 뿌리에까지 가닿지 않으면
변형될 수 없다.

욕망은 행복을 추구하고자 하는
불행한 마음의 그릇된 표현이다.

무엇을 하든, 일을 시작하기 전에
고요히 내면으로 들어가라.

무착과 헌신으로 하는 지속적인 내면 수행

인간의 의식은 표면의식이 전부가 아니다. 무의식의 층에는 표면의식보다 9배나 많은 의식이 있다. 그러한 의식뿐만 아니라 인간에게는 의식이 존재하는 몸이 있다. 몸은 완전히 무의식이다. 몸은 스스로 움직이지 않는다. 밖으로 드러난 부위만 스스로 움직일 뿐이다. 몸 안에 있는 것들은 불수의적(不隨意的)이다. 스스로 움직이지 않는다는 말이다. 하지만 몸 안에 있는 것들이 없으면 인간은 아무것도 할 수 없다. 마음대로 활동할 수 없다.

참나의 세계로 들어가기 전에 먼저 인간의 존재 양식을 이해할 필요가 있다. 하지만 이는 지적인 이해가 되어서는 안 된다. 지적인 이해를 꿰뚫고 지나가야 한다. 무의식 층을 넘어가야 한다. 몸의 뿌리로 들어가야 한다.

그래서 지속적인 내면 수행, 즉 아비아사(abhyasa)가 그토록 중요한 것이다. '아비아사'와 '베이라기아(vairagya)',

이 두 단어는 대단히 중요한 말이다. 아비아사는 지속적인 내면 수행을 뜻하고 베이라기아는 무착(無着), 무욕(無慾)을 뜻한다. 지금 살펴볼 파탄잘리의 수트라는 이 두 단어와 밀접한 관련이 있지만 수트라에 들어가기에 앞서 인간의 성향을 먼저 이해할 필요가 있다.

인간의 성향에 대한 이해가 지적일 때, 지속적이고 반복적인 노력, 즉 아비아사를 할 필요가 없다. 이론적인 것은 머리로 금방 이해하지만 그런 이해로는 되지 않는다. 분노가 나쁘며 몸에도 해롭다는 것은 누구나 이해하지만 그런다고 분노가 사라지지는 않는다. 분노는 무의식뿐 아니라 몸속에까지 들어가 있기 때문이다.

몸은 언어를 이해하지 못한다. 머리는 이해하지만 몸은 아무런 반응을 보이지 않는다. 이해가 몸의 뿌리까지 가닿지 않으면 변형을 체험할 수 없다. 생각은 계속 변할는지 모르지만 인성(人性)은 그대로다. 그렇게 되면 새로운 갈등이 일어나고 마음의 혼돈만 가중된다. 이제 무엇이 잘못된지는 알지만 예전에 살던 방식을 고집한다. 습관처럼 반복한다.

죄의식과 자의식이 태어나고 이제 자신을 미워하기 시작한다. 자신은 죄인이라고 생각한다. 삶을 알면 알수록 죄의식만 커간다. 자신을 변화시키는 것이 얼마나 어려운지를, 아니 거의 불가능에 가깝다는 사실을 알기 때문에 더욱 그렇다.

요가는 지적인 이해를 믿지 않는다. 요가는 몸으로 하는 이해를 믿고 자신의 전 존재를 꿰뚫는 총체적인 이해를 믿는다. 머리가 변할 뿐 아니라 존재의 뿌리 깊은 근원까지 변해야 하는 것이다.

요가는 아비아사, 즉 지속적인 수행에 그 바탕을 둔다. 지속적이고 반복적인 수행을 통해 무의식으로 들어가 작업을 한다. 인간은 무의식이 기능하면 편안해한다. 별 다른 노력을 하지 않아도 일이 편안하게 흘러간다. 옛 경전이 이르길, '성자는 성질이 좋은 사람이 아니다.' 성자는 반대편을 의식하지 않는다. 성자는 나쁠 수도 없고 나쁜 것을 생각할 수도 없는 사람이다. 좋음은 무의식이 된다. 마치 숨쉬는 것과 같이 된다. 무엇을 하든 좋은 것이 된다. 그 좋음이 성자의 존재 깊은 곳에 뿌리를 내리기 때문에 특별히 좋음을 실천하고자 노력할 필요가 없다. 좋은 행위는 그의 삶이 된다. 따라서 '성자는 좋은 사람' 이라는 말은 틀린 말이다. 그는 무엇이 좋고 나쁜지 모른다. 둘 사이에 어떠한 갈등도 존재하지 않는다. 좋음이 아주 깊이 뿌리를 내렸기 때문에 그는 좋음에 깨어 있으려고 노력할 필요도 없는 것이다.

좋음과 나쁨은 항상 같이 다닌다. 그래서 좋음을 기억하면 나쁨이 같이 따라온다. 둘은 계속 충돌을 일으킨다. 행동을 할 때마다 선택을 해야 한다. '좋은 행동을 해야지. 나쁜 행동을 해서는 안 돼.' 이러한 선택이 뿌리 깊은 혼란과 마찰, 내면의 폭력과 전쟁을 일으킨다. 갈등 속에서는 아무도 편히 쉴 수 없다.

자, 이제 경전 속으로 들어가자. 마음의 정지가 요가인데, 그렇다면 어떻게 마음을 정지시킬 수 있는가?

지속적인 수행과 무착으로
마음을 정지시킨다.

마음을 정지시키는 데는 두 가지가 있다. 하나는 아비아사, 즉 지속적인 내면 수행이고 다른 하나는 무착, 즉 집착을 내려놓는 것이다. 무착은 분위기를 만들고 지속적인 수행은 그런 분위기에서 사용하는 명상법이다. 이 두 가지를 살펴보자.

인간의 행위 뒤에는 욕망이 자리잡고 있다. 행위를 해야만 욕망은 충족된다. 욕망을 놓지 않으면 행위도 놓을 수 없다. 인간은 행위나 행동에 투자를 한다. 이것이 인간과 인간 마음의 딜레마이다. 욕망을 충족시키기 위해 행위를 해야하지만 모든 행위는 고통으로 간다.

인간은 왜 행위를 하는가? 욕망 때문이다. 행위를 하지 않고서는 욕망이 충족되지 않기 때문이다. 화를 예로 들어보자. 왜 화를 내는가? 어떤 대상이 자신을 방해할 때 화를 낸다. 뭔가를 하고자 하는데 누가 방해를 한다. 그러면 욕망이 저지당하고 화를 낸다. 인간은 사물에 대해서도 화를 낸다. 어느 쪽으로 다급하게 움직이는데 의자가 방해가 된다. 그러면 의자에게 화를 낸다. 문을 여는데 열쇠가 말을 듣지 않는다. 그러면 열쇠에게 화풀이를 한다. 물건에게 화를 내는 일은 어리석지만 그것이 인간의 적나라한 모습이다. 어떠한 형태가 되었든, 방해가 되는 것들에 인간은 화를 낸다.

어디를 가려는 욕망, 무엇인가를 성취하려는 욕망 앞에 누가 끼어들면 상대는 원수처럼 보인다. 그 원수를 없애버리고 싶은 충동이 인다. 이것이 화이다. 방해가 되는 것을 없애버리고 싶은 충동. 그러나 화는 고통이 되고 병이 된다. 그런 걸 알기 때문에 할 수 없이 화를 참는다.

욕망이 있고 목표가 있는데, 어떻게 하면 화를 내려놓을 수 있는가? 욕망과 목표가 있으면 화는 당연히 따라오기 마련이다. 삶은 대단히 복잡한 현상이다. 인간은 이 땅에 홀로 존재하지 않는다. 헤아릴 수 없이 많은 사람들이 자신의 욕망을 성취하기 위해 뛰어다니다가 서로 부딪친다. 욕망이 있으면 화를 내고 좌절하기 마련이며 폭력이 난무하기 마련이다. 인간의 마음은 자신의 욕망을 방해하는 대상을 없애버리고자 한다.

이렇게 욕망으로 가는 방해물을 없애려는 마음이 분노이다. 그러나 분노 뒤에는 항상 고통이 따라온다. 그래서 사람들은 분노를 표현하지 않으려고 노력한다. 하지만 화를 내지 않으려는 마음으로만은 별 도움이 되지 못한다. 분노는 목표를 가지고 욕망을 성취하려는 마음의 일부이기 때문이다.

먼저 욕망을 내려놓아야 한다. 뿌리를 잘라버려야 하는 것이다. 그러면 분노를 내려놓을 수 있는 가능성은 배로 커진다. 인간은 수백만 동안 분노와 함께 살아왔다. 그래서 분노는 아주 뿌리 깊은 습[1]이 되었다. 분노가 꼭 사라져야만 하는 것은 아니다. 설령 욕망을 내려놓는다 해도 분노는 존속할 것이다. 강한 힘을 발휘하지는 않지만 하나의 습으로 지속될 것이다. 분노는 무의식의 습이 되었다. 생에 생을 거듭하면서 분노를 움켜쥐고 있다. 분노는 몸속으로 들어가 세포에까지 자리잡고 있다. 그래서 생리적인 현상이 되었다. 욕망을 버린다고 해도 몸은 자신의 습을 버리지 않는다. 몸의 습은 너무 오래되고 너무 강력하다. 이 습 또한 바꾸어야만 한다.

이 몸의 패턴을 바꾸기 위해서 반복적인 수행이 필요하다. 마음의 패턴을 바꾸기 위해서 반복적인 수행이 필요하다. 심신 패턴의 전부를 재조건화하는 것이다. 이는 욕망을 내려놓았을 때만 가능하다. 마음의 가장 깊은 패턴은 욕망이다. 그래서 인간은 욕망하는 대로 변한다.

파탄잘리는 이렇게 말한다. "첫째는 무착이다." 집착하지

---

1)습(習): 습관으로 형성된 기운이나 습성.

말라. 모든 욕망의 덩어리를 내려놓으라. 아비아사, 지속적으로 수행하라. 무얼 원하는 것은 피상적이다. 내면의 습관적인 패턴이다. 폭식하는 사람의 경우를 보자. 폭식의 습관을 끊기 위해 며칠 동안 다이어트를 한다. 그러다가 더 커진 식욕으로 더 많이 먹는다. 다이어트를 하기 전보다 체중이 더 많이 불어난다. 이런 상황이 끊임없이 반복된다. 이는 많게 먹고 적게 먹고의 문제가 아니다. 왜 그렇게 많이 먹는가? 몸이 원해서 그렇게 많이 먹는 게 아니다. 마음의 충족되지 않은 부분이 음식을 대용물로 원하는 것이다.

그 사람은 죽음을 두려워할 수도 있다. 죽음을 두려워하는 사람은 많이 먹는다. 많이 먹으면 더 많이 살 수 있을 것 같이 느끼기 때문이다. 이는 마음이 계산하는 단순한 산수이다. 더 이상 먹지 않을 때 죽음이 온다는 사실을 마음은 안다. 그래서 죽음을 두려워하는 사람도 많이 먹고, 사랑이 결핍된 사람도 많이 먹는다.

음식은 사랑의 대용물이 되기도 한다. 아이는 음식과 사랑을 결부해서 생각하기 시작한다. 아이가 맨 처음 세상에 대해 눈뜨는 것은 엄마로부터 음식도 오고 사랑도 온다는 사실이다. 사랑과 음식이 동시에 아이의 의식 속으로 들어간다. 엄마는 사랑스러움을 느낄 때 기분 좋게 젖을 먹이지만 짜증이 날 때나 화가 날 때는 젖을 주지 않는다. 엄마가 사랑하는 마음이면 젖을 빨 수 있고 사랑하지 않는 마음이면 젖을 빨지 못한다. 사랑과 음식은 하나로 오는 것이다. 마음속에서, 어린아이 마음속에서 둘은 항상 같이 다닌다. 아이는 사랑을 많이 받을 때 음식을 적게 먹는다. 사랑이 가득 차서 음식이 들어갈 필요가 없기 때문이다. 사랑이 없으면 균형을 맞추기 위해 음식을 많이 먹는다. 사랑이 전혀 없으면 배가 터지도록 먹어야 한다.

아마 이런 사람은 죽음을 두려워하고 있을 것이다. 아니면 깊이 사랑하고픈 대상을 찾지 못해 사랑을 갈구하고 있을 것이다. 사랑과 죽음 역시 깊은 연관을 가지고 있다. 누군가를 깊이 사랑하면 죽음을 두려워하지 않는다. 사랑이 넘쳐흐르기 때문에 내일 일을 걱정하지 않는 것이다. 사랑은 그 자체로 가득 찬 것이다. 죽음이 오면 기꺼이 받아들인다. 사랑하지 않는 사람에게 죽음은 공포의 대상이 된다. 사랑이 주는 충족감을 느껴보지도 못하고 세상을 떠야 하기 때문이다. 죽음 뒤에는 미래도 없고 모든 것이 끝나기 때문이다.

사랑이 없으면 죽음의 공포는 가중된다. 사랑이 있으면 죽음의 공포는 줄어든다. 완전한 사랑 속에 있을 때 죽음은 사라진다. 내면에서 모든 것이 연결되기 때문이다. 아주 단순한 것들조차도 보다 큰 환경 속에 깊이 뿌리내린다. 외면의 사소한 것들도 보다 넓은 환경 속에 뿌리를 내리고 모든 것은 서로 연결된다. 생각만을 바꾸어서는 아무것도 변하지 않는다. 전체적인 패턴 속으로 들어가 습을 해체하고 새로운 패턴을 만들 때 새로운 삶이 태어난다. 이렇게 해야 한다. 무착, 모든 것에 대한 집착을 내려놓아야 한다.

이는 삶이 주는 즐거움을 모두 포기해야 한다는 말이 아니다. 과거에 인류는 그렇게 오해했다. 요가도 그런 식으로 잘못 해석되었다. 무착은 아무것도 바라지 않는 것이어서, 일면 요가의 본령은 곧 삶의 포기라고 볼 수도 있다. 아무것도 바라지 않고 아무것도 집착하지 않고 아무것도 좋아하지 않는 것은 죽음처럼 보일 수도 있다. 하지만 이는 요가의 그릇된 해석이다.

그런 게 아니라 무착은 어느 것에도 의존하지 말라는, 자신의 삶과 행복을 그 어느 것에도 의존하지 말라는 뜻이다. 선호(選好)는 상관없으나 집착이 문제가 된다는 말이다. 선호는 대상을 더 좋아할 수도 있고 덜 좋아할 수도 있다는 말이다. 주변 사람이 여럿 있다면 그중 어떤 사람을 사랑하거나 선택하거나 친구로 삼는 것은 자연스런 흐름이다. 누군가를 더 좋아하고 선택할 수는 있으나 집착은 하지 말라.

거기에는 어떤 차이가 있는가? 대상에 집착하면 집착은 강박증으로 발전한다. 사랑하는 사람이 옆에 없으면 불행해진다. 그리워하면 고통스러워진다. 집착은 강박적인 병이다. 그래서 사랑하는 사람이 곁에 없으면 비참해진다. 사랑하는 사람이 다가오면 무관심해진다. 그냥 당연하게 여긴다. 그리워하는 사람이 곁에 있으면 그저 괜찮을 뿐, 그 이상이 아니다. 그리워하는 사람이 곁에 없으면 불행해진다. 이것이 집착이다.

선호는 그 반대이다. 상대가 없어도 좋고 있으면 행복하고 감사하다. 상대가 곁에 있을 때 이를 당연하게 생각하지 않는다. 행복해하고 즐거워하고 찬미한다. 상대가 곁에 없어도 괜찮다. 뭘 요구하지도, 매달리지도 않는다. 혼자 있어도 행복하다. 상대가 곁에 있는 것을 더 좋아하지만 의존하지는 않는다.

선호는 정상이지만 집착은 병이다. 선호의 마음으로 삶을 사는 사람은 행복한 삶을 산다. 그를 행복하게 만들 수는 있어도 불행하게 만들 수는 없다. 집착으로 사는 사람을 행복하게 만들 수는 없다. 그에게는 불행만이 가능할 뿐이다. 사람은 이를 알고 있다. 그것도 아주 잘 알고 있다. 친구가 곁에 있을 때 기쁨을 모르고 친구가 곁에 없을 때 친구를 몹시도 그리워한다.

집착은 사람을 더욱더 불행하게 만들고 선호는 더욱더 행복하게 만든다. 파탄잘리는 집착에 반대하지 선호에는 반대하지 않는다. 인간은 대상을 선호할 수밖에 없다. 어떤 음식은 좋아하고 어떤 음식은 좋아하지 않는다. 이것은 선호이다. 가장 좋아하는 음식이 없으면 그 다음으로 좋아하는 음식을 택하면 된다. 그래서 가장 좋아하는 음식이 없어도 주어진 음식을 즐길 수 있기 때문에 그는 행복한 사람이다. 가장 좋아하는 음식이 없다고 해서 우울해하지 않는다. 그냥 삶이 일어나는 대로 받아들인다.

대상에 집착하는 사람은 아무것도 즐기지 못한다. 계속 삶을 놓친다. 삶 전체가 불행의 연속이다. 집착하지 않는 사람은 자유인이다. 에너지로 넘쳐흐른다. 어느 것에도 의존하지 않는다. 스스로 당당한 그의 에너지는 내면으로 흘러들어간다. 이는 수행이 되고 아비아사가 된다. 아비아사란 무엇인가? 아비아사란 습관적인 패턴을 벗어나는 노력이다. 여러 종교에는 다양한 수행법들이 존재하지만 모두는 파탄잘리의 이 점에 기초하고 있다.

예를 들어, 화가 날 때마다 먼저 심호흡을 다섯 번 하는 명상을 하라. 너무 단순한 명상처럼 보인다. 화를 내는 것과는 아무런 관계가 없는 듯 보인다. 어떤 사람은 '그게 화를 내는 것과 무슨 상관이 있느냐' 고 웃을지도 모른다. 아니다, 깊은 관련이 있다. 분노가 일어나려고 할 때마다 분노를 터트리기 전에 다섯 번 깊이 호흡을 들이쉬고 내쉬라.

이게 무슨 도움이 되는가? 여러 모로 많은 도움이 된다.

분노는 무의식 속에 빠졌을 때만 일어난다. 하지만 이 명상은 의식적인 노력이다. 화를 내기 전에 깨어서 다섯 번 호흡을 깊이 들이쉬고 내쉰다. 그러면 마음이 깨어나고 마음이 깨어나면 분노는 들어오지 못한다. 이 명상을 하면 마음이 깨어나는 것은 물론 몸도 깨어난다. 체내에 더 많은 산소가 들어오면 몸은 더 많이 깨어난다. 이렇게 깨어나다가 어느 순간 분노가 완전히 사라지는 것을 체험할 것이다.

두 번째로, 마음은 한 순간에 오직 한 가지 대상만을 생각한다. 동시에 두 가지를 생각할 수 없다. 그것은 불가능하다. 이 생각에서 저 생각으로 아주 빠르게 이동은 할 수 있지만 동시에 두 가지를 생각할 수 없다. 한 순간에 한 가지 생각뿐이다. 마음은 한 번에 꼭 하나밖에 통과할 수 없는 아주 작은 창이다. 분노가 떠오르면 분노가 거기 존재한다. 다섯 번 숨을 들이쉬고 내쉬면 마음은 호흡과 더불어 간다. 마음이 분노에서 호흡으로 이동한 것이다. 다시 분노 쪽으로 이동하고자 해도 흐름이 이미 끊겼기 때문에 전과 똑같은 분노는 일어나지 않는다.

구제프는 다음과 같이 말했다. "아버지는 임종의 자리에서 이렇게 말씀했지요. '화가 날 때는 24시간만 기다려라. 그런 다음 무엇을 해도 좋다. 살인을 하고 싶다면 해도 좋다. 하지만 먼저 24시간을 기다려라.'"

24시간은 너무 길다. 24초로도 충분하다. 기다림이 사람을 변화시킬 것이다. 분노로 흘러가던 에너지는 다른 길을 택한다. 같은 에너지가 분노가 될 수도 있고 자비심이 될 수도 있다. 해보라!

분노가 오면 다섯 번 호흡을 할 때까지 기다리라. 그러면 분노는 사라질 것이다. 이를 규칙적으로 명상하라. 분노가 일어날 때마다 다섯 번 숨을 깊이 들이쉬고 내쉬라. 그런 다음 무엇을 해도 좋다. 계속 수련하라. 습관이 되게 하라. 그러면 분노가 일어나는 순간 몸은 알아서 다섯 번 심호흡을 한다. 이를 1년만 하면 분노는 완전히 사라질 것이다. 더 이상 화를 낼 수 없을 것이다.

지속적인 내면 수행과 무착으로 마음은 멈춘다.
이 둘 중에서 아비아사, 즉 지속적인 내면 수행은
존재의 중심에 확고히 뿌리내리는 노력이다.

아비아사의 본질은 내면의 중심으로 들어가는 것이다. 어떠한 일이 일어나도 동요하지 않는다. 먼저 중심으로 내려가, 그 중심에서 사물을 보고 판단한다.

사람은 누가 모욕을 하면 즉각적으로 반응한다. 존재의 중심에서 보지 않고 감정을 일으킨다. 단 한순간도 중심을 생각해보지 못하고 외부의 자극에 감정적인 반응을 보인다.

아비아사는 내면의 수행을 뜻한다. 지속적인 노력을 뜻한다. 밖으로 움직이기 전에 먼저 내면으로 들어가는 것이다. 마음의 움직임은 먼저 중심으로 향해야 한다. 중심과 접촉을 해야 한다. 그러면 존재의 중심에서 상황을 보고 판단할 수 있다. 이렇게 되면 엄청난 현상이, 엄청난 변형이 일어난다. 중심에 들어앉으면 모든 사물이 달라 보인다. 세상을 보는 눈이 변화한다. 인간은 중심 속에 있지 않을 때 별로 모욕적이지 않은 것도 모욕적으로 들린다. 어리석기 때문이다. 하지만 중심에 있으면 상대의 말을 알아듣는다. 상대의 말은 모욕이 아니었던 것이다. 사실 자신에 대해 바른 말을 했던 것이다.

어떤 행동이든, 행동을 시작하기 전에 먼저 내면으로 들어가라. 내면에 중심을 잡으라. 단 한순간이라도 좋다. 그러면 행동은 완전히 달라질 것이다. 무의식적인 옛 습관은 사라진다. 항상 새롭고 생생하게 살아 있는 반응을 한다. 해보라! 행동을 하기 전에 먼저 내면으로 들어가라. 이제까지는 모든 행위가 로봇처럼 너무 기계적이었다. 그러한 생활을 다람쥐 쳇바퀴 돌 듯 끊임없이 해오고 있었다.

30일 동안 일기를 써보라. 아침부터 저녁까지 하루의 생활을 빠짐없이 기록해보라. 그러면 자신의 모든 패턴을 이해할 수 있다. 인간은 기계처럼 생활한다. 이는 인간다운 생활이 아니다. 인간의 반응은 죽은 반응이다. 인간이 무엇을 할지 너무나 뻔하다. 자신이 쓴 일기를 자세히 들여다보면 자신의 습관적인 패턴을 읽어낼 수 있다. '월요일에는 항상 화가 나 있다. 일요일에는 항상 성적(性的)인 생각을 한다. 토요일에는 항상 싸운다.' 또는 '아침에는 기분이 좋다가 오후에는 기분이 나빠지고 저녁에는 세상이 모두 싫어진다.' 이런 식이다. 자신의 일기를 깊이 들여다보면 일정한 패턴이 들어난다. 자신의 패턴을 읽어낼 수 있게 되면 자신이 로봇처럼 움직이는 모습을 관찰할 수 있게 된다. 로봇과 같은 삶은 곧 고통의 삶이다. 인간은 기계와 같은 삶이 아니라 깨어 있는 삶을 살아야 한다.

구제프는 '현재 인간의 모습은 기계다' 라는 말을 하곤 했다. 의식이 깨어 있을 때 인간이 된다. 끊임없이 중심에 뿌리내리기 위해 노력하면 할수록 의식은 더 깨어난다. 기계적인 삶에서 벗어나며 자유로워진다. 자유로워지면 누가 모욕을 한다 해도 웃을 수 있다. 전에는 결코 그럴 수 없었다. 이제 다른 사람이 욕을 해도 그에게 사랑을 느낄 수 있다. 예전에는 결코 그렇게 느껴본 적이 없었다. 누가 자신을 멸시해도 그에게 감사함을 느낄 수 있다. 새로운 무언가가 태어난 것이다. 내면에 깨어 있는 존재가 태어난 것이다.

행위란 밖으로 향하는 것, 외부로 나가는 것, 타인에게 향하는 것, 자신으로부터 벗어나는 것을 의미한다. 행위는 모두 자신으로부터 벗어나는 것이다. 행위를 하기 전에, 의식이 밖으로 나가기 전에 먼저 내면의 존재를 들여다보고 내면의 존재와 접촉하고 내면의 존재 자체가 되라. 먼저 그 안에 뿌리를 내리라.

매 순간을 명상의 순간으로 만들라. 이것이 곧 아비아사라고 하는 것이다. 행동을 하기 전에 항상 눈을 감고 침묵 속에서 내면으로 들어가라. 감정에 흔들리지 않고 집착을 내려놓고 편견에 사로잡히지 않는 관찰자가 되라. 어떠한 감정의 변화에도 관여하지 말고 관조자가 되라. 그런 다음 행동을 하라!

행위자와 행위 사이의 간격이 벌어질수록 좋다. 둘 사이의 간격이 벌어지면 삶이 신성해진다. 몸이 신전이 된다. 깨어 있게 하는 것, 내면에 뿌리내리게 하는 것은 모두 아비아사이다.

아비아사는 끊임없는 헌신으로
지속적인 수행에 그 뿌리를 확고히 내린다.

지속적인 수행? 얼마나 지속적인 수행을 할 수 있는가? 그것은 하기 나름이다. 각자에게 달렸다. 수행의 기간은 치열성에 달렸다. 치열함이 극에 달했을 때 수행도 극에 달한다. 치열함이 그리 깊지 못하면 오랜 시간이 걸린다.

그래서 먼저 지속적인 수행을 해야 한다. 이를 잘 새겨두라. 중간에 끊기면 며칠 하다가 며칠 쉬고 하면 수행의 노력은 모두 흐트러진다. 중단했다가 다시 하면 처음부터 다시 해야 하기 때문이다.

어떤 명상을 시작하고 처음 며칠은 문제가 없다. 그러다가 서서히 게으름을 피우기 시작한다. 아침 명상 시간에 졸리면 '이따가 하자, 혹은 내일 하자' 하고 미룬다. 명상은 단 하루만 걸러도 그전까지의 노력이 허사로 돌아간다. 명상을 하지 않고 잡다한 일들에 신경을 쓰면 명상의 흐름이 깨지기 때문이다. 잡다한 일들은 오래된 습에서 나온다. 그렇기 때문에 명상을 하루만 걸러도 옛날의 습이 한 꺼풀 더 쌓인다. 어제와 내일을 연결해야 될 오늘이 잘려나간다. '오늘'이라는 시간에 명상의 흐름이 잘려나가고 오래 묵은 습의 꺼풀이 쌓인다. 지속성이 상실되고 내일이 오면 처음부터 다시 시작해야 된다. 나는 수많은 사람들이 시작했다가 멈췄다가, 또다시 시작했다가 멈추는 것을 보았다. 그렇게 하면 몇 달이면 할 일이 몇 년씩이나 걸리게 된다.

따라서 이 점을 명심하라. 중단하지 말라! 어떤 명상법을 선택했다면 이를 일생 동안 밀고 나가라. 하고 또 하라, 마음에 귀를 기울이지 말라! 마음의 직업은 사람을 유혹하는 일이다. 마음은 위대한 유혹꾼이다. 오늘은 아프기 때문에, 두통이 심해서, 어젯밤 잠을 잘 못 잤기 때문에, 지금은 너무 피곤해서 쉬어야겠다고, 다음에 해야겠다고 온갖 변명을 늘어놓는다. 이 모두는 마음의 잔꾀이다.

마음은 항상 옛날 습관을 되풀이하길 원한다. 마음은 왜 옛 습관을 되풀이하고 싶어하는가? 습관을 되풀이하면 별다른 저항이 없이 쉽게 갈 수 있기 때문이다. 사람들은 항상 쉬운 길을 원한다. 옛 습관을 따라가는 일은 쉽다. 새로운 것은 어렵다.

그래서 마음은 항상 새로운 것에 저항한다. 아비아사의 수행을 할 때는 마음에 귀기울이지 말고 계속 수행하라. 그러다 보면 새로운 수행법이 마음 깊이 자리 잡게 되고 쉬워지면 마음은 그 저항을 멈춘다. 결국 마음에게도 새로운 수행이 쉬워지는 것이다. 편안한 흐름이 될 때까지 새로운 수행을 도중에 중단하지 말라. 자그마한 태만도 지금까지의 수행을 무너뜨릴 수 있다. 그러니 중간에 멈추지 말라!

다음으로, 헌신의 마음으로 수행을 하라! 더러는 사랑이나 헌신이나 거룩한 느낌 없이 수행을 기계적으로 하는 사람들이 있다. 그렇게 하면 너무나 많은 시간이 걸린다. 사랑의 마음으로 할 때 일의 중심을 쉽게 꿰뚫을 수 있다. 헌신의 마음으로 할 때 가슴이 열린다. 더 많이 열린다. 씨앗이 더 깊게 떨어진다.

그러므로 아비아사를 할 때는 꼭 헌신의 마음으로 할지어다! 그래야만 시간을 절약할 수 있다. 헌신의 마음으로 할 때 열매가 보다 풍성하다. 여기에는 어떤 차이가 있는가? 이는 의무와 사랑의 차이이다. 의무로 하는 수행은 즐겁지 않아도 해야 하는 수행이다. 어떠한 일이 생겨도 해내야 한다. 빨리 끝내야 하는 것이다. 이런 마음가짐으로 할 때 어떻게 일의 핵심을 꿰뚫을 수 있겠는가?

　　하지만 사랑은 의무의 마음이 아니라 즐거워하는 마음이다. 그 즐거움에는 한계가 없다. 서둘러 마쳐야 될 이유도 없다. 가는 길이 즐거우니 길면 길수록 좋다. 현실에 안주하지 않는다. 항상 좀 더 많은 것을 체험하고 싶어한다. 항상 미완성의 상태에 있다. 이런 태도로 수행을 하면 사물에 보다 깊이 파고들 수 있다. 씨앗이 보다 깊은 곳으로 떨어진다. 헌신은 특정 아비아사, 특정 수행을 깊이 사랑하고 있음을 보여주는 것이다.

　　나는 수많은 사람들을 지켜보며 그들과 함께 일했다. 나는 그들에게 명확한 구분이 있음을 보았다. 하나의 테크닉으로 명상을 하는 사람들은 아주 오랜 세월 동안 명상을 해도 별다른 변화가 없다. 약간의 도움이, 약간의 신체적인 변화가 있을 뿐이다. 전보다 건강이 좋아진다. 건강이 오랜 세월의 명상에서 나오는 유일한 열매이다. 그런 수행은 운동에 불과한 것이다. 그런 사람들이 나에게 와서는 항상 "왜 아무런 변화도 없나요?" 묻는다. 그들에게는 아무런 변화가 없을 수밖에 없다. 그들의 태도가 잘못되었기 때문이다. 그들은 세속적인 일처럼 명상을 한다. 9시에 출근했다가 5시에 퇴근하는 회사 일처럼 명상을 하는 것이다. 명상홀에 가서 명상을 하지만 거기에는 '빠져듦'이 없다. 1시간 동안 명상을 하고 명상홀을 나온다. 하지만 거기에는 빠져듦이 없다. 명상이 그들의 가슴에 있지 않은 것이다.

다른 부류의 사람은 사랑으로 명상을 하는 사람이다. 이는 행위의 문제가 아니다. 양적인 문제가 아니라 질적인 문제이다. 즉 명상을 했느냐, 안 했느냐의 문제가 아니라 명상을 할 때 얼마나 깊이 했느냐, 얼마나 사랑했느냐, 얼마나 깊이 몰입했느냐의 문제가 되는 것이다. 목적이나 목표, 결과를 중시하는 게 아니라 명상 그 자체를 중시하는 것이다. 헌신의 마음으로 할 때 풍성한 열매는 자연스럽게 따라온다. 단 한순간의 헌신으로도 수많은 전생의 문제를 풀 수 있다. 헌신 속으로 깊이 몰입할 때 과거로부터 완전히 해방될 수 있다.

헌신을 제대로 설명한다는 것이 과히 쉽지 않다. 세상에는 우애도 있고 사랑도 있다. 이 사랑과 우애가 만났을 때 헌신이 태어난다. 우애와 사랑은 동등한 차원에서 존재한다. 이성간에는 사랑이 일어나고 동성간에는 우애가 일어난다.

자비는 헌신의 반대이다. 헌신은 아래서 위로 움직이지만 자비는 위에서 아래로 움직인다. 자비는 히말라야에서 바다로 흘러드는 강물과 같다. 붓다는 자비 자체이다. 누가 오든지 붓다의 자비심은 아래로 흘러간다. 헌신은 그와 반대로 작용한다. 마치 갠지스강이 바다 쪽에서 산으로 흐르는 것처럼 헌신은 아래쪽에서 위쪽으로 움직인다.

사랑은 동등한 두 사람 사이에서 일어나지만 자비는 높은 쪽에서 낮은 쪽으로 흘러간다. 헌신은 낮은 쪽에서 높은 쪽으로 간다. 자비심과 헌신의 마음이 없으면 우애만이 남는다. 자비와 헌신이 없는 우애는 죽은 사랑이다. 우애를 살아 있게 하는 양극이 사라졌기 때문이다. 우애는 자비와 헌신이라는 양극 사이에서만 존재할 수 있기 때문이다.

헌신할 때 조만간 자비심이 흘러들어온다. 헌신할 때 의식의 높은 봉우리가 솟아오른다. 헌신하지 않으면 자비심이 흘러들어오지 않는다. 자비심이 들어올 문이 닫혀 있기 때문이다.

파탄잘리는 아비아사와 베이라기아, 이 둘이 마음을 멈추게 한다고 말한다. 마음이 멈추면 난생 처음으로 원래의 자신으로 돌아오고, 종국에 돌아가야 할 곳으로 돌아간다.

질문
파탄잘리는 무착, 욕망을 내려놓고 내면의 중심에 뿌리내리는 일의 중요성을 강조했습니다. 이 무착은 구도의 길에서 시작에 있습니까, 끝에 있습니까?

시작과 끝은 별개의 것이 아니다. 시작이 곧 끝이다. 둘을 서로 나누지 말라. 이중성의 개념으로 생각하지 말라. 구도의 길 끝에서 침묵을 누리고 싶다면 시작하는 시점에서도 침묵을 누릴 줄 알아야 한다. 시작하는 시점에서의 침묵은 씨앗과 같고 끝에서의 침묵은 나무와 같다. 나무는 씨앗에 숨겨져 있다. 시작은 곧 끝을 잉태하고 있는 씨앗이다.

궁극의 목적이 무엇이든 그것은 지금 여기에 숨겨져 있고 사람 안에, 시작 속에 숨겨져 있다. 원래 시작 속에서도 없었다면 길의 끝에서도 이는 나타날 수 없다. 물론 시작과 끝에는 차이가 있다. 시작 속에서 씨앗으로 존재하던 것이 끝에서는 활짝 피어난 꽃으로 존재하는 것이다. 씨앗 속에 꽃이 보이지 않는다 해도 꽃은 이미 씨앗 속에 배태되어 있다. 파탄잘리는 구도의 시작에서 무착이 필요하다고 말하고 있지만 이는 무착이 끝에 가서도 필요하다는 말은 아니다.

시작할 때의 무착은 노력의 대상이다. 길이 끝날 때의 무착은 흘러감이다. 시작할 때는 무착에 깨어 있기 위해 노력해야 하지만 끝날 때는 아무런 노력이 필요없다. 그때의 무착은 자연스런 흐름이 되기 때문이다.

시작할 때는 무착의 명상을 해야 한다. 끊임없이 깨어 있어야 한다. 과거의 습과 싸우고 집착과 싸운다. 길의 끝에 가서는 갈등도, 싸움도 존재하지 않는다. 무욕 속에서 그냥 흘러갈 뿐이다. 그런 무욕 속의 흘러감이 인간의 본성이 된다.

그러나 목적이 어떻든, 처음 시작부터 목적을 위한 수행을 제대로 해야 한다. 첫 걸음은 곧 마지막 걸음이다. 때문에 첫 걸음에 주의해야 한다. 첫 걸음이 바른 방향으로 향했을 때 마지막 걸음이 목적지에 도달하는 것이다. 첫 걸음이 잘못되면 구도의 모든 과정이 빗나간다.

처음과 마지막의 문제는 마음속에 계속 떠오를 것이다. 따라서 이를 잘 이해하라. 파탄잘리는 끝이자 목적처럼 보이는 많은 것을 이야기한다. 비폭력은 끝이자 목적이다. 사랑으로 가득 차면 자비심이 넘쳐흐르면 폭력의 마음이, 폭력의 가능성이 사라진다. 사랑과 비폭력은 길의 끝에 있는 목적이다. 파탄잘리는 이를 처음 시작할 때부터 명상하라고 한다.

구도의 길을 시작하면서 수행하는 무착은 하나의 씨앗이다. 마지막의 무착은 무욕이 되어야 한다. 처음에 무착은 집착하지 않는 마음을 뜻하지만 마지막에 무착은 욕망이 사라진 무욕을 뜻한다. 처음은 집착을 놓는 수행을 뜻하지만 마지막에는 욕망이 사라진 경지를 뜻한다.

무욕의 경지에 도달하고 싶으면 욕망을 놓는 데서부터 시작하라. 단 24시간만이라도 파탄잘리의 가르침을 수행해보라. 그저 24시간 동안 아무것도 바라지 말고 삶과 함께 흘러가보라. 삶이 자신에게 무엇을 주든 감사의 마음으로 받으라. 24시간 동안 기도하는 마음으로, 아무것도 요구하거나 바라거나 기대하지 말고 흘러가라. 새로운 세상이 열리는 것을 체험할 것이다. 이 24시간은 새로운 세상으로 열린 창문을 열어줄 것이다. 더없는 기쁨으로 넘쳐흐를 것이다.

처음부터 무착이 자연스런 흐름이 되기는 어렵다. 그러니 구도의 길을 시작할 때부터 무착에 깨어 있을 일이다.

질문
사회는 조건화를 통해 인간을 노예로 만듭니다. 수행도 물질적·정신적 차원에서 보면 일종의 조건화라고 볼 수 있습니다. 이런 시각에서 볼 때 파탄잘리의 가르침은 해탈로 가는 길이 될 수 있습니까?

한 우화가 생각난다.

하루는 붓다가 제자들에게 와서 설법을 준비하고 있었다. 붓다가 나무 밑에 좌정(坐定)을 했다. 붓다는 손에 들고 있던 손수건을 지켜보고 있었다. 대중도 붓다가 하는 모양을 지켜보았다.

붓다가 손수건에 다섯 매듭을 짓고 나서 물었다.

"손수건의 매듭을 풀려면 어떻게 해야 하는가?"

그리고 나서 다음 질문을 했다.

"매듭이 없었던 손수건과 지금 매듭이 지어진 손수건이 같은가, 다른가?"

한 비구[2]가 대답했다.

"손수건의 질은 변하지 않았기 때문에 같은 손수건입니다. 설령 매듭이 지어졌다고 해도 같은 손수건입니다. 본질은 똑같은 거죠. 손수건에 매듭이 없다가 나타나기는 했지만 모두 보이는 현상에 지나지 않을 뿐, 본질에서는 똑같습니다."

그러자 붓다가 말했다.

"인간의 마음은 이와 같다. 본질적인 차원에서 인간의 마음에는 매듭이 없다. 질에서는 아무런 차이가 없는 것이다. 붓다가 되면, 깨달은 사람이 되면 의식이 달라지는 게 아니다. 본질적인 차원에서 똑같다. 유일한 차이라면 그대의 의식이 지금 매듭이 지어져 있다는 것이다."

그런 다음 붓다가 이렇게 물었다.

"손수건의 매듭을 풀려면 어떻게 해야 하는가?"

다른 승려가 대답했다.

"우리가 먼저 매듭을 짓는 방법을 모르면 푸는 방법도 모를 수밖에 없습니다. 따라서 매듭을 짓는 순서를 알면 그 반대의 순서로 매듭을 풀 수 있습니다."

---

2)비구(比丘): 출가하여 구족계를 받은 남자 승려.

붓다가 말했다.

"이것이 두 번째이다. 속박의 상태로 떨어진 과정을 이해해야 한다. 속박이 조건화된 과정을 이해해야 한다. 그래야 조건화로부터 해방될 수 있다."

집착이 조건화의 요인이라면 무착은 탈조건화의 요인이다. 기대 때문에 고통 속에 빠졌다면 기대 없는 마음으로 인해 고통에서 벗어난다. 분노가 마음속에 지옥을 만든다면 자비는 마음속에 천국을 만든다. 고통으로 가는 과정이 어떠했든지, 그 반대의 과정을 밟으면 행복으로 간다. 탈조건화란 인간 의식이 어떻게, 어떤 과정으로 매듭지어졌는지를 이해하는 것이다. 매듭의 난맥상을 이해하고 이를 풀어서 마침내는 인간 의식을 탈조건화하는 것이 요가의 전부이다. 이는 재조건화가 아니다. 이를 유념하라. 이는 탈조건화, 즉 조건화로부터 해방되는 것이다. 이것이 재조건화라면 인간은 영영 노예의 상태에서 벗어날 수 없다. 재조건화란 노예 상태를 새롭게 할 뿐이기 때문이다. 새로운 감옥에서 새로운 노예 생활을 하는 것이기 때문이다. 이 차이를 분명히 알라. 이는 탈조건화이지 결코 재조건화가 아니다.

파탄잘리의 관점은 이렇다. 인간의 고통을 자세히 들여다보면 인간은 스스로 고통을 만들고 있다는 것이다. 때문에 인간의 고통은 자신에게 책임이 있는 것이지 타인에게 있는 것이 아니다. 이러한 행위는 깊은 습이 되어 자신도 모르게 끊임없이 반복되고 있다. 로봇처럼 기계적으로 계속 반복되고 있다. 깨어 있으면 습관적인 반복에서 벗어날 수 있다. 이렇게 외쳐라! '습이 시키는 대로 따라가지 않겠다.' 그러면 기계적인 반복 행위는 멈추게 되어 있다.

누가 나를 모욕한다. 그러면 과거의 습이 기계적으로 떠오른다. 분노가 서서히 일어나다가 터져나오려고 한다. 이때 고요히 침묵하라. 마음을 따라가지 말고 기계적으로 움직이는 감정을 지켜보라. 마음속에서 수많은 감정의 에너지가 휘몰아친다 해도 감정을 따라가지 않으면 감정은 힘을 못 쓴다. 혹, 그런 상태에서 감정을 지켜볼 수 없다면 자신의 방으로 들어가 문을 잠그고 베개를 쳐라. 베개에 자신의 분노를 모두 내라. 베개를 내리치면서, 분노와 광기를 모두 쏟아내면서 과거의 습이 어떻게 움직이는가를 지켜보라.

고요히 평정을 유지할 수만 있다면 그것이 최고의 방법이다. 그것이 어렵다면, 마음이 동요한다면 조용히 방으로 들어가 베개에 화를 풀라. 베개에게 분노를 표현하다 보면 자신의 광기가 모두 드러난다. 모든 게 투명하게 보인다. 내가 화풀이를 한다고 해도 베개는 아무런 반응을 보이지 않는다. 그래서 좀 더 쉽게 자신을 지켜볼 수 있다. 여기에는 안

전문제도 없고 위험도 없다. 자신을 지켜볼 수 있다. 천천히 분노가 떠오르고 가라앉는 것을 지켜볼 수 있다.

분노가 떠오르고 가라앉는 것을 계속 지켜보라. 분노의 에너지가 완전히 소진되면 베개를 때리고 싶은 마음이 사라진다. 또는 자신의 모습이 우스꽝스럽게 보이거나 웃음이 터져나오기도 한다. 그러면 두 눈을 조용히 감고 바닥에 앉아 방금 한 일에 대해 명상하라. 자신을 모욕한 사람에게 아직도 화가 남아 있는가, 아니면 베개에 모두 풀어냈는가? 베개에 화를 모두 표현하고 나면 마음은 평온해진다. 자신을 모욕한 사람에게 더 이상 화가 나지 않는다. 화가 나기보다는 오히려 상대에게 연민을 느낀다.

옛 습이 자신을 주도할 때 평정을 유지할 수 있다면 좋다. 평정을 유지할 수 없다면 습이 이끄는 감정을 완전히 분출하라. 대신 혼자 하라. 상대에게 자신의 좋지 않은 감정을 표출하지는 말라. 옛 습을 따라가다 상대에게 옛 습에서 오는 감정을 표현하고, 여기에 대해 상대는 거부 반응을 보이고, 이렇게 해서 악순환이 계속된다.

가장 본질적인 해결책은 습의 패턴을 깨어서 지켜보는 것이다. 자신이 평정을 유지하든, 화가 나든, 싫은 감정을 표출하든 깨어서 지켜보라. 습에서 오는 감정이 떠올라서 표출되기까지의 과정을 지켜볼 수 있게 되면 감정으로부터 자유로워진다.

요가의 모든 과정은 행위라는 태엽을 푸는 데 그 목적이
있다. 인간의 행위는 부정적인 것들이다. 거기에는 하나도
새로운 게 없다. 거기에는 긍정적인 게 없다. 모두 부정적인
것들뿐이다. 행위의 태엽을 풀 때 사라지는 것은 이런 부정
적인 것들이다. 긍정적인 것들은 안에 숨어 있다. 이는 돌
아래로 흐르는 시냇물과 같다. 시냇물을 새로 만드는 것이
아니다. 시냇물은 이미 거기 있다. 돌을 들어내면 시냇물이
드러나고 제대로 흐르기 시작한다. 그래서 먼저 돌을 들어
내야 한다. 돌을 치우면 시냇물은 저절로 흐른다.

　기쁨도, 행복도, 지복도 모두 사람 안에 흐르고 있다. 몇
개의 돌이 이들의 흐름을 막고 있을 뿐이다. 사회가 주입한
조건화가 돌이다. 이 조건화를 깨라. 집착이 돌이라고 생각
되면 무착의 수행을 하라. 화가 돌이라고 느껴지면 사랑의
명상을 하라. 탐욕이 돌이라고 생각되면 무욕의 명상을 하
라. 반대의 것을 수행하라. 탐욕의 마음을 억압하라는 말이
아니다. 그 반대쪽을 수행하라는 말이다. 무욕의 수행을 하
라는 말이다. 분노를 억압하라는 말이 아니다. 사랑의 수행
을 하라는 말이다.

　반대쪽을 수행하라. 이는 또 다른 조건화가 아니다. 이는
탈조건화이다. 옛 습이 사라지면, 매듭이 사라지면 이제 아
무것도 걱정할 게 없다. 그저 자연스럽게 흘러가기만 하면
된다.

베이라기아의 첫 번째 경지인 무욕은 지속적인
수행을 통하여 성(性)의 탐닉을 멈추는 것이다.

이는 많은 뜻을 함축하고 있어서 잘 이해해야 한다. 왜 인
간은 성을 탐닉하는가? 왜 마음은 욕망의 탐닉을 계속 생각
하는가? 왜 욕망의 탐닉이라는 패턴을 계속 반복하는가?

파탄잘리를 비롯한 깨달은 사람들에 의하면 인간의 내면
이 행복하지 않기 때문에 외면의 쾌감을 탐한다고 한다. 외
부의 쾌감을 지향한다는 것은 곧 자신이 행복하지 않다는
것을 의미한다. 그래서 인간은 밖에서 행복을 찾는다. 불행
한 사람은 욕망을 추구하기 마련이다. 욕망은 행복을 좇는
불행한 마음의 출구이다. 그렇지만 마음은 그 어디에서도
행복을 찾지 못한다. 기껏해야 몇 조각의 행복을 쥐었다가
놓칠 뿐이다. 인간은 그런 몇 조각의 행복을 기쁨이라고 생
각한다. 기쁨이란 순간에 나타났다가 다음 순간에 지나가는
행복이다. 기쁨을 좇는 마음은 언뜻 나타났다가 사라지는
기쁨이 외부의 어디에서 온다고 생각하지만, 이는 착각이
다. 기쁨은 오직 내면에서 올라올 뿐이다.

이런 식으로 이해를 해보자. 한 사람이 사랑에 빠졌다. 그
는 성을 탐닉하고 짧은 기쁨을 경험한다. 잠깐 동안의 행복
을 경험한다. 성 속에서 모든 게 편안하다. 모든 불행이 사
라진다. 정신적인 고통도 사라진다. 처음으로 모든 것을 잊

고 지금 여기에 존재한다. 이 순간에는 과거도 없고 미래도 없다. 과거도 사라지고 미래도 사라지고, 지금 여기에 존재하기 때문에 에너지가 내면으로부터 흘러나온다. 내면의 자아가 자연스럽게 흐르면서 행복을 잠시 맛본다.

사람들은 행복이 상대에게서, 여자나 남자에게서 온다고 생각한다. 행복은 남자에게서 오는 것도 아니요 여자에게서 오는 것도 아니다. 행복은 자신에게서 나온다! 상대는 과거와 미래로부터 떨어져 나와 지금 여기에 존재할 수 있도록 도움을 줄 뿐이다. 상대는 지금 이 순간을 누릴 수 있도록 도움을 줄 뿐이다.

성 없이도 지금 여기로 올 수 있으면 점점 성은 필요없어진다. 점점 사라진다. 그때 성은 더 이상 욕망이 아니다. 이후 관계를 한다 해도 성은 유희가 된다. 욕망으로 관계를 하지 않는 것이다. 이제 성에 의존할 필요가 없기 때문에 성을 집착하지 않는다. 새벽 해가 떠오르기 전에 나무 아래 앉아 명상을 하라. 해가 뜬 후에는 몸이 햇볕의 영향을 받기 때문에 명상 속으로 들어가기가 상대적으로 힘들다. 그래서 동양에서는 일출 전에 명상을 했다. 이 시간을 브라흐마무후르타(brahmamuhurta), 즉 신성한 시간이라고 했다. 옳은 말이다. 해가 떠오르고 에너지가 깨어나기 시작하면 사람은 옛 패턴대로 움직이기 시작한다.

새벽녘, 아직 수평선에 태양이 떠오르지 않고 만물이 고요 속에 잠겨 있고 나무와 새 등 온 세상이 잠들어 있으며 자신의 몸도 내면에서 잠들어 있을 때 나무 밑에 앉으라. 만물이 고요 속에 잠겨 있다. 그냥 이 순간 여기에 있으라. 아무것도 하지 말라. 명상도 하려 하지 말라. 어떤 노력도 하지 말라. 그저 눈을 감고 침묵하라. 대자연의 침묵 속에 있으라. 그러면 어느 순간 갑자기 성에서 체험하던 희열이 보다 크고, 보다 깊게 찾아올 것이다. 내면의 에너지가 막힘없이 흐르는 것을 체험할 것이다. 주변에는 아무도 없다. 그래서 속을 일도 없다. 그 희열은 자신에게서 나오는 것이다. 자신의 내면에서 나오는 것이다. 그 희열은 외부의 누가 주는 것이 아니다. 자신이 자신에게 주는 것이다.

　어떤 분위기가 필요하다. 흥분의 에너지가 아닌 침묵의 분위기가 필요하다. 아무것도 하지 않고 그냥 나무 아래 앉는다. 그러다가 홀연히 희열의 순간이 찾아온다. 이는 쾌감이 아니다. 진정한 행복이다. 바른 근원에서 오는, 바른 방향에서 오는 행복이다. 이를 체득하면 성 속에서 오는 희열도 상대에게서 오는 게 아니라는 것을 깨닫는다. 상대는 거울의 역할을 한다. 자신을 비추는 거울이다. 나 또한 상대를 비추는 거울이다. 서로 현존할 수 있도록 도와주고, 생각하는 마음에서 생각 없는 존재의 상태로 흘러갈 수 있도록 도와준다.

희열의 순간을 주는 것은 무엇이나 매력이 있다. 그 희열은 외부에서 오는 것처럼 보인다. 아니다, 그 희열은 항상 내면에서 오는 것이다. 외부의 대상은 거울일 뿐이다. 내면에 흐르는 행복감이 외부 대상에 비춰지면 우리는 이를 쾌감이나 기쁨이라 부른다. 하지만 우리는 행복을 찾는 것이지 한순간의 쾌감을 찾는 것은 아니다. 참다운 행복을 일별(一瞥)하지 못하면 쾌감을 쫓아다니는 생활을 벗어날 수 없다. 탐닉이란 쾌감을 쫓아다니는 일을 말한다.

쾌감의 순간이 오면 이를 명상으로 변형시켜라. 쾌감이나 기쁨을 느낄 때는 눈을 감고 내면을 들여다보라. 쾌감이나 기쁨이 어디에서 오는지 살펴보라. 이 순간은 참으로 귀중한 순간이다. 절대 놓치지 말라. 깨어 있지 못한 사람은 쾌감이 외부에서 온다고 착각한다. 이는 세상 전체의 그릇된 생각이다.

참나를 찾아 명상을 하고 깨어 있으면 멀지 않아 행복이 내면에서 흘러나온다는 것을 깨달을 수 있다. 행복이 내면에서 흘러나온다는 말은 행복이 내면에 이미 있었다는 말이 된다. 이를 깨달으면 욕망의 탐닉은 떨어져 나간다. 이것이 무욕으로 가는 첫 단계이다. 이제 무엇을 찾지도 구하지도 않는다. 욕망과 싸워서 욕망을 죽인 것이 아니다. 보다 더 위대한 것을 찾은 것이다. 이제 욕망은 하찮아 보인다. 욕망이 스스로 시들어간다.

이 점을 명심하라. 욕망은 죽이거나 없앨 수 있는 대상이 아니다. 욕망은 시들어갈 뿐이다. 보다 깊은 근원을 체험했기 때문에 욕망에 대해서는 무관심해진다. 자력에 이끌리는 것처럼 근원에 이끌린다. 모든 에너지가 내면으로 향하기 시작한다. 욕망에 대한 관심이 멀어져간다.

욕망과 싸우는 게 아니다. 욕망과 싸워서는 결코 욕망을 이길 수 없다. 이는 마치 손에 아름다운 돌을 쥐고 있을 때와 같다. 무슨 말인가 하면, 다이아몬드를 발견하면 이를 손에 넣기 위해 쥐고 있던 아름다운 돌을 버리는 것이다. 이는 돌과 싸우는 게 아니다. 다이아몬드가 눈에 들어오면 돌을 놓는다. 돌의 의미가 사라졌기 때문이다.

이와 같이 욕망도 그 의미를 상실한다. 욕망과 싸워서는 욕망의 의미가 상실되지 않는다. 반대로, 욕망과 싸우면 욕망의 의미는 커질 뿐이다. 욕망의 힘은 더 세지고 욕망이 자신의 존재를 지배한다. 욕망과 싸우면 욕망이 중심이 된다. 성과 싸우면 성이 중심이 된다. 끊임없이 성만을 생각하며 성에 사로잡히게 된다. 마치 상처처럼 보는 대상마다 성이 투사되고, 보는 대상마다 성적인 것이 된다.

지속적인 수행이 열쇠다. 깨어 있음이 필요하고 지속적인 수행이 필요하다. 수행은 무의식적이거나 기계적인 것이 되어서는 안 된다. 깨어 있는 것이어야 한다. 욕망을 내려놓되, 자신이 욕망을 내려놓았는지, 아닌지 모를 정도로 수행을 해야 한다.

깨어서 수행을 하지 않으면 의식은 결정화되지 않는다. 스스로 노력해야 한다. 스스로 노력할 때 무언가를 얻을 수 있다. 깨어 있는 의식 없이는 아무것도 얻을 수 없다. 이 점을 유념하라. 이는 가장 본질적인 것이다. '깨어 있는 의식 없이는 아무것도 얻을 수 없다!' 역사상 가장 뛰어난 성자가 될 수 있을는지 몰라도 의식이 깨어 있지 않다면 모두 다 허망한 것이요 덧없는 것들이다. 깨어 있고자 노력하면 할수록 깨어 있음은 점점 깊어진다. 그러다가 의식이 완전히 깨어나는 순간이 찾아온다. 어떻게 하면 의식은 완전히 깨어나는가?

쾌감이 찾아오는 순간 성이나 음식, 돈, 권력 등이 쾌감을 주는 모든 순간에는 명상을 하라. 이 쾌감이 어디에서 왔는지 살펴보라. 자신이 쾌감의 근원인가, 아니면 그 근원은 다른 곳에 있는가? 근원이 다른 곳에 있다면 나의 변형은 불가능하다. 내가 밖에 있는 근원에 의존하고 있기 때문이다.

그러나 다행히도 근원은 밖에 있는 게 아니라 내면에 있다. 명상을 하면 근원을 찾을 수 있다. '내가 여기 있다' 고 매 순간 근원은 그대의 문을 두드리고 있다. 존재의 근원이 자신의 문을 매 순간 두드리고 있다는 것을 느끼면, 주위에서 일어나고 있는 것처럼 보이는 외부의 상황을 사실은 자신이 만들고 있다는 것을 깨달으면 특별한 상황이 주어지지 않아도 이를 체험할 수 있다. 그러면 음식이나 섹스, 권력 등의 외부 대상에 의존할 필요가 없어진다. 스스로 넉넉해진다. 이러한 느낌, 스스로 충족한 느낌이 찾아오면 대상을 탐닉하고자 하는 마음이 사라진다.

더 이상 음식을 즐기지 않는다는 말이 아니다. 더 깊게 즐긴다. 하지만 음식이 더 이상 행복의 근원은 아니다. 나 자신이 행복의 근원이다. 더 이상 음식에 중독되지도, 음식에 절대 의존하지도 않는다. 두 사람 사이에서도, 두 연인 사이에서도 이렇게 할 수 있다. 상대가 행복의 원천이 아니다. 서로 싸우지도 않는다. 이제 진정으로 서로를 사랑한다.

상대를 의지하고 싶어할 때는 진정으로 사랑할 수 없다. 상대를 싫어할 수는 있다. 상대에게 의지하고 있기 때문이다. 상대가 없으면 행복할 수 없다. 상대가 자신의 행복의 열쇠를 쥐고 있다. 사랑하는 사람들은 항상 싸운다. 상대가 자신의 행복의 열쇠를 쥐고 있기 때문이다. 상대가 자신을 행복하게 만들 수도 있고 불행하게 만들 수도 있다.

자신이야말로 자기 행복의 근원이요 상대는 상대 행복의

근원이라는 사실을 깨달았을 때 둘은 서로의 행복을 나눈다. 서로 의존하지 않는다. 서로의 것을 나눌 수 있다. 서로를 위해줄 수 있다. 그것이 바로 사랑이라는 것이다. 서로를 위해주고 서로를 나누는 것, 타인에게 의존하거나 타인을 이용하려 하지 않는 것, 그것이 곧 사랑이다.

이용은 사랑이 아니다. 상대를 하나의 수단으로 이용하는 것은 사랑의 행위가 아니다. 상대를 이용하면 상대는 그대를 미워하게 되어 있다. 연인들은 서로를 이용하려고 들기 때문에, 서로에게서 이득을 취하려고 하기 때문에 싸운다. 서로를 이용하기 위해 싸우면 가장 아름다워야 할 사랑은 가장 추한 모습으로 전락한다. 자기 행복의 근원은 다른 어느 누구도 아니요 자기 자신이라는 사실을 깨달으면 자신의 행복을 타인과 넉넉하게 나눌 수 있다. 그럴 때 상대는 더 이상 적이 아니라 벗이 된다. 처음으로 우애 친구와의 사랑이 피어나고 삶이 아름다워진다.

자유로운 사람만이 삶을 누린다. 독립적인 존재만이 삶을 누린다. 지나치게 음식에 집착하는 사람은 삶을 즐기지 못한다. 음식으로 배를 채울 뿐 음식 자체를 즐기지 못한다. 그의 식사는 하나의 폭력이다. 일종의 파괴이다. 음식을 파괴하는 것이다. 자신의 행복을 타인에게 의존하려 하는 연인은 항상 싸우고 상대를 지배하려 들고 파괴하려 든다. 행복의 근원이 내면에 있다는 사실을 깨우쳤을 때 삶을 누릴 수 있다. 그러면 삶이 유희가 되며 순간에서 순간으로 기뻐할 수 있다.

이러한 노력이 첫 번째 단계이다. 깨어 있는 의식과 지속적인 수행으로 무욕의 경지에 오른다. 파탄잘리는 이를 첫 번째 단계라고 한다. 수행이나 깨어 있고자 하는 의식도 아직 부족하다는 것이다. 깨어 있는 노력도, 수행도 아직 긴장을 내포한 노력이기 때문이다.

두 번째이자 마지막 단계는 베이라기아, 이는 무욕의 마지막 단계이다.

푸루샤(purusha), 즉 지고한 자아의
내밀한 본성을 깨달아 모든 욕망을 멈춘다.

먼저 모든 행복의 근원은 자기 자신임을 알아야 한다. 다음으로 내면에 있는 자아의 본성 전체를 알아야 한다. 그대가 근원이다. 그렇다면 그 근원은 무엇인가?

먼저 자신이 행복의 근원이라는 깨달음만으로도 이미 충분하다. 다음으로 이 근원의 전체적인 모습이 어떠한가를, 진아(眞我)인 푸루샤가 무엇인지를 알아야 한다. '나'는 누구인가?

근원 전체를 아는 것은 곧 모든 것을 아는 것이다. 행복만이 아니다. 온 우주가 자신 안으로 들어온다. 비단 행복뿐 아니라 존재하는 모든 것이 내면에서 드러난다. 이제 신도 구름 위에 근엄하게 앉아 있는 존재가 아니라 자신의 내면에 있는 존재가 된다. 이제 자신이 근원이요 모든 존재의 뿌리이다. 자신이 모든 것의 중심이 된다.

일단 존재계의 중심이 되면, 자신이 존재계의 중심이 된 것을 알면 모든 번뇌는 사라진다. 이제 무욕은 자연스런 호흡이 된다. 노력도, 애씀도, 고투(苦鬪)도 필요없다. 여여(如如)하다. 자연스럽게 흘러간다. 무욕을 밀고 잡아당길 필요도 없다. 여기에는 밀고 잡아당길 '나'가 존재하지 않는다.

이 점을 명심하라. 투쟁에서 에고가 나온다. 세상과 투쟁하면 객체의 에고가 태어난다. '나는 부자다, 나는 명사다, 나는 권력자다.' 내면과 투쟁하면 주체의 에고가 태어난다. '나는 성자다, 나는 현자다.' 그들 역시 투쟁 속에 있다. 그래서 세상에는 대단히 미묘한 에고를 지닌 경건한 에고이스트들이 존재하는 것이다. 그들은 세속적인 사람들이 아닐 수도 있다. 아니다, 그들은 세속을 떠난 사람들이다. 하지만 투쟁의 세계를 벗어나지는 못했다. 그들은 대단한 것을 얻었다. 하지만 '나'라는 마지막 그림자를 놓지 못하고 있다.

파탄잘리가 말하는 두 번째이자 마지막 무욕의 단계는 에고의 완전한 소멸이다. 그냥 자연스런 흐름만이 존재한다. 나도 없고 깨어 있는 노력도 없다. 그렇다고 깨어 있지 않다는 말이 아니다. 이 단계에서는 완벽하게 깨어 있다. 깨어 있고자 어떠한 노력도 하지 않는다. 순수 의식만이 존재한다. 자신과 존재계를 있는 그대로 받아들인다.

완전한 받아들임, 이것이 노자가 말한 도(道)이다. 바다로 흘러가는 강물이다. 어떠한 노력도 하지 않는다. 바다에 도달하기 위해 서두르지 않는다. 설령 바다에 도달하지 않는다 해도 실망하지 않는다. 설령 수백 년이 걸린다 해도 괜찮다. 강물은 그냥 흐른다. 흐름이 그 본성이기 때문이다. 어떠한 노력도 존재하지 않는다. 그냥 계속 흘러간다.

욕망을 관찰하고 지켜보기 시작할 때부터 미묘한 노력이 나타난다. 첫 단계도 미묘한 노력이기는 마찬가지이다. 행복이 어디에서 오는지 깨어서 살펴보기 시작한다. 그러려면 뭔가를 해야 한다. 그 행위에서 에고가 나온다. 그런 이유 때문에 파탄잘리는 이것은 시작에 불과하다고, 끝이 아니라고 강조하는 것이다. 끝에 가서는 욕망만이 사라지는 게 아니라 나 자신도 사라진다. 내면의 존재만 흐름 속에 남는다.

이러한 자연스런 흐름이 지고의 엑스터시이다. 거기에는 어떤 번뇌도 붙지 못한다. 고통은 기대와 요구하는 마음에서 나온다. 이제 거기에는 기대하는 자도, 요구하는 자도 존재하지 않는다. 일어나는 그대로 좋다. 일어나는 모든 것이 축복이다. 그곳은 비교의 세계가 아니다. 그 자체로 온전할 뿐이다. 비교할 과거도 없고 비교할 미래도 사라졌다. 비교할 사람도 없다. 사물을 번뇌의 눈으로, 고통의 눈으로 보지 않는다. 그곳에서는 설령 고통이 와도 고통으로 느끼지 않는다. 이는 쉽게 이해하기 어렵다. 깊이 헤아려보라.

다리에 통증이 있거나 머리에 두통이 있다고 생각해보자. 인간은 고통의 메커니즘을 잘 살펴보지 않는다. 두통이 생기면 계속 두통에 저항하고 두통과 싸운다. 두통을 원하지 않는 것이다. 두통에 반대하는 것이다. 그래서 두통과 자신을 분리한다. 나는 머리 안 어느 곳에 서 있고 두통은 그 앞에 있다. 앞에 있는 두통을 자신과 분리된 대상으로 보고 싸운다. 이것이 문제이다.

싸우려고 하지 말라. 두통과 함께 흘러가라. 두통이 되라. '이것이 이 순간 내 머리의 모습이다. 어쩔 수 없는 모습이다' 라고 받아들여라. 시간이 흐르면 사라지겠지만 지금 이 순간에는 여기 존재한다. 그러니 저항하지 말라. 그냥 일어나도록 놔두라. 두통과 하나가 되라. 두통과 자신을 분리하지 말고 하나가 되어 흘러라. 그러면 갑자기 알지 못했던 새로운 종류의 행복이 솟아오른다. 저항하는 자가 없으면 두통은 고통스러울 수 없다. 싸움이 고통을 만들기 때문이다. 고통은 '고통과의 싸움' 을 말한다. 그것이 진짜 고통이다.

두통이 나타나면 두 가지 가능성이 있다. 두통과 함께 흐르든가 아니면 두통과 싸우든가. 싸우면 고통이 된다. 같이 흘러가면 고통은 줄어든다. 그 흐름과 하나 되면 고통은 완전히 사라진다.

두통이 생길 때나 몸이 아플 때 이 명상을 해보라. 통증과 함께 흘러가라. 통증과 함께 흐르는 명상을 하면 삶의 심오한 비밀을 체험할 것이다. 통증과 함께 흐를 때 통증이 사라지는 비밀을 체험할 것이다. 완전히 하나가 되어 흐르면 통증은 희열이 된다.

이를 논리적으로 따져서 이해하려 하지 말라. 물론 지적으로 이해할 수는 있지만 그것은 어떠한 체험도 안겨주지 못한다. 실제로 해보라. 매일 많은 상황이 있을 것이다. 어느 때고 뭔가 잘못되었다고 생각되면 그것과 함께 흘러가면서 상황이 어떻게 변형되는가를 살펴보라. 그러한 변형을 통해 문제를 초월할 수 있다.

붓다는 아픔 속에 존재할 수 없다. 그것은 불가능하다. 에고만이 아픔 속에 존재할 수 있다. 에고는 아픔 속에 있어야 하는 존재이다. 에고가 존재하면 기쁨은 아픔으로 변형된다. 에고가 존재하지 않으면 아픔은 기쁨으로 변형된다. 모든 비밀은 에고에 있다.

내면의 가장 깊은 곳의 중심에 있는 진아, 즉 푸루샤를 발견함으로써 모든 욕망이 사라진다. 파탄잘리도, 붓다도, 노자도 진아를 앎으로써 모든 욕망이 사라진다고 말한다. 이는 신비이다. 논리적인 마음은 단지 자신을 안다고 어떻게 모든 욕망이 사라질 수 있느냐고 따질 것이다. 욕망은 참된 자신을 모름으로써 생겨난다. 그래서 참된 자신, 진아를 알면 욕망은 사라지는 법이다. 인간이 추구하는 모든 것은 진아 안에 담겨 있다. 참나 안에 감춰져 있다. 참나를 알면 욕망은 사라진다.

예를 들어 권력을 좇는 사람이 있다고 하자. 인간은 모두 권력을 좇는다. 권력 추구는 인간의 마음에 광기를 낳는다. 장구한 인류 역사는 권력 추구의 역사이다. 그래서 모두다 권력에 중독되어 있는 것 같다.

아이가 태어난다. 이 아이는 무력하다. 무력감이 계속 그를 지배한다. 태어나자마자 무력감을 느낀 아이는 권력을 좇는다. 주위 사람 모두가 새로 대어난 아이보다 강한 권력을 소유하고 있다. 엄마의 권력도 강하고 아빠의 권력도 강하고 형의 권력도 강하고 다른 사람 모두의 권력이 강하지만 아이는 스스로 무력하다. 완전히 무력하다. 그래서 아이에게 일어나는 첫 욕구는 권력이다. '어떻게 하면 강해질까, 어떻게 하면 센 힘을 소유할 수 있을까?' 아이는 바로 그 순간부터 정치적으로 변한다. 권력을 향한 술수를 배우기 시작하는 것이다.

아주 세게 울면 어떤 힘을 획득할 수 있다는 사실을 알기 시작한다. 집안이 떠나갈 듯이 울면 온 집안을 지배할 수 있다. 아이는 울음의 술수를 배운다. 여자는 울음의 술수를 커서도 계속 쓴다. 여자는 울음이 주는 효과를 알기 때문에 커서도 계속 울음을 적절하게 사용하는 것이다. 남자보다 힘이 약한 여자는 울음을 계속 이용할 수밖에 없다. 이는 알고 보면 정치적인 술수이다. 아이는 울음의 잔꾀를 터득하고 필요할 때마다 한바탕 소동을 일으킨다. 그러면 주위 사람들은 아이의 응석을 받아준다. 매 순간 아이는 좀 더 많은 힘이나 권력이 필요하다는 것을 깨달아 간다. 좀 더 자라서 학교에 가고, 성장해서 사랑을 하게 되고, 사회생활을 하게 되고 하면서 배우게 되는 것은 좀 더 많은 힘, 좀 더 많은 권력의 추구이다. 교육을 통해서도 권력을 배운다. 1등을 하면 1등의 권력이 생긴다. 돈을 많이 벌면 돈으로 사람들을 지배할 수 있는 권력이 생긴다. 그렇게 영향력을 키워가고 권력의 영토를 넓혀간다. 아이는 평생 권력을 좇는다.

인간은 권력을 좇아 수많은 생의 시간을 낭비한다. 설령 권력을 손에 넣는다 해도 그 권력으로 무엇을 한단 말인가? 그저 유치한 욕망만을 채울 뿐이다. 욕망의 충족 다음에는 무엇이 오는가? 실망이다, 좌절이다. 욕망을 충족시키지 못해도 역시 실망이다. 욕망이란 완벽하게 충족시킬 수 있는 것이 아니다. 아무리 많은 권력을 쥔다 해도 '자, 이제 내 위는 없다' 하는 시간은 절대 오지 않는다. 세상은 대단히 복잡하고 다양한 사회구조여서, 심지어 히틀러조차도 때때로 자신이 무력하다고 생각했으며 나폴레옹 역시 그랬다. 아무도 절대 권력을 소유할 수 없으며 아무것도 나를 만족시켜줄 수 없다.

나 자신을 안 사람은 절대 권력의 근원을 안다. 그리고 권력에 대한 욕망이 사라진다. 자신은 왕이었는데 거지라고 착각하고 구걸해왔다는 사실을 깨닫기 때문이다. 인간은 더 큰 거지, 더 대단한 거지가 되고자 발버둥친다. 자신이 이미 왕인데도 말이다. 그러다가 갑자기 자신에게 부족함이 없다는 사실을 깨닫는다. 자신은 무력하지 않은 존재이다. 모든 에너지의 근원이요 모든 생명의 근원이다. 어린 시절 느꼈던 무력감은 타인이 주입한 것이었다. 나는 부모에게서, 부모는 할아버지 세대에게서 무력감을 물려받는 악순환을 되풀이한다.

아이들을 온전히 사랑한다면 세상은 완전히 달라졌을 것이다. 아이들에게 무력감을 느끼게 할 게 아니라 아이들의 힘이 넘쳐나도록 사랑으로 배려할 일이다. 그렇게 아이들을 사랑하면 아이들은 권력을 구하지 않는다. 정치적인 술수를 쓰지 않는다. 정치를 하려고 하지 않는다. 돈에 미쳐서 돈을 긁어모으려고 하지 않는다. 돈도 정치도 쓸모없다는 사실을 알게 되기 때문이다. 사랑을 받는 아이는 이미 힘으로 넘친다. 사랑으로 충분하다.

아무도 사랑을 주지 않으면 아이는 사랑의 대용물을 찾는다. 돈과 명예, 권력 등의 욕망에서 그 대용물을 찾는다. 어린 시절에 배웠던 것, 자신의 바이오컴퓨터[3]에 조건화된 것을 좇는다. 내면을 들여다보면 거기에 이미 모든 게 충족되어 있는데, 내면을 보지 않고 조건화된 대로 외면의 욕망을 좇는다.

바이오컴퓨터가 더 이상 간섭하지 못하도록 이 컴퓨터를 침묵시키는 것, 이것이 파탄잘리 가르침의 전부이다. 자신의 내면을 볼 수 있도록, 내면의 가장 깊은 곳에 있는 본성의 소리를 들을 수 있도록 잠시 동안만이라도 자신의 바이오컴퓨터를 침묵의 모드에 놓으라. 단 한번의 일견만으로도 송두리째 변한다. 바이오컴퓨터는 거짓말을 할 줄 모르기 때문이다.

바이오컴퓨터가 인간에게 '이것을 하라, 저것을 하라' 명령을 내린다. 그리고 인간은 계속 바이오컴퓨터의 명령에 졸졸 따라다닌다. 인간이 바이오컴퓨터를 이끌고 가야 한다. 그렇지 않으면 인간은 바이오컴퓨터의 노예로 전락한다.

내면을 들여다보면 다른 어떤 사람, 어떤 대단한 사람이 될 필요가 없다. 지금 있는 그대로의 모습으로 족하다. 전 존재계가 있는 그대로의 나를 받아들이고 기뻐한다. 나는 활짝 피어난 꽃이다. 활짝 피어난 개인이다. 어느 누구와도

---

3)바이오컴퓨터(biocomputer): 생체 컴퓨터, 인간의 몸과 두뇌를 컴퓨터에 비유해서 이르는 말.

다른, 독특한 존재이다. 나의 존재에 대해 신은 기뻐한다. 그렇지 않다면 여기 이렇게 존재할 수 없다. 존재계가 나를 받아들였기 때문에 여기 존재할 수 있는 것이다. 신이 사랑하기 때문에, 존재계가 사랑하기 때문에, 존재계가 나를 필요로 하기 때문에 나는 여기에 존재한다. 나는 필요한 존재이다.

파탄잘리가 말한 푸루샤 '내면에 살고 있는 존재' 라는 뜻 즉 중심에 있는 본성을 알면 다른 것은 필요하지 않다. 몸은 집이다. 푸루샤, 내면에 살고 있는 존재, 내면에 거주하는 의식의 집이다. 내면에 거주하는 의식을 알면 다른 것은 필요없다. 그것으로 족하다. 너무나 족하다. 나는 있는 그대로 완벽하다. 존재계는 나를 완전히 받아들인다. 축복이 된다. 욕망은 사라진다. 욕망은 자신을 몰랐던 데서 왔을 뿐이다. 자신을 알 때 욕망은 사라진다.

좀 더 깊이 내면의 심연 속으로 내려간다. 지복이 내려오고 엑스터시가 내려온다. 단 한번만의 일견으로도 온 세상이 무의미해진다. 세상이 나에게 준 모든 것이 쓸모없어진다.

이 점을 명심하라. 도전적인 자세, 싸우는 자세를 버려라. 명상과 사랑의 자세로 나아가라. 명상을 할 때 이 모든 것은 저절로 일어나 나를 바꾸고 나를 변형시킬 것이다. 싸움을 멈추고 억압을 멈추라. 억압은 더 많은 번뇌를 불러올 뿐이다. 속지 말라.

삶이 고통스러운가? 나의 고통을 만든 것은 다름 아닌 나이다. 나의 고통은 내가 지어냈음을 가슴 깊이 명심하라. 이것이 나의 지표가 되게 하라. 내가 고통을 지어냈기 때문에 내가 고통을 없앨 수 있다. 다른 누가 고통을 지어냈다면 내가 할 수 있는 것은 존재하지 않는다. 내가 고통을 지어냈다. 습관과 태도, 중독, 욕망으로 지어냈다. 그래서 고통을 없앨 수 있는 것은 바로 나다.

습관적인 패턴을 잘라버려라! 새로운 눈으로 보라! 내가 새롭게 태어났을 때 그 삶은 더없는 기쁨이 될 것이다.

4장
전체적인
노력과
귀의

오쇼 수트라

우발적인 인간은 신성을 성취할 수 없다.

인격은 나의 얼굴이요
개성은 나의 존재이다.

바로 이 순간을 궁극의 순간으로 만들라.

눈뜰 준비만 되어 있다면
지금 여기
모든 것은 완벽하다.

전체적인 노력과 귀의

세상에는 세 가지 유형의 구도자가 있다. 첫 번째 유형은 호기심으로 구도의 길을 떠나는 사람이다. 아주 우연히 구도의 길과 마주친 것이다. 신이나 진리, 해탈 등에 대한 이야기를 주위에서 들었거나 책에서 읽고 관심을 갖기 시작했을 것이다. 이런 관심은 이런저런 것들에 관심을 갖는 어린아이의 호기심에 불과하다. 더 많은 호기심의 대상을 찾게 되면 사라질 그런 관심 말이다.

그런 사람은 진리를 성취하지 못한다. 호기심으로는 진리를 달성할 수 없다. 진리는 호기심에 찬 사람에게서는 찾기 힘든 인내심과 끈기, 그리고 지속적인 노력이 필요한 것이기 때문이다. 호기심으로 진리를 구하는 사람은 자신의 기분에 따라 일정 기간 동안은 노력을 해보지만 중도에 끊기기 십상이다. 중도에 끊기면 그때까지 노력한 것이 허사로 돌아간다. 그러면 처음부터 다시 시작해야 한다. 이런 현상이 계속적으로 반복된다.

호기심으로 진리를 구하는 사람은 그 열매를 따지 못한다. 씨앗을 뿌리기는 한다. 씨앗을 뿌린 뒤 때를 기다려야 하지만 자신의 때를 기다리지 못한다. 수많은 관심의 유혹을 뿌리치지 못하기 때문이다. 남으로 갔다가 북으로 가고 동으로 갔다가 서로 가는 형국이다. 망망대해를 표류하는 나뭇가지와 같다. 방향을 상실한 채, 그의 에너지는 하나의 방향으로 흐르지 못한다. 상황에 따라 그저 휩쓸리기만 한다. 그는 우발적이다. 우발적인 사람은 신성을 성취할 수 없다. 갖가지 노력은 할지 몰라도 모두가 헛수고로 돌아간다. 그는 낮에 구도의 집을 짓고 밤에 그 모두를 허물기 때문이다. 그에게는 인내가 필요하다.

구도자의 두 번째 유형은 탐구 정신으로 구도의 길을 떠나는 사람이다. 그는 호기심으로 구도를 하지 않는다. 그는 치열한 탐구심으로 길을 간다. 하지만 그것 역시 부족하다. 그도 역시 아직 지적인 것에 구도의 토대를 두고 있기 때문이다. 그는 철학자는 될 수 있지만 종교적인 사람은 될 수 없다. 그는 깊이 탐구하지만 그 탐구는 지적이다. 아직 머리 지향적이다. 이는 구도자가 넘어야 할 산이다.

삶과 죽음이 문제가 아니다. 그것은 수수께끼와 같다. 사람들이 낱말맞추기 게임에서 문제 푸는 것을 즐기는 것처럼 두 번째 유형의 구도자는 수수께끼와 같은 진리의 문제 푸는 것을 즐긴다. 이를 풀어내야 한다. 이를 풀 수만 있다면 굉장히 기분 좋을 것이다. 그러나 이는 지적인 것이요 에고와 깊은 관련을 맺고 있다. 이런 유형의 사람은 철학자 타입이다. 그는 열심히 한다. 열심히 생각하고 열심히 사색하지만 명상은 하지 않는다. 그는 이성적이고 논리적으로 사유하면서 여러 실마리들을 잡는다. 이론을 만들고 체계를 세우지만 이 모두 자신의 투사에 지나지 않다.

진리는 구도자의 전부를 원한다. 99.9퍼센트조차도 안 된다. 진리는 구도자의 100퍼센트를 요구한다. 하지만 머리는 1퍼센트에 불과하다.

다음으로 세 번째 유형의 구도자, 파탄잘리는 이런 구도자를 무묵샤(mumuksha)의 사람이라고 부른다. 사실, 무묵샤라는 말은 번역하기 대단히 어렵지만 한번 해보겠다. 무묵샤는 욕망 없는 욕망을, 완전히 해탈한 욕망을, 윤회의 수레바퀴로부터 벗어난 욕망을, 다시는 태어날 필요가 없고 다시는 죽을 필요도 없는 욕망을 뜻한다. 인간은 수없는 생을 걸쳐 생과 사를 반복한다. 무묵샤는 윤회의 수레바퀴에서 완전히 해방되는 것을 의미한다. 권태와 고통, 인간은 이것들로부터 벗어나고자 한다. 탐구는 이제 생사의 문제가 된다. 자신의 존재 전부를 걸어야 한다. 파탄잘리는 모크샤(해탈)의 서원을 세운 무묵샤의 사람만이 종교적인 사람이라고 말한다. 파탄잘리는 구도자의 존재 전부가 필요하다고 말한다.

진지하고 치열하게 노력하는 자에게 성공은
가장 가까이 있다.
성공의 기회는 노력의 정도에 달려 있다.

'진지함'이란 자신을 어떤 대상에 완전히 쏟아붓는 것을
말하는데 진지함의 뜻을 잘못 알고 있는 경우가 허다하다.
사람들은 진지함을 심각함으로 잘못 안다. 심각함은 결코
진지함이 아니다. 진지함은 무엇인가에 완전히 자신을 쏟아
붓는 자세를 말한다. 장난감을 가지고 노는 아이는 정말 진
지하다. 완전히 진지하다. 다른 어떤 생각도, 걱정도 없이
그 놀이에 완전히 몰입한다. 아이 자신은 거기 없고 놀이만
이 계속된다.

아무것도 생각하지 않는 그는 어디에 있는가? 그는 행위
와 완전히 하나가 되었다. 배우가 거기에 없다. 행위자가 거
기에 없다. 행위자가 사라질 때 진지함이 나타난다. 행위자
가 없는데 어떻게 심각할 수 있단 말인가? 진지함은 수련할
수 있는 대상이 아니다. 심각함은 수련을 하거나 개발할 수
있다. 하지만 진지함은 아니다. 진지함은 몰입의 그림자가
아니다. 몰입 자체이다. 파탄잘리는 말한다. "진지하고 치
열하게 노력하는 자에게 성공은 가장 가까이 있다."

물론 진지함과 치열함을 붙여 말할 필요는 없다. 진지한 것은 항상 치열하기 때문이다. 그런데 파탄잘리는 왜 진지하고 치열하라고 말하는가? 거기에는 이유가 있다. 물론 진지한 것은 항상 치열하다. 하지만 치열한 것은 항상 진지한 게 아니다. 구도자는 대상에 치열할 수 있지만, 그렇다고 해서 항상 진지한 것은 아니다. 진지할 수도 있고 진지하지 않을 수도 있다. 심각함 속에서도 치열할 수 있다. 그래서 파탄잘리는 '진지' 하면서 '치열' 하라고 말하는 것이다. 분리된 존재 속에서도 치열할 수 있으며 좋지 않은 기분 속에서 치열할 수 있고 화가 났을 때나, 정욕에 휩싸여 있을 때 등등 수많은 상황 속에서도 치열할 수 있지만 항상 진지한 것은 아니다.

섹스에 치열할 수 있지만 그렇다고 꼭 진지한 것은 아니다. 섹스가 곧 사랑은 아니기 때문이다. 섹스를 아주 아주 치열하게 할 수 있지만 성욕을 채우면 그 치열함은 사라진다. 반대로, 사랑은 치열하지 않을지 몰라도 진지하다. 사랑은 진지하기 때문에 그 치열함은 계속된다. 우리는 진정으로 사랑할 때 시간의 한계를 벗어난다. 그 사랑은 항상 치열하다. 이 점을 분명히 하라. 진지함 없는 치열함은 영원할 수 없다. 순간에 흘러갈 뿐이다. 욕망이 솟아오르면 치열해진다. 그러나 사실 그 치열함은 참다운 치열함이 아니다. 그것은 욕망에 의해 강요된 것이다.

성욕을 느끼거나 배고픔을 느낄 때 몸과 에너지 전체가 그 욕구를 발산하고자 한다. 그러면 사람은 치열해진다. 이 치열함은 자신의 것이 아니다. 그의 존재에서 오는 것은 아무것도 없다. 그 치열함은 생물학적 욕구에 의해 강요된 것이다. 호르몬이 그의 존재를 강요하는 것이다. 그것은 중심에서 나오지 않는다. 그것은 주변이 중심을 강요한 결과이다. 주변이 중심을 강요하면 그가 치열해지고, 성욕을 충족하면 치열함과 여자에 대한 관심은 사라진다.

잠자리에서 남자에게 이용당한 것 같다는, 속은 것 같다는 말을 많은 여성들로부터 들었다. 같이 잠자리에 들어 남편이 처음에는 사랑스럽게, 정열적이고 행복하게 해주다가 행위가 끝나자마자 돌아누워 자버린다는 것이다. 남자는 행위를 끝내고 여자에게 어떻게 해주어야 하는지 관심을 두지 않는다. 행위를 끝내고 한마디 말도 없이 돌아눕는 것을 볼 때 여자는 이용당했다고 느낄 수밖에 없다.

인간의 치열성은 다분히 생물학적이고 호르몬적이다. 치열성은 자기 자신으로부터 나오지 않는다. 섹스에서 전희는 있어도 후희는 존재하지 않는 것 같다. '후희'라는 말조차도 없는 것 같다. 나는 성에 관한 수천 권의 책을 읽어보았지만 후희라는 말을 보지 못했다. 이런 섹스를 두고 사랑이라 이름할 수 있는가? 육체적인 욕망만 만족시키면 모든 게 끝이다. 여자는 이용을 당했다고 느낀다. 이제 남자는 여자를 헌신짝처럼 버린다. 물건처럼 사용이 끝났으니까 버리는 것이다. 그러다가 다시 성욕이 일어나면 여자에 관심을 두기 시작하고 치열한 사랑을 나누고자 달려든다.

그래서 파탄잘리는 말한다. "진지하면서 치열하라!" 종교는 성(性)과 같다. 성보다 깊고 성보다 높으며 성보다 거룩하지만, 성과 같다. 종교는 한 개인이 존재계 전체와 만나는 일이다. 이는 깊디 깊은 오르가슴이다. 개인은 전체 속으로 녹아든다. 그러다가 완전히 사라진다. 기도는 사랑과 같다. 요가, 사실 요가라는 말은 만남, 두 개인의 만남, 합일을 뜻한다. 요가의 만남은 너무 깊고 치열하고 진지해서 둘 모두가 사라진다. 둘간의 경계가 흐려지고 드디어는 하나가 된다. 치열하고 진지한 만남은 그럴 수밖에 달리 도리가 없다. 자신이 진지하지도 않고 치열하지 않다면 자신의 존재 전부를 걸어야 한다. 그래야만 궁극을 성취할 수 있다. 자신을 송두리째 걸어야 한다. 그 이하로는 아무것도 이룰 수 없다.

이것이 구도의 길의 하나이다. 이는 의지의 길이다. 근본적으로 파탄잘리는 의지의 길이지만 다른 길의 존재 가능성에 대해서도 알고 있었다. 그는 다른 길에 대해 다음과 같이 간단한 주(註)만을 달았다.

성공은 신에게 귀의하는 자만이
이를 수 있다.

이 주는 다른 길도 존재함을 가리키고 있다. 파탄잘리는 매우 생각이 깊다. 대단히 과학적인 사고의 소유자이다. 그는 단 하나의 빈틈도 허용하지 않는다. 그는 간단하게 주를 달아 다른 길의 가능성도 언급한다. "성공은 신에게 귀의하는 자만이 이룰 수 있다."

수행이냐 귀의냐? 전체성[1]이 요구된다는 점에서 근본은 같다. 두 길은 다르지만 완전히 다르지는 않은 것이다. 그 모습과 형태와 방향은 다를지 모르지만 본질적인 의미는 같다. 둘 다 신성(神性)으로 통하기 때문이다. 수행에도 전체성이 요구된다. 귀의에도 전체성이 요구된다. 그래서 나에게는 하나의 길밖에 없다. '전체성으로 하라.' 수행으로 전체성을 불러오든, 귀의나 내맡김으로 전체성을 불러오든 그것은 자신에게 달렸다. 자신의 모든 것을 거는 전체성이 있어야 한다는 점을 항상 명심하라.

신에게 귀의한다는 것은 무엇인가? 어떻게 귀의를 하는가? 귀의는 대체 어떻게 가능한가? 끊임없이 수행을 하되 실패만을 거듭할 때 귀의는 찾아온다. 스스로를 의지하면서 자신이 할 수 있는 모든 노력을 다 경주한다. 수행자는 스스로에게 의지한다. 그것은 의지력이요 의지의 길이다. 스스로에게 의지하지만 실패하고 또 실패한다. 다시 일어났다가

---

1)전체성(totality): 온 마음과 정신과 의식이 한 점에 모이는 상태.

넘어지고 다시 일어났다가 넘어지고 다시 일어나 길을 걷는다. 실패만을 거듭하다가 수행 자체가 실패의 원인이었음을 깨닫는 순간이 온다. 수행 자체가 단단한 에고였던 것이다. 이때 단 하나의 가능성밖에 없다. 자신의 수행을 내려놓는 일이다. 수많은 길을 뚫어보고 가보고 노력했지만 실패의 연속이었다. 하고 또 하고, 이렇게 해보고 저렇게 해보고 실패의 연속이었다. 좌절이 극에 달할 때, 더 이상 어떻게 할 수 없을 때 파탄잘리는 "이제 신에 귀의하라"고 말한다.

신은 구도자의 귀의를 돕는 가설적인 존재일 뿐이다. 온전히 귀의하면 신이 존재하지 않는다는 것을 알게 된다. 파탄잘리에게는 신조차도 귀의를 돕는 가설적인 존재이다. 신은 서짓이다. 그래서 나는 파단질리가 영리한 스승이라고 말하는 것이다. 구도자를 도와주기 위한 거짓이다. 귀의가 목적이지 신이 목적이 아니다. 이 차이를 잘 알아야 한다. 신이 목적이라고 신이 참으로 존재한다고 믿는 사람들이 많기 때문이다.

자기 스스로의 귀의를 위해 신이라는 존재를 가정할 뿐이라고 파탄잘리는 말한다. 신은 가정의 존재이다. 구도자가 온전히 귀의 속으로 들어갔을 때 그는 웃을 것이다. 신은 존재하지 않는다는 사실을 발견하기 때문이다. 아니, 그는 거기서 헤아릴 수 없는 신을 만난다. 그가 귀의하면 그 자신도 신이 된다. 그럼으로 파탄잘리가 말하는 신과 기독교가 말하는 신을 혼동하지 말라! 파탄잘리가 말하는 신은 모든 존재의 가능태이다. 인간은 신을 배태한 씨앗이다. 모든 인간이 그렇다. 씨앗이 꽃피어나면, 활짝 열리면 그 씨앗은 신이 된다. 모든 인간과 존재가 궁극에 가서는 신이 된다.

'신'은 궁극의 절정, 궁극의 개화(開花)를 뜻한다. 하지만 신 자체는 존재하지 않는다. 유일신은 존재하지 않되, 무수한 신들이 존재한다. 이는 완전히 다른 개념이다. 회교도에게 물어보라. 그들은 유일한 알라신만이 존재한다고 힘주어 말할 것이다. 기독교인들에게 물어보라. 그들은 유일한 하나님밖에 없다고 말할 것이다. 이들과는 달리 파탄잘리는 대단히 과학적이다. 신은 하나의 가능성인 것이다. 모든 사람들이 이 가능성을 가슴 안에 지니고 있다. 모든 사람들은 신이 될 수 있는 씨앗이요 가능성이다. 더 이상 아무것도 존재하지 않는 궁극의 지점에 도달했을 때 자신이 신이 된다. 많은 사람들이 이전에 도달했다. 많은 사람들이 이후에도 도달할 것이다.

신은 활짝 깨어난 의식의 경지이다. 신은 인간이 아니라 '개인'이다. 따라서 인격과 개성의 차이를 잘 이해해야 한다. 인격은 주변적이다. 우리는 사람들을 볼 때 그들의 인격을 본다. 상대를 보면서 이렇게 말한다. '인격이 좋다. 인격이 훌륭하다. 인격이 나쁘다.' 자신의 인격도 마찬가지이다. 다른 사람들의 견해가 결정해준 것이다. 이 땅에 혼자 있다고 생각해보라. 자신의 인격은 있을 수 없다. 누가 '인격이 훌륭하군요, 나쁘군요' 할 수 있는가? 누가 '당신은 위대한 지도자입니다' 라고 해주겠는가? 주위에 아무도 존재하지 않으면 자신에 대한 견해도 존재할 수 없고 따라서 자신의 인격도 존재할 수 없다.

인격은 나의 얼굴이고 개성은 나의 존재이다. 파탄잘리가 말하는 신은 인격이 아니다. 신은 각 존재의 개인성이다. 어린 사람이 성인이 되면 다른 사람의 의견에 신경쓰지 않게된다. 다른 사람이 자신에 대해 하는 말들은 유치해보인다. 진정으로 중요한 것은 사람들이 하는 말이 아니라 나 자신이다. 나의 존재이다. 사람들이 나에 대해 하는 말들은 의미가 있다. 중요한 것은 나의 존새, 나의 참된 모습이다. 그것이 나의 개인성이다.

새로운 차원이 열린다. 새로운 차원의 유희가 열린다. 인격에 관심을 두면 둘수록 삶은 외면적이고 표피적인 것이된다. 항상 결과를 걱정하고 목표를 달성할 수 있을까 염려하고 이 일이 성공에 도움이 될까 노심초사하며 내일 일을 고민한다.

파탄잘리는 말한다. "자신의 중심에 자리를 잡으면 삶을 유희한다. 세상을 유희한다." 삶은 게임이요 아름다운 게임이다. 결과에 대해 걱정할 필요없다. 결과는 중요하지 않다. 의미 없다. 그 자체를 위해서 하는 것이 가치 있다. 내가 그대에게 말하고 그대는 나를 듣는다. 그대는 목적을 갖고 듣지만 나는 목적 없이 말한다. 뭔가를 얻고자 하는 목적을 갖고 그대는 내 강의를 듣고 있다. 지식이나 수행법, 명상 기법 등을 얻어서 생활 속에서 활용하고자 듣는다. 그대는 결과에 매여 있다. 나는 아무런 목적 없이 강의하고 있다. 나는 그냥 즐기고 있다.

'본질적인 가치' 라는 말을 유념하라. 생활 속에서는 항상 본질적인 가치가 있는 행동을 하라. 결과에는 신경쓰지 말라. 결과에 신경을 쓰면 자신의 행동은 하나의 수단이 되고 목적은 미래로 멀어진다. 수단 자체를 목적으로 삼아라. 길을 목적지로 삼아라. 바로 이 순간을 궁극으로 삼아라. 그 이상은 존재하지 않는다. 이것이 신의 경지이다. 유희할 때 신의 경지를 일견(一見)할 수 있다.

인간은 자신의 운명을 들여다보지도 않고 수많은 생을 살고 있다. 눈이 미래에 고정되어 있기 때문이다. 인간의 눈은 현재를 보지 않는다. 자신의 눈만 뜨면 지금 여기 모든 것은 있어야 하는 대로 있음을 볼 수 있다. 아무것도 필요하지 않다. 어떠한 행위도 필요하지 않다. 매 순간마다 존재계는 완전하다. 존재계는 불완전했던 적이 없다. 그럴 수 없다. 과거에 불완전했었다면 어떻게 다시 완전해질 수 있겠는가? 불가능하다.

존재계는 그 자체로 완전하다. 거기에 하나라도 보탤 필요가 없을 만큼 완전하다. 이를 이해한다면 귀의로써 충분하다. 수행도 프라나야마[2]도 바스트리카[3]도 쉬르샤사나[4]도 아사나[5]도 명상도 아무것도 필요없다. 이를 이해하면 존재계는 있는 그대로 완벽하다. 안을 보고 밖을 보라. 모든 것은 완전하다. 찬미와 축제밖에 할 게 없다. 귀의의 사람은 찬미를 시작한다.

2)프라나야마(pranayama): 조식(調息). 호흡을 통해 생명 에너지인 프라나를 조절하는 수련.
3)바스트리카(bhastrika): 요가의 깊고 빠른 호흡법.
4)쉬르샤사나(shirshasana): 요가의 물구나무 자세.
5)아사나(asana): 요가의 자세

5장
우 주 의
소 리

오쇼 수트라

완벽한 개화를 옴이라고 한다.

옴을 염송하면서 깨어 있으면
옴과 그 염송은
인간의 최면상태를 푼다.

옴을 염송하면
존재의 중심으로 들어갈 수 있다.

우주의 소리

옴[1]은 우주 소리의 상징이다. 사람은 내면에서 생각이나 말의 소리를 들을 뿐, 자신의 존재가 내는 소리는 듣지 못한다. 바람이나 욕망이 없을 때, 몸을 잊어버렸을 때, 마음이 사라졌을 때 어떤 일이 일어나는가? 존재가 완벽한 꽃으로 피어난다. 이 완벽한 개화(開花)를 옴이라고 한다. 자신이 사라졌을 때 우주의 참된 소리가 들린다. 이것을 옴이라고 한다.

이는 우주의 소리이다. 마음의 작용이 멈출 때 이 소리를 들을 수 있다. 사람들의 내면에는 너무나 많은 말들이 오가기 때문에 우주의 소리를 듣지 못한다. 옴은 침묵의 소리이다. 그 침묵은 너무 깊은 것이어서 마음이 완전히 멈추지 않으면 우주의 소리는 들리지 않는다. 힌두교인은 상징적인

---

1)옴(Aum 혹은 Om): 베다 독송의 전후나 기도 시작, 혹은 명상의 한 방편으로 염송하는 신성한 소리. '그럴지어다' 라는 의미를 내포하고 있다.

언어인 옴이라는 이름으로 힌두교 신들을 불렀다. 파탄잘리는 말한다. "신은 옴으로 알려졌다."

옴을 염송하고 명상하라.
옴을 염송하고 명상하면
모든 장애물이 사라지고 새로운 의식이 깨어난다.

'옴-, 옴-, 옴-.' 옴을 계속하여 염송하고 명상하면서 지켜보라. '옴-, 옴-, 옴-.' 소리가 몸 전체로 퍼지면서 의식이 깨어나 자신의 모습을 지켜본다. 이것이 명상이다. 내면에 옴의 소리를 내되 산 위의 관조자가 되라. 계곡에서 '옴-, 옴-, 옴-'의 소리가 울려퍼지고 자신은 위에서 내려다보며 관조한다. 지켜보지 않으면 잠에 빠지기 쉽다. 염송을 하다 빠져드는 잠은 최면의 잠이다.

때에 따라서는 최면을 사용할 수 있지만 습관적으로 사용해서는 안 된다. 습관적으로 사용하면 결국 생활 속에서도 최면에 빠진 듯한 상태가 되기 때문이다. 행동이 몽유병자와 같고, 모습은 강시처럼 보일 것이다. 옴의 소리는 우주의 소리이기 때문에 자장가로 들리기 십상이다. 깨어 있지 않은 상태에서 옴을 쉬지 않고 반복하면 술에 취하는 것처럼 취하게 된다. 이는 위험하다. 참다운 것은 취하는 것이 아니라 깨어 있는 것이다. 깨어 있지 않은 상태에서 만트라[2]를 외면 잠재의식에 빠지기 쉽다. 잠재의식에 빠지면 깊은 잠을 잘 수 있다. 심신 건강에 좋다. 잠재의식에 빠진 가운데에서도 만트라를 계속 염송하면 무의식에 빠진다. 강시가 되는 것이다. 그래서 파탄잘리는 계속해서 '옴을 염송하면서 명상하라' 고 강조하는 것이다.

옴의 소리가 계속 몸 전체에 울려퍼지게 하되 의식을 놓지 말라. 옴을 염송하면 기분이 좋아지기 때문에 깨어 있는 의식을 놓기 십상이다. 점점 더 많이 깨어 있으라. 옴의 소리가 점점 깊이 들어갈수록 점점 더 깨어 있으라. 옴의 소리는 신경계를 이완시키는 것이어야지 의식을 이완시키는 것이어서는 안 된다. 옴의 소리는 신체와 그 조직을 수면 상태로 인도하는 것이어야지 의식을 수면 상태로 인도하는 것이어서는 안 된다.

그러면 두 가지가 동시에 일어난다. 옴의 소리는 신체를 휴식의 상태로 인도하고 각성은 의식을 초의식의 상태로 상승시킨다. 신체는 무의식으로 옮아가고 깊은 수면상태로 들어가 강시처럼 되며 명상가는 초의식의 존재가 된다. 신체는 존재의 바닥에 가 닿고 의식은 존재의 정상에 가 닿는다.

---

2)만트라(mantra): 진언(眞言), 기도나 명상으로 염송하는 주문.

신체는 계곡이 되고 의식은 봉우리가 된다. 옴의 염송은 이 점으로 가야 한다.

하지만 명심할지어다. '염송에는 명상이 꼭 뒤따라야 한다.' 염송만으로는 되지 않는다. 염송은 명상을 도와주는 역할을 해야 한다. 염송은 더없이 신묘한 소리(옴)를 만들지만 이 역시 객체이다. 이 신묘한 소리에 깨어 있으면 각성 또한 더없이 신묘해진다. 거친 사물을 지켜보면 각성은 거칠어진다. 성적인 몸을 보면 각성은 성적으로 변한다. 탐욕의 눈으로 사물을 보면 각성은 탐욕이 된다. 무엇을 지켜보든 자신은 지켜보는 대상이 된다. 관찰자는 피관찰자가 되는 것이다. 이 점을 가슴에 새겨라.

크리슈나무르티는 계속해서 관찰자는 피관찰자가 된다고 역설했다. 어떤 대상을 관찰하면 자신의 의식은 그 대상이 된다는 것이다. 세상에서 가장 깊은 소리, 가장 아름다운 음악, 소리 없는 소리, 창조된 적이 없는 소리, 존재계의 본성인 옴의 소리를 관찰하면, 옴의 소리에 깨어 있으면 그는 옴이 된다. 우주의 소리가 된다. 주체와 객체가 만나 서로에게 녹아들어 하나가 된다. 그 경지가 바로 주체와 객체가 합일하는, 아는 자와 알려지는 자가 더 이상 존재하지 않는 초의식의 세계이다. 주체와 객체가 사라지고 하나만이 남는다. 이 하나 됨이 요가이다.

요가라는 말은 어근 '유즈(yuj)'에서 왔다. 유즈는 만남이나 결합을 뜻한다. 주체와 객체가 합일하는 것이다. 주체와 객체가 합일하면 분리는 사라지고 초의식의 경지에 오르게 된다.

파탄잘리는 말한다. "옴을 염송하고 명상하면 모든 장애물이 사라진다." 장애란 무엇인가? 이제 파탄잘리는 장애 하나하나에 대해서 설명하고 옴의 염송과 명상이 어떻게 장애물들을 없애는지 밝힌다. 이를 잘 새겨들어라.

질병과 권태, 의심, 부주의, 나태, 성욕, 환영, 무기력, 불안정 등이 마음을 어지럽히는 장애물이다.

파탄잘리가 말하는 질병(disease)은 불편함(dis-ease)을 말한다. 기(氣)가 원활히 흐르지 못하는 상태를 말한다. 그래서 불편하게 느낀다. 이런 불편함이 지속되면 몸이 상하게 된다. 파탄잘리라면 침술에 대해 절대적으로 찬성할 것이다. 침술은 깨달음과는 별 상관이 없지만 몸이 왜 불편하게 되었는지, 병이 왜 생겼는지를 아주 정확하게 다룬다. 한의학은 몸에 기가 흐르는 700여 개의 경혈(經穴)[3]을 발견했다. 이들 700여 개의 경혈은 온몸에 퍼져 있다. 그런데 기가 하

---

3) 경혈(經穴): 경락(經絡)의 기혈(氣血)이 신체 표면에 모여 통과하는 부위로, 한의학에서는 이 부위에 침을 놓거나 뜸을 떠서 자극을 내부 장기(臟器)로 전달하여 질병을 치료한다.

나의 원이 되어 원활하게 흐르지 않으면 일부 경혈에 문제가 생기며, 어떤 경혈은 기능이 저하되다가 전혀 기가 통하지 않는 상황이 발생하면 병이 생긴다. 침술에서는 다른 치료 없이, 약물을 투여할 필요없이 기가 막힌 부위의 경혈을 침으로 뚫어주면 기가 원활히 흘러 질병이 치료된다고 한다.

파탄잘리가 말하는 질병은 몸의 오라[4]와 프라나, 생체 에너지, 즉 기의 흐름에 문제가 생긴 것이다. 옴의 염송을 통해 문제가 생긴 기의 흐름을 치료한다. 가끔 신전에 홀로 앉아 있으라. 오래된 신전의 돔형 방안에 앉아 있으라. 둥그런 돔형의 방은 소리를 반사한다. 그 안에 앉아 큰 소리로 옴을 염송하면서 명상하라. 소리가 천장에 반사된 뒤 자신에게 비가 되어 내려오게 하라. 그러면 얼마 지나지 않아 온몸이 평화와 침묵의 분위기에 휩싸이게 될 것이다. 몸의 기운이 차분하게 가라앉을 것이다.

첫 번째 장애물은 질병이다. 프라나 에너지(기)에 문제가 생기면 수행을 진전시킬 수 없다. 병을 짊어지고 어떻게 앞으로 나아간단 말인가? 이런 상태에서는 깊은 차원으로 들어갈 수 없다. 먼저 건강을 회복해야 한다. 건강에 대한 인도어는 참 뜻이 깊다. 스와스티아(swasthya), 이는 '자신이

---

4)오라(aura): 물체에서 발산되는 기운이나 빛.

되는 것'을 뜻한다. 건강에 대한 산스크리트어도 자신이 되는 것, 중심으로 들어가는 것을 뜻한다. 건강에 대한 영어의 '헬스(health)'도 의미심장하다. '신성(holy)'이나 '전체(whole)'와 같은 어원이다. 인간이 전체가 되면 건강해지고, 전체가 되면 신성해지는 것이다. 단어의 어원을 살펴보면 삶의 깊은 통찰을 얻을 수 있다. 어원은 인류가 오랜 세월 동안 경험한 바를 축적하여 만들었기 때문이다. 말은 우연히 생기지 않는다.

인간은 분리되지 않고 전체가 될 때 기의 흐름이 원활해진다. 쓸모없는 데 에너지가 낭비되지 않는다. 바퀴의 움직임처럼 몸 전체에서 기가 원활하게 순환한다. 기는 스스로 영원히 흐른다. 선상하지 않으면 더 이상 앞으로 나아살 수 없기 때문에 먼저 건강해야 된다고 파탄잘리는 못을 박고 있다. 병이나 불편함, 깨어진 기의 흐름은 두고두고 구도자를 방해한다. 이러면 명상을 해도 힘이 들고 기도를 하고자 해도 할 수 없고 그냥 쉬고 싶어진다. 에너지가 원활히 돌지 않기 때문이다. 이렇게 해서 에너지가 떨어지면 앞으로 나아갈 수 없다. 신을 향해 나아갈 수 없다. 파탄잘리에게 있어 신은 마지막 지점에 있는 존재이다. 지금 시작하는 입장에서는 많은 에너지가 필요하다. 건강한 몸과 마음과 존재가 필요하다. 질병은 불편함이다. 몸의 에너지가 편하지 않은 것이다. 이럴 때는 옴을 염송하거나 기타의 방법을 쓰는 게 좋다. 기타의 방법에 대해선 나중에 알아보자. 지금 파탄잘리는 옴이나 그 소리가 인간이 전체론적인 존재가 되는 데 어떻게 좋은지 이야기하고 있다.

파탄잘리나 인간의 기를 깊이 탐구한 사람들 모두가 한결같이 확신하는 바가 있다. 이를 잘 알아야 한다. '몸이 아프면 아플수록 인간은 더욱 성적(性的)으로 변한다.' 자신이 완벽하게 건강할 때는 성적이지 않다. 보통 우리는 이와 반대로 생각하는 경향이 있다. 건강한 사람은 성적이고 성을 탐하고 이것저것 몸과 세상을 즐기는 것으로 생각한다. 하지만 아니다. 몸은 아플 때 더욱 성적으로 변하고 성을 생각한다. 몸이 아프면 성욕이 인간을 지배하는 것이다. 하지만 온전히 건강하면 성이나 성욕은 멀어진다.

왜 그런가? 자신이 온전히 건강하면 스스로 자족하기 때문에 타인이 필요하지 않기 때문이다. 몸이 아프면 자신이 불편하기 때문에 타인을 필요로 한다. 이는 역설적으로 보인다. 인간은 아플 때 타인을 필요로 한다. 아픈 두 사람이 만난다. 그러면 그 병은 두 배가 되는 게 아니라 여러 배가 된다.

결혼생활에서 벌어지는 일도 이와 같다. 두 명의 병든 사람이 만나 그 병을 여러 배로 키우고 지옥과 같이 추한 삶을 산다. 아픈 사람은 타인을 필요로 한다. 병든 사람은 주변에 병의 기운을 퍼트린다. 건강한 사람에게는 타인이 필요없다. 건강한 사람이 사랑을 하는 것은 필요에 의해서가 아니라 나누고자 함이다. 완전히 다른 상황이다. 건강한 사람은 어느 누구도 필요없다. 스스로 건강이 흘러넘쳐 나누고자 할 뿐이다.

병든 사람은 성을 필요로 하지만 건강한 사람은 사랑을 나눈다. 사랑은 완전히 다른 현상이다. 두 명의 건강한 사람이 만나면 건강은 여러 배가 된다. 그들은 서로를 도와 함께 궁극으로 나아간다. 건강의 궁극을 향하여 서로를 돕는다. 곤궁한 마음이 없어지고 의존성이 사라진다.

스스로에게 불편함을 느낄 때는 성이나 성욕에 빠지지 말라. 좀 더 건강할 수 있는 방법을 찾아보라. 요가의 아사나도 좋다. 아사나에 대해서는 파탄잘리가 아사나에 대해 언급할 때 다시 보도록 하자. 지금 파탄잘리는 옴을 염송하면서 명상하면 질병이 사라진다고 말하고 있다. 그의 말이 맞다. 현재의 질병이 사라질 뿐만 아니라 미래의 질병도 사라진다.

옴의 염송에 온전히 몰입하면 염송하는 자는 완전히 사라지고 순수의식과 불꽃만이 염송하는 자를 휘감는다. 에너지가 내려앉아 원을 이룬다. 삶의 가장 복스러운 순간이 된다. 에너지가 내려앉아 조화롭게 원을 이루면 갈등도 불화도 사라지고 염송하는 자는 하나가 된다.

두 번째 장애물은 권태이다. 권태는 에너지의 수준이 떨어진 상태를 말한다. 그런 사람은 도와 진리를 찾고자 하나 에너지가 없어 미적지근하다. 그는 사라지고자 하나 방도가 보이지 않는다. 항상 신이나 모크샤, 요가, 이것저것을 이야기하지만 그저 말로 그치는 것이다. 에너지의 수준이 낮으면 말은 할 수 있다. 그게 전부다. 진리를 구하고 뭔가를 하고자 할 때는 적지 않은 에너지가 필요하기 때문이다.

옴을 염송하고 명상을 하면 에너지의 수준이 높아진다. 어떻게 그런가? 왜 사람들은 항상 에너지가 떨어져 피곤해하는가? 심지어 아침에 일어날 때부터 피곤을 느끼는 사람도 있다. 왜 그런가? 에너지의 흐름에 구멍이 생겼기 때문이다. 에너지가 새어나가고 있는 것이다. 자신은 이를 자각하지 못하지만 에너지 통에 구멍이 생겼다. 매일 통에 에너지를 채우지만 통을 들여다보면 항상 비어 있다. 에너지 통이 새는 것을 막아야 한다.

에너지는 어떻게 새어나가는가? 이는 아주 중요한 생체 에너지의 문제이다. 에너지는 항상 손가락이나 발가락, 눈 등을 통해 새어나간다. 머리에서는 **빠져나가지 않는다**. 머리는 둥글기 때문이다. 신체의 둥근 부위는 에너지를 저장하는 역할을 한다. 그래서 요가의 자세인 싯다사나[5]나 파드마사나[6]에서 몸 전체를 둥글게 만드는 것이다.

신체의 에너지는 주로 손가락을 통해 **빠져나가기** 때문에 싯다사나에서는 앉아서 두 손을 포갠다. 두 손을 포개면 에너지는 한 손에서 다른 손으로 이동한다. 원을 이루는 것이다. 에너지가 신체에서 빠져나가지 않도록 두 다리 역시 포갠다.

몸의 기는 눈을 통하여 80퍼센트가 빠져나가기 때문에 두 눈을 감는다. 눈으로 많은 기가 빠져나가기 때문에 차나 기차로 장기간 여행을 하면서 바깥 풍경을 보면 피곤해지는 것이다. 여행 중 시간이 날 때마다 눈을 감고 있으면 피로 회복에 도움이 된다. 여행에서는 간판과 광고 등 불필요한 것들을 많이 보게 된다. 눈을 지나치게 많이 사용하여 두 눈이 피로해지면 몸 전체도 피로해진다. 그래서 눈의 피로도로 몸의 피로도를 미리 감지힐 수 있다.

요가에서는 에너지가 불필요하게 몸에서 빠져나가지 않도록 두 눈을 감고 손과 발을 서로 포갠다. 척추는 곧게 펴고 앉는다. 척추를 곧게 펴면 보다 많은 에너지를 비축할 수 있다. 척추를 곧게 세울 때 중력의 영향을 덜 받기 때문이다. 척추를 똑바로 세웠기 때문에 중력은 척추의 한 지점만을 잡아당기는 것이다. 사람들은 몸을 구부리거나 비스듬히 하면 보다 잘 쉴 수 있다고 생각한다. 그러나 파탄잘리는 앉을 때 척추를 똑바로 세우지 않으면 중력의 영향을 많이 받

5)싯다사나(siddhasana): 자재좌(自在坐).
6)파드마사나(padmasana): 연화좌(蓮華坐). '결가부좌' 자세.

아 에너지가 새어나간다고 말한다. 정좌를 할 때는 척추를 곧게 세워라. 두 다리를 포개고 두 눈을 감고 척추를 세우면 기는 몸 전체에서 원을 그리며 흐른다.

권태는 가장 큰 장애물 중의 하나이지만 옴을 염송하면 없어진다. 옴을 염송하면 에너지는 몸 안에서 원을 그리며 회전한다. 기감(氣感)이 예민해지면 이를 볼 수도 있다. 두 눈을 감고 앉아서 몇 달 동안 옴을 염송하면서 명상해보라. 그러면 몸이 사라지고 몸 안에서 에너지가 흐르는 것이 보일 것이다.

이런 현상을 체험하게 되면 권태는 사라진다. 이제 몸은 에너지로 충만하다. 이제 이야기만으로는 뭔가 부족하다는 것을 느낀다. 에너지가 충만하게 차오르면 뭔가를 할 수 있게 된다. 나에게 와서 무엇을 했으면 좋겠느냐고 묻는 사람들이 많다. 그들을 보면 에너지가 새어나가고 있는 것이 보인다. 그런 사람은 아무것도 할 수 없다. 먼저 에너지의 누수를 막아야 한다. 에너지가 차올랐을 때만 뭔가를 할 수 있기 때문이다.

'의심!' 영어에는 의심에 해당하는 단어가 하나밖에 없지만 산스크리트어에는 여러 개가 있다. 자, 잘 들어보라. 신뢰에 반대되는 의심, 산스크리트어에서는 이를 샹카(shanka)라고 한다. 또 산샤야(sanshaya)라고 하는 의심이 있다. 파탄잘리는 지금 산샤야에 대해 이야기하고 있다. 이는 확신에 반대되는 의심이다. 확신하지 못하는 사람은 산샤야의 의심을 하는 사람이다. 이는 신뢰에 반대되는 개념이 아니라 자기 확신에 반대되는 개념이다. 자기 자신을 신뢰하지 못하는 것이다.

그래서 자신이 하는 것마다 확신을 하지 못한다. 이것을 해야 할지, 말아야 할지. 이 길로 가면 좋은지, 나쁜지. 우유부단하다. 우유부단한 사람은 구도의 길을 갈 수 없다. 파탄잘리의 길을 갈 수 없다. 길 위에 섰을 때는 확신으로 결단을 내려야 한다. 우유부단한 마음의 한쪽은 '그래', 다른 한쪽은 '아니야' 라고 갈리기 때문에 결단을 내리지 못한다. 그렇다면 어떻게 결단을 내릴 것인가? 먼저 아주 넉넉한 시간을 갖고 자신이 생각할 수 있을 만큼 생각한다. 모든 가능성을 따져보고 모든 대안을 고려해본 다음 결단을 내려라. 일단 결단을 내렸으면 모든 의심을 버려라.

그 전에 의심을 해볼 만큼 해보라. 모든 가능성을 생각해본 다음 선택하라. 물론 처음에는 완전한 결단이 될 수는 없다. 다수결에 의한 결단이라고나 할까. 자기 마음의 다수가 내리는 결단, 일단 결단을 내렸다면 결코 의심하지 말라. 물론 시간이 지나면 의심이 고개를 내밀 것이다. 그럴 때는 의심에게 이렇게 말하라. '나는 결단을 내렸다. 끝났다. 물론 완전한 결단은 아니지만 나는 모든 의심을 내려놓았다. 내가 할 수 있는 것은 무엇이든 다 하겠다. 생각을 해볼 만큼

해보고 나는 선택했다.'

일단 결심이 섰으면 어떠한 의심에도 마음을 주지 말라. 자신이 의심에 마음을 주기 때문에 의심이 자꾸 고개를 내미는 것이다. 사람들은 의심에 자꾸 에너지를 준다. 그리고 계속해서 의심에 대해 생각한다. 그래서 우유부단함이 나오는 것이다. 우유부단함은 매우 좋지 못한 마음가짐이다. 우유부단한 마음은 그 상태가 좋을 수 없다. 결단을 내리지 못한다면 어떻게 하고자 하는 바를 실천할 수 있겠는가?

옴의 소리와 명상은 결단을 내리는 데 어떻게 도움이 되는가? 마음이 고요해지고 평온해지면 결단이 한층 쉬워진다. 안에서 수많은 목소리로 떠들어대는 마음이 가라앉으면 혼란이 사라진다. 옴을 염송하고 옴을 명상하면 수많은 목소리로 떠드는 마음이 조용해진다. 그러면 그 많은 목소리들을 볼 수 있다. 그 목소리들은 자신이 아니었던 것이다. 마음 안에서 어머니가 이야기하고 아버지가 이야기하고 형이 이야기하고 선생님이 이야기하지만 그 목소리 모두는 자신이 아니다. 마음이 고요해지면 이런 목소리들은 쉽게 버릴 수 있다. 그런 목소리들에 어떠한 관심도 줄 필요없다.

옴 염송을 통해 마음이 가라앉으면 염송자는 편안하고 평온하고 차분해진다. 이렇게 차분하게 가라앉으면 어떤 목소리가 자신의 목소리이고 참된 목소리인지 알아볼 수 있다. 우유부단은 사람들이 떠드는 소란스런 시장에서 어찌 할 바를 모르는 것과 같다. 증권시장에서 사람들은 그들만의 언어로 마구 소리를 지른다. 하지만 그들은 자신이 무엇을 하고 있는지, 자신이 미쳤는지 아닌지조차도 깨닫지 못한다.

때때로 의심이 쫓아와 개처럼 짖어댄다. 의심의 말에 귀기울이지 않고 관심을 두지 않으면 서서히 의심은 물러간다. 먼저 의심에게 기회를 주고 모든 가능성을 생각해본 다음 결단을 내리고, 일단 결단을 내렸다면 모든 의심을 놓아버려라. 옴의 염송과 명상이 결단력을 키우는 데 도움이 된다.

우유부단과 주의력 부족에서 오는 의심은 산스크리트어로 프라마드(pramad)이다. 프라마드는 꿈속에서 걷는 것처럼 걷는 것을 뜻한다. 주의력 부족이 그 한 요소이나. 정확히 번역하면 "강시가 되지 말라. 최면에 걸린 듯 걷지 말라"가 된다.

사람은 최면 속에서 살지만 이 사실을 알지 못한다. 사회는 사회의 목적을 위해 개인에게 최면을 건다. 개인을 프라마드, 즉 수면상태로 몰아넣는 것이다. 그러면 어떻게 되는가? 그러면 개인은 사회가 하는 일을 자각하지 못한다. 사회가 하는 일은 놀라운 일이지만, 아주 나쁜 일이지만 그 일에 너무 친숙한 나머지 자각하지 못하는 것이다. 개인은 꼭두각시 조종자에 의해 놀아난다. 사회는 개인에게 최면을 걸어서 마음대로 조종하고 있는 것이다.

프라마드는 최면상태 혹은 깊은 수면상태를 말한다. 사람은 그런 상태에서 걸어다니고 그런 상태에서 조종을 당한다. 이렇게 하여 본래 자신으로부터 멀어지면 생활이 부주의할 수밖에 없다. 모든 일에 있어서 주의력이 떨어진다. 주의가 산만하기 때문에 걷다가 넘어지는 일이 빈번히 일어난다. 일이나 사람과의 관계 속에서 넘어지는 일이 빈번하게 발생한다. 마치 술 취한 사람처럼 정처 없이 헤맨다. 모두가 그렇게 헤매고 있다. 사람들에게는 자신이 술에 취해 있다는 사실을 자각할 수 있는 기회가 주어지지 않는다.

주의력을 키우라. 옴은 주의력을 키우는 데 어떻게 도움이 되는가? 옴은 최면을 풀어준다. 사실 명상을 하지 않는 상태에서 옴을 염송하게 되면 그 자체가 최면이 된다. 보통의 만트라 염송과 파탄잘리 염송의 차이는 바로 여기에 있다. 보통의 만트라에는 명상의 요소가 빠져 있다. 하지만 파탄잘리는 "염송하면서 깨어 있으라"고 말한다. 옴 염송을 하면서 깨어 있으면 옴과 그 염송은 최면을 깨트리는 힘이 된다. 사회 조종자와 정치가가 사람들에게 심어놓은 최면을 깨트릴 것이다. 사람들을 최면에서 깨어나게 할 것이다.

다음 장애물은 알라시아(alasya), 즉 나태이다. 인간의 내면에는 나태한 마음, 게으른 마음이 켜켜이 쌓여 있다. 거기에는 나름의 이유가 있다. 일을 아무리 해도 별다른 성과가 없기 때문에, 설령 일을 하지 않아도 잃을 게 없기 때문에 나태한 마음이 생겨나는 것이다. 그런 마음가짐으로 말미암아 게으른 마음이 쌓이기 시작하는 것이다. 나태는 삶에 대한 열정의 상실을 의미한다.

아이들을 보라! 그들은 결코 나태하지 않다. 에너지가 넘쳐흐른다. 아이들에게는 항상 '제발 이제는 잠을 자라고, 조용히 하라고, 편히 앉아 있으라'고 말해야 한다. 아이들은 긴장하지 않는다. 에너지로 넘쳐흐른다. 그렇게 어린 존재에게서 그렇게 많은 에너지가 대체 어디서 오는가? 아이들은 좌절이라는 말을 모른다. 크면 인생은 실패의 연속이라는 사실을 아직 모른다. 모르는 것은 축복이다. 그래서 아이들의 에너지는 넘친다.

아이가 성장하면서 많은 일을 해보지만 번번이 실패한다. 나태는 실패와 좌절을 통해 마음에 자리를 잡는다. 이는 마치 사람에게 먼지가 내려앉는 것과 같다. 실패와 좌절, 날아간 꿈 등의 먼지가 내려앉는다. 그리고 인간은 나태해진다. 아침에 눈을 뜨고 '무얼 위해 이렇게 일찍 일어나야 하지? 무엇 때문에?'라고 생각한다. 왜 일어나야 하는지 모른다. 하여튼 아내와 아이들을 위해서라도 밥벌이를 하기 위해 일어나야 한다. 함정에 빠진 것이다. 때가 되어 출근하고 시간이 되어 퇴근한다. 삶의 재미가 없다. 행복하지도 않다. 삶을 질질 끌고 간다.

옴의 염송과 옴 명상은 나태심을 없애는 데 도움이 되는가? 도움이 된다, 틀림없이 도움이 된다. 옴을 염송하면서 지켜보고 명상을 하면 최초로 성공의 맛을 볼 수 있기 때문이다. 옴을 염송하면 행복을 느끼고 지복을 느낄 수 있기 때문이다. 이는 인생에 있어 최초의 확실한 성공이 될 것이다.

이제 먼지가 걷히고 새로운 흥미가 생긴다. 새롭게 용기와 자신감도 생긴다. '나도 뭔가를 할 수 있다, 나도 뭔가에 성공할 수 있다.' 실패만 하는 법은 없다. 세상의 길은 항상 실패했는지 몰라도 내면의 길에서는 실패하지 않는다. 시작부터 많은 열매를 얻는다. 이제 희망이 솟아오르고 확신이 생긴다. 내면의 세계에서 다시 태어나 다시 어린아이가 된다. 다시 어린아이처럼 뛰고 놀고 웃는다. 다시 태어난 것이다.

다음 장애물은 성욕이다. 왜 인간은 성욕을 느끼는가? 에너지를 축적만 하고 사용은 하지 않기 때문에, 어떻게 사용해야 할지 모르기 때문에 성욕을 느끼는 것이다. 쓰지 않는 에너지는 첫 번째 성 센터에 축적이 된다. 사람들은 다른 에너지 센터의 존재를 모른다. 어떻게 에너지가 위로 상승하는지도 모른다. 여기에 비행기를 가진 사람이 있다고 생각해보자. 비행기가 무엇인지 모르는 그는 비행기의 이곳저곳을 살펴보고는 '바퀴가 달린 걸 보니, 탈것인가 보다'라고 생각한다. 그렇게 결론을 내린 그는 비행기를 말에 연결해서 우마차로 사용한다. 그렇게 사용하다가 어느 날 우연히 비행기에 엔진이 달려 있음을 발견하고 비행기를 자동차로 쓰기 시작한다. 그렇게 하여 비행기에 대해 깊이 연구하기 시작한다. 그리고 어느 날 비행기의 날개를 이상히 여기다가 그 쓰임새를 발견하고 드디어는 비행기로 쓰기 시작한다.

내면으로 들어가면 많은 것을 발견할 수 있지만 내면으로 들어가지 않으면 성에서 벗어날 수 없다. 에너지는 쌓이는데 어떻게 한단 말인가? 아직 비행기가 되어 나는 법을 모른다. 지금 사람들은 우마차의 상태에 있다. 성은 우마차처럼 움직인다. 음식을 먹고 물을 마시고 히면 에너지가 만들어지고 쌓인다. 이 에너지를 사용하지 않으면 사람은 미치게 된다. 쓰지 않은 에너지는 내면에서 빙빙 돌다가 주인을 미치게 만든다. 뭔가를 해야 한다. 뭔가를 하지 않거나 에너지를 쓰지 않으면 미치게 되어 있다. 폭발하게 되어 있다. 성은 가장 편안한 안전판이다. 성을 통해 쌓인 에너지는 자연으로 돌아가는 것이다.

이는 어리석은 짓이다. 자연에서 온 에너지는 뭔가를 위해 써야 한다. 음식을 먹는 것은 자연을 먹는 것이다. 물을 마시는 것은 자연을 마시는 것이다. 일광욕을 하는 것은 태양 에너지를 먹는 것이다. 인간은 끊임없이 자연을 먹고 이를 다시 자연으로 내뱉는다. 무엇을 위해? 거기에는 아무런 의미도, 쓸모도 없다. 그렇기 때문에 인간은 무기력하다.

옴은 어떻게 도움이 되는가? 옴에 대한 명상은 어떻게 도움이 되는가? 옴에 대해 명상을 하기 시작하면 다른 에너지 센터들이 움직이기 시작한다. 내면에서 에너지가 자연스럽게 흐르면 에너지의 흐름은 원이 된다. 이제 성 센터만이 움직이는 게 아니다. 몸 전체가 하나의 원이 된다. 에너지는 성 센터에서 두 번째, 세 번째, 네 번째, 다섯 번째, 여섯 번째, 일곱 번째 센터로 상승을 했다가 다시 여섯 번째, 다섯 번째, 네 번째, 세 번째, 두 번째, 첫 번째 센터로 내려온다. 내면에서 에너지는 원이 되어 각 센터를 통과한다.

에너지는 쌓이면 에너지의 수준이 높아지는 것이다. 이는 마치 댐과 같다. 강에서 댐으로 물이 흘러들어 오기만 하고 내려가지 못하는 경우와 같은 것이다. 그러면 물의 수위가 높아진다. 이렇게 에너지 수위가 높아지면 인간의 몸에 있는 차크라(chakra), 즉 에너지 센터들이 열리기 시작한다. 각 차크라에 에너지가 흐르면 각 차크라는 에너지를 생산하는 발전기가 된다. 그 기능을 시작하는 것이다. 이는 폭포와 발전기와의 관계와 비슷하다. 폭포에 물이 말라 있으면 발전기는 기능을 할 수 없다.

인간의 몸에서 에너지가 상승하면 상위의 차크라들이 움직이기 시작한다. 옴은 이렇게 에너지와 차크라에 좋다. 옴을 염송하면 평온하고 고요해진다. 에너지가 높이 상승하기 때문에 성욕이 사라진다. 성이 완전히 사라진 것은 아니지만 유치하고 무의미해 보인다. 이제는 성욕에 사로잡히는 일이 없다. 충동적인 성욕은 사라진 것이다.

성욕은 항상 거기에 있다. 조심하지 않으면 다시 성욕에 사로잡힐 수 있다. 다시 아래로 떨어질 수 있다. 이제 시작에 불과할 뿐 궁극의 지점은 아직 멀다. 에너지가 불러일으킨 내면의 엑스터시를 일견했을 뿐 의식이 아직 결정화된 것이 아니다. 성은 가장 낮은 차원의 엑스터시이다. 높은 차원의 엑스터시가 얼마든지 가능하다. 높은 차원의 엑스터시가 일어나면 낮은 차원의 엑스터시는 자동적으로 사라진다. 낮은 차원의 엑스터시를 억지로 버리려고 할 필요는없다. 그러면 에너지는 위로 상승하지 않는다. 에너지가 위로 상승할 때는 아무것도 버리려고 할 필요가 없다. 낮은 차원은 그냥 무의미해질 뿐이다. 스스로 떨어져나간다. 환영으로 보이기 시작한다.

환영이란 눈뜨고 꿈을 꾸는 것이다. 세상 사람 모두가 그렇게 꿈을 꾸고 있다. 어떤 여자를 보고 반하여 엄청 아름답다고 생각할 때가 있다. 사실은 얼마든지 그렇지 않을 수 있는데도 말이다. 자신의 환영을 상대 여성에게 투사했기 때문이다. 어쩌면 성에 굶주려 있어서 여성이 그렇게 아름답게 보였을 수도 있다. 쌓인 에너지로 인해 환영을 본다. 이

틀이나 삼 일만 지나면 여자는 평범한 모습으로 되돌아온다. 성에 굶주리고 에너지는 쌓이기 때문에 상대 여성에 미혹되었던 것이다. 타인이 자신을 미혹시킨 것이 아니다. 자신이 스스로를 미혹시켰던 것이다.

파탄잘리는 말한다. "마음 깊이 옴을 염송하면 환영이나 미망이 사라진다." 어떻게? 환영이란 꿈꾸는 상태, 자신을 상실한 상태를 가리킨다. 자신은 없고 꿈이 자신을 이끌고 간다. 옴에 대해 명상하면 옴의 소리가 나오고 자신은 관조자가 된다. 자신이 존재한다. 자신이 현존하면 꿈은 일어나지 않는다. 자신이 존재할 때 꿈은 없다. 꿈이 존재하면 자신은 존재하지 않는다. 꿈과 자신은 동시에 존재할 수 없다. 자신이 존재하면 꿈은 사라진다. 꿈이 존재하면 자신이 사라진다. 둘이 동시에 존재하지 못한다. 꿈과 각성은 결코 만날 수 없다. 그래서 옴의 소리를 지켜볼 때 환영은 사라지는 것이다.

다음 장애물은 무기력이다. 항상 무기력증에 빠져 있는 사람들이 있다. 자신의 능력에 대해 절망한다. 자신은 아무것도 할 수 없다고, 자신은 무가치하고 아무 쓸모없다고 느낀다. 이것이 무기력이다. 자신이 대단한 사람이라고 가장하는 사람들이 있다. 이런 가장은 자신은 아무것도 아니라고 느끼고 있음을 보여준다. 자신은 능력 있는 사람이라고 가장하는 사람들이 있다. 이런 가장은 자신의 참모습을 숨기는 것이다. 자신이 능력이 있다고 가장하지만 어떤 상황에 부딪치면 왜소함과 무기력함을 느낀다. 인간이 무기력할 수밖에 없는 이유는 전체적인 존재가 아니라 부분적인 존재이기 때문이다. 부분적인 존재는 강할 수 없다.

옴을 염송하면서 그 명상 세계를 체험하면 자신이 섬처럼 분리된 존재가 아니라는 것을 처음으로 깨닫는다. 우주라는 전체의 한 부분이 된다. 처음으로 자신이 힘 있는 존재임을 느낀다. 옴 명상에서 체험하는 힘은 폭력적이지 않다. 사실 힘 있는 사람은 결코 폭력적이지 않다. 힘 없는 사람만이 폭력적이다. 폭력적인 표현으로 자신을 드러내고 자신의 힘을 자랑하고자 한다.

다음 장애물은 불안정이다. 어떤 것을 시작했다가 멈췄다가를 계속해서 반복한다. 이러한 불안정 속에서는 아무것도 할 수 없다. 인내심을 갖고 계속 한 우물을 파야 한다. 한 우물을 파다가 다른 우물로 옮겨가면 처음부터 다시 시작해야 한다. 마음의 매커니즘이 그렇다. 태엽 감기와 풀기를 반복하는 것이다. 어떤 일을 하다가 갑자기 그만둔다. 그리고 다시 시작하려고 하면 첫날부터 다시 해야 하는 것이다. 많은 노력을 기울이지만 얻는 건 없다. 옴이 주는 체험은 이와 완전히 다르다. 사람은 왜 시작과 중단을 반복하는가?

어떤 사람들은 나를 찾아와, 명상을 1년 동안은 열심히 하다가 그만두었다고 말한다.

그러면 내가 묻는다.

"체험이 어떠했는가?"

그들이 대답한다.

"아주 아주 좋았습니다."

내가 되묻는다.

"그러면 왜 그만두었는가? 좋은 체험을 하고 있는데 갑자기 명상을 그만두는 사람은 없다."

그들은 이렇게 대답한다.

"굉장히 좋았지만 나중에 그만두었어요."

내가 의아해서 묻는다.

"어떻게 그런 일이…… 좋은 체험을 하는데도 불구하고 어떻게 그만둔단 말인가?"

그러면 그들은 이렇게 실토한다.

"사실 좋은 게 별로 없었어요."

명상을 하다가 그들에게 문제가 생겼던 것이다. 사실 그들은 별다른 체험을 하지 못했다. 누구나 명상에서 좋은 체험을 하면 그 명상을 계속하기 마련이다. 명상이 지겹거나 권태를 느끼거나 행복하지 않을 때 하던 명상을 그만둔다. 옴 명상을 통해 우주 속으로 빠지는 느낌을 체험할 것이라고 파탄잘리는 말한다. 그 체험이 자신의 행복이 되고 불안정한 느낌이 사라질 것이다. 그런 이유로 파탄잘리는 옴 염송을 하면서 이를 지켜보면 모든 장애물이 사라진다고 말하는 것이다.

**번뇌와 절망, 떨림과 거친 호흡 등은
산란한 마음을 따라 일어난다.**

이들이 산란한 마음의 증상이다. 번뇌. 사람은 항상 걱정에 찌들어 있으며 분열되어 있고 불안하고 슬프고 절망하고 떨고 있다. 몸의 에너지가 원을 그리며 돌지 못하면 몸이 떨린다. 마음이 불안하고 호흡이 거칠어진다. 호흡이 그 리듬을 상실한다. 율동적이지도 조화롭지도 않다. 불규칙적으로 변한다.

이들은 산란한 마음의 증상들이다. 이와 반대의 증상이 있으니, 이는 중심이 잡힌 사람의 증상이다. 옴 명상을 하면 중심이 잡힌다. 호흡이 리드미컬해진다. 몸의 떨림이 사라진다. 긴장하지도 않는다. 슬픔의 자리에 행복과 기쁨, 지복이 들어선다. 아무런 이유 없이 그런 행복감이 얼굴에 쓰인다. 그냥 행복하다. 지금 여기에 행복하다. 그냥 호흡 속에 행복하다. 뭔가를 얻기 위해 손을 벌리지도 않으며 번뇌의 자리에 지복이 들어선다.

산란한 마음의 증상들은 원리를 토대로 한 명상을 하면

없앨 수 있다. 그 원리는 옴, 즉 우주의 소리이다.

질문
옴에 대한 사다나[7]를 할 때 만트라처럼 그냥 반복하는
게 좋습니까, 아니면 내면에서 옴의 소리를 들으려고
노력해야 합니까?

옴 만트라는 세 단계로 해야 한다. 먼저 큰 소리로 염송해
야 한다. 소리가 몸에서 나와야 한다. 몸이 제1의 문이기 때
문이다. 몸에서 나와 몸 전체를 울리도록 하라.

그래서 큰 소리로 반복하라. 신전이나 자신의 방, 아니면
자신이 하고 싶은 만큼 큰 소리로 옴을 염송할 수 있는 장소
를 찾으라. 수천 명이 들을 수 있을 만큼 온몸을 사용하여
염송하라. 온몸이 떨릴 만큼 크게 하라. 처음 3개월 정도 다
른 것에는 신경 쓰지 말고 오직 아주 큰 소리로 온몸을 던져
옴을 염송하라. 1단계는 다음 단계의 토대가 되기 때문에 대
단히 중요하다. 세포 하나하나가 울릴 정도로 크게 옴을 염
송하라.

3개월 동안 옴의 소리로 온몸을 흠뻑 적셔라. 그러면 옴의
소리는 세포에까지 퍼질 것이다. 옴을 염송할 때 입으로만

---

7)사다나(sadhana): '수행' 혹은 '명상'을 뜻하는 산스크리트어.

하면 안 된다. 머리끝에서 발끝까지 온몸을 이용하여 염송하라. 하루에 적어도 한 시간씩 계속 옴을 염송하면 3개월 안에 입이 아니라 온몸이 염송하는 것을 체험할 것이다. 이는 일어나게 되어 있다.

자신을 속이거나 미적지근하지 않고 자신의 100퍼센트를 받치며 진지하고 진실되게 하면 다른 사람도 몸에서 울려나오는 옴의 소리를 들을 수 있다. 사람들이 옴 염송자의 발에 귀를 대면 옴의 소리가 들려온다. 심지어 염송자의 뼈 속에서 울려나오는 소리도 들을 수 있다. 염송자의 온몸이 옴의 소리를 내고 흡수하기 때문이다. 정말 그렇게 된다. 입은 신체의 일부일 뿐이다. 상당히 특별한 부위일 뿐이다. 진정으로 노력한다면 온몸으로 옴을 염송할 수 있다.

한번은 이런 일이 있었다.

여러 해 동안 '람' [8]을 큰 소리로 염송하곤 했던 스와미 람(Swami Ram)은 힌두 산야신[9]이었다. 하루는 스와미 람이 히말라야에 있는 산촌에 친구와 함께 머물고 있었다. 친구는 유명한 시크교[10] 작가였던 사르다르 푸르나싱(Sardar Purnasingh)이었다. 그날 한밤중에 푸르나싱은 느닷없이 '람, 람, 람' 하는 소리를 듣게 되었다. 스와미 람과 자신을 제외하곤 아무도 없었다. 작은 오두막에서는 스와미 람과 푸르나싱만이 자고 있었을 뿐, 마을은 십 리나 멀리 떨어져 있었다. 그래서 푸르나싱은 일어나 오두막을 둘러보았다. 아무도 눈에 띄지 않았다. 밖으로 나가자 소리가 작아졌다. 안으로 들어오자 다시 소리가 커졌다. 스와미 람에게 다가갔다. 그는 쿨쿨 자고 있었다. 람에게 다가가자 소리가 아주 커졌다. 그는 스와미 람의 몸에 귀를 갖다 대자 그의 온몸이 '람'의 소리로 진동하는 게 아닌가?

이는 누구에게나 일어날 수 있다. 누구나 온몸이 옴의 소리로 흠뻑 젖을 수 있다. 이것이 1단계이다. 3개월에서 6개월 정도 온몸을 옴의 소리로 흠뻑 적셔야 한다. 여기서 몸을 소리로 흠뻑 적신다 함은 배고플 때 음식을 먹고 배가 부른 것과 같다. 먼저 몸이 뿌듯해져야 한다. 계속 진실하게 하면 3개월에서 6개월 정도가 걸릴 것이다. 3개월은 최소한도의 평균 시간이다. 3개월 이내에 해내는 사람도 있고 3개월 이상이 걸리는 사람도 있다.

옴의 소리가 온몸을 흠뻑 적시면 섹스는 완전히 사라진다. 소리의 진동으로 온몸이 뿌듯해지고 평온해지면 에너지

---

8)람(Ram): 인도 신의 하나.
9)산야신(sannyasin): 세속을 떠나 수행 단체에 입문한 구도자.
10)시크교(Sikh): 인도 중세 시대에 나나크(Nanak)가 힌두교의 헌신 신앙과 이슬람교의 신비사상을 융합하여 창시한 종교로, 지금은 인도 편잡 지방에 널리 퍼져 있음.

를 밖으로 쏟아내거나 발산할 필요가 없어지고 에너지가 넘치는 것을 느낄 수 있다.

먼저 에너지를 모아야 다음 두 번째 단계로 넘어갈 수 있다. 1단계에서는 온몸을 소리로 적셔서 온몸을 염송 자체로 만들었다. 1단계가 만족스러워질 때 2단계로 넘어가라. 1단계에서 생긴 힘을 다른 데 함부로 사용하지 말라. 1단계에서 축적된 힘은 2단계를 위해서만 사용해야 한다.

2단계에서는 입을 다물고 옴을 마음으로 염송한다. 처음에는 몸이요 다음에는 마음이다. 이제 몸은 전혀 사용하지 말라. 입술과 혀, 목 등 다른 모든 신체 부위를 닫고 오직 마음으로만 염송하라. 몸으로 염송했을 때처럼 자신이 할 수 있는 만큼 크게 한다. 이제 마음을 옴의 소리로 적셔라. 이를 3개월 동안 한다.

마음으로 할 때도 몸으로 할 때 걸린 만큼 걸린다. 몸을 한 달 안에 완전히 적실 수 있었다면 마음도 한 달 안에 적실 수 있다. 몸으로 할 때 7달이 걸렸다면 마음으로 할 때도 7달이 걸릴 것이다. 사실 몸과 마음은 둘이 아니기 때문이다. '몸과 마음'이라기보다는 '몸마음'인 것이다. 한쪽이 몸이요 다른 한쪽이 마음이다. 몸은 보이는 마음이요 마음은 보이지 않는 몸이다.

이제 다른 한쪽, 보다 미묘한 부분인 마음을 적셔라. 안으로 크게 염송하라. 마음이 옴의 소리로 가득 찰 때 안에서 강력한 힘이 나온다. 1단계에서 성이 사라지고 2단계에서는 사랑이 사라진다. 붓다가 말하는 사랑, 곧 자비가 아니라 사람들이 알고 있는 사랑, 곧 인간적인 사랑이 사라진다. 성은 사랑의 육체적인 부분이요 사랑은 성의 정신적인 부분이다.

3단계는 마음이 흠뻑 적셔졌다고 느낄 때 온다. 그 느낌이 어떤가에 대해 물을 필요도 없다. 이는 음식을 먹는 것과 같다. '야, 배부르다!' 마음이 배부를 때 마음은 안다. 그러면 3단계가 시작된다.

3단계. 몸을 사용해서도 안 되고 마음을 사용해서도 안 된다. 앞 단계에서 몸을 닫은 것처럼 이번에는 마음을 닫는다. 이는 어렵지 않다. 이미 3, 4개월 동안 옴을 염송했다면 이는 아주 쉽다. 몸을 닫고 마음을 닫는다. 그냥 들으라! 가슴속의 가슴에서 울려나오는 소리가 들린다. 마치 다른 사람이 염송하는 옴의 소리처럼 들린다. 그저 듣는 자가 된다. 이것이 3단계이다. 3단계는 전 존재를 바꾸어 놓는다. 모든 장벽들이 무너져 내리고 모든 장애가 사라진다. 자신의 에너지를 옴의 염송과 명상에 몽땅 쏟아붓는다면 대략 9개월 정도 걸릴 것이다.

지금은 내면의 소리가 들리지 않을 것이다. 내면의 소리가 거기 있지만 그 소리는 너무나 고요하고 너무나 신묘해서 보통 사람에게는 이 소리를 들을 수 있는 귀가 없다. 내면의 소리를 들을 수 있는 귀를 개발해야 한다. 옴의 소리로 몸을 완전히 적시고 마음을 적시면 귀가 생긴다. 이름하여 '제3의 귀', 이 귀로 소리 없는 소리를 듣는다. 이는 우주의 소리이다. 안에도 있고 밖에도 있다. 나무에 귀를 기울여보라. 나무에서도 우주의 소리가 들린다. 바위에 귀를 기울여보라. 거기에서도 우주의 소리가 울린다. 그러기에 앞서 에너지를 축적하고 몸마음을 먼저 초월해야 한다. 그 미묘한 소리를 들으려면 굉장히 많은 에너지가 필요하다.

1단계에서 싱이 사라지고 2단계에서 사랑이 사라지고 3단계에서 인간이 알고 있는 모든 것이 사라진다. 마치 인간이 존재하지 않는 것처럼, 죽은 것처럼, 우주 속으로 녹아든 것처럼. 이는 죽는 것과 같다. 피하고 싶을 정도로 무서울 수 있다. 끝없는 죽음의 심연으로 떨어지는 것처럼 보이기 때문에 달아나고 싶어질 것이다. 심연의 끝이 보이지 않는다. 가없는 심연으로 떨어지는 낙엽처럼 느껴진다. 끝없는 추락, 끝이 보이지 않는다.

그러면 보통은 죽음의 공포를 느끼고 달아난다. 여기서 달아나면 모든 수고가 수포로 돌아간다. 달아나는 행위는 보통 옴 만트라의 염송으로 나타난다. 그 심연과 같은 사라짐에서 달아나는 노력의 첫 번째가 옴의 염송이다. 의식이 마음으로 되돌아오는 것이다. 소리로 옴을 염송하여 몸으로 되돌아오는 것이다.

3단계에서 소리를 내어 옴을 염송하는 것은 달아나는 행위이다. 따라서 이 단계에서는 소리를 내어 옴을 염송해서는 안 된다. 만트라는 염송을 한 다음 놓아야 할 대상이다. 명상가가 만트라를 놓았을 때 만트라는 그 임무를 마친다. 만트라를 놓지 않고 계속 염송하면 만트라에 집착하게 된다. 그러면 불안할 때마다 만트라에 의지하게 된다.

그래서 나는 옴을 염송할 때는 몸이 옴의 소리로 흠뻑 젖도록 염송하라고 하는 것이다. 몸이 더 이상은 염송하고 싶어하지 않도록 말이다. 마음이 흠뻑 젖도록, 그래서 옴을 더 이상 염송할 필요가 없도록 말이다. 옴의 소리가 넘쳐흘러서 더 이상은 집어넣을 수 없을 때까지. 옴의 소리가 넘쳐흐를 때야 비로소 소리 없는 소리가 들리기 시작한다.

6장

내면의

태도에

관한

명상

오쇼 수트라

행복한 사람들과 행복해 함으로써
내면의 꽃이 필 수 있는 터전을 일군다.

부정적인 마음이 스스로 떨어져 나가면
아름다움이 드러난다.

자비는
마음에 평정을 가져온다.

어떤 태도도 취하지 말라.
이것이 곧 무관심이다.

내면의 태도에 관한 명상

행복한 사람과 친하게 지내는 것은 사람의 인생에서 가장 힘든 일 중의 하나이다. 보통은 그렇게 쉬운 일이 어디 있냐고 하겠지만 그렇지 않다. 정반대이다. 행복한 친구를 보면 그의 행복에 질투심을 느끼고 사신의 불행을 한탄한다. 자신도 행복한 모습을 보여주기는 하나 겉모습이요 가면일 뿐이다. 행복한 친구에 대해 질투심을 느끼면 자신의 행복이나 평화, 평정은 물 건너간다.

주위 사람의 행복한 모습을 볼 때 사람은 어떤 생각을 하는가? 자신이 행복해야 하는데 상대가 행복을 빼앗아 갔다고 느낀다. 상대가 이기고 나는 졌다고 생각한다. 상대가 나를 속였다고 생각한다. 그러나 행복은 경쟁이 아니다. 누군가 행복하다면, 이는 자신이 행복할 수 없다거나 상대가 자신의 행복을 빼앗아간 것이 아니다. 행복은 다른 사람이 써버리는 소모품이 아니다.

행복한 사람을 볼 때 왜 질투심을 느끼는가? 누군가 부자라면 자신도 부자가 되기 쉽지 않다. 부는 양으로 존재하기 때문이다. 누군가 권력 있는 사람이라면 자신도 권력 있는 사람이 되기 어렵다. 권력은 경쟁에서 오기 때문이다. 그러나 행복은 경쟁이 아니다. 행복은 무한한 양으로 존재한다. 사람들이 아무리 써도 줄지 않는다. 행복의 세계에서는 경쟁이 존재할 수 없다. 사람들은 타인의 행복에 대해 왜 질투심을 느끼는가? 질투심은 마음에 지옥을 만든다.

　그래서 파탄잘리는 말한다. "타인이 행복하면 다정한 마음으로 같이 행복해하라!" 그러면 자신의 마음에도 행복의 문이 열린다. 행복한 사람과 다정하게 지내면 즉각 상대의 행복이 나에게 전해진다. 그래서 당장 자신의 행복이 된다. 행복은 어떤 물건이나 사물이 아니다. 손아귀에 쥘 수 있는 물건이 아니라는 말이다. 행복은 나누는 것이다. 꽃이 피면 꽃을 나눌 수 있다. 새가 노래하면 그 노래를 나눌 수 있다. 다른 사람이 행복하면 그 행복을 나눌 수 있다. 아름다움은 행복한 이의 나눔에 있지 않다. 아름다움은 내가 함께 나누는 데 있다.

　이것이 자신의 주변에 천국을 만들 수 있는 비밀이다. 평정은 천국에서만 가능하다. 지옥불에서 어떻게 평정할 수 있는가? 타인이 지옥불을 만드는 게 아니다. 자신이 지옥불을 만들고 있는 것이다. 본질적으로 보면 자신의 고통과 지옥은 자신이 원인이다. 이를 이해해야 한다. 타인에게 자신의 불행에 대한 책임을 떠넘기지 말라. 책임을 타인에게 떠넘기는 것은 진실로부터 도피하는 행위이다.

나의 불행에 대한 책임은 오직 나에게만 있다. 절대적으로 나에게만 있다. 내면을 들여다보고 그 원인을 찾으라. 누구도 불행을 원하지 않는다. 내면에서 원인을 발견했으면 원인을 밖으로 꺼내어 버려라. 아무도 나의 행복을 방해하지 않는다. 행복으로 가는 길을 방해하는 장애물은 존재하지 않는다.

행복한 사람과 가까이 지내면 그의 행복에 전염된다. 행복한 사람에게서 꽃이 피어나고 자신의 마음은 다정해진다. 행복한 사람이 다정하지 않을지 모르지만 그것은 나의 문제가 아니다. 그가 나를 몰라도 상관없다. 꽃이 피어나는 곳에, 지복이 있는 곳에, 누군가 활짝 꽃피는 곳에, 춤추고 웃고 행복해하는 곳에, 축제가 있는 곳에 나는 다정한 마음으로 함께한다. 행복이 나에게 흘러들어 오고 이를 방해하는 사람은 아무도 없다. 주위에 행복이 가득할 때 나는 평화로워진다.

행복한 이에 대해 다정한 마음을 키우면

마음은 평화로워진다.

사람들은 보통 행복한 사람을 보면 질투를 느끼고 미묘한 경쟁을 시작한다. 행복한 사람을 보면 열등감을 느끼기 때문이다. 사람은 항상 불행한 사람을 고른다. 불행한 사람과 있으면 마음이 편하다. 불행한 사람을 보면 우월감을 느끼기 때문이다. 그래서 항상 자신보다 못한 사람을 찾는다. 항상 자신보다 우월한 사람은 꺼리고 자신보다 떨어지는 사람을 찾는다. 그러나 열등한 사람을 만나면 만날수록 자신은 더욱 열등해진다. 그러면 이제 더 열등한 사람을 찾아야 한다.

자신보다 나은 사람을 친구로 삼으라. 지혜나 행복, 평정, 평화, 차분함이 자신보다 나은 사람을 찾으라. 그래야 삶에 발전이 있고, 그래야 골짜기를 넘어 봉우리에 올라갈 수 있다. 자신보다 나은 친구는 성장에 징검다리가 되어준다. 그러니 항상 아름다움과 행복이 자신보다 나은 사람을 벗으로 삼으라. 그래야 좀 더 아름다워질 수 있고 좀 더 행복해질 수 있다.

일단 비법을 알면, 행복해지는 법을 알면, 타인의 행복을 통해 자신의 행복을 위한 여건을 조성할 줄 알면 장벽들이 사라지고 자신이 할 수 있는 만큼 행복을 창조할 수 있다. 불행을 모르는 신이 될 수 있다.

신이란 누구인가? 신은 온 우주와 꽃, 강, 돌, 별들과 더불어 행복할 줄 아는 비법을 아는 존재이다. 영원한 축제 속에 있는 자, 찬미하는 자, 이 찬미가 누구의 찬미인가 신경 쓰지 않는 자이다. 축제가 있는 곳 어디에서나 함께한다. 타인의 행복과 함께하는 것이 자신의 행복을 위한 토대이다. 토대가 마련되면 행복은 당연히 따라오게 되어 있다.

사람들은 행복에 대해 정반대로 하고 있다. 누가 행복하면 즉각 충격을 받는다. '왜 그러지? 저 사람은 행복한데 왜 나는 불행한 거지? 이건 불공평한 인생이다.' 세상이 온통 나를 속이고 있으며 신은 없다고 생각한다. 신이 정녕 있다면 다른 사람은 행복한데 왜 나만 불행하단 말인가? 누가 행복한 것은 그가 사람들을 착취했기 때문이라고, 그가 교활하기 때문이라고 생각한다. '그는 사람들의 피를 빨아먹는 자다. 그는 타인의 행복을 빨아먹는 자다.' 이렇게들 생각한다.

하지만 아니다. 아무도 타인의 행복을 빨아먹을 수 없다. 행복을 빨아먹을 필요가 없다. 행복은 내면에서 꽃피어나는 것이다. 행복은 밖에서 오는 게 아니다. 행복한 사람과 같이 행복해함으로써 자신의 꽃이 피어날 수 있는 터전을 마련할 수 있다.

불행한 사람에 대한 자비심, 이 점에 대해 아주 명확하게 이해해야 한다. 친구에 대한 사랑이 아닌 자비심을 말한다.

자비와 친구에 대한 사랑은 완전히 별개의 것이다. 친구에 대한 사랑, 곧 우애는 타인과 하나가 되는 상황을 만드는 것이다. 친구처럼 되는 것을 말한다. 하지만 자비는 자신의 위치에서 떨어지는 것을 말한다. 불쌍한 사람을 돕고는 싶지만 그와 같이 되는 것은 바라지 않는다. 그에게 손을 내밀어서 도와주고 격려해준다. 무슨 수를 써서라도 불쌍한 사람을 도와주고 싶지만 그와 같은 위치로 내려가고 싶지는 않다. 그것은 진정한 도움이 아니기 때문이다.

울고 있는 사람 옆에 가서 같이 울어주면 우는 사람에게 도움이 되는가? 불행한 사람 옆에 가서 같이 불행해하면 불행한 사람에게 도움이 되는가? 아니다, 그저 불행을 배가할 뿐이다. 불행과 불행이 만나서 두 배 이상의 불행이 나오는 것이다. 불행한 사람에게 연민을 보여주는 행위는 내면 깊은 곳에서 보여주는 하나의 잔꾀다. 연민은 자비가 아니다. 연민은 우애의 한 표현일 뿐이다. 이 점을 명심하라. 사람은 우울한 사람이나 슬픈 사람, 불행한 사람에게 우애나 연민을 보내면서 속으로는 행복해한다. 연민을 보내면서 속으로는 항상 행복해한다. 이는 간단한 산수이다. 상대가 행복하면 나는 불행을 느끼지만 상대가 불행하면 나는 속으로 행복을 느낀다.

물론 속으로 느끼는 행복은 표현하지 않는다. 아주 예민하게 관찰해보면 나의 연민 속에서 어떤 행복감이 들어 있음을 발견할 수 있다. 내가 연민을 보낼 수 있는 위치에 있다? 기분 좋은 일이다. '내'가 불행하지 않다는 사실에 기뻐한다. 내가 더 높고 우월한 것이다.

사람들은 타인에게 연민을 표현할 때 기분 좋아한다. 기운이 난다. 내가 저렇게 불행하지 않다는 사실을 다행스럽게 생각하고 감사해한다. 누군가 죽으면 내가 죽지 않았다는 사실에 고마워한다. 연민의 마음이야 얼마든지 보여줄 수 있다. 전혀 돈 드는 일이 아니기 때문이다. 하지만 자비는 완전히 다르다. 자비심은 상대를 진정으로 돕고자 하는 마음이다. 상대를 돕기 위해 할 수 있는 것은 모두 하고자 한다. 상대가 불행에서 빠져나올 수 있는 일이라면 무엇이든 하고자 한다. 이 일에 대해 내심 행복해하지도 그렇다고 불행해하지도 않는다.

자비심은 둘 사이에 존재한다. 붓다는 자비 속에 있다. 그는 상대와 같이 불행해하지 않는다. 같이 불행해한다고 상대에게 도움이 되지 않기 때문이다. 그렇다고 붓다는 행복해하지도 않는다. 거기에는 행복해해야 할 이유가 전혀 없기 때문이다. 상대가 지금 불행한데 어떻게 행복할 수 있단 말인가? 하지만 붓다는 불행한 사람과 더불어 불행해하지도 않는다. 같이 불행해하는 것은 전혀 도움이 되지 않는다는 사실을 잘 알기 때문이다. 그는 자비심을 느낀다. 자비는 이들 둘 사이에서 존재한다. 자비심은 상대가 불행에서 빠져나오기를 바라는 마음을 뜻한다. 자비심은 상대라는 존재로 향한다. 자비로운 사람의 관심은 상대의 불행을 지향하지 않는다. 그는 상대를 사랑한다. 상대의 불행을 사랑하는 게 아니다. 그는 상대를 불행에서 빠져나오게 할 뿐, 같이 불행 속으로 들어가지 않는다.

연민은 어떻게 보면 불행을 사랑하는 것이다. 불행한 사람을 사랑하는 것이 아니다. 불행한 사람에게 연민을 표하는데, 이 사람이 갑자기 '걱정 마'라고 말하면서 기운을 내면 연민을 표했던 사람은 당황한다. 연민을 보낼 기회를, 자신이 우월하고 행복한 사람이라는 것을 보여줄 수 있는 기회를 상실했기 때문이다.

불행한 사람과는 같이 불행해하지 말라. 불행에서 빠져나오도록 도와주라. 결코 불행을 사랑의 대상으로 삼지 말라. 불행에는 어떠한 애정도 보내지 말라. 불행에 애정을 보내고 불행을 사랑의 대상으로 삼으면 불행의 문이 열린다. 머지않아 자신도 불행해지고 만다. 불행에 초연하라. 자비란 대상에 초연하는 마음이다. 손을 내밀되 초연하라! 상대를 돕되 불행해하지 말라. 행복해하지도 말라. 불행도 행복도 결국 같은 것이다. 상대의 불행에 같은 불행을 보여준다 해도 속으로는 행복해하고 있다. 행복도 불행도 다 놔야 한다. 자비는 마음에 평정을 가져온다.

사회개혁가와 혁명가, 정치가, 이상주의자 등의 많은 사람이 내게 와서 이렇게 말한다. "세상은 고통 속에 있는데 왜 사람들에게 명상이나 침묵을 가르치시는 거죠? 이는 이기주의적인 발상 아닌가요?" 그들은 내가 타인과 함께 불행해지는 법을 가르치기를 바란다. 그들은 자신이 무슨 말을 하고 있는지 모르고 자신의 말에 뿌듯해한다. 사회개혁에, 사회봉사 활동에 만족해한다. 그러다가 세상이 천국으로 바뀌고 신이 '만사 오케이' 하면 사회개혁가나 혁명가들은 불행해할 것이다. 이제 할 일이 없어졌기 때문이다.

칼릴 지브란[1]의 우화에 이런 게 있다.

대도시에 목사이자 선교사인 개가 살고 있었다.
그가 다른 개들에서 이렇게 설교했다.
"짖는 것을 멈추시오. 우리는 99퍼센트의 에너지를 불필요하게 짖는 데 허비하고 있습니다. 그래서 우리는 진화를 못하는 거예요. 쓸데없이 짖지 맙시다."
개들에게 짖는 걸 참는 것은 대단히 어려운 일이다. 짖기는 개의 몸과 의식에 내장되어 있다. 개는 짖을 때 행복해한다. 일종의 카타르시스이다. 개는 짖을 때 침묵을 느낀다. 하여튼, 대도시의 개들은 목사 개의 말을 들었다. 목사 개는

---

1)칼릴 지브란(Khalil Gibran, 1883-1931): 철학자이자 화가, 소설가, 시인으로 유럽과 미국에서 활동한 레바논의 대표 작가. 대표작으로는 『예언자』『방랑자』『부러진 날개』등이 있다.

그들의 지도자요 혁명가였다. 모든 개들의 믿음이 개조되어 신자가 되고 짖는 소리도 없고 싸움도 없고 모든 게 평화로운 하나님의 왕국이, 개들의 왕국이 곧 올 거라고 믿는 이상주의자였다.

하지만 개는 개다. 도시의 개들은 지도자의 말을 열심히 들었다.

"당신은 위대한 지도자입니다. 모든 말씀이 하나같이 진리입니다. 우리는 불쌍하고 가련한 개들입니다. 우리는 목사님의 위대한 말씀을 다 알아듣지 못합니다."

짖는 걸 멈출 수 없었던 개들은 죄의식을 느꼈다. 목사 개의 말이 옳다고, 그 메시지가 맞다고 머리로는 인정을 하고 믿었다. 하지만 자신의 몸에서 우러나오는 충동은 어찌할 수 없었다. 몸은 머리와는 다르게 움직인다. 기회만 있으면, 산야신[2]이나 경찰, 우체부가 지나가면 개들은 짖는다. 개들은 유니폼을 보면 짖는 충동을 억제하지 못한다.

개들이 짖지 않는 건 거의 불가능에 가깝다.

그래서 그들은 이렇게 결정을 내렸다.

"그 개는 위대한 분이지만 우리가 그분의 말씀을 모두 따르는 것은 어렵습니다. 그분은 피안에서 건너온 아바타르[3]

---

2)산야신(sannyasin): 인도의 산야신은 오렌지 승복을 입는다.
3)아바타르(avatar): 신이 인간을 교화하기 위해 인간의 모습으로 내려온 '화신
(化神)'을 뜻하는 산스크리트어.

입니다. 우리가 마땅히 그분을 존경해야 되겠지만 어떻게 그분의 말씀을 따른단 말입니까? 그분이 짖지 않는 걸 보면 자신의 말에 항상 진실한 분인 건 사실입니다."

어느 어두운 밤에 개들이 모여 회의를 했다.

"우리의 위대한 지도자는 항상 우리를 개종시키려고 불철주야 애쓰시는데, 우리는 그분의 말씀을 잘 듣지 않아요. 그러니 적어도 1년에 한 번, 그분의 생일날만큼은 아무리 어렵더라도 짖지 않고 완전히 침묵하기로 합시다. 1년에 한 번 정도라면 우리 모두 할 수 있으리라 봅니다."

그들은 그렇게 결정했다.

그날 밤 아무 개도 짖지 않았다. 지도자 개는 거리의 구석구석을 돌아다녔다. 짖는 개를 찾아서 실교를 하곤 했던 것이다. 그날 밤 지도자 개는 우울했다. 밤새도록 아무도 짖지 않았다. 모두가 침묵을 지켰다. 도시에 개들이 몽땅 사라진 것처럼. 지도자 개는 이 구석 저 구석을 돌아다녔지만 단 한 마리의 개도 짖지 않는 것이었다. 어두운 밤을 돌아다니다가 지도자 개는 지쳐서 자신이 그만 짖고 말았다.

다른 개들이 그날 밤의 결정을 깨트리는 짖는 소리를 듣는 순간, "그럼 우리도 짖자"라고 했다. 그들은 그날 밤의 결정을 깨트리고 짖은 개는 다름 아닌 지도자 개라는 사실을 모르고 있었다. 그저 다른 개가 짖었을 거라고 생각했다. 이제 다른 개들도 참는 게 불가능해졌다. 도시 전체가 짖어댔다. 그러자 지도자 개가 나와서 설교를 시작했다!

불행은 전염병이다. 행복이 전염되는 것처럼 불행도 전염된다. 사람들은 불행에 약하다. 그들은 자신도 모르게 불행을 좇고 있기 때문이다. 인간의 마음은 불행을 좇는다. 불행이 있으면 연민을 느낄 수 있지만 행복이 있으면 질투를 느껴야 하기 때문이다. 다른 사람이 불행하지 않으면 행복을 느끼지 못한다.

타인이 불행한데 어떻게 행복할 수 있단 말인가? 타인이 죽었는데 어떻게 살아 있음을 느낄 수 있단 말인가? 인간은 함께 존재한다. 종종 나는 다른 사람의 불행의 원인이 되기도 한다. 그러면 나에게 카르마가 쌓인다. 상대를 직접 때리거나 폭력을 행사한다고 해서 카르마가 쌓이는 게 아니다. 카르마의 법칙은 살인에만 적용되는 게 아니다. 자신의 불행을 타인에게 전염시키는 것도 카르마이다. 타인을 불행하게 만드는 것도 역시 카르마이다. 이렇게 카르마[4]를 지으면 타인의 불행은 자신의 책임이 되고 자신이 갚아야 하는 것이 된다. 인과의 법칙은 이처럼 미묘하다.

항상 인간의 심리를 이해하고자 노력하라. 인간의 심리를 이해해야만 변형이 일어난다.

---

4)카르마(karma): '업(業)'을 뜻하는 산스크리트어. 미래에 선악의 결과를 가져오는 원인이 된다고 하는, 몸과 입과 마음으로 짓는 선악의 소행.

악한 사람에 무관심하고
덕 있는 사람에 기뻐하는 마음을 기를 때
마음에 평화가 찾아온다.

　덕 있고 행복한 사람을 보면 보통 그 사람이 나를 속이는
거라고 생각한다. 어떻게 나보다 덕이 많을 수 있단 말인가!
사람들은 상대가 나보다 덕이 많은 걸 참을 수 없다. 그래서
덕 있는 사람을 보면 온갖 비판을 서슴지 않는다. 덕이 있는
사람을 보면 사람들은 당장 흠을 잡고 비난하기 시작한다.
그 사람을 깎아내려야 하는 것이다. 그는 덕이 있는 사람이
될 수 없다. 믿을 수 없다. 파탄잘리는 "덕이 있는 사람에 기
뻐하라"고 말한다. 덕이 있는 사람을 비판하는 것은 속으로
덕 자체를 비판하는 것이다. 덕이 있는 사람을 비판하는 것
은 이 세상에 덕은 존재할 수 없다고 믿는 것이다. 그렇게
믿고 나야 마음이 편하고 좋지 못한 행위를 계속할 수 있는
명분이 생긴다. 덕이 있는 사람은 세상에 존재하지 않고 모
두가 나와 같으니 나는 아무렇게나 해도 괜찮다. 그래서 서
로를 비판하고 비난하고 헐뜯는 것이다.
　'저 사람 참 아름다운 사람이야' 라는 말을 누가 하기라도
하면 당장 비판이 들어온다. 참을 수 없는 것이다. 누구는
덕이 있고 자신은 덕이 없다면 에고는 즉시 상처를 입는다.
'나를 변화시켜야 돼' 라고 하지만 이는 간단한 일이 아니라

는 것을 안다. 그래서 간단히 상대를 비난하는 일로 대치한다. 간단한 비난으로 모든 일을 대신한다. '무슨 말을 하는 거야. 말도 안 돼! 그 사람이 덕이 있다고? 그럼 증명해봐! 덕을 증명하는 일은 어렵다. 누가 덕이 있다는 말을 비난하는 일은 대단히 쉽다. 하지만 누가 덕이 있다는 것을 증명하는 일은 대단히 어렵다.

투르게네프[5]는 러시아의 위대한 소설가였다. 그의 소설에 러시아의 작은 마을에 사는 바보가 등장인물로 나오는 이야기가 있다. 이곳 마을 사람들 모두 바보를 비웃었다. 행동이 바보 같아서 모두들 그의 어리석은 행동에 재미있어 했다. 그는 자신의 어리석음을 한탄했다.

그러던 어느 날 한 현자를 만나 물었다.

"어떻게 하면 좋죠?"

현자가 대답했다.

"간단하다. 다른 건 할 필요없다. 누가 어떤 사람을 칭찬하면 두말할 필요없이 비판하라. 누가 '저 사람은 성인이야'라고 하면 '아니오. 그는 죄인이오'라고 따져라. 누가 '이 책은 대단해'라고 하면 자신이 읽었든 안 읽었든 곧바로 '나도 읽어봤는데 이건 쓰레기요'라고 하라. 누가 '이 그

---

5)투르게네프(Turgenev, Ivan S., 1818-1883): 러시아의 소설가. 주요 저서로는 『귀족의 보금자리』『첫사랑』『아버지와 아들』등이 있다.

림은 역사상 가장 위대한 작품 중의 하나야' 라고 하면 '이런 건 애들도 그릴 수 있소. 이게 무슨 작품이오. 그저 캔버스에 물감을 묻혀 놓은 거지' 라고 비판하라. '아니' 라고 말하라. 증거를 요구하라. 비판하라. 앞으로 7일만 그렇게 하고 나에게 다시 오라."

7일째 되는 날 마을 전체는 이 사람이 천재였다는 사실을 깨닫게 되었다.

"이런 재주가 있었던 걸 왜 몰랐을까? 그는 정말 천재다. 디재디능히디. 그림을 보여주면 홈을 찾아내고 위대한 책을 보여주어도 결점을 지적한다. 위대한 비평가요 분석가다. 천대다!"

7일째 되는 날 그는 현자에게 가서 말했다.

"이제 더 이상 선생님의 충고를 들을 필요없습니다. 선생님은 바보예요!"

현자가 지혜로운 사람이라고 믿었고 있었던 마을 사람들은 이렇게 믿게 되었다.

"우리의 천재가 그를 바보라고 했다. 현자는 바보다!"

사람들은 부정(否定)을 쉽게 믿어버리는 경향이 있다. '노우(no)' 를 반박하기란 대단히 어렵기 때문이다. 어떻게 반박한단 말인가? 상대 의견을 부정하기란 아주 쉽다. 그리고 그 부정을 사실이라고 믿어버린다. 자기 에고에 도움이 되기 때문이다. 하지만 긍정은 아니다. 쉽사리 믿지 못한다.

덕이 있는 사람을 보고 누구든지 '아니야'라고 말할 수 있다. 이런 마음은 덕이 있는 사람을 해치는 게 아니다. 자기 자신을 해친다. 자기 스스로를 해치는 자해 행위이다. 자신에게 독을 주입하는 행위요 서서히 자살하는 행위이다. 항상 '이 사람은 덕이 없다. 저 사람도 덕이 없다'라고 말하면 어떻게 되는가? 세상에 덕이란 존재하지 않기 때문에 덕을 얻으려고 노력할 필요도 없다고 스스로에게 최면을 건다. 그것은 일종의 타락이다. 편안한 현실에 안주하는 행위이다. 사람들은 안주하는 것을 참 좋아한다. 불행한 사람은 불행에 안주한다.

인간은 현실에 너무 푹 안주하고 있다. 이 안주의 생활을 깨트려야 한다. 안주의 마음을 깨트려야 한다. 가는 곳마다 자신의 뿌리를 뽑아서 상위의 차원에 재이식해야 한다. 이는 덕이 있는 사람을 보고 기뻐할 때 가능하다.

심지어 악도 비난하지 말라!

내면에 충동처럼 자리를 잡고 있다. 덕이 있는 사람을 보면 무조건 비난하려는 마음 말이다. 파탄잘리는 악조차도 비난하지 말라고 한다. 왜? 파탄잘리는 인간의 심리구조를 잘 이해하고 있다. 자꾸만 악을 비난하면, 악한 사람을 비난하면 자꾸만 악과 악한 사람에 관심이 가고 그러다 보면 자신마저도 악에 물들기 때문이다. '이건 나쁘다. 저건 나쁘다' 라고 자꾸 말하다보면 자신도 모르는 사이에 너무나 많은 관심이 '나쁜 행위'로 향하게 된다. 나쁜 행위에 중독된다. 인간은 한 대상에 지나친 관심을 보내기 시작하면 결국 그 대상에 최면이 걸린다. 상대를 지나치게 비난하면 결국 상대와 같이 되고 만다. 상대를 지나치게 비난하면 상대는 결국 무의식 속에서 굉장히 매력적인 대상이 되기 때문이다.

외면적인 것은 별로 중요하지 않다. 중요한 것은 내면에서 벌어지는 최면의 과정이 미래의 삶을 결정한다는 것이다.

악에는 무관심하라. 냉담하라는 말이 아니다. 이 점을 명심하라. 이 둘의 차이는 상당히 미묘하다. 무관심과 냉담은 엄연히 다르다. 대상에서 눈길을 돌리라는 말이 아니다. 눈길을 돌리고 설령 눈을 감는다 해도 자신의 생각이나 태도는 그대로이다. '신경 쓰지 말라'는 말도 아니다. '신경 쓰지 말라'는 말에도 비난의 마음이 숨어 있기 때문이다. 무관심은 마치 대상이 거기 없는 것처럼, 존재하지 않는 것처럼 여기라는 말이다. 마음을 두지 말라는 말이다. 스쳐지나가듯.

파탄잘리는 여기서 우펙샤(upeksha)라는 말을 쓰고 있다.

대단히 아름다운 말이다. 이는 냉담이나 반감이나 도피가 아니다. 우펙샤는 어떠한 마음도 일으키지 않고 무관심한 것이다. 명심하라. 대상에 마음을 주지 않는 것이다. 이는 별로 의미가 없어 보인다. 무가치해 보인다. 아니다. 대상에 의견이나 마음을 불러일으키면 거기에는 항상 비난의 마음이 숨겨 있다. 무관심은 '판단을 하고 결정을 내리는 당신은 누구인가?'라고 묻는 것이다. 무관심의 마음은 스스로에게 이렇게 묻는다. "나는 누구인가? 내가 어떻게 '이것은 악이고 저것은 선이다'라고 말할 수 있는가? 누가 아는가?"

삶은 대단히 복잡한 것이어서 때론 악이 선이 되고 때론 선이 악이 되기도 한다. 삶은 항상 변한다. 천상에 올라간 죄인이 있기도 하고 지옥으로 떨어진 성인이 있기도 하다. 누가 안단 말인가? 그대는 누구인가? 누가 그대에게 물었는가? 그대는 자신을 돌보기만 하면 그것으로 족하다. 좀 더 깨어 있으라! 그러면 대상에 마음을 일으키지 않고 무관심할 수 있다.

이런 일이 있었다.

비베카난다[6]가 미국으로 가서 유명 인사가 되기 전에 자이푸르[7]에 있는 마하라자[8]의 왕궁에 머물고 있을 때의 일이다. 자이푸르의 마하라자는 비베카난다와 라마크리슈나를 몹시도 사랑했다. 마하라자들이 항상 그렇듯, 귀빈으로 방문한 비베카난다를 대접하기 위해 자이푸르 마하라자는 성대한 축연을 베풀었다. 기생들을 불러 춤을 추게 하고 노래를 부르게 했다. 마하라자는 산야신을 모실 때는 기생을 불러 춤추고 노래부르면 실례가 된다는 사실을 까맣게 잊고 있었다. 사실, 그는 성자나 산야신을 모신 경험이 없어 모르고 있었다. 그저 귀빈을 대접하려면 주연을 베풀어야 한다고 생각하고 있었던 것이다.

당시 비베카난다는 완전히 성숙한 산야신이 아니었다. 그가 온전한 산야신이었다면 주연에서 벌어지는 모든 일들에 무관심하고 평정심을 유지할 수 있었겠지만 그는 그러질 못했다. 그는 아직 파탄잘리 속으로 깊이 들어가지 못했던 것이다. 그는 싱과 세속적인 일들을 익압해야 하는 청년이있던 것이다. 비베카난다는 기생을 보자 방문을 잠그고 나오려들지 않았다.

마하라자가 와서 비베카난다에게 무례에 대한 용서를 구했다.

---

6)비베카난다(Vivekananda, 1863-1902): 인도 캘커타 출생. 19세기 유명한 성자인 라마크리쉬나의 제자가 된 뒤, 미국으로 건너가 동양의 정신주의와 서양의 물질주의를 통합하기 위해 노력했다. 1897년에 인도로 돌아와 캘커타 근처 갠지스강변의 베루르마트에 있는 사원에서 라마크리슈나 선교회를 설립했다.
7)자이푸르(Jaipur): 인도 라자스탄(Rajasthan)의 주도(州都). 핑크빛 건물이 많아 '핑크 시티(pink city)'로 널리 알려져 있다.
8)마하라자(Maharaja): 인도 왕에 대한 호칭.

"무례를 용서하십시오. 산야신을 어떻게 모셔야 하는지 미처 몰랐습니다. 우린 왕을 모시는 법은 압니다. 이런 무례를 저지르다니 죄송하게 되었습니다. 오늘 초대한 기생들은 이 나라에서 가장 이름난 기생들입니다. 적지 않은 비용을 지불했습니다. 그냥 가라고 하는 것도 무례가 될 듯하니 제발 나와주십시오."

하지만 비베카난다는 두려워하고 있었다. 그래서 나는 그가 아직 미숙하다고, 미숙한 산야신이라고 말한 것이다. 무관심을 아직 터득하지 못하고 있다. 아직도 비난하는 마음이 거기 있는 것이다. '아니, 기생이라고?' 비베카난다는 화가 나서 나가지 않겠다고 말했다. 그러자 한 기생이 성자에 관한 노래를 부르기 시작했다. 아름다운 노래였다.

그녀는 이렇게 노래했다.

"당신에게 나는 부족한 여자란 걸 알지만 조금만 자비심을 낼 순 없나요. 나는 길가의 쓰레기, 난 알아요. 하지만 그렇게 싫어할 필요는 없잖아요. 나는 천한 사람, 나는 죄인. 당신은 성인, 왜 그렇게 나를 무서워하시나요?"

비베카난다는 방에서 이 노래를 들었다고 한다. 기생은 울면서 노래를 부르고 있었다. 그는 자신의 미숙함을, 자신의 어리숙함을 알아차렸다. 왜 두려워하는 거지? 두려움은 항상 대상에 끌릴 때 온다. 여자에게 끌리면 여자가 무서울 수 있다. 대상에 끌리지 않으면 두려움도 존재하지 않는다.

무엇을 두려워한단 말인가? 대상에 어떠한 반감도 가지지 않을 때 무관심할 수 있다.

비베카난다는 문을 열고 밖으로 나왔다. 기생이 그를 이긴 것이다. 그는 주연의 자리로 와서 자리에 앉았다. 후에 그는 이렇게 일기를 쓰고 있다.

"나는 새로운 신의 계시를 보았다. 내 안에는 아직도 정욕이 꿈틀거리고 있었다. 그래서 나는 두려웠던 것이다. 나는 그 기생에 의해 완전히 무너졌다. 나는 그렇게 순수한 영혼의 소유자를 본 적이 없다. 그녀의 두 눈에서 떨어지는 눈물 방울이 너무나 순수하고 춤과 노래는 너무나 거룩해서…… 그녀 옆에 앉아 있으면서 나는 처음으로 이 모두는 외면의 문제가 아니라 내면의 문제임을 절실하게 깨달았다."

그는 이렇게 이어 적고 있다. "나는 이제 여자와 함께 잘 수 있다. 두려움은 없다." 그는 초월했던 것이다. 그 기생이 비베카난다가 초월하도록 도와주었던 것이다. 이것은 하나의 기적이다. 스승인 라마크리슈나도 도와줄 수 없었던 비베카난다의 초월을 기생이 도와주었다. 그래서 비베카난다의 초월이 어디에서 왔는지 아무도 모른다.

무엇이 선이고 무엇이 악인지 아무도 모른다. 누가 판단을 내린단 말인가? 마음은 무능력하고 무기력하다. 어떠한 마음도 내지 말라. 무관심은 바로 그것이다.

파탄잘리는 다른 대안도 제시한다. 행복한 사람과 행복해하고, 불행한 사람에게 자비심을 내고, 덕이 있는 사람과 기뻐하고, 나쁜 것에는 무관심할 수 있다면, 정녕 이렇게 할 수만 있다면 마음을 넘어 초월의식의 경지로 들어갈 수 있다. 이것이 어렵다면 다른 길도 있다. 실망할 필요없다.

반복해서 숨을 내쉬고 참는 수련을 하면
마음에 평화가 찾아온다.

처음은 마음을 통해 들어간다. 다음은 호흡을 통해 들어가는 길이다. 호흡과 생각은 양극처럼 긴밀하게 연결되어 있다. 마음이 변하면 호흡도 변한다는 사실을 눈치챈 적이 있는가?

예를 들어 화가 나면 즉시 호흡이 변한다. 그 리듬도 변한다. 전혀 다른 호흡이 된다. 리듬을 상실한다. 성욕이 일어날 때도 호흡이 변한다. 호흡이 뜨겁고 거칠어진다. 아무것도 하지 않고 편안하게 침묵 속에 있을 때도 호흡의 리듬이 변한다. 호흡을 깊이 들여다보면 호흡의 유형과 그 리듬이 마음을 바꾸는 것을 알 수 있다. 마음이 다정해질 때의 호흡도 다르다. 화나 반감이 일어날 때의 호흡도 다르다. 마음을 바꾸어 호흡을 바꿀 수도 있고, 먼저 호흡을 바꾸어 마음을 바꿀 수도 있다. 호흡을 바꾸라. 그러면 마음이 곧바로 바뀔

것이다.

마음이 고요하고 기쁘며 평온할 때의 호흡을 기억하라. 나중에 화가 날 때 평온할 때 하던 호흡을 해보라. 그러면 화가 사라진다. 호흡이 곧 분위기를 형성하기 때문이다. 호흡이 호르몬 등을 배출하는 내분비선을 제어하기 때문이다. 그래서 화가 나면 얼굴이 빨개진다. 특정 호르몬이 배출이 되어 몸이 뜨거워지는 것이다. 몸이 싸울 준비나 도망칠 준비를 하는 것이다. 비상사태가 벌어지면 몸은 호흡을 변화시켜 비상사태에 준비를 한다.

마음이 고요할 때의 호흡을 하라. 고요한 호흡의 패턴을 따라간다. 그리면 화가 사라지는 것을 체험한다. 정욕에 사로잡히면 평온할 때의 호흡을 하라. 정욕이 사라지는 것을 체험한다. 마음이 평온하지 않고 긴장하거나 걱정하거나 시끄럽거나 불안하거나 꿈을 꾸면 먼저 숨을 길게 내쉬라. 항상 날숨에서 시작한다. 깊게 숨을 내쉬라. 자신이 할 수 있는 만큼 최선을 다해 내쉬라. 숨이 나가면 우울한 기분도 따라 나간다. 숨에는 모든 것이 담겨 있기 때문이다. 숨을 내쉬면서 배를 안으로 잡아당기고 몇 초 동안 숨을 멈춘다. 그런 다음 숨을 들이쉰다. 아주 깊게 들이쉰다. 들숨이 끝나면 다시 몇 초 동안 숨을 멈춘다. 날숨 때 멈추는 시간과 같아야 한다. 즉, 날숨 때 3초를 멈추었으면 들숨 때도 3초를 멈추는 것이다. 숨을 다 내쉬고 3초를 멈춘다. 그리고 숨을 들이마시고 3초를 멈춘다. 날숨 때 숨을 하나도 남김없이 다 내쉬어야 한다. 숨을 완전히 내쉬고 완전히 들이마신다. 리듬을 타라. 들이쉬고 참고 내쉬고 참는다. 그러면 즉시 자신의 온 존재에 변화가 오는 것을 느낀다. 처졌던 기분이 사라진다. 새롭고 신선한 기분이 들어온다.

무슨 일이 일어난 것인가? 왜 그렇게 된 것인가? 여러 가지 이유가 있을 수 있겠지만 그중 하나는 호흡 리듬의 변화이다. 호흡 리듬이 변화함으로써 마음도 완전히 변해버린 것이다. 화를 내려고 노력해도 나지 않는다. 마음에 새로운 기분이 들어온 것이다. 마음은 옛 기분과 새로운 기분을 동시에 느끼지 못한다. 마음은 날숨과 들숨, 멈춤, 리듬 타기 등에 몰입한다. 이에 완전히 몰입하면 분노의 끈이 끊어진다.

날숨과 들숨의 수련은 전신을 정화한다. 숨을 모두 내쉰 다음 3초나 5초 동안, 자신이 하고 싶은 만큼, 혹은 할 수 있는 만큼 숨을 참으면 어떤 일이 벌어지는가? 온몸의 독소들이 빠져나온다. 숨이 다 빠져나간 다음 호흡에 갭이 생기면 독소가 몸 밖으로 빠져나간다. 사람들은 보통 독소가 몸 밖으로 배출될 기회를 주지 않는다. 아무런 의식 없이, 호흡과 호흡 사이의 갭 없이 호흡을 한다. 호흡을 멈추면 호흡 사이에 갭이 생기고 진공이 생긴다. 이 진공 속에서는 모든 것이 자연스럽게 흐르고 스스로를 채운다. 깊게 숨을 들이쉬고 멈춘다. 이때 모든 독소들이 호흡에 달라붙는다. 깊게 숨을 내쉰다. 이때 독소는 숨과 같이 나온다. 이런 식으로 몸 안의 독소를 몸 밖으로 배출한다.

요가는 삶의 기본적인 사실, 호흡이 생각보다 깊다는 사실을 발견했다. 호흡을 바꾸면 생각을 바꿀 수 있다. 호흡이라는 열쇠를 얻기만 하면 원하는 분위기를 얼마든지 만들 수 있다. 전적으로 자신에게 달렸다. 자신의 호흡에 달렸다.

이 호흡법을 수련하라. 그러면 마음과 그 기분을 바꿀 수 있는 열쇠를 터득한다. 날숨의 끝과 들숨의 끝에 숨을 멈추는 방법을 해보라. 행복한 이들을 보면 같이 행복해하고 악한 것을 보면 무관심하라. 그러면서 위에서 말한 호흡법을 계속 수련하라. 감각과 지각이 대단히 예민해질 것이다.

질문
부정적인 생각은 현실로 나타날 수 있기 때문에 위험하다고 하셨습니다. 긍정적인 생각도 현실로 나타나나요? 예를 들어, 깨달음을 원하면 깨닫게 되나요?

깨달음에 대한 긍정적인 생각은 경우가 너무 다르다. 깨달음은 모든 이중성을 초월하는 것이다. 깨달음은 긍정적이지도 부정적이지도 않다. 양극이 사라졌을 때 일어나는 현상이다. 긍정적인 생각을 통해서 많은 일을 현실화할 수 있다. 하지만 깨달음은 경우가 완전히 다르다.

긍정적인 생각을 통하여 행복할 수는 있지만 지복은 아니다. 행복은 오고 가는 것이다. 행복이 있으면 불행이 저기서 기다리고, 불행이 있으면 행복이 저기서 기다린다. 사랑을 하고 있다면 그것은 분명 긍정적인 것이다. 하지만 사랑을 하는 동안 증오는 자신의 때가 오기를 저기서 기다리고 있다.

긍정은 이중성을 초월하지 못한다. 분명 긍정적인 사고방식은 생활에 유익하다. 하지만 깨달음은 아니다. 지나친 요구다. 부정의 세계를 놓으면 긍정의 세계가 온다. 긍정의 세계를 놓으면 초월의 세계가 온다. 먼저 부정의 세계를 놓은 다음 긍정의 세계도 내려놓으라. 그러면 아무것도 남지 않는다. 그것이 곧 깨달음의 세계이다. 마음이 존재하지 않는 세계이다.

마음은 긍정적이거나 부정적일 수 있으며, 행복하거나 불행할 수 있으며, 사랑하거나 증오할 수 있다. 자비심을 내었다가 화를 내기도 하고, 밤과 낮이 있고, 태어나고 죽는다. 모든 게 마음 안에 있다. 하지만 참나는 마음 안에 있지 않다. 참나는 마음 너머에 있다.

깨달음은 마음의 것이 아니라 참나의 것이다. '나는 마음이 아니다'를 깨우치는 것, 이것이 깨달음이다. 자신이 부정적이면 마음의 어두운 골짜기에서 사는 것이다. 긍정적이면 마음의 밝은 봉우리에서 사는 것이다. 하지만 긍정도 부정도 다 마음의 차원에 머물고 있다. 둘 다를 버려라. 긍정의 세계마저 버리는 것은 어렵다. 부정의 세계를 버리는 것은 쉽다. 부정의 세계는 불행의 세계이기 때문이다. 그건 지옥이다. 그래서 버리기 쉽다.

하지만 자신의 불운한 삶을 보라. 인간은 이 불운한 삶도 놓지 못하고 있다. 부정적인 마음을 집착하다. 불행이 무슨 보배라도 되는 양 꼭 쥐고 있다. 불행을 움켜쥐고 있다. 불행이 인간의 오래된 습이 되었기 때문이다. 인간은 항상 집착할 대상을 필요로 한다. 다른 세계를 찾을 생각은 못하고 자신의 지옥을 움켜쥔다. 이만큼 부정의 세계를 놓는 것도 어렵다. 하지만 긍정의 세계를 놓는 것에 비하면 아무것도 아니다. 긍정의 세계를 놓는 것은 대단히 어려운 일이다.

긍정을 놓는다는 것은 곧 행복을 놓는다는 말이다. 긍정의 세계를 놓는다는 것은 아름답고 좋은 것은 모두 놓는다는 말이다. 부정의 세계는 추하고 긍정의 세계는 아름답다. 부정의 세계는 죽음이요 긍정의 세계는 생명이다. 부정의 세계를 놓을 수 있다면…… 먼저 첫 번째 단계를 시작할 일이다. 먼저 부정의 세계가 주는 고통과 불행을 체험하라. 부정의 세계에서 얼마나 많은 불행이 떠오르는지 지켜보라. 지켜보면서 느껴보라. 부정의 세계가 창조하는 불행을 온전히 체험하면 부정의 세계는 저절로 떨어져나간다.

하지만 마음은 대단히 교묘한 술책을 쓴다. 자신의 불행에 대한 책임은 타인에게 있다고 생각하는 것이 그것이다. 깨어 있으라. 이런 마음의 술책에 걸려들면 부정의 세계는 영영 벗어날 수 없다. 이런 식으로 부정의 세계는 부정을 숨긴다. 화가 났다. 그러면 마음은 다른 사람이 모욕했기 때문에 화를 낼 수밖에 없다고 생각한다. 하지만 그렇지 않다. 다른 사람이 모욕을 했을 수도 있겠지만 그것은 하나의 구실에 불과하다. 자신은 이미 화를 낼 준비를 하고 있었던 것이다. 마음에 화가 쌓이면서 다른 사람의 자극만을 기다리고 있었던 것이다.

화의 원인을 외부 보이는 대상에서도 찾을 수 있겠으나 사실 욕을 한 사람은 화의 진정한 원인이 아니다. 화는 이미 안에서 부글부글 끓고 있었다. 모욕을 한 사람은 그저 부글부글 끓는 것을 도와줬을 뿐이다. 그는 내면의 부글거리는 감정을 끌어내서 폭발하는 데 일부 역할을 했을 뿐이다. 단순한 자극에도 분노를 폭발할 만큼 사람들의 정신은 건강하지 못하다. 상대가 욕을 한 것은 도움을 준 것이다. 부정적인 감정을 끌어낼 수 있게 했으니 말이다. 화를 폭발시켰다면 적어도 한동안은 화 때문에 고생을 하지 않아도 될 것이다.

이렇게 마음은 잔꾀를 써서 의식을 외부로, 상대로 흩뜨린다. 뭔가 잘못되면 누가 나에게 잘못했는지 둘러본다. 시각이 외부로 향하면 핵심을 놓친다. 진짜 문제의 원인은 그 뒤에 숨어 있다.

뭔가 잘못될 때는 언제나 이렇게 하라. 바로 눈을 감고 잘못의 원인이 어디에서 왔는지, 진짜 범인은 누구인지 살펴보라. 그러면 범인을 찾을 수 있다. 그게 진리이기 때문이다. 그게 사실이기 때문이다. 자신이 분노를 쌓았기 때문에 외부의 자극이 오면 터져나온다. 증오심을 쌓았기 때문에 외부의 자그마한 자극에도 증오심이 발동한다. 상대는 이들의 진짜 원인이 아니다. 산스크리트어에는 '원인'에 해당하는 단어가 둘 있다. 하나는 카란(karan), 즉 진실된 원인이고 다른 하나는 니밋타(nimitta), 즉 진실하지 않은 원인이다. 문제의 원인처럼 보이니 진짜 원인이 아닌 니밋타에 의해 사람들은 속는다. 니밋타는 생에 생을 거듭하면서 우리를 속이고 있다.

불행을 느낄 때는 곧바로 두 눈을 감고 안으로 들어가라. 범인을 현장에서 붙잡을 수 있는 좋은 기회이다. 이 순간을 놓치면 범인을 잡지 못한다. 분노가 사라진 뒤에 눈을 감아보라. 아무도 찾지 못한다. 자신이 달아올랐을 때 그 순간을 절대 놓치지 말라. 그 순간을 명상하라.

문제의 원인은 다름 아닌 자신의 부정적인 마음임을 깨달으라. 그러면 부정성은 떨어져나간다. 부정적인 마음이 떨어져나가면 아름다움이 찾아온다. 부정적인 마음을 버리려고 애쓰면 잘 떨어지지 않는다. 부정적인 마음을 버리려고 애쓰는 자체가 자신이 아직 영글지 못했음을 보여준다. 세상을 등지는 것은 성숙한 행위가 아니다. 세상을 등지려는 노력은 자신이 아직 삶에 푹 익지 않았음을 보여준다. 그래서 부정적인 마음을 버리려고 애를 써야 하는 것이다. '내가 진짜 쓰레기를 가지고 있는지 없는지 잘 모르지만 쓰레기를 버리려는 노력을 해야 한다.' 이는 쓰레기에 대한 이해를 무조건 버리려는 노력으로 대치하는 것이다. 이해가 잘 되지 않으니까 노력해야 한다는 것이다. 진리를 알았다고 하는 사람들은 문제를 이해하지 못하면 문제 해결을 위해 노력해야 한다고 말한다. 논리적으로는 일견 타당한 것 같기는 한데…… 문제는 상황을 진실로 깊이 이해하지 못한 데서 온다. 진실로 이해했다면 거기에는 '노력을 하느냐, 마느냐'의 문제가 생길 수 없다. 그냥 부정적인 마음을 놓을 뿐이다.

길을 가다가 뱀을 만났다고 하자. 그러면 누구나 뱀을 피하기 위해 펄쩍 뛴다. 뛰기 전에 먼저 충분한 생각을 하고 결정을 내리고 뛰는 사람은 없다. 마음속으로 '여기에 뱀이 있다. 뱀이 있는 곳에는 항상 위험이 있다. 그러므로 나는 뛰어야 한다'라고 논리적인 생각을 하는 사람은 없다. 뱀이 지나가는데 무슨 논리적인 삼단논법이란 말인가! 아리스토텔레스도 그냥 펄쩍 뛰었을 것이다. 나중에 가서 삼단논법을 추리할지는 모르겠지만 뱀이 있는 곳에서는 아니다. 뱀은 사람의 삼단논법에 대해 신경 쓰지 않는다. 그냥 상황이 긴급할 뿐이다. 긴급한 상황을 이해하는 것으로 족하다. 부정적인 마음을 놓는 데는 노력이 필요하지 않다. 오직 이해만이 필요하다.

부정적인 마음을 내려놓았다면 이제 진짜로 어려운 문제가 앞에 있다. 긍정적인 마음을 내려놓는 일이다. 긍정적인 마음은 너무 좋아보이기 때문에 이를 버리는 일은 대단히 어렵다. 저 너머의 세계를 알지 못하는 사람에게는 긍정적인 마음이 주는 행복이 궁극의 행복처럼 보인다. 너무 행복하기 때문이다. 사랑하고 있는 남녀를 보라. 그들의 눈과 손을 잡고 걷는 모습을 보라. 그들은 행복에 겨워한다. 그들에게 가서 '긍정적인 마음도 버려야 합니다' 라고 말해보라. 당장 미쳤다는 소리를 들을 것이다. 이 얼마나 오랫동안 기다려온 행복인가! 그런데 여기 붓다가 와서 '그것도 내려놓으라!' 라고 한다.

누군가 성공하고 있는데, 성공의 계단을 착실히 밟아가고 있는데 가서 '내려놓으시오' 라고 해보라. 안 될 말이다! 이 성공이야말로 필생의 목표였는데, 이를 내려놓으라고! 그는 성공을 내려놓으면 불행의 나락으로 빠질 거라고 생각한다.

그렇다면 긍정의 세계 다음은 어디인가? 어디로 가야 하는가? 사람들은 오직 두 가지 가능성만을 안다. 긍정의 세계냐, 부정의 세계냐. 사람들은 긍정의 세계를 버리면 부정의 세계로 간다. 그래서 나는 부정의 세계를 완전히 놓으라고 말한다. 긍정의 세계를 놓았을 때 되돌아갈 수 있는 부정의 세계를 완전히 없애라는 것이다. 그렇게 하지 않으면 긍정의 세계를 버리면 곧바로 부정의 세계가 들어온다.

　지금 행복하지 않으면 곧바로 불행한 쪽으로 옮아간다. 마음이 침묵하지 않으면 곧바로 머리가 시끄러운 쪽으로 옮아간다. 그러므로 다시는 되돌아가지 못하도록 부정적인 마음을 완전히 내려놓으라. 에너지는 항상 부정에서 긍정으로, 긍정에서 부정으로 옮겨다닌다. 아직도 부정적인 마음이 남아 있으면, 자신이 긍정적인 마음을 놓았을 때 부정적인 마음으로 돌아갈 수 있는 가능성이 있다.

　인간은 제3의 가능성이 존재함을 모른다. 부정적인 마음이 떨어져 나간 뒤 긍정적인 마음도 놓았을 때만 제3의 가능성이 열린다. 잠시 정지된 순간이 지난다. 에너지는 다음 이동 장소를 모를 때 움직이지 못한다. 부정의 세계가 닫히고 긍정의 세계 또한 닫혔다. 그 순간 가운데 지점에 있게 된다. 그 순간은 영원처럼 느껴진다. 대단히 길게, 끝이 없는 것처럼 느껴진다. 한 순간 무엇을 해야 할지, 어디로 가야 할지 모르는 채 가운데 지점에 있게 된다. 이 순간은 미친 것처럼 보인다.

내가 긍정의 마음도, 부정의 마음도 아니라면 나는 누구인가? 나의 정체성은? 나의 이름과 형상도 긍정과 부정의 마음과 더불어 떨어져 나갔다. 갑자기 내가 누구인지 모른다. 에너지 현상으로만 존재할 뿐. 느낌이 어떻다고 말할 수도 없다. 느낌이 존재하지 않는다. 이 순간을 견딜 수 있다면, 이 순간을 참아낼 수 있다면 이는 가장 위대한 희생, 가장 위대한 타파스차리아[9]가 된다. 모든 요가 수행은 이 순간을 위해 존재한다.

이렇게 하지 않으면 에너지가 분산되고 진공 상태를 놓친다. 긍정이 되고 부정이 되고, 이 진공 상태를 상실한다. 자신이 사라지는 것 같아서, 무(無)로 화하는 것 같아서. 심연의 나락이 열리고 자신이 그 속으로 떨어지는 것 같다. 바로 이 순간에 스승이 필요하다. '잠깐만! 걱정하지 마라. 내가 여기 있다'라고 말해줄 수 있는 스승이 필요하다. 이는 참이 아니다. 하지만 그것을 딛고 넘어서야 한다. 거기에는 아무도 존재할 수 없다. 스승조차도 존재할 수 없다. 마음이 끝나는 곳에서는 스승도 끝나기 때문이다. 이 상태에서는 절대 홀로 존재한다. '홀로'라는 사실은 무섭고 두렵고 죽음의 공포를 불러온다. 자신에게 용기를 줄 누군가가 필요하

---

9)타파스차리아(tapascharya): '고행'을 뜻하는 산스크리트어.

다. 단 한 순간 거짓의 도움이 필요한 것이다.

붓다는 인간을 향한 자비심으로 거짓말이 필요할 때 거짓말을 한다. 그런 순간에 스승은 말한다. "내가 여기 있다. 걱정하지 말라. 앞으로 나아가라." 그러면 제자는 용기를 불러모아 미지의 세계로 뛰어든다. 이는 단 한 순간의 문제이다. 모든 게 이 순간에 달렸다. 모든 존재계가 이 순간에 달렸다. 이 순간은 경계점이요 비등점이다. 단 한 발만 앞으로 내딛으면 마음은 영원히 사라진다. 거기에는 긍정도 부정도 존재하지 않는다.

이런 순간을 만나면 인간은 두려워한다. 다시 아늑하고 친숙하고 편안한 긍정과 부정의 세계로 돌아갈 수 있다. 미지의 세계로 가는 경계점에서…… 문제는 이렇다. 첫 문제는 부정의 마음을 버리는 것이다. 농익은 예지(叡智)가 필요하다. 부정의 마음을 버리는 일은 가장 쉽지만 인간은 이것조차 못한다. 다음 문제는 아름다움과 행복을 주는 긍정의 마음을 버리는 일이다. 일단 부정의 마음을 놓고 그만큼 성숙해지면 두 번째 예지, 두 번째 변형이 필요하다. 그러한 예지와 변형 속에서 긍정의 마음을 버리지 못하면 부정의 마음이 다시 돌아올 수 있다.

두 번째 예지가 떠오를 때 긍정의 마음은 그 긍정성을 상실한다. 긍정의 마음은 부정의 마음과 비교될 때만 긍정적이다. 부정적인 마음을 버리면 긍정적인 마음도 부정적으로 변한다. 이 모든 행복 역시 덧없다는 사실을 깨닫기 때문이다. 이 순간이 사라지면 자신은 어디에 있는가? 부정적인 마음이 다시 돌아올 수 있다.

부정적인 마음이 들어오기 전에 부정적인 마음을 완전히 내려놓으라. 지옥은 항상 천국을 통해서 오는 법이다. 천국은 문의 역할을 할 뿐이다. 그 문을 들어서면 지옥이다. 천국을 통해, 천국이라는 약속을 통해 인간은 지옥에 들어간다. 지옥이 최종 목적지이다. 천국은 지옥으로 들어가는 문이다. 문에서 영원히 머물 수는 없는 노릇이다. 문을 넘어서야 한다. 긍정의 세계에서는 어디로 가는가?

부정적인 마음을 내려놓으면 긍정은 부정의 반대가 아니라 부정의 한 측면이라는 사실을 깨닫나. 긍정과 부정은 같이 음모를 꾸민다. 결국 같은 존재이다. 긍정 역시 부정이 된다는 통찰이 떠오를 때 긍정의 세계도 내려놓을 수 있다. 사실, 내려놓는다는 말은 정확하지 않다. 그냥 스스로 떨어져 나간다는 말이 정확한 표현이다. 그리고 삶에는 행복과 같은 것이 존재하지 않는다는 사실을 깨닫는다. 행복은 불행이 부리는 술수이다. 이는 닭과 달걀의 관계와 같다. 닭은 어떤 존재인가? 닭은 달걀이 세상으로 다시 돌아오는 길이다. 달걀은 어떤 존재인가? 달걀은 닭이 세상으로 다시 돌아오는 길이다.

긍정과 부정은 서로 반대되는 개념이 아니다. 긍정과 부정은 닭과 달걀, 어머니와 아이의 관계와 같다. 서로가 서로에게서 나오고, 서로가 서로를 돕는다. 부정의 세계를 버렸을 때 이런 통찰을 얻을 수 있다. 긍정의 세계 또한 버릴 수 있다. 그러면 존재계에서 가장 위대한 순간, 긍정과 부정이 모두 텅 비는 순간이 온다. 더없이 길게 느껴지는 순간이다. 진공 상태로 인해 이 순간은 마치 몇 년이 지나는 것처럼 느낀다. 모든 관계가 떨어져 나가고 모든 과거가 떨어져 나가고 갑자기 내가 어디에 있는지, 나는 누구인지, 무슨 일이 벌어지고 있는지 모르게 된다.

이 순간에서 돌아오려고 하면 미치게 된다. 명상을 하다 미치는 사람이 많다. 이 순간으로부터 돌아오면 긍정도 부정도 이미 떨어져 나갔기 때문에 허공으로 떨어진다. 긍정의 세계도, 부정의 세계도 존재하지 않는다. 집에 아무것도 남아 있지 않다. 명상하는 사람이 의식의 집을 떠나면 마음은 사라진다. 마음은 독립적인 실체가 아니다. 일단 마음의 집을 떠나면 마음은 사라진다. 다시 되돌아올 집이 없다. 세상의 눈으로 보면 이는 미친 상태이다. 초월의 문에서 다시 되돌아와 마음을 찾지만 마음의 집이 사라진 것이다.

이 상태는 아주 아주 고통스럽다. 이것이야말로 난생 처음 겪는 진짜 고통이다. 그래서 스승이 필요하다. 다시 돌아오지 말라고, 앞으로 한 발자국만 더 내딛으라고 말해줄 스승이 필요한 것이다. 다시 돌아오면 그 경지를 다시 성취하는 것이 대단히 어려워지기 때문이다. 세상으로 돌아왔지만 마음은 존재하지 않고 앞으로 많은 생에 걸쳐 그 경지를 이루지 못할 수 있다.

스승 없이 명상의 경지로 들어가다 보면 이런 현상이 발생할 수 있다. 스승과 더불어 길을 가면 스승은 차단막이 되어준다. 제자의 뒤에 서서 제자가 되돌아오지 못하도록 막아준다. 스승이 바위처럼 버티고 서 있기 때문에 제자는 저 너머의 세계로 뛰어들어야 한다. 아무도 이 일을 대신해줄 수 없다. 그 순간에는 아무도 함께해줄 수 없다. 일단 뛰어들면 모든 이중성을 초월한다. 긍정도 부정도 모두 사라진다. 이것이 깨달음이다.

부정의 세계를 버릴 수 있도록 나는 긍정의 세계를 이야기했다. 부정의 세계를 버리면 긍정의 세계에 갇힌다. 이 긍정의 세계도 놓아야 한다. 하나의 단계는 다음 단계로 이어지는 법이다. 첫 번째 단계를 거치면 두 번째 단계가 오기 마련이다. 그것은 사슬처럼 이어져 있다. 사실은 첫 번째 단계만 제대로 뛰어들면 된다. 다음은 저절로 따라온다. 첫 번째가 마지막이다. 시작이 끝이다. 알파가 오메가다.[10]

---

10)알파가 오메가다: 알파(alpha)는 그리스 알파벳의 첫 글자이며 오메가(omega)는 마지막 글자이다. 알파와 오메가는 처음과 끝을 상징한다.

7장
마음의
지배를 통한
자재로운
변형

오쇼 수트라

마음에는 아무런 문제가 없으며
생각에도 아무런 문제가 없다.

사실 마음은 혼돈이 아니다.
존재의 주변에서 마음과 만날 때
혼돈이 생긴다.

존재의 중심에 있으면
마음은 사라진다.

연꽃이 되라, 그뿐이다.
물들지 않으면 나를 지배할 수 있다.
물들지 않으면 내가 스승이다.

마음의 지배를 통한 자재로운 변형

　마음이란 무엇인가? 마음은 사물이 아니라 사태(事態)이
다. 사물에는 물질적인 실체가 있지만 사태에는 진행만 있
을 뿐이다. 사물이란 돌과 같고 사태란 파도와 같다. 파도는
존재하기는 하지만 정해진 실체가 없다. 파도는 바람과 바
다 사이에서 일어나는 사태이다. 하나의 진행과정이요 현상
이다.

　마음은 파도와 같이, 강물과 같이 하나의 일어나는 과정
이지만 실체는 존재하지 않는다. 이를 먼저 이해해야 한다.
마음이 물질적인 실체라면 마음은 사라질 수 없다. 마음이
물질적인 실체가 아닐 때 하나의 흔적도 남기지 않고 사라
질 수 있다. 파도가 바다 속으로 사라지고 나면 무엇이 남는
가? 아무것도 남지 않는다. 단 하나의 흔적도 남지 않는다.
그래서 깨달은 이들은 마음이 하늘을 나는 새와 같다고 말
한다. 자취도 흔적도 없이 하늘을 나는 새와 같다고 말한다.

마음은 하나의 진행과정이다. 사실 마음은 존재하지 않는다. 존재하는 것은 생각일 뿐이다. 생각들이 너무 빨리 지나가기 때문에 뭔가 지속적으로 존재한다고 느껴질 뿐이다. 한 생각이 가고 다음 생각이 오고 그 다음 생각이 오고, 이런 식으로 계속 이어진다. 생각과 생각 사이의 틈이 너무 작아 잘 보이지 않는다. 생각이 연달아 이어지는 것처럼 보이기 때문에 그 생각의 연속을 마음으로 착각한다. 전자(電子)가 존재할 뿐 물질은 존재하지 않는 것처럼 생각이 존재할 뿐 마음은 존재하지 않는다. 이는 마치 군중과 같다. 군중은 어느 면에서 보면 존재하는 것 같지만 다른 면에서 보면 존재하지 않는 관념이다. 하나 하나의 개인만이 존재할 뿐이다. 수많은 개인이 모이다보면 군중이라는 개념이 존재하는 것처럼 보인다. 국가도 역시 어느 면에서 존재하는 것 같지만 사실 존재하지 않는다. 거기에는 개인만이 있을 뿐이다. 개인은 국가나 사회나 군중을 구성하는 전자인 것이다.

생각은 존재하지만 마음은 존재하지 않는다. 마음은 현상이다. 마음을 깊이 들여다보라. 마음은 사라진다. 거기에는 마음은 없고 생각만 있다는 사실을 안다. 개개의 생각만. 그러면 많은 문제들이 풀린다. 먼저 생각은 왔다 가는 하늘의 구름과 같다는 사실을 깨닫게 된다. 마음이 존재하지 않는 것을 알면 나는 생각과 떨어진 존재라는 점을 인지한다. 하늘을 흘러가는 구름처럼, 나무를 흔들고 가는 바람처럼, 생각도 내면의 하늘에서 흘러간다. 자신은 드넓은 공(空)의 하늘이며 생각은 한 조각 구름처럼 흘러간다. 거기에는 어떤 막힘도 장애도 없다. 생각의 흘러감을 막는 어떠한 벽도 없다.

인간은 벽으로 둘러싸인 존재가 아니다. 인간의 하늘은 무한히 열린 공간이다. 생각들이 왔다가 간다. 생각은 왔다가 가는 것임을 알고 생각을 지켜보는 관조자가 되면 마음을 통제할 수 있다.

사실 마음은 통제할 수 있는 것이 아니다. 첫째, 어떻게 마음을 통제할 수 있는가? 둘째, 누가 마음을 통제할 수 있는가? 마음 너머에는 아무도 존재하지 않는다. 마음 너머에는 아무것도 없는 무(無)라는 말이다. 누가 마음을 통제할 수 있는가? 마음을 통제하는 것이 있다면 그것은 이 마음이 저 마음을 통제하는 상황일 뿐이다. 이것이 바로 '에고'라는 것이다.

마음은 그런 식으로 통제할 수 없다. 마음을 통제하는 주체는 없다. 내면의 공(空)이 지켜볼 뿐이다. 지켜볼 수는 있어도 통제할 수는 없다. 마음을 지켜보는 것이 곧 마음을 지배하는 것이다. 마음을 관찰하고 관조하면 마음은 지배 안으로 들어온다. 곧 마음은 사라진다.

이는 어두운 밤에 어둠이 무서워 달리는 상황과 같다. 칠흑같이 어두운 밤길을 걷다보면 누군가 꼭 뒤에서 쫓아오는 기분이 든다. 그래서 걸음이 빨라지고 뛰게 된다. 하지만 뒤에는 자신의 그림자만 있을 뿐, 아무도 없다. 더 빨리 뛰면 그림자는 더 빨리 쫓아올 뿐이다. 아무리 빨리 뛰어도 상황은 달라지지 않는다. 뒤돌아볼 때마다 그림자는 여전히 거기 있다. 이렇게 해서는 그림자를 벗어날 수 없다. 이런 식으로 해서는 그림자를 통제할 수도 없다. 그림자를 깊이 들여다봐야 한다. 가만히 서서 그림자를 자세히 살펴봐야 한다. 그러면 그림자는 사라진다. 그림자는 애초에 존재하지 않았던 것이다. 그림자는 빛의 부재(不在)에 의해서 생겨난 것이다. 마음은 현존(現存)[1]의 부재이다. 고요히 앉아 마음을 지켜보면 마음은 사라진다. 내면을 지켜보면 생각은 보이지만 마음은 보이지 않는다. 마음은 원래 없기 때문이다.

마음이 사라지고 나면 두 번째 인식이 온다. '나'와 '생각'은 다르다는 사실을 인식하는 것이다. 생각은 왔다가 잠시 머물렀다가 가는 것이다. 생각은 내가 아니다. 나는 생각이 잠시 쉬었다 가는 곳일 수는 있다. 하지만 생각은 나에게서 나오지 않는다. 단 하나의 생각도 자신에게서 나오지 않는 것을 지켜본 적이 있는가? 단 하나의 생각도 나의 존재에서 나오지 않는다. 생각은 밖에서 온다. 생각은 나의 것이 아니다. 집도 없고 뿌리도 없이 떠돈다. 때로 내게 와서 쉬었다 간다. 그뿐이다. 산 정상에 머무는 구름처럼. 구름은

---

1)현존(現存): '지금 여기에' 깨어 있는 상태.

산 위에 머물다 간다. 따라서 아무것도 할 필요없다. 그냥 지켜보면 마음은 통제된다.

통제라는 말은 그다지 좋지 않다. 말 자체가 그렇다. 말은 마음에 속한 것이요 생각의 세계에 속한 것이다. 말은 핵심을 꿰뚫지 못한다. 피상적이다. 통제라는 말은 별로 좋지 못하다. 거기에는 통제하는 존재도, 통제되는 존재도 없기 때문이다. 그러나 임시방편으로 상황을 명확히 이해하기 위해서 우리는 말을 필요로 한다. 마음을 깊이 들여다보면 마음은 나의 손안에 들어온다. 그러면 내가 주인이 된다.

아직도 생각은 거기 있지만 이제 더 이상 생각은 나의 주인 노릇을 못한다. 나에게 아무것도 이래라 저래라 하지 못한다. 생각은 그냥 왔다가 그냥 간다. 빗속의 연꽃과 같이 물들지 않는다. 꽃잎에 빗방울이 떨어지지만 다음 순간 흘러내리고 꽃잎은 그대로이다. 연꽃은 물들지 않는다.

이러한 이유로 동양에서 연꽃은 대단히 중요하고 상징적인 대상이 되었다. 동양에서 태어난 가장 위대한 상징은 연꽃이다. 연꽃은 동양의 정신을 그대로 표현한다.

"연꽃이 되라, 그뿐이다. 물들지 않으면 나를 지배할 수 있다. 물들지 않으면 내가 스승이다."

파도가 바다에게 혼란을 일으키는 것처럼 마음은 의식에

게 혼란을 일으킨다. 내가 아닌 다른 것이 들어온다. 바다에 바람이 불어온다. 파도라는 이물질이 바다에 들어온다. 생각이라는 이물질이 의식에 들어온다. 그러면 혼돈이 생긴다. 하지만 혼돈은 항상 표면에 머문다. 파도는 항상 표면에서 일어난다. 바다 속 깊은 곳에는 파도가 존재하지 않는다. 바람이 깊은 곳까지 들어올 수 없기 때문이다. 모든 것은 표면에서 일어난다. 내면으로 들어가면 마음을 제어할 수 있다. 표면에서 안으로 깊이 들어가면 중심에 도달한다. 표면은 소란할지라도 나 자신은 동요하지 않는다.

이 모두는 말로는 표현할 수 없는 것을 이해하는 데 필요한 비유들이다. 이들 비유는 대단히 시적이다. 이를 느낌으로 이해하려 노력하면 통찰을 얻을 수 있다. 이를 논리로 이해하려 노력하면 빗나가고 만다.

존재의 중심으로 들어가기, 중심에 뿌리내리기, 중심에 머물기, 이것이 요가의 전부이다. 존재의 중심에서 보면 세상이 달라진다. 표면에서는 아직도 파도가 일고 있지만 나에게까지는, 나의 중심에까지는 미치지 못한다. 이제 파도는 내가 아니라 표면에서 일어나는 파도임을 본다. 중심에서 보면 갈등과 혼란은 점점 사라져간다. 점점 깊이 휴식을 취한다. 강한 바람이 몰아치고 파도가 일렁거려도 두려워하지 않는다. 두려워하지 않을 때 파도마저도 즐길 수 있다. 잘못된 것은 없다.

문제는 표면에 있을 때 발생한다. 표면에서 나는 작은 돛단배에 탄 자, 폭풍이 몰아치고 파도가 거세지고 바다가 사나워진다. 두렵다. 죽음의 공포가 밀려온다. 사경을 헤매기도 한다. 어느 순간이라도 거대한 파도가 배를 덮치면 죽음의 나락으로 빠질 수 있다. 그 작은 돛단배로 무엇을 할 수 있는가? 어떻게 제어할 수 있는가? 파도와 싸우면 백전백패! 싸워서는 안 된다. 파도를 받아들여야 한다. 사실 파도를 받아들이고 배가 아무리 작을지라도 파도와 같이 움직이면 문제는 사라진다.

　존재 중심으로 들어가는 것이 곧 마음을 지배하는 길이다. 따라서 마음을 지배하려고 노력하지 말라. 말에는 오해의 소지가 많다. 아무도 마음을 지배할 수 없다. 마음을 지배하려고 노력하면 미칠 수밖에 없다. 사실 마음을 지배하려는 노력은, 알고 보면, 이 마음이 저 마음을 지배하려는 노력이다.

　마음을 지배하려는 나는 누구인가? 나 역시 파도를 지배하려는 파도이다. 물론 종교적인 파도이겠지만. 비종교적인 파도도 있다. 섹스의 파도가 있고 분노의 파도가 있으며 시기와 소유욕과 증오의 파도가 있다. 비종교적인 파도는 수도 없이 많다. 또한 종교적인 파도도 있다. 명상과 사랑, 자비의 파도가 있다. 이들 모두 표면에서 존재한다. 종교적이든, 비종교적이든 표면에서 존재한다는 데는 아무런 차이가 없다.

마음에는 아무런 문제가 없으며 생각에도 아무런 문제가 없다. 잘못이 있다면 자신이 표면에 머물고 있다는 것이다. 안과 밖, 전체를 모르고 고통을 받는 형국이다. 자신이 부분으로 존재하고 부분적인 인식을 하기 때문이다. 전체적인 인식이 필요하다. 이는 자신이 존재의 중심에 있을 때 가능하다. 존재의 중심에서는 모든 차원과 모든 방향, 모든 주변을 통틀어 보이기 때문이다.

다른 관점에서 보면 마음은 때가 끼는 나그네와 같다. 나그네는 수많은 생을 거듭하며 삶의 길을 걷지만 목욕은 한 번도 하지 않는다. 자연히 몸과 옷에 많은 먼지가 내려앉고 때가 낀다. 거기에는 아무런 문제가 없다. 수백만 년 동안 층층이 때가 낄 수밖에 없다. 인간은 이 층층이 쌓인 때를 자신이라고 생각한다. 장구한 세월, 몸에 낀 때와 자신을 동일시하며 살아왔기 때문에 때가 자신의 피부처럼 보인다. 그래서 자신의 일부라고 생각한다.

마음은 과거요 기억이며 때이다. 사람에게는 모두 때가 낀다. 여행을 하면 몸에 먼지가 내려앉아 때가 된다. 하지만 때와 동일시할 필요도, 때와 하나가 될 필요도 없다. 때와 자신을 동일시하기 시작할 때 문제가 발생한다. 인간은 때가 아니라 의식이다.

마음은 수백만 년 동안 여행하면서 낀 때이다. 이런 일상

생활에 대한 참다운 종교적 태도는, 혁명적인 태도는 때가 낀 옷을 벗어던지는 것이다. 벗은 옷을 빨려고 신경 쓰지 말라. 빨아지지도 않는다. 허물을 벗는 뱀과 같이 옷을 벗은 다음에는 뒤를 돌아보지 말라. 자신의 인격을 벗어던지는 것, 이것이 '요가'라는 것이다. 인격은 켜켜이 때가 쌓인 옷이다.

'인격(personality)'이라는 말은 상당히 흥미롭다. 인격은 그리스어 '페르소나(persona)'에서 왔다. 페르소나는 고대 그리스 연극에서 배우가 얼굴을 가리기 위해 쓰던 가면을 뜻한다. 인격이라는 말은 가면을 뜻하던 페르소나에서 왔던 것이다. 인격은 가면이다. 자신이 아니다. 인격은 타인에게 보여주려는 가짜 얼굴이다. 여러 생을 거치면서, 다양한 삶을 살면서 수많은 인격이 형성되고 수많은 옷이 만들어진다. 때가 덕지덕지 낀 인격과 옷, 가짜 자기인 인격을 너무 오랫동안 사용해온 나머지 본래 얼굴[2]을 완전히 잃어버렸다.

인간은 자신의 본래 얼굴을 모른다. 자신의 본래 얼굴은 모르고 가면으로 타인을 속인다. 타인을 속이면서 스스로 속는다. 모든 인격을 벗어던져라. 인격에 집착하면 표면에만 머문다. 인격을 벗어던지고 자연으로 돌아가라. 그러면

---

2)본래 얼굴(original face): 선가(禪家)에서는 본래면목(本來面目), 혹은 진면목(眞面目)이라 한다.

존재의 중심으로 흘러 들어간다. 중심으로 들어가 중심에서 세상을 보면 마음은 보이지 않는다. 처음에는 생각이 계속 흘러가지만 점점 생각에 관심을 주지 않으면 생각이 줄어든다. 생각에 아무런 관심도, 힘도 주지 않으면 생각은 더 이상 오지 않는다. 생각이 없어지는 것은 아니다. 거기 있지만 더 이상 나에게 오지 않는다는 말이다.

생각은 초대할 때만 찾아온다. 생각은 초대받지 않으면 결코 찾아오는 법이 없다. 이 점을 잘 알라. 이따금 '이 생각은 내가 하려고 한 게 아닌데' 라는 생각을 하기도 한다. 하지만 아니다. 과거 언젠가 어떤 식으로 그 생각을 초대했던 것인데 잊은 것이다. 생각은 자신이 초대하지 않으면 오지 않는다. 초대를 했을 때만 온다. 자신이 초대를 하지 않았지만 습관처럼, 옛 친구처럼 생각이 문을 두드릴 때가 있다. 하지만 자신이 응하지 않으면 생각은 물러간다. 계속 응하지 않으면 생각은 멀어진다. 생각이 스스로 오는 것을 멈출 때 마음은 나의 지배 안에 놓인다. 내가 생각을 지배하려고 노력하는 게 아니다. 내면에 있는 존재의 성소(聖所)에 들어가면 마음은 저절로 제어되는 것이다.

또 다른 관점에서 보면 마음은 과거요 기억이요 체험이다. 자신이 행했던 것, 자신이 생각했던 것, 꿈꿨던 것, 원했던 것 모두이다. 모든 과거와 기억이다. 기억이 곧 마음이다. 기억을 없애지 않으면 마음을 지배할 수 없다.

기억은 어떻게 없애는가? 기억은 항상 사람을 따라다닌다. 사실 사람이 곧 기억이다. 그렇다면 기억은 어떻게 제거하는가? 기억을 제하고 난 그대는 누구인가? '그대는 누구인가' 라고 물으면 자신의 이름을 댈 것이다. 그 이름은 그대의 기억이다. 그대가 태어났을 때 부모가 지어준 것이다. 다시 내가 '그대는 누구인가?' 라고 물으면 자기 가족이나 부모 등 자신의 신상에 대해 말할 것이다. 그것 역시 기억이다. 다시 '그대는 누구인가?' 라고 물으면 자신의 학력이나 학위를 말할 것이다. 석사나 박사 학위를 댈 것이다. 이 모두 기억이다.

'그대는 누구인가?' 라는 질문을 받고 내면을 들여다보면 '나는 모릅니다' 라는 답밖에 할 수 없다. 어떤 답을 한다 해도 그것은 기억이지 그대가 아니다. 진실한 답은 '나는 모릅니다' 밖에 될 수 없다. 자신을 아는 것은 궁극의 일이다. 나는 내가 누구인가를 답할 수 있지만 답을 하지 않는다. '그대는 누구인가?' 라는 물음에 답을 할 수 없으면서도 그대는 이미 답할 준비가 되어 있다. 자신이 누구인지 아는 사람은 침묵한다. 답을 하지 않는다. 기억과 말이 사라지면 내가 누구인지를 말할 수 없다. 내가 그대의 존재를 들여다보고 몸짓을 해보일 수는 있다. 나의 전 존재가 그대와 함께할 수 있다. 그것이 나의 답이다. 하지만 말로써 답을 할 수 없다. 말로 하는 답은 기억의 일부요 마음의 일부이지 의식에서 나온 것이 아니기 때문이다.

기억은 어떻게 없앨 수 있는가? 기억을 지켜보라. 기억을 관조하라. '기억이 내 안에서 떠오르고는 있지만 참나가 아니다'는 점을 유념하라. 물론 사람은 모두 한 가정에서 태어난다. 가정 안의 나는 참나가 아니다. 가정은 나에게 주어진 일이지만 나 밖에서 일어나는 일이다. 물론 태어나면 누군가 이름을 지어주지만 그것도 나가 아니다. 쓸모는 있다. 하지만 참나는 아니다. 나의 모습도 참나가 아니다. 나의 몸은 참나가 거주하는 집이다. 몸은 부모로부터 물려받을 뿐, 선물로 물려받을 뿐 참나는 아니다.

지켜보라. 식별하라. 동양에서는 이를 비베크(vivek), 즉 식별지(識別智)라 한다. 내 안에 있는 모든 것을 식별하라. 계속해서 식별해 나가라. 나 아닌 모든 것을 제거해 나가라. 그러면 어느 순간 처음으로 참나와 대면하게 될 것이다. 자신의 참 존재와 만나게 될 것이다. 나 아닌 모든 것을 쳐내라. 가족도 몸도 마음도. 더 이상 쳐낼 수 없는 공의 상태에서 자신의 참 존재가 드러난다.

완벽한 침묵이 내려오면 내면의 중심에 뿌리를 내리고 일어나는 모든 것을 지켜본다. 새가 노래 부르면 그 소리가 들린다. 차가 지나가면 차 소리가 들린다. 이와 같이 마음도 지나간다. 생각과 말, 내면에서 일어나는 이야기들이 들린다. 소리가 들리지만 자신은 아무것도 하지 않고 고요히 앉아 있다. 신묘한 무관심. 아무것에도 관심이 없는 사람처럼 보인다. 이런 것에도 신경 쓰지 않고 저런 것에도 신경 쓰지 않는다. 생각이 와도 똑같고 생각이 오지 않아도 똑같다. 대상에 대한 어떠한 흥미도 일어나지 않는다. 나는 그냥 고요히 앉아 있고 마음은 흘러간다.

무관심하게 앉아 있는 것, 어렵고 시간이 걸린다. 하지만 무관심하는 이치를 디득하는 때가 온다. 이는 기술이 아니라 하나의 이치이다. 기술은 배울 수 있지만 이치는 배울 수 없다. 앉아서 느끼고 체험해야 하는 것이다. 기술은 가르칠 수 있지만 이치는 가르칠 수 없다. 그냥 앉아서 느끼고 체험해야 하는 것이다. 고요히 앉아 자기 때를 기다리면 어느 날 무관심하는 이치가 터득이 되는 순간이 온다. 마음이 흘러가도 나는 무관심한 상태에 머무는 일이 단 한 순간에도 가능하다. 갑자기 자신과 마음이 거대하게 멀어진다. 마음이 세상의 끝에 있는 것처럼 느껴진다. 그렇게 거리가 벌어질 때 나는 중심 안으로 들어간다. 한순간 중심으로 들어가면 무관심, 광대한 무관심이 자신을 감싼다. 무관심 속에서는 마음에 동요하지 않는다. 마음의 주인이 된 것이다.

무관심이 마음의 주인이 되는 길이다. 마음을 지배하는 길이다. 그때 무슨 일이 일어나는가? 명상가는 존재의 중심으로 들어가고 마음의 혼란은 사라진다. 혼란은 자신이 주변에 있기 때문에 발생한다. 마음 자체가 혼란은 아니다. 마음과 자아가 주변에서 만날 때 혼란이 생긴다. 내면으로 들어가면 마음에서 혼란이 점점 없어진다. 모든 것이 가라앉고 제자리를 찾아간다. 어떤 질서가 생기는 것이다.

마음은 수수한 수정과 같이 된다.

혼란과 소동, 잡다한 생각의 흐름 등이 모두 가라앉는다. 혼란은 자신이 중심에 있지 않고 주변에 있기 때문에 생긴다는 사실을 깨닫기 어렵다. 주변에 머물면서 자신만의 지혜로 혼란을 가라앉히려고 노력한다.

내가 이전에 종종 했던 짧은 이야기다.

붓다가 길을 가고 있었다. 해가 이글거리는 정오, 무더운 날씨에 붓다는 목이 탔다.

붓다가 제자 아난다에게 말했다.

"십 리를 뒤돌아가면 우리가 건넜던 개울이 있을 게야. 거기 가서 물 좀 떠오너라."

그리고 붓다는 나무 아래서 쉬고 아난다는 개울로 갔다. 아난다가 개울에 도착했을 때 우마차 몇 대가 개울물을 건너고 있었다. 아주 작고 얕은 개울이었다. 우마차가 개울을 지나자 개울물이 아주 더러워졌다. 개울에 가라앉았던 나뭇 잎과 쓰레기들이 수면 위로 떠올랐다. 개울물이 마실 수 없게 되었다. 아난다는 보통 사람들이 마음의 혼란을 가라앉히려고 노력하는 것처럼 했다. 개울물에 들어가 나뭇잎과 쓰레기들을 억지로 가라앉히고 물을 다시 맑게 하려고 애썼다. 하지만 물은 더욱더 더러워졌다. 어찌 한단 말인가?

어찌 할 도리가 없어진 아난다는 돌아와서 붓다에게 말했다.

"그 개울물은 더러워서 못 마십니다. 여기서 좀 더 가면 강물이 있습니다. 거기로 가서 물을 길어오지요."

붓다가 고집했다.

"그 개울로 돌아가서 물을 길어오라. 그 개울물을 마시고 싶다."

붓다가 고집을 부리자 아난다는 달리 도리가 없었다. 그래서 마지못해 아까 그 개울로 돌아갔다. 가다가 돌연히 아난다는 스승의 말을 이해하게 되었다. 개울에 도착하자 수면으로 떠올랐던 오물의 반 이상이 이미 아래로 가라앉아 있었던 것이다. 누가 가라앉히려고 노력하지 않았어도 오물은 저절로 가라앉았던 것이다. 아난다는 자신의 무릎을 탁 쳤다. 그리고 나서 나무 아래 앉아 개울물이 흐르는 것을 지켜보았다. 아직도 개울에는 나뭇잎과 쓰레기들이 조금 남아 있어서 기다려야 했다. 그는 아무것도 하지 않고 기다리면서 지켜보았다. 잠시 후 나뭇잎들이 떠내려가고 쓰레기들은 밑으로 가라앉은 뒤 개울물은 수정처럼 맑아졌다. 그는 기뻐서 춤을 추며 뛰어갔다.

아난다는 붓다의 발 아래 절을 한 다음 말했다.

"알았습니다. 제가 평생 마음을 그렇게 다루었다는 걸 깨달았습니다. 이제는 나무 아래 앉아 마음이란 개울물이 저절로 가라앉도록 흘러가는 걸 그냥 지켜보겠습니다. 개울물로 뛰어들어서 가라앉히려고 하지 않겠습니다."

아무도 마음을 정돈할 수 없다. 마음을 정돈하고자 하는 노력은 혼란만을 야기할 뿐이다. 지켜보면서 기다리면, 무관심하게 지켜보면 마음은 저절로 가라앉는다.

자연은 혼돈을 싫어한다. 자연은 질서를 사랑한다. 자연은 전적으로 질서의 편이다. 혼돈은 일시적인 상태일 뿐이다. 이 점이 이해가 가면 마음을 억지로 정돈하려 하지 말라. 혼란한 마음을 마음에 맡기라. 그냥 지켜보라. 어떠한 관심도 두지 말라. 지켜보는 것과 관심을 두는 것은 엄연히 다르다. 이 점을 유념하라. 대상에 관심을 두면 대상에 이끌리게 된다. 대상을 그냥 지켜보면 무관심해진다.

붓다는 이를 우펙샤, 즉 무관심이라 했다. 완전하고도 절대적인 무관심이라 했다. 그냥 개울가에 앉아 지켜본다. 개울물이 흐르고 수면에 떠올랐던 쓰레기가 가라앉고 나뭇잎이 떠내려간다. 그러다가 어느 순간 개울물이 수정처럼 맑아진다.

그래서 파탄잘리는 이렇게 말한다. "마음의 활동을 지배하면 마음은 수정처럼 맑아진다." 마음이 수정처럼 맑아지면 그 마음에는 세 가지가 비추인다. 주체와 객체, 그리고 둘의 관계 등이 그것이다. 마음이 완전히 맑아지면, 정돈이 되면, 혼란이 가라앉으면 위 세 가지가 마음에 비추인다. 내면의 세계, 주체성의 세계, 의식 등이 맑은 마음에 비추인다. 둘의 관계와 그 인식이 비추인다. 아무런 왜곡 없이 비추인다.

내가 마음을 지나치게 간섭함으로써 왜곡이 생긴다. 왜곡이란 무엇인가? 마음은 눈과 같이 단순한 메커니즘이다. 눈으로 세상을 보면 세상이 눈에 비추인다. 눈은 1차원적인 것, 세상만을 비춘다. 눈은 나를 비추지 못한다. 마음은 매우 깊은 3차원적인 현상이다. 마음은 모든 것을 비춘다. 보통은 대상을 왜곡하여 비춘다. 인간은 대상을 볼 때 마음과 떨어져 있지 않으면 대상을 왜곡하여 지각한다. 이것을 보면서 저것으로 지각하는 것이다. 마음이 끼어들어 지각에 자신의 생각을 섞는다. 그러면 있는 그대로를 볼 수 없게 된다. 생각으로 대상으로 보게 되고 생각이 대상에 투사된다.

아프리카 부족에서 태어난 사람은 얇은 입술이 아니라 두꺼운 입술이 아름답다고 생각한다. 아프리카의 많은 부족들이 입술을 두껍게 하는 데 혈안이다. 심지어는 입술을 두껍게 하는 도구를 개발하기도 한다. 특히 여자들이 열심이다. 조상 대대로 사람들은 두꺼운 입술이 아름답다고 생각했다. 입술이 얇은 처녀는 열등감을 느끼며 산다.

그와 반면 인도 사람들은 얇은 입술을 좋아한다. 인도에서는 입술이 조금이라도 두꺼우면 추하다. 이런 생각이 마음속으로 들어가 깊이 박혀 시각을 왜곡한다. 입술의 두껍고 얇음은 미추(美醜)와 관계없다. '아름답다, 추하다'는 마음의 왜곡이다. 사람들의 생각이다. 이런 생각을 대상에 투사하여 실재를 왜곡하는 것이다.

이 세계에서는 아무것도 더 귀하지 않고 아무것도 덜 귀하지 않다. 귀하고 안 귀하고는 마음의 생각이다. 아무것도 아름답지 않고 아무것도 추하지 않다. 사물은 있는 그대로 존재할 뿐이다. 여여하게 있을 뿐이다. 중심에 있지 않고 표면에 있으면서 생각과 자신을 섞어 '내 생각에 이것은 아름답다. 내 생각에 이것은 진리다'라고 이야기할 때 모든 것은 왜곡된다. 마음을 밖에 남겨두고 존재의 중심으로 들어가 마음을 바라보면 마음과의 동일시가 사라진다. 점점 생각들이 사라져간다. 마음이 수정처럼 깨끗해진다. 거울에, 마음이라는 3차원의 거울에 모든 것이 비추인다. 주체도, 객체도, 지각도. 지각하는 자도, 지각되는 것도, 지각 자체도 맑은 마음에 비추인다.

8장
순 수 한
바 라 봄

오쇼 수트라

의식이 마음에 의해 억압되면
실재도 마음에 의해 억압된다.

해석이 방해물이다.
해석하면 실재는 사라진다.
해석 없이 볼 때 실재가 드러난다.

미지의 마음으로 미지의 세계를 알려고 할 때
계시가 내려온다.

장미는 사랑만을 위해
그 꽃잎을 연다.

순수한 바라봄

    ,

마음은 기억이다. 마음은 컴퓨터와 같다. 정확히 말해 마음은 생체 컴퓨터이다. 배우고 경험한 바 모두를 컴퓨터에 저장한다. 마음은 수많은 생에 걸쳐 헤아릴 수 없이 많은 경험에서 오는 기억들을 모은다. 마음은 엄청난 기억의 창고이다. 무수한 기억을 저장하는 창고이다.

인간의 전생(前生)은 모두 마음에 저장된다. 과학자들은 단 한 순간에도 수많은 기억이 탄생한다고 말한다. 자신은 의식하지 못하지만 마음은 끊임없이 작용을 하는 것이다. 잠을 잘 때에도 기억은 형성된다. 잠을 잘 때에도…… 옆에서 누가 울거나 훌쩍여도 감각이 작용하여 기억을 모은다. 무의식중에 했던 아침 일이 기억나지 않을지 모르지만 깊은 최면상태로 들어가면 기억해낼 수 있다. 깊은 최면상태로 들어가면 알고 했던 일, 모르고 했던 일 모두를 기억할 수 있다. 전생까지도 불러올 수 있다. 마음의 넓이는 그야말로 광대하다. 사람이 기억을 이용하면 기억은 유용하다. 하지만 기억이 사람을 부리면 기억은 위험하다.

순수한 마음이란 기억의 주인이 된 마음이다. 불순한 마음이란 기억에 의해 계속 이끌려가는 마음이다. 대상을 볼 때 해석하지 않고 보면 나의 의식은 실재와 직접 접촉한다. 대상을 볼 때 마음으로, 해석으로 보면 의식은 실재와 직접 접촉하지 못한다. 마음은 하나의 도구로써는 훌륭하지만, 마음이 집착이 되고 의식이 마음에 의해 억압되면 실재 또한 마음에 의해 억압된다. 그런 삶은 마야(maya), 즉 환영이 된다.

하나의 사실을 볼 때 마음과 기억 없이 직접 보면 있는 그대로를 보게 된다. 마음이나 기억으로 보면 이는 해석이 된다. 해석은 모두 거짓이다. 해석은 과거 경험에서 오기 때문이다. 마음과 해석으로 보면 과거 경험과 일치하는 것만을 보게 된다. 과거 경험과 일치하지 않는 것은 보지 못한다. 하지만 과거의 경험이 전부는 아니다. 삶은 과거의 경험과는 비교할 수 있으리만치 큰 것이다. 전 존재계를 생각하면 아무리 큰 마음이라 할지라도 티끌에 불과하다. 알려진 기지(旣知)의 세계는 아주 적다. 알려지지 않는 미지(未知)의 세계는 광대하고 무한하다. 기지의 세계를 통해 미지의 세계를 알려고 하면 핵심을 놓친다. 이것이 곧 불순함이다. 미지의 마음을 통해 미지의 세계를 알려고 할 때 계시가 내려온다.

신이 자신의 과거 경험과 일치하지 않을 때 사람은 신을 믿지 않는다. 항상 시장바닥에서만 살아서 시장이나 사업이나 계산만을 아는 사람은 명상을 믿지 못한다. 그런 사람은 담백하고 순수한 마음에서 우러나오는 삶의 찬미도 알 수 없다. 과학의 세계에서 산 사람은 인과의 법칙에 훈련되어 있기 때문에 자발적인[1] 삶을 이해하지 못한다. 모든 것에는 원인이 있다. 아무것도 자발적일 수 없다. 아무런 이유 없이 갑자기, 자발적으로 뭔가를 하는 삶이 가능하다는 말을 과학자는 믿지 못한다. 자발적인 삶이라는 말을 들으면 과학자는 '그런 건 없어요. 거짓말이오' 라고 말할 것이다.

내면의 세계에서 수행을 한 사람은 원인 없는 현상이 가능하다는 것을 안다. 뿐만 아니라 존재계 전체가 원인 없이 태어났다는 사실도 안다. 이는 과학적인 세계와는 완전히 다른 세계이다.

사람이 사물을 볼 때마다 해석이 끼어든다. 나는 끊임없이 사람들을 지켜보고 있다. 내가 하는 말이 사람들에게 그럴 듯하게 들리면 그들은 아무 말도 하지 않고 '예' 라는 긍정의 모습을 한다. 속으로 '맞다' 고 말한다. 내가 하는 말이 그럴 듯하게 들리지 않으면, 자신의 생각과 다르면 '아니

---

1)자발적인(spontaneous): '특별한 이유나 목적 없이 흘러가는 대로 사는'

오' 라고 말하지 않는다. 그런 표정도 짓지 않는다. 다만 속
으로 '아닙니다. 그건 틀린 말이에요' 라고 말한다.

　힌두교인은 세계가 마야, 즉 환영이라고 말한다. 이 말은
지금 여기 존재하는 세계가 환영이라는 말은 아니다. 인간
의 마음 안에 만들어진 세계, 해석으로 지은 세계가 환영이
라는 말이다. 사실성의 세계는 환영이 아니다. 이는 브라흐
마[2] 자체이다. 지고한 실재이다. 하지만 인간이 마음과 기억
으로 만들어 낸 세계는, 인간이 지금 살고 있는 세계는, 자신
을 오라처럼 둘러싸고 있는 세계는…… 인간은 그 세계와
더불어 생활하고 그 세계 안에서 산다. 어디를 가든 그 세계
를 지니고 다닌다. 그것이 자신의 오라요, 그 오라를 통해
세상을 본다. 그렇게 보는 세상은 실재의 세계가 아니라 해
석의 세계이다.

　해석이 곧 방해물이다. 해석하면 실재는 사라진다. 해석
없이 볼 때 실재는 드러난다. 항상 거기 있었던 것이다. 실
재는 매 순간 거기에 있다. 어떻게 거기에 없을 수 있겠는
가? 실재란 참으로 존재하는 것을 말한다. 실재는 단 한 순
간도 다른 곳으로 이동해본 적이 없다. 단지 인간이 해석의
세계에서 살면서 자기만의 세계를 만들고 있는 것이다. 실
재는 누구에게나 공통된 것이지만 환영은 전적으로 개인적

---

2)브라흐마(Brahma): 힌두교의 창조 신.

인 것이다.

왜 인간은 마음으로 실재를 해석하는가? 실재를 두려워하기 때문이다. 실재에 대한 불안감이 인간의 마음속 깊은 곳에 자리잡고 있다. 실재는 자신이 좋아하는 것이나 마음과 다를 수 있다. 실재는 그냥 자연스럽기 때문이다. 실재는 내가 누구인지 신경 쓰지 않는다. 그러나 인간은 실재가 자신의 꿈하고 다르면 실재를 보지 않으려고 한다. 자신이 바라는 꿈만을 보려고 한다. 인간은 이렇게 자신을 속이며 수많은 생을 허비한다. 다른 사람을 바보로 만드는 게 아니라 자신을 바보로 만드는 것이다. 해석하고 투사한다고 실재는 달라지지 않는다. 쓸데없이 고통에 휩싸일 뿐이다. 거기에 문이 있다고 생각한다. 하지만 문은 없다. 벽이 있다. 그 벽을 뚫고 지나가려고 한다. 그러면 삶은 고통의 연속이요 번뇌의 연속이 된다.

실재를 보지 않으면 그대가 살고 있는 감옥의 출구를 발견할 수 없다. 출구는 분명 존재하지만 자신이 바라는 대로 있는 게 아니다. 출구는 존재한다. 모든 욕망을 내려놓으면 출구를 보게 될 것이다. 이것이 문제이다. 계속해서 자신의 바람을 충족시키고자 노력하고 믿고 투사하지만 매번 믿음은 산산조각 나고 투사했던 것은 새벽 이슬처럼 사라진다. 그런 삶이 수없이 반복된다. 꿈은 실재에 의해서 충족될 수 없다. 꿈이 깨지고 무지개가 사라질 때마다 하나의 욕망은 죽고 고통스런 삶은 이어진다. 그러면 곧바로 다른 꿈을 만들어내고 다른 희망의 무지개를 띄운다. 또 다시 자신과 실재 사이에 무지개 다리를 띄우는 것이다.

아무도 무지개 다리 위를 걸을 수 없다. 그것은 다리처럼 보인다. 하지만 다리가 아니다. 무지개는 사실 존재하지 않는다. 존재하는 것처럼 보이는 현상일 뿐이다. 무지개가 있는 곳에 가보라. 거기에 무지개는 존재하지 않는다. 무지개는 백일몽 같은 현상이다. 의식이 성숙하면 이렇게 말한다. '이제 더 이상의 투사나 해석은 없다. 이제 나는 있는 그대로 대상을 볼 준비가 되어 있다.'

논리적으로 생각하고 생각에 생각을 거듭하면 논리는 그 한계를 드러낸다. 논리는 무한하지 않다. 논리는 무한할 수 없다. 사실 논리는 무한성을 거부한다. 논리는 항상 한계와 경계 안에서 존재할 뿐이다. 마음의 한계 안에서만 논리는 그 생명을 유지할 뿐, 무한계에서 논리는 그 생명을 잃는다. 무한계에서는 신비가 들어오고 논리 너머의 세계가 내려온다. 신비의 세계가 들어오면 판도라의 상자가 열린다. 그래서 논리는 무한계를 이야기하지 않는다. 논리는 모든 것이 유한하며 한계를 지니고 있다고 말한다. 모든 것은 경계 안에서만 존재하며 그럴 때 이해될 수 있다는 것이다. 논리는 항상 무한 세계를 두려워한다. 논리의 눈에 무한계는 망막한 어둠이다. 논리는 망막한 무한계로 들어가길 두려워한다. 논리는 잘 닦인 도로 위를 달릴 뿐, 야생의 광야를 달리지 않는다. 잘 닦인 도로에서는 모든 게 안전하고 달리는 방향이 분명하다. 하지만 도로를 벗어나 광야로 나가면 어디로 가야 할지, 논리는 방향 감각을 상실한다. 논리는 깊고 깊은 두려움이다.

　나에게 논리가 뭐냐고 묻는다면 나는 '논리란 가장 소심한 겁쟁이'라고 말하겠다. 용기가 있는 사람은 항상 논리 너머의 세계로 가기를 주저하지 않는다. 겁이 많은 사람은 항상 논리의 한계 속에 안주한다. 논리는 아주 아름답게 치장된 감옥이다. 광대무변한 하늘과는 거리가 멀다. 하늘에는 어떠한 치장도 인테리어도 필요하지 않다. 하늘에는 치장이 없지만 광대무변하다. 하늘은 자유를 의미한다. 자유에는 그만의 아름다움이 있다. 그래서 자유는 치장을 필요로 하지 않는다. 하늘은 하늘로써 족할 뿐이다. 화가도 필요없고 인테리어도 필요없다. 광대무변함이 곧 하늘의 아름다움이다. 그 광대함은 엄청나다. 마음은 그 앞에서 두려워 떤다. 마음은 그 앞에서 왜소해도 너무 왜소하다. 그 앞에서 에고는 산산조각이 난다. 그래서 에고는 논리와 정의(定義)라는 아름다운 감옥을 만든다. 모든 것을 논리에 따라 반듯하게 세우고 정리하여 미지의 세계로 가는 문을 닫는다. 그리고 자신만의 세계, 분리된 세계, 개인의 세계를 만든다. 그런 세계는 전체계에 속하지 않는다. 그런 세계는 잘린 세계이다. 전체계[3]로부터 잘린 세계이다.

그래서 논리를 통해서는 어느 누구도 신성(神性)의 세계로 갈 수 없다. 논리는 인간에 속한 것이기 때문에 논리를 통하면 신성으로 가는 다리가 무너진다. 신성은 야성이다. 신비요 경이(驚異)다. 인간의 머리로는 헤아릴 수 없는 위대한 신비이다. 이는 인간이 풀 수 있는 수수께끼가 아니다. 인간의 사량을 넘어선 불가사의이다. 신성의 본성이 그러해서 인간의 머리로는 헤아릴 수 없는 것이다. 논리적으로 생각하면 언젠가는 논리의 벽에 부닥친다. 계속해서 생각에 생각을 몰아가면 논리적인 생각은 비차르(vichar), 곧 사색으로 변한다.

시작은 논리적인 생각이요 이를 계속하면 끝은 사색이 된다. 철학자가 어느 한 곳에 걸리지 않고 사유를 계속하면 어느 날 시인이 된다. 철학적인 사유의 한계를 넘어서면 철학은 시로 변한다. 시는 비차르, 곧 사색이다.

이런 식으로 생각해보라. 논리적인 철학자가 정원에 앉아 장미를 본다. 장미를 해석하고 분류한다. 그는 장미의 유형과 기원, 장미의 생리와 성분 등에 대해 알고 있다. 장미에

---

3)전체계(the whole): 존재계가 전체로 존재하는 세계.

대한 모든 것을 논리적으로 생각한다. 장미의 종류를 분류하고 정의하고 연구하지만 장미 자체를 경험하지 않는다. 장미의 여기저기, 이것저것을 생각하고 사유하고 연구하지만 장미 자체를 체험하지 않는다.

논리는 장미 자체에 대한 체험이 될 수 없다. 논리는 장미를 자르고 분류하고 분석하고 결과에 이름을 붙일 수는 있지만 장미 자체를 체험할 수는 없다. 장미의 고유한 영역을 침범할 수 없는 것, 이것이 논리의 한계이다. 설령 논리가 원한다 해도 장미의 영역을 침범할 수 없다. 가슴만이 장미를 체험할 수 있지만 논리에는 가슴이 없다. 논리는 머리가 하는 일이다. 머리는 결코 장미를 체험할 수 없다. 장미는 결코 그 신비를 머리에게 드러내지 않는다. 머리의 일은 겁탈과 같은 행위이기 때문이다. 장미는 사랑에 그 문을 열지 겁탈에 그 문을 열지 않는다.

과학은 겁탈이고 시는 사랑이다. 과학의 길도 아인슈타인과 같이 계속 추구하면 시가 된다. 아인슈타인은 말년에 시인이 되었다. 에딩턴[4]도 말년에 시인이 되었다. 그들은 말년에 신비의 세계에 대해 이야기했다. 논리의 한계점에 도달했던 것이다. 항상 논리의 영역에 머무는 사람은 그 정도로 논리의 한계까지 밀고 가지 못한다. 이는 참다운 논리가 아

---

4)에딩턴(Eddington, Arthur Stanley, 1882.12.28 ~ 1944.11.22): 영국의 천문학자이자 이론물리학자. 주요 저서로는 『시간 · 공간 · 중력』 등이 있다.

니다. 참다운 논리의 길을 끝까지 가면 논리가 끝나고 시가 시작하는 지점에 이르게 된다.

시인은 무엇을 하는가? 시인은 사색을 한다. 꽃을 보고 꽃에 대해 생각하지 않는다. 이는 상당히 미묘한 차이이다. 논리가는 '꽃에 대해' 생각하고 시인은 '꽃을' 생각한다. '꽃에 대한' 것은 꽃 자체가 아니다. 꽃에 대해 아무리 이야기한다 해도 그것은 꽃이 아니다. 논리가는 주위에서 빙빙 돌지만 시인은 직접 꽃으로 가 꽃을 만진다. 시인에게 장미는 '장미이고 장미이며 장미이다.' '장미에 관한' 무엇이 아니다. 시인은 내면으로 들어간다. 장미에게로 직접 간다. 기억을 불러내지도 않는다. 마음을 한쪽에 내려놓는다. 그리고 직접 꽃을 만진다. 이는 같은 대상을 보다 높은 차원에서 바라보는 일이다. 같은 대상을 바라보지만 보는 질이 다른 것이다.

시인은 '꽃 자체'를 생각하지 '꽃에 대해' 생각하지 않는다. 즉각적이고 직접적으로 생각한다. 하지만 거기에는 아직도 분리가 존재한다. 시인은 꽃과 분리되어 있다. 시인은 주체이고 꽃은 객체이다. 아직도 이중성이 존재한다. 시인은 이중성을 초월하여 꽃이 되지 못했다. 아직도 관찰자는 관찰자로, 피관찰자는 피관찰자로 존재한다. 관찰자는 피관찰자가 되지 못한 것이다. 피관찰자는 관찰자가 되지 못한 것이다. 거기에 이중성이 존재한다.

여기 꽃을 든 신비가가 있다. 신비가는 '꽃에 대해' 생각하지도 '꽃을' 생각하지도 않는다. 그는 그냥 꽃과 함께할 뿐이다. 꽃을 거기 놓고 보고 자신도 거기 놓고 본다. 거기에 놓고 보는 순간 돌연 합일이 일어난다. 꽃도 더 이상 꽃이 아니요 관찰자도 더 이상 관찰자가 아니다. 별안간 에너지가 서로 만나 합하여 하나가 된다. 이중성이 사라진다. 신비가는 꽃이 무엇인지, 꽃을 지켜보는 이가 누구인지 모른다. 신비가에게 물어보면 이렇게 말할 것이다. '모르겠습니다. 나를 지켜보는 것이 꽃일 수도 있고, 꽃을 지켜보는 것이 나일 수도 있습니다. 모든 게 변했습니다. 상황에 따라 다릅니다. 어떤 때는 나도 꽃도 존재하지 않습니다. 둘 다 사라집니다. 그러면 하나가 된 에너지만 남습니다. 내가 꽃이 되고 꽃이 내가 됩니다.' 이런 경지가 니르비차라 (nirvichara), 즉 사색이 사라지고 존재만 남은 경지이다.

파탄잘리는 아주 서서히 나아간다. 파탄잘리가 빨리 나아가면 사람들이 이해하지 못하기 때문이다. 그는 매 순간 좀 더 깊이 들어간다. 한 발자국 한 발자국 서서히 드넓은 대양으로 인도한다. 그는 돈오[5]를 믿지 않는다. 서서히 깨달음으로 가는 길을 믿는다. 그래서 많은 사람들이 파탄잘리를 좋아한다.

파탄잘리는 자신이 이해하는 대로 자신의 위치에서 이야기하지 않고 사람들의 위치에서 이야기한다. 인류에 기여한

점에서 그 누구도 그와 비견될 수 없다. 수없이 많은 사람들이 파탄잘리의 도움으로 이 사바세계를 건너갔다. 제자의 이해가 깊어감에 따라 파탄잘리는 점점 더 깊은 곳으로 인도한다. 제자가 파탄잘리는 따라가는 게 아니라 파탄잘리가 제자를 따라간다. 틸로빠[6]는 제자가 자신을 따르도록 했지만 파탄잘리는 자신이 제자를 따른다.

틸로빠는 자신의 봉우리에서 제자의 골짜기로 결코 내려오는 법이 없지만 파탄잘리는 제자의 손을 잡고 서서히 봉우리로 올라간다. 틸로빠는 산꼭대기에서 내려오지 않는다. 거기에서 골짜기를 향해 소리친다. 계속되는 틸로빠의 외침에 사람들이 자극을 받는다. 틸로빠는 산 정상에서 이렇게 외친다. '정상 정복은 가능합니다. 길이 따로 없습니다. 방편도 따로 없습니다. 그냥 올라오면 됩니다. 특별한 것을 할 필요없습니다.'

아무런 방법도 방편도 없다면 사람들은 불안해한다. 틸로빠가 그만 외쳤으면 한다. 길이 없다면 어떻게 이 골짜기에서 저기 꼭대기까지 올라갈 수 있단 말인가? 말도 안 되는

---

5)돈오(頓悟): 소승에서 대승에 이르는 얕고 깊은 차례를 거치지 아니하고, 처음부터 바로 대승의 깊고 묘한 교리를 듣고 단번에 깨닫는 일.
6)틸로빠(Tilopa, 988-1069): 인도 불교의 대 스승으로서 나로빠(Naropa)의 스승이며 나로빠는 티베트 불교의 큰 스승들인 마르빠(Marpa)와 밀라레빠(Milarepa)의 스승이다. 틸로빠가 나로빠에게 설한 '마하무드라의 노래(The Song of Mahamudra)'가 전한다.

것이다. 이런 틸로빠에 비해 파탄잘리는 대단히 합리적이다. 파탄잘리는 한 걸음 한 걸음 차근차근 움직인다. 제자가 있는 골짜기로 내려와 손을 붙잡고 한 걸음 한 걸음 정상을 향하여 올라간다.

파탄잘리는 말한다. "길이 있습니다. 방편도 있습니다." 그는 참으로 대단히 지혜롭다. 처음에는 길이 있다고 제자를 유인한 다음 마지막에 가서는 길도 방편도 내려놓으라고 한다. 마지막 정상에 도착해서, 이제 파탄잘리도 제자를 떠나야 할 때 길도 방편도 내려놓으라고 한다. 그때는 아무런 문제가 없다. 마지막에 가서야 파탄잘리는 비합리적으로 변한다. 그전까지는 합리적으로 제자를 인도한다. 그는 길이 거의 끝날 때까지 합리적으로 가르치기 때문에 마지막 시점에 이르러서 가르치는 비합리성마저도 합리적인 것으로 보인다. 파탄잘리 같은 사람은 결코 앞뒤가 맞지 않는 말을 하지 않는다. 언제 들어도 신뢰가 가는 말을 한다.

명상의 대상은 서서히 깊은 쪽으로 나아가야 한다. 예를 들어, 돌에 대해 명상하다가 꽃에 대해 명상하고 꽃의 향기에 대해 명상하고 나중에는 명상가 자체에 대해 명상할 수 있다. 명상의 대상은 점점 더 깊어가야 한다. 옴 명상을 예로 들어보자. 1단계에서는 큰 소리로 온몸이 울리도록 '옴-, 옴-, 옴-' 하고 염송한다. 소리의 신전이 자신을 감싸도록 한다. 자신의 주위에 진동을 만든다. 이것이 1단계로 다소 거칠다. 2단계에서는 입을 다문다. 이제 속으로 옴을 염송한다. 입술도 혀도 움직이지 않는다. 입술이나 혀를 사용하지 않은 채 속으로만 옴을 염송한다. 내면에 옴의 기운을 만든다. 이제 명상의 대상이 한층 깊어졌다. 3단계에서는 속으로도 옴을 염송하지 않는다. 이제는 옴의 소리를 듣는다. 소리를 내는 쪽에서 듣는 쪽으로 역할이 바뀌었다. 3단계에서는 속으로도 옴의 소리를 내지 않고 고요히 앉아 옴의 소리를 듣는다. 내면에서 울리는 옴의 소리가 들린다. 침묵 속에 잠기지 않은 사람은 옴의 소리를 들을 수 없다.

옴은 인간의 언어가 아니다. 옴에는 어떠한 뜻도 없다. 그래서 힌디어 자모의 서법에 따라 쓰지 않고 하나의 독특한 글자 모양으로 쓴다. 옴을 나타내는 글자는 힌디어의 자모에는 없다. 힌디어 자모의 서법과는 별개로 존재한다. 이 글자의 의미는 없다. 인간의 언어가 아니기 때문이다. 옴은 존재계 자체에서 울려나오는 소리이다. 소리 없는 소리요 침묵의 소리이다. 모든 것이 침묵 속에 잠길 때 이 소리가 들린다. 그래서 침묵 속에 듣는 자가 되어야 한다. 계속 점점 더 깊어져야 한다. 4단계에서는 모든 걸 잊는다. 행위자도, 듣는 자도, 소리도 모두 잊는다. 4단계에서는 아무것도 남지 않는다.

선의 십우도(十牛圖)를 본 적이 있는가? 첫 번째 그림에서 한 사람이 자신의 소를 찾는다. 소가 숲에서 발자국도 자취도 남기지 않고 사라졌다. 주위를 아무리 둘러봐도 나무들뿐이다. 두 번째 그림에서는 소를 잃은 이가 기뻐한다. 소의 발자국을 찾은 것이다. 세 번째에서는 다소 당혹해한다. 알아보기 힘들 정도로 나무 뒤에 있는 소의 뒷모습만 보인다. 숲이 너무 울창하기 때문에 이는 환각일지도 모를 일이다. 나무의 일부분을 잘못 본 것이나 아니면 자신의 마음을 투사한 것인지도 모를 일이다. 네 번째 그림에서 그는 꼬리를 붙잡는다. 다섯 번째에서는 소를 부린다. 여섯 번째에서는 소 위에 올라탄다. 일곱 번째에서는 소를 타고 피리를 불며 집으로 돌아온다. 소를 다시 찾았기 때문에 행복해한다. 여덟 번째에서 소는 없다. 아무것도 없다. 구도자와 소, 구도자와 구도의 대상이 모두 사라졌다. 구도가 완성된 것이다.

십우도가 나오기 전에는 팔우도(八牛圖)였다. 이전의 완성본은 그랬다. 텅 빈 상태가 마지막 그림이었다. 이후 한 선사가 팔우도에 두 개의 그림을 보태어 십우도가 된 것이다. 아홉 번째 그림에서 소치는 이가 다시 돌아온다. 열 번째에서는 저잣거리에서 뭔가를 사온다. 그의 손에는 술병도 들려 있다. 이는 정말 아름답다. 여기에서 모든 게 완성된다. 텅 빈 상태, 즉 공에서 모든 게 끝났다면 불완전했을 것이다. 구도자가 저잣거리로 다시 돌아온다. 그럴 뿐 아니라 술병을 들고 돌아온다.

전체계는 점점 더 깊어지고 점점 더 현묘(玄妙)해진다. 완전한 세계, 가장 현묘한 세계라고 느껴지는 순간이 온다. 모든 것이 텅 비고 아무런 그림도 남지 않으면 찾는 자도 찾는 대상도 몽땅 사라진다. 하지만 이게 끝이 아니다. 아직도 현묘한 게 더 남아 있다. 구도자는 완전히 변형된 상태에서 세상으로 돌아온다. 예전의 자아를 벗고 다시 태어났다. 다시 태어나면 세상은 같은 세상이 아니고 술도 같은 술이 아니다. 독(毒)도 더 이상 독이 아니고 저잣거리도 더 이상 같은 저잣거리가 아니다. 모든 걸 품에 안는다. 아름답다! 그는 세상을 찬미한다. 술이 상징하는 것은 바로 찬미, 그것이다.

구도의 길이 깊어지면 구도의 내용은 점점 더 깊어지고 의식은 점점 더 선명해진다. 그러다가 의식이 활짝 열리는 순간이 온다. 이제 어떠한 두려움도 없이 평상심으로 삶은 산다.

질문
사랑에 대해 이야기하시면서 사랑을 명상하는 게 좋다고 말씀하셨는데 제게는 두려움이 먼저 떠오릅니다. 먼저 두려움에 대해 설명해주시고, 두려움에는 어떤 자세로 임하는 게 좋은지 말씀해주십시오.

먼저 이해해야 할 것은 두려움은 사랑의 다른 측면이란 사실이다. 사랑할 때 두려움은 사라진다. 사랑하지 않을 때 두려움이 떠오른다. 그것도 엄청난 두려움이. 사랑하는 사람만이 두려움을 모른다. 깊은 사랑의 순간에 두려움은 존재하지 않는다. 깊은 사랑의 순간에 존재계가 집이 된다. 더 이상 이방인도, 국외자(局外者)도 아니다. 존재계는 그대를 온전히 받아들인다. 모든 존재가 그대를 받아들인다. 내면 깊은 곳에서 무언가가 열린 것이다. 내면 가장 깊은 곳에서 꽃이 피어난 것이다. 주위 사람들이 그대의 아름다움을 알아본다. 그대는 중요하고 의미 있는 존재인 것이다.

그렇지만 사랑이 메마른 사람은 두려움 속에 있다. 도처에 두려움이 도사리고 있다. 주위에 있는 사람들은 모두 친구가 아니라 적으로 보인다. 온 존재계가 외계인처럼 보인다. 자신은 우발적인 존재, 뿌리도 없고 집도 없는 존재처럼 보인다.

단 한 사람의 사랑만으로도 깊은 충만감이 느껴지는 바, 기도의 경지를 성취한 사람은 어떠한가? 기도는 가장 수승한 사랑이다. 전체계와의 사랑이다. 사랑해보지 못한 사람은 기도의 경지로 들어갈 수 없다. 사랑은 첫 번째 계단이요 기도는 마지막 계단이다. 기도란 내가 전체계를 사랑하고 전체계가 나를 사랑하는 것을 말한다. 단 한 사람의 사랑만으로도 자신의 내면에 꽃이 피어날 때 존재계 전체가 자신을 사랑한다면? 기도란 내가 신을 사랑하는 것이요 신이 나를 사랑하는 것이다. 사랑과 기도가 없는 삶은 두려움뿐이다.

두려움은 사실 사랑의 부재이다. 자신에게 두려움이 문제가 된다는 것은 엉뚱한 쪽을 바라보고 있다는 말이다. 두려움이 아니라 사랑이 풀어야 할 문제가 되어야 한다. 두려움이 문제인 사람은 사랑을 찾아야 하는 사람이다. 사람들이 자신에게 사랑스럽게 대하도록 먼저 자신이 사랑스러워져야 하는 사람이다. 그런 사람은 사랑에 더 많이 문을 열어야 한다.

사람은 두려울 때 닫혀 있다. 두려움이 강해지면 사람을 만나지 않는다. 혼자 있기를 좋아한다. 주위에 사람이 있으면 불안해진다. 타인이 적으로 느껴진다. 두려움에 사로잡힌 사람은 악순환을 거듭한다. 사랑의 부재가 두려움을 낳는다. 두려움 때문에 마음 문이 닫히기 때문이다. 창문 없는 방에 갇힌 꼴이다. 두려워하는 사람에게는 아무도 접근하지 않는다. 모든 사람이 적처럼 느껴질 뿐이다. 지금 그대는 문 여는 것을 두려워한다. 일단 문을 열면 어떤 일이 벌어질지 예상할 수 없기 때문이다. 심지어 사랑이 그대의 문을 두드려도 신뢰하지 않는다.

내면에 두려움이 깊게 뿌리내린 사람은 항상 사랑에 빠지는 것을 두려워한다. 가슴의 문을 열었을 때 적이 들어올지도 모른다고 생각하기 때문이다. 사르트르는 이렇게 말한다. "타인은 지옥이다." 사랑하는 사람은 이렇게 말한다. "타인은 천국이다." 사르트르의 내면에는 두려움과 고통, 불안이 깊게 뿌리내렸을 것이다. 사르트르가 서구 세계에 끼친 영향은 엄청난 것이었다. 사실 그는 병과 같은 존재이다. 그것도 중병 말이다. 그에게서는 배울 게 없다. 많은 사람들이 사르트르가 말하는 것을 자신의 삶에서도 체험했다. 그래서 사르트르는 서양에서 인기를 끌 수 있었다. 우울과 슬픔, 고통, 두려움, 이런 것들이 사르트르 이론의 주제이자 매력 포인트였으며 실존주의의 테마였다. 사람들은 이런 것들이 풀어야 할 문제라고 생각한다. 내가 사랑에 대해 이야기하면 그것은 자신의 문제가 아니라고 생각한다. 두려움이 아니라 사랑이 그대의 문제가 되길 바란다.

이는 어두운 집에게 내가 빛에 대해 이야기하는 것과 같다. 내가 빛에 대해서 이야기하면 그대는 이렇게 말할 것이다. '계속 빛에 대해서만 이야기하시는군요. 우리에게 어둠에 대해 이야기해주십시오. 그게 낫습니다. 이 방 안은 어둠뿐이잖아요. 따라서 빛은 우리의 문제가 아닙니다. 어둠이 우리의 진정한 문제입니다.' 진정 그런가? 어둠이 문제라면 어둠을 이야기해서는 하등의 도움이 안 된다. 어둠이 문제일 때 우리가 어둠에 대해 직접적으로 할 수 있는 일이란 존재하지 않는다. 어둠을 던져버릴 수도, 내몰 수도, 밖으로 밀어낼 수도 없다. 어둠은 부재(不在)이다. 부재인 존재에는 아무것도 할 수 없다. 뭔가를 할 수 있다면 그것은 빛이다. 빛에 대해서는 뭔가를 할 수 있다.

빛에 관심을 기울이라. 빛을 어떻게 하면 발견할 수 있는가, 어떻게 하면 만들 수 있는가, 어떻게 하면 집에 촛불을 켤 수 있는가를 생각해보라. 집에 촛불만 켜도 어둠은 당장 사라진다.

따라서 사랑이야말로 우리가 관심을 기울여야 할 문제이다. 두려움이 문제가 아니다. 이 점을 명심하라. 두려움에 관심을 기울이고 있다면 엉뚱한 쪽을 보고 있는 것이다. 엉뚱한 쪽은 수백 년을 봐도 문제를 해결할 수 없다. 부재인 것을 문제로 만들지 말라. 이 점을 항상 명심하라. 부재인 것에 대해서는 아무것도 할 수 없다. 오직 현존하는 것만을 문제로 삼으라. 그러면 문제에 대해 뭔가를 할 수 있는, 문제를 풀 수 있는 가능성이 열린다.

두려움을 느끼면 사랑이 문제이다. 더욱더 사랑하라. 타인에게 더욱더 다가가라. 사람들은 누군가 와서 자신을 사랑해주기를 바란다. 평생을 기다려도 오지 않는다. 왜냐하면 다른 사람들 역시 두려움 속에 있기 때문이다. 모든 사람들이 하나같이 두려워하는 게 있다. 거부당하는 두려움이 그것이다.

관심 있는 상대에게 가고 싶다. 하지만 가서 문을 두드리면 거부당할 가능성이 있다. 거부당하는 것은 커다란 상처가 된다. 그래서 아예 가기를 포기한다. 차라리 혼자 있는 게 낫다. 내 스스로의 길을 가는 게 낫지 타인에게 관심을 두면 상처받을 수 있다. 상대에게 접근하여 관심을 표현할 때 제일 먼저 오는 두려움은 '상대가 나를 받아들이느냐, 거부하느냐 이다. 상대가 거부할 가능성은 언제든지 있다.

그래서 여자는 먼저 남자에게 다가가지 않는다. 남자보다 두려움이 더 많기 때문이다. 여자는 항상 남자가 다가오기를 기다린다. 여자는 거부와 받아들임의 권한을 놓으려 하지 않는다. 그 권한을 남자 쪽에게 넘겨주려 하지 않는다. 여자는 남자보다 두려움이 더 많기 때문이다. 많은 여자들이 상대를 기다리면서 평생을 보낸다. 아무도 그들의 문을 두드리지 않는다. 두려움이 많으면 마음이 닫히고 접근하려는 사람을 쫓아내기 때문이다. 두려움이 많은 사람은 타인이 접근하면 두려움의 파장을 보낸다. 이 두려움의 파장은 사람들의 접근을 막는다. 그래서 두려움이 많은 사람은 혼자의 길을 간다.

남자가 호감이나 관심을 두는 여자에게 접근할 때를 보자. 남자는 여자에게 좀 더 가까이 다가가고자 한다. 곁에서 말을 나누고 싶어한다. 여자의 몸을 유심히 보라. 몸에도 언어가 있다. 남자가 다가오면 여자는 몸을 뒤로 기울이거나 아니면 물러선다. 남자가 점점 더 가까이 다가오면 뒤로 물러난다. 뒤에 벽이라도 있어 더 이상 물러날 수 없게 되면 벽에 기댈 것이다. 앞으로 다가서는 게 아니라 뒤로 물러서는 자세는 가라는 말이다. 가까이 다가오지 말라는 말이다.

사람들이 앉는 모양이나 걷는 모습을 유심히 지켜보라. 모습이나 자세만으로도 사람들을 쫓아내는 사람들이 있다.

그들은 누가 가까이 다가오기라도 하면 두려워한다. 사랑과 같이 두려움도 하나의 에너지다. 부정적인 에너지다. 사랑을 하는 사람은 긍정적인 에너지로 넘쳐흐른다. 마치 자석이 끄는 것처럼 사랑하는 사람은 다른 사람을 끌어당긴다. 같이 있고 싶어진다.

두려움이 문제라면 자신의 성격을 잘 살펴볼 일이다. 두려움이 문제인 사람의 마음은 틀림없이 닫혀 있다. 마음 문을 열라. 물론 거부당할 가능성이 있기는 하지만 무얼 두려워한단 말인가? 상대가 싫다고 할 수 있다. 거부의 가능성은 50퍼센트이다. 이 50퍼센트 때문에 사람들은 100퍼센트 사랑 없는 삶을 선택한다.

가능성은 반반이다. 무엇을 두려워하는가? 많고 많은 게 사람이다. 누가 거부하면 이를 상처나 아픔으로 받아들이지 말라. 그냥 받아들이라. 어쩌다 보니 일이 안 된 것이다. 상대는 나와 함께하는 것을 좋아하지 않았다. 서로 맞지 않은 것이다. 그냥 상황을 있는 그대로 받아들이라. 서로 스타일이 달라 맞지 않은 것일 수도 있다. 진짜로 거부한 게 아닐 수도 있다. 상대가 거부한 게 오히려 좋을 수도 있다. 상대가 자신의 접근을 받아들이면 진짜 수많은 문제들이 생긴다. 관계에서 오는 수많은 문제들……! 상대가 거부했다면 상대는 평생의 고통에서 그대를 구해준 것일 수 있다. 그러니 상대에게 감사하고 자기 길을 갈 일이다. 나는 모든 사람과 맞을 수 없는 일이다.

　사람들은 모두 독특하기 때문에 자신과 딱 떨어지는 사람을 발견하기란 어려운 일이다. 미래에 좀 더 나은 세상에서 좀 더 자유롭게 활동할 수 있게 되면 자신에게 맞는 짝을 좀 더 쉽게 찾을 수 있을 것이다. 실수하는 것에 대해 두려워하지 말라. 실수를 두려워하면 삶을 살 수도 없거니와 삶 전체를 놓친다. 전혀 행동으로 옮기지 않는 것보다는 행동으로 옮기면서 실수하는 편이 훨씬 낫다. 혼자 두려워하면서 아무것도 않는 것보다 거부당하는 편이 훨씬 낫다. 거부당하다 보면 받아들여질 수 있는 가능성이 생기기 때문이다. 거부는 받아들임의 또 다른 측면이기 때문이다.

　거부하는 사람이 있으면 받아들이는 사람도 있다. 돌아다니며 나에게 맞는 사람을 찾으면 된다. 나에게 맞는 사람이 나타나면 연분이 일어난다. 마치 서로를 위해 태어난 것처럼, 서로 딱 들어맞는 그런 사람이 나타난다. 그렇다고 해서 서로에게 충돌도 없고 싸움도 없고 서로에게 화내는 일도 없다는 말이 아니다. 사랑은 살아 있는 것이어서 서로 충돌이 있기 마련이다. 화내는 일도 생기기 마련이다. 사랑은 살아 있는 현상이기 때문이다. 때로는 슬프기도 하고…… 행복이 존재하는 곳에는 슬픔도 같이 존재한다.

　결혼생활에는 슬픔이 없다. 왜냐? 행복도 없기 때문이다. 그냥 참고 산다. 그렇게 하기로 약정한 삶이 곧 결혼이다.

그렇게 하지 않으면 깨질 수밖에 없으니까. 삶을 치열하게 살다보면 화나는 일도 생긴다. 상대를 사랑하면 상대의 화도 받아들인다. 상대를 사랑하면 상대의 슬픔도 받아들인다. 때때로 멀어졌다가 다시 가까워진다. 거기에는 인간의 깊은 심리 현상이 존재한다. 사랑하는 이들이 왜 싸우는지 아는가? 다시 새롭게 사랑하기 위해서이다. 싸우고 나면 잠깐 동안이나마 새로운 허니문을 즐길 수 있기 때문이다.

사랑을 두려워하지 말라. 인간이 무서워해야 하는 게 있다면 그것은 두려움 자체이다. 두려움을 무서워하라. 다른 것은 무서워할 필요없다. 두려움은 독이요 자살이다. 행동하라. 두려움에서 빠져나오라! 두려움은 분위기를 부정적인 것으로 만든다. 두려움과 결코 타협하지 말라. 최선을 다하라. 사랑을 놓치면…….

사실 사랑이 문제는 아니다. 나는 문제를 더 깊이 들여다본다. 사랑을 놓치면 기도를 놓치게 된다. 이것이 진짜 문제이다. 사람들은 아마 이를 문제라고 생각하지 않을 것이다. 두려움이 문제인 사람들에게 사랑조차 문제로 보이지 않는데 하물며 기도를 일러 무엇하랴! 나는 삶이 어떻게 흐르는지, 삶의 흐름 전체를 본다. 사랑을 모르는 사람은 결코 기도하지 못한다. 기도는 우주적인 사랑이다. 인간은 사랑을 우회해서 기도의 길로 갈 수 없다.

많은 사람들이 그렇게 노력한 바, 그들 모두는 수도원에서 죽었다. 세계 구석구석에서 수많은 사람들이 그렇게 노력한다. 두려움 때문에 사랑을 완전히 피하고자 노력한다. 그들은 두려움에서 기도의 길로 가는 지름길을 찾고자 피나는 노력을 한다. 승려와 수사(修士)들이 세세에 걸쳐 해오고 있는 수행이 바로 이것이다. 기독교와 힌두교, 불교의 수사와 승려들은 사랑을 완전히 우회해서 곧바로 기도의 길로 가고자 노력한다. 그들의 기도는 거짓이다. 그들의 기도에는 생명이 없다. 그 누구도 그들의 기도를 듣지 않으며 우주에는 그들의 기도에 응답해줄 이가 존재하지 않는다. 그들의 노력은 온 우주를 속이려 하는 짓이다.

아무도 사랑을 그냥 통과하지 못한다. 인간은 두려움에서 사랑으로 나아간다. 사랑에서 기도로 나아간다. 기도에서 두려움 없는 경지가 드러난다. 사랑이 없으면 두려움이 있고 사랑이 있으면 두려움이 없다. 궁극적으로 두려움이 없는 경지는 기도 속에서 일어난다. 그때는 죽음마저 두려워하지 않는다. 사실 그때는 죽음이 사라진다. 존재계와 하나가 된다. 거기에 두려움이 설 자리는 존재하지 않는다.

그러므로 두려움에 사로잡히지 말라. 두려움에서 뛰쳐나와 사랑 쪽으로 나아가라. 두려움으로 가득 찬 사람은 아무도 관심을 주지 않는다. 따라서 기다리지 말라. 기다림은 또 다른 기다림으로 이어질 뿐이다. 내가 사람들을 관찰해본 바에 의하면 이렇다. 사랑을 우회해서 갈 수는 없다. 사랑을 우회해서 가는 길은 자살의 길이다. 계속 기다리기만 한다면 사랑이 그대를 우회해서 갈 것이다. 행동하라! 사랑은 열정을 필요로 한다. 사랑에는 열정과 생기와 활력이 있어야 한다. 열정이 있고 활기에 넘치는 사람에게만 사랑이 온다. 죽은 것처럼 생기 없는 사람에게는 아무도 신경 쓰지 않는다. 멀리 한다. 생기도 열정도 없는 사람은 지루하다. 사람들은 따분한 사람을 기피한다.

두려워하지 말고 사랑하라. 열정으로 행동하라. 두려워하지 않는 사람에게 삶은 풍요를 선사한다. 사랑은 삶보다 더 많은 풍요를 선사한다. 사랑이 삶의 중심 자체이기 때문이다. 피안으로 건너가는 길은 이 중심에서 나온다.

나는 이를 삶과 사랑과 빛의 3단계로 부르고 싶다. 삶은 이미 여기 있다. 사랑은 성취해야 한다. 사랑은 스스로 찾지 않으면 놓칠 수 있다. 그러므로 스스로 사랑을 찾으라. 삶은 이미 주어진 현상이다. 자연의 진화는 여기에서 끝난다. 사랑은 스스로 찾아야 한다. 물론 거기에는 모험도 있고 위험도 있지만 이 모두는 사랑을 풍요롭게 할 뿐이다.

사랑을 찾으라. 사랑을 찾았을 때만 빛을 찾을 수 있는 가능성이 열린다. 기도의 세계가 열린다. 사랑에 깊이 몰입하는 사람은 서서히, 그리고 알게 모르게 기도의 세계로 옮아간다. 사랑의 가장 높은 경지는 기도의 가장 낮은 경지다. 사랑이 끝나는 경계선상에서 기도가 시작된다.

그러나 깊은 사랑 속에서 기도를 시작하는 이들은 흔치 않다. 침묵 속에 서로의 손을 잡고 나란히 앉아, 혹은 해변에 나란히 누워 있다가 갑자기 이 사랑의 세계도 넘어가고 싶은 간절한 마음이 인다. 두려움에 관심을 두지 말라. 두려움은 독이다. 계속 두려움에 관심을 주면 두려움은 자란다. 그러므로 두려움에 등을 돌리고 사랑으로 나아가라.

9장
삼매
생사의
해탈

오쇼 수트라

대상이 있어 고통이 존재한다.
욕망이 있어 마음이 불행하다.

마음이 완전히 사라졌을 때
영적인 빛이 떠오르고
많은 일들이 일어난다.

사랑하는 자도, 사랑받는 자도 사라지고
사랑만 남는다.

아는 자도, 알려지는 자도 사라지고
앎만이 남는다.

꽃은 사람으로 화하고 나무는 벗이 되며
바위는 잠자는 영혼이다.

그 깊이가 열린다.

삼매 생사의 해탈

묵상(默想)은 명상(瞑想)이 아니다. 묵상과 명상 사이에는 거대한 차이가 있다. 양적인 것은 물론 질적인 차이도 거대하다. 서로 차원이 다른 것이다. 둘의 차원은 그냥 다를 뿐만 아니라 완전히 정반대이다.

먼저 이 점을 이해하라. 묵상은 어떤 대상에 관심을 갖는 것이다. 타자(他者)에 의식이 쏠리는 것이다. 묵상은 중심에서 벗어나 관심이 밖으로 나가는 것이다. 명상은 밖에서, 타자에서 중심으로 들어가는 것이다. 묵상은 타자로 향하는 것이요 명상은 자신에게로 향하는 것이다. 묵상 속에는 이중성이 남아 있다. 묵상자와 피묵상자가 존재한다. 명상 속에서는 오직 하나만이 존재한다.

영어의 '명상(meditation)' 이라는 말은 그리 좋은 말이 아니다. 산스크리트어의 디아나[1]와 사마디[2]의 뜻을 정확하게 전달하지 못하기 때문이다. 명상이라는 말 자체가 대상에 대해 고요히 생각한다는 오해를 불러일으킬 수 있기 때문이다. 이 점을 잘 이해해야 한다. 묵상은 사물에 대해 고요히 생각하는 것이지만 명상은 사물에 대해 고요히 생각하는 것이 아니다. 명상은 그냥 자신이 되는 것, 중심에 머무는 것, 모든 움직임이 멈춘 것이다. 명상 속에서는 완전히 참나가 되어 어떠한 흔들림도 없다. 내면의 불꽃이 흔들리지 않는다. 대상이 모두 사라졌다. 자기 자신만이 남아 있다. 단 하나의 생각도 일어나지 않는다. 세상이 모두 사라졌다. 마음도 없다. 자신만이 절대 순수로 존재한다. 묵상은 '대상을 비추는 거울'이다. 명상은 '비춤'이다. 대상을 비추는 것도 아니다. 비춤 자체이다.

묵상으로는 생각이 사라지는 니르비차라 사마디[3], 즉 초관조 삼매(超觀照三昧)를 얻을 수 있지만 여기에는 아직 한 생각이 남아 있다. '생각이 없다는 생각'이 그것이다. 그것 역시 생각이요 마지막 생각이다. 하지만 존재하는 것은 존재하는 것이다. 생각이 없음을 지켜보고 생각이 사라졌음을 안다. 그렇다면 생각 없음에 대한 이 앎은 무엇인가? 굉장히 커다란 변화가 일어났다. 그래서 사념(思念)이 사라졌다. 하

---

1) 디아나(dhyana): '정관(靜觀)', '명상'을 뜻하는 산스크리트어.
2) 사마디(samadhi): '삼매(三昧)'를 뜻하는 산스크리트어.
3) 니르비차라 사마디(nirvichara samadhi): 현상의 본질 또는 원인을 관조의 대상으로 삼았을 때, 관조하는 대상의 이름과 질에 대한 분별이 사라지고 앎 자체만이 홀로 빛나는 삼매 상태.

지만 이제 무념(無念)이 하나의 대상이 되었다. '나는 공을 알았다' 라고 말한다면 이는 참된 공이 아니다. 공이라는 생각이 아직도 존재하기 때문이다. 마음이 아직도 작용하고 있다. 아주 아주 미세하게, 힘 없이 작용하고 있다. 하지만 미세한 작용도 작용이다. 공이 있음을 안다. 자, 공이 있음을 아는 것은 무엇인가? 이는 아주 미묘한 생각, 가장 미묘한 생각, 마지막 생각이다. 이 마지막 생각이 떠나가면 대상은 완전히 소멸된다.

선사는 제자가 깨달음을 얻었다고 기뻐서 찾아오면 이렇게 말한다.

'너의 공(空)을 차버려라. 그걸 나에게 가져올 필요는 없다. 네가 진정으로 비워지면 공에 대한 생각도 일어나지 않을 것이다.'

수부티[4]에 관한 유명한 일화가 있다.

수부티가 아무런 생각 없이 나무 아래 앉아 있었다. 무념에 대한 생각도 일지 않았다. 그런데 갑자기 꽃비가 내리는 것이었다. '이게 무슨 일일까? 놀라서 주위를 살펴보았다. 하늘에서 수많은 꽃들이 비가 되어 내리고 있었다.

수부티가 놀란 모습을 보고 천상의 선인들이 그에게 말을

─────────

4)수부티(Subhuti): 붓다의 10대 제자 중 한 명으로, 온갖 법이 공한 이치를 깨달은 데 첫째가는 제자. 보통 '수보리' 라고 부른다.

했다.

"놀라지 마십시오. 오늘 우리는 공에 관한 위대한 설법을 들었습니다. 우리는 꽃비를 내려 이를 경축하고 있는 것입니다. 공에 대한 당신의 설법에 대해 감사하며 찬양하고 있는 것입니다."

수부티는 그래도 모르겠다는 듯 어깨를 으쓱했다.

"나는 아무 말도 안 했는데요."

천상의 선인들이 말했다.

"맞습니다. 아무 말로 하지 않았습니다. 우리도 아무 말도 들은 바 없습니다. 이것이야말로 공에 관한 더없는 설법이십니다."

말을 하면, 공을 얻었다고 말을 하면 빗나가고 만다. 무념에 대한 생각이 아직도 남아 있으면 이는 초관조 삼매이다. 사념을 버리기는 쉽다. 하지만 공을, 무념의 경지를 버리는 일은 쉽지 않다. 이는 대단히 미묘하고 미묘한 일이다. 이를 어떻게 이해해야 하는가?

한번은 이런 일이 있었다.

선사가 제자에게 말했다. "가서 공을 버려라."

그러자 제자는 물었다.

"어떻게 공을 버립니까?"

선사가 이렇게 대답했다.

"하여튼 가지고 가서 버려라. 네 머릿속에 있는 공을 가지고 내 앞에 서 있지 마라. 어서 가라!"

이는 대단히 미묘한 것이다. 사람이라면 공의 경지를 집착한다. 마지막 순간에 마음은 명상가를 속인다. 99.9퍼센트 진리에 도달했다. 이제 마지막 한 발자국이면 된다. 100도로 끓으면 모든 일을 성취하고 수증기로 화한다.

초관조 삼매로는 윤회의 수레바퀴가 멈추지 않는다. 무념은 미묘한 씨앗과 같기 때문이다. 거기서 수많은 생(生)이 나올 수 있다. 씨앗은 미묘하게 작고 나무는 크다. 나무 전체는 원래 씨앗 속에 숨어 있다. 씨앗은 겨자씨처럼 아주 작기도 하지만 그 안에는 커다란 나무가 들어 있다. 청사진으로 설계되어 있다. 씨앗은 계속해서 나무를 키운다. 하나의 씨앗에서 수만 개의 씨앗이 나오기도 한다. 하나의 작은 겨자씨가 온 세상을 푸르게 만들 수 있다.

무념은 가장 미묘하고 작은 씨앗이다. 파탄잘리는 이를 씨앗이 남은 사마디, 사비자 사마디[5], 즉 유종 삼매(有種三昧)이다. 윤회의 수레바퀴 속에서 생사를 반복한다. 아직도 번뇌의 씨앗이 소멸되지 않은 것이다.

---

5)사비자 사마디(sabija samadhi): 완벽한 관(觀)을 통해 삼매에 도달했으나 번뇌의 씨앗이 남아 있는 상태.

무념에 대한 생각마저, 무아라는 생각마저 태워 없앨 때, 에고가 없다는 생각마저 태워 없앨 때 니르비자 사마디[6], 즉 무종 삼매(無種三昧)가 일어난다. 그러면 이제 죽을 필요도 없고 다시 태어날 필요도 없다. 윤회의 수레바퀴가 멈춘 것이다. 윤회의 세계를 초월한 것이다. 이를 성취한 사람은 순수의식으로 존재한다. 모든 이중성이 떨어져 나갔다. 그리고 하나가 되었다. 이 하나됨, 이중성의 떨어져 나감은 생사의 떨어져 나감을 의미한다. 여기서 윤회의 수레바퀴가 멈추고 존재는 생사의 악몽에서 빠져나온다.

자, 이제 수트라로 들어가 보자. 대단히 아름다운 수트라다. 이를 잘 이해하라. 그 의미가 참으로 깊다. 그 미묘한 이치를 이해하려면 바짝 깨어 있어야 한다.

> 대상에 대한 명상에서 얻는 삼매는
> 씨앗이 있는 삼매, 즉 유종 삼매요
> 윤회에서 해방되지 못한 삼매이다.

사람들은 물질적인 대상이든, 정신적인 대상이든 대상에 대해 명상한다. 그 대상은 돈일 수도 있고 모크샤, 즉 해탈

---

6) 니르비자 사마디(nirbija samadhi): 번뇌의 씨마저도 소멸되어 다시는 미망에 빠지지 않는 궁극적인 삼매.

일 수도 있다. 돌일 수도 있고 코히누르 다이아몬드[7]일 수도 있다. 거기에는 아무런 차이가 없다. 대상이 있으면 마음도 있다. 마음은 대상과 더불어 계속되는 것이다. 마음은 대상을 통해 생명을 공급받는다. 대상이 있으면 자신을 알 수 없다. 온통 신경이 대상으로 가기 때문이다. 대상을 없애야 한다. 생각하거나 관심을 둘 대상을 완전히 제거해야 한다. 홀로 남아야 한다.

대상이 있게 되면 많은 가능성이 생긴다고 파탄잘리는 말한다. 대상과 추론의 관계를 맺어 대상에 대해 논리적으로 사색할 수 있다. 파탄잘리는 이를 사비타르카 사마디[8]라고 한다. 이는 분별 삼매(分別 三昧)이다. 분별 삼매는 상당히 종종 일어난다. 대상을 관찰하는 과학자의 마음이 완전히 텅 비고 내면의 하늘에 생각의 구름이 전혀 지나가지 않는 상황이 종종 일어난다. 대상에 완전히 몰입하는 것이다. 또한 장난감을 가지고 노는 아이가 장난감에 몰입한 나머지 완전히, 거의 완전히 마음이 멈추는 상황도 종종 일어난다. 내면에 아주 깊은 고요가 흐른다. 대상이 나의 관심을 모두 빼앗아가면 아무것도 남지 않는다. 그런 상태에서는 걱정도

---

7)코히누르 다이아몬드(kohinoor diamond): 세상에서 가장 크다고 알려진 다이아몬드.

8)사비타르카 사마디(savitarka samadhi): 외적인 사물을 대상으로 의식을 모을 때 도달하는 삼매 상태.

없고 긴장도 없고 고통도 없다. 대상에 완전히 몰입되었기 때문이다.

소크라테스에게도 이런 일을 일어났다.

어느 보름날 밤 소크라테스는 서서 보름달을 보고 있다가 달에 몰입이 되어버렸다. 그것은 파탄잘리가 말하는 분별 삼매의 체험이었다. 소크라테스는 역사상 가장 위대한 철학가이자 논리가였으며 인간 이성의 최고봉이었다. 그날 밤 그는 달과 별, 밤과 하늘을 생각하다가 자신을 완전히 잊어버렸다. 눈이 내리고 있었다. 다음날 아침이 되었을 때 그의 몸은 눈으로 뒤덮여서 얼었지만 아직도 하늘을 바라보고 있었다. 사람들이 그를 찾아 온 동네를 뒤지고 다니다가 나무 아래 하늘을 보고 있는 그를 발견했다.

사람들이 물었다.

"왜 집에 돌아오지 않았습니까? 눈 내리는 밤에 여기 있으면 죽을지도 몰라요."

그러자 소크라테스는 이렇게 말하는 것이었다.

"어떻게 하다보니 집에 가는 걸 잊었소. 시간의 흐름이 멈춰버렸소. 난 밤하늘과 별, 존재계와 우주의 질서에 온통 빠져 있었소."

논리적인 마음은 우주의 질서와 조화에 몰입한다. 논리는 대상의 주위를 돈다. 끊임없이 맴돈다. 모든 에너지를 대상에 빼앗긴다. 이를 이성(理性)의 사마디, 즉 분별 삼매라 한다. 이 삼매에는 아직도 대상이 남아 있다. 과학적이고 이성적이며 철학적인 사람은 분별 삼매를 얻는다.

다음으로 파탄잘리는 니르비타르카 사마디[9]에 대해 말한다. 이는 초분별 삼매(超分別 三昧)이다. 시인과 화가, 음악가 등 예술가가 얻는 삼매이다. 시인은 대상 주위를 빙빙 도는 것이 아니라 대상으로 곧장 가지만 아직도 대상이 남아 있다. 대상에 대한 생각이 없어졌는지는 모르지만 아직도 대상에 대한 관심이 남아 있다. 그 관심이 머리의 작용이 아니라 가슴일지 모르지만 대상이 사라지지 않았다. 시인은 깊은 지복의 상태를 얻을 수 있지만 윤회는 벗어나지 못한다. 이는 과학자도 시인도 마찬가지이다.

그런 다음 파탄잘리는 사비차라 사마디[10]를 말한다. 이는 관조 삼매(觀照 三昧)이다. 여기에서는 논리와 머리가 떨어지고 순수한 지켜봄, 관조만이 남는다. 이는 좀 더 깊은 차원이지만 대상이 아직도 남아 있다. 이제 여기에서는 대상에 대해 더 이상 집착하지 않는다. 하지만 온전히 참나 속에

9)니르비타르카 사마디(nirvitarka samadhi): 현상 세계의 사물을 명상 대상으로 삼았을 때, 대상의 이름과 형태와 질에 대한 분별이 사라지고 대상 자체에 대한 앎만이 홀로 빛나는 삼매 상태.
10)사비차라 사마디(savichara samadhi): 현상의 원인 또는 본질을 대상으로 명상할 때, 대상과 대상에 대한 앎이 별개로 존재하는 삼매 상태

안주하지 못하고 있다. 대상이 거기 있기 때문이다.

이제 파탄잘리는 초관조 삼매를 이야기한다. 초관조 삼매에서 대상은 점점 미묘해진다. 이 점은 굉장히 중요하다. 이를 잘 이해해야 한다. 초관조 삼매에서 대상은 대단히 미묘해진다. 보이는 대상에서 보이지 않는 대상으로 옮겨간다. 돌에서 꽃으로, 꽃에서 향기로 옮겨간다. 부드럽고 미묘한 쪽으로 계속 나아간다. 그러다가 대상이 너무나 대단히 미묘해서 거의 존재하지 않는 것처럼 느껴지는 순간이 온다.

공에 대해서 집중하면, 무(無)에 대해서 명상하면 대상이 거의 존재하지 않는 순간이 온다. 불교에는 오직 한 가지, 무에 대한 명상만을 가르치는 종파가 있다. 이 종파에서는 무를 생각하고 명상한다. 무에 대해 끊임없이 명상하다보면 대상이 너무나 미묘해져서 관심을 둘 곳이 없어지는 순간이 온다. 너무 미묘한 나머지 집중의 대상이 보이지 않는다. 이를 끝까지 밀고 나간다. 그러면 어느 날 의식이 의식으로 돌아가는 순간이 온다. 자신이 서 있을 자리도, 집착할 대상도 온통 사라지고 의식이 의식으로 돌아간다. 의식이 존재의 중심으로 돌아온다. 그때 가장 순수하고 가장 높은 경지, 초관조 삼매를 성취한다.

가장 수승한 초관조 삼매에서 의식은 의식으로 돌아온다. '나는 무념을 성취했다, 나는 무의 경지를 성취했다'고 말하면 다시 대상을 만들어내고 본래 중심 자리에서 벗어나게 된다. 구도자들에게 이런 일이 종종 일어난다. 내면의 신비를 모르는 채 진아의 문턱에서 자아로 되돌아온다. 존재의 중심을 맛보고 밖으로 나와버린다. 갑자기 '나는 성취했다'는 생각이 떠오른다. 갑자기 '바로 여기야. 나는 깨달음을 얻었다. 삼매를 성취했다'는 느낌이 들기 시작한다. 지복이 너무 강렬해서 자연스레 그런 생각이 드는 것이다. 그런 생각이 떠오르면 명상가는 대상의 희생양이 된다. 중심을 잃고 하나가 둘이 된다. 다시 이중성이 태어나는 것이다.

무념에 대한 생각이 떠오르지 않도록 바짝 깨어 있어야 한다. 하지만 노력하지는 말라. 무념에 대한 생각이 일어나면 그 속으로 들어가라. 거기에 대해 생각도 관심도 두지 말라. 그냥 즐기라. 춤을 추라. 문제는 없다. 단지 일어나는 것을 언어화하지 말라. 춤을 추어도 좋다. 춤 속에서도 하나됨을 유지할 수 있다.

수피즘[11]에서는 마음을 멈추는 방법으로 춤을 사용한다. 마지막 단계에서 수피즘의 스승들은 이렇게 말한다. "대상

11)수피즘(sufism): 이슬람 신비주의. 8세기 이후 이슬람교가 수니파(派)와 시아파(派)로 분열된 후 시아파 속에 처음 나타났으며, 특징은 일종의 도취 상태에서 지상(至上)의 경지를 감득하고 신과 직접 교류하는 데 있다. 터키계 데르비시(dervish)가 명상의 수단으로 이용한 회전춤(whirling)은 구제프와 오쇼를 통해 서양과 전세계에 알려졌다.

이 사라지는 지점에 오면, 에너지가 마음으로 가는 게 아니라 신체로 가도록 지체 없이 춤을 추라. 어떤 것을 해도 좋다. 지체하지 말고 하라."

선승은 깨달을 때 아주 크게, 사자가 포효하듯이 웃는다. 왜 그렇게 하는가? 난생 처음 에너지가 하나가 되었다. 이때 마음에 일말의 관심이라도 기울이면 다시 분열이 일어난다. 분열은 인간의 오래된 습관이다. 이런 마음의 습관은 며칠 동안 떨어져 나가려고 하지 않을 것이다. 에너지가 머리가 아니라 몸으로 가도록 뛰고 달리고 춤추고 웃으라. 에너지가 거기 있고 오래된 습이 남아 있기 때문에 에너지는 예전의 방식대로 되돌아갈 수 있다.

이런 문제를 가지고 많은 사람들이 나를 찾아온다. 마지막 마음이 버티고 있을 때 가장 어려울 수 있다. 일반적인 경우와는 완전히 다르기 때문이다. 즉각 마음이 나서서 '그래 나는 깨달았다' 라고 말한다. 그러면 에고가 들어오고 마음이 들어오고 명상을 잃는다. 단 하나의 생각만으로 즉각 거대한 분열이 일어난다. 이럴 때는 춤을 추는 것이 좋다. 무아경의 춤으로 체험을 찬미하라. 그래서 나는 찬미를 중요하게 생각한다. 명상을 끝내고는 항상 찬미하라. 춤을 추라. 찬미가 자신의 일부가 되게 하라. 깨달음이 일어날 때 춤으로 노래로 찬미하라.

타인과 대상에서 해방, 이것이 문제의 본질이다. 대상이 모든 세계이다. 대상이 떨어져 나가지 않으면 세상에 오고 또 와야 한다. 대상과 더불어 욕망이 존재하고 생각이 존재하고 에고가 존재하며 나 자신이 존재하기 때문이다. 대상과 나는 공존한다. 대상과 나는 따로 존재할 수 없다. 따라서 대상이 떨어져 나가면 내가 떨어져 나간다. 이는 동전의 양면과 같다. 앞면을 구하기 위해 뒷면을 버릴 수 없다. 동전의 앞면과 뒷면은 하나로 공존한다. 둘 다를 버리거나 둘 다를 간직할 수 있을 뿐이다. 하나를 버리면 다른 하나도 따라간다. 주체와 개체는 같이 존재한다. 하나의 다른 측면들이다. 대상이 떨어져 나가면 '나' 라는 주체의 집은 곧장 무너진다. 이때 예전의 나는 사라진다. 나는 생사를 넘어서 피안(彼岸)으로 간다.

인간은 죽을 수밖에 없는 존재이다. 그리고 다시 태어나야 하는 존재이다. 인간은 죽을 때 나무처럼 모든 욕망을 씨앗에 담는다. 이 씨앗이 다른 땅으로 날아가 새로운 삶으로 태어난다. 자신의 삶과 욕망 좌절과 실패, 성공, 사랑, 증오 모든 것은 죽을 때 한 곳으로 모여 씨앗이 된다. 씨앗은 에너지다. 그 씨앗이 사람에게서 떨어져 나와 다른 자궁으로 들어간다. 나무가 씨앗에서 다시 태어나는 것처럼 사람도 씨앗에서 다시 태어난다. 나무는 죽을 때 자신의 모든 것을 씨앗에 집적한다. 나무는 씨앗을 통해 계속 산다. 인간도 씨앗을 통해 계속 산다. 그래서 파탄잘리는 이를 유종 삼매라 부른다. 대상이 계속 존재하면 인간은 거듭 거듭 태어나야 한다. 씨앗이 사라질 때까지 똑같은 번뇌와 고통의 세계를 지나가야 한다.

씨앗이 존재하지 않는 무종(無種)은 무엇을 말하는가? 대상이 존재하지 않으면 씨앗도 존재하지 않는다. 그러면 과거의 모든 카르마는 사라진다. 사실 자신은 아무것도 하지 않았다. 모든 것은 마음이 했다. 내가 곧 마음이라고 나와 마음을 동일시했기 때문에 생사를 거듭했다. 모든 것은 몸이 했다. 내가 곧 몸이라고 나와 몸을 동일시했기 때문에 윤회를 되풀이했다.

무종 삼매와 초관조 삼매에서는 의식만이 절대 순수의 상태로 존재한다. 여기서 명상가는 최초로 전체계의 모습을 이해한다. 자신은 결코 행위자가 아니라는 것을 깨닫는다. 털끝만큼의 욕망도 일어나지 않는다. 참나 안에서 모든 것을 구족하고 있기 때문에 욕망의 필요성이 존재하지 않는다. 내가 궁극이 된 것이다. 욕망은 이제 어리석은 과거사가 되었다.

보통 사람들은 반대로 생각한다. 자신이 거지이기 때문에 대상을 구하는 욕망이 있다고 생각한다. 무종 삼매에서는 이런 깨우침이 일어난다. '내가 거지여서 욕망이 있는 것이 아니라, 내게 욕망이 있기 때문에 나는 거지이다.' 욕망이 사라진 사람은 황제가 된다. 거기에 거지는 더 이상 존재할 수 없다. 거지근성은 나의 욕망 때문에, 대상에 대한 집착 때문에, 내면을 들여다볼 시간이나 여유나 기회가 없기 때문에 존재한다. 내면에 있는 존재를 잃어버렸던 것이다. 하지만 내면에는 신성이 존재하며 신 자신이 거주하고 있다.

그래서 힌두교에서는 '아함 브라흐마스미(aham brahmasmi)' 라는 말이 있다. '나는 절대자다' 는 말이다. 그렇게 말한다고 깨닫는 것은 아니다. 초관조 삼매를 성취해야만 우파니샤드[12]가 사실로 들어나고 불경이 사실로 드러난다. 이때 명상가는 관조자가 된다. 자신의 체험으로 '그래, 그들의 말이 맞다' 고 말할 수 있다.

초관조 삼매의 지고한 순수성을 이르면
영적인 빛이 동튼다.

지고한 순수성이란 무엇인가? 거기는 무념에 대한 생각조차 존재하지 않는 곳이다. 거기에서는 거울이 거울로만 존재할 뿐 아무것도 비추지 않는다. '비춤' 자체도 불순한 것이다. 설령 '비춤' 이 일어난다 해도 거울은 그대로 존재하지만 그것은 완전히 순수하지 않다. 비춤은 거울에 아무런

---

12)우파니샤드(Upanishad): 브라만교의 성전인 베다(Veda)의 일종으로 '우파니샤드' 라는 말 자체는 '가까이 앉음' , '신비한 가르침' 을 뜻한다. 만유의 근본원리를 탐구하여 대우주의 본체인 브라만(Brahman: 梵)과 개인의 본질인 아트만(匯tman: 我)이 일체라고 하는 범아일여(梵我一如)의 관념론적 일원철학을 그 근본사상으로 한다.

변화를 일으킬 수 없다. 거울에 아무런 흔적도 족적도 남기지 않는다. 그러나 거울에 비춤이 일어나면 거울에는 무언가가 있는 상태이다. 이물질이 들어온 것이다. 절대 순수가 아니요 절대 홀로 있음도 아닌 것이다.

마음이 완전히 사라지고 무심도 사라지면 단 하나의 생각, 단 하나의 물결도 일지 않는다. 자신이 지복의 상태에 있다는 생각도 없다. 이렇게 지극히 순수한 초관조 삼매에 이르면 영적인 빛이 동튼다. 그리고 많은 일들이 일어난다.

수부티에게 일어난 일도 이것이다. 수부티는 아무 일도 하지 않았지만 아무런 이유도 없이 꽃비가 내렸다. 그에게는 자신이 성취한 공에 대한 앎도 없었다. 공에 대한 앎이 있었다면 꽃비는 내리지 않았을 것이다. 모든 것을 망각한 채 자신 안에 있었다. 의식의 수면에 하나의 물결도 일지 않고, 거울에 하나의 영상도 비추지 않고, 하늘에 한 점의 구름이 일지도 않는 무(無)를 성취했던 것이다.

꽃비가 내린다. 파탄잘리는 이렇게 표현한다. "돌연히 은총이 내린다." 사실, 은총은 항상 내렸고 지금도 내리고 있다. 사람들이 자각하지 못할 뿐이다. 지금 이 순간 그대에게도 꽃비가 내리고 있다. 하지만 마음이 비지 않은 그대는 이를 알아보지 못한다. 마음이 텅 비었을 때만 꽃비가 내리는 것이 보인다. 이는 이 세계의 꽃이 아니다. 저 세계의 꽃이다.

깨달은 사람들이 한결같이 동의하는 것이 있다. '마지막으로 깨달음이 일어나는 순간 아무런 이유 없이 모든 것이 충족된다'는 것이 그것이다. 너무나 깊은 축복 속에 잠긴다. 그 축복을 위해 아무것도 하지 않았다. 명상에 대해 무언가를 하고, 묵상에 대해 무언가를 하고, 대상의 집착을 끊기 위해 무언가를 했겠지만 갑자기 내려오는 축복에 대해서는 아무것도 한 게 없었다. 욕망의 충족을 위해 아무것도 하지 않았던 것이다.

대상과 더불어 불행이 존재한다. 욕망과 디불이 번뇌가 존재한다. 욕구와 불평하는 마음과 더불어 지옥이 존재한다. 어느 순간 대상이 사라질 때 지옥이 사라지고 천국이 내려온다. 이는 더없는 은총의 순간이다. '내가 이를 성취했다'고 할 수 없다. '나는 아무것도 한 게 없다'고 말할 뿐이다. 이것이 프라사다(prasada), 즉 은총의 의미이다. 내 쪽에서는 아무것도 한 것이 없음에도 불구하고 일어나는 것이다. 사실 은총은 항시 일어나고 있었지만 자신이 모르고 있었을 뿐이다. 외부 대상에 너무 몰입한 나머지 내면에서 무엇이 일어나는지 들여다볼 여유가 없었던 것이다. 인간의 눈은 내면으로 향하는 게 아니라 항상 밖으로 향한다. 인간은 사실 태어날 때부터 충족된 존재이다. 아무것도 할 필요가 없고 한 발자국도 움직일 필요가 없다.

영적인 빛이 동튼다.

인간은 항상 어둠에 둘러싸여 있다. 깨어서 안으로 들어갈 때 빛이 온다. 빛 속에 휩싸일 때 어둠은 원래 존재하지 않는다는 사실을 깨닫는다. 자신과 참나와의 연결고리가 끊겼을 때 어둠이 존재하는 것이다.

이를 이해하면 고요히 앉아 있음으로도 모든 것이 가능하다. 구도의 장정을 가지 않고도 구도의 목적지에 도달한다. 아무것도 하지 않았는데 바라는 모든 것이 일어난다. '이런 게 대체 어떻게 가능하지? 마음은 이를 이해하기 힘들다. '나는 정말 하고 또 했지만 지복을 체험할 수 없었다. 그런데 아무것도 하지 않고도 지복을 체험한다?' 모든 사람이 행복을 찾고 또 찾지만 찾지 못한다. 그래서 마음은 이렇게 말할 수밖에 없다. '그렇게 찾아도 찾을 수 없었는데, 행복을 찾지 않고도 행복해질 수 있다? 미친 사람이나 이런 말을 하지.' 그래서 마음은 이런 결론을 내린다. '사람은 무릇 열심히 구해야 한다. 그때에나 행복을 찾을 수 있는 가능성이 있다. 더 열심히 하자. 더 노력하자. 가야 할 길이 멀다. 그러니 더 빨리 달리자.'

목적지는 내면에 있다. 빨리 달릴 필요도 없고 어디를 갈 필요도 없다. 무엇을 할 필요도 없다. 그저 아무것도 하지 않고 고요히 앉아 있으면 된다. 모든 대상을 내려놓고 자기 자신이 되라. 온전히 중심에 내려앉으라. 수면에 물결 하나 일지 않도록. 그러면 프라사다, 즉 은총이 내려오고, 축복이 쏟아지고, 자신의 전 존재가 미지의 지복으로 충만해질 것이다. 바로 이 땅이 천국으로 변할 것이다. 삶이 신성해질 것이다. 거기에는 그릇된 것이 존재할 수 없다. 모든 것이 제자리를 찾아간다. 내면의 지복으로 말미암아 가는 곳마다 지복을 느낀다. 인식이 새로워지고 투명해져서 다른 세상, 다른 삶, 다른 시간은 존재하지 않는다는 사실을 깨닫는다. 오직 이 순간, 바로 이 존재계만이 있을 뿐이다.

참나를 체험하지 못했다면 존재계가 선물로 주는 축복을 계속해서 놓친다. 축복을 얻는 것은 '자신'이 아니다. '자신'이 사라져야 축복이 쏟아진다.

의식은 빛이다. 유일한 빛이다. 인간은 너무 무의식적으로 살고 있다. 일을 하면서 왜 하는지 모른다. 무엇을 바라면서 왜 바라는지 모른다. 무엇을 구하면서 왜 구하는지 모른다. 무의식의 수면 속에서 표류한다. 인간은 모두 몽유병자이다. 인간에게 유일한 영적인 병이 있다면 그것은 몽유병이다. 잠 속에서 사는 것, 꿈 속에서 사는 것이 그것이다.

좀 더 깨어 있으라. 대상에 깨어 있는 것에서 시작하라. 좀 더 깨어 있는 상태에서 사물을 보라. 나무 옆을 지나간다. 좀 더 깨어서 나무를 바라보라. 잠시 멈추고 나무를 보

라. 두 눈을 비비고 좀 더 깨어서 나무를 보라. 각성을 불러 모아 나무를 보고 그 차이를 느껴보라. 깨어서 보면 나무가 달라 보인다. 나무가 더 푸르고 생동감 있고 더 아름다워 보일 것이다. 나무는 같은 나무이지만 자신이 변한 것이다. 꽃을 볼 때도 전 존재계가 자신의 바라봄에 있는 듯 꽃을 보라. 각성을 모두 불러모아 꽃을 바라보면 꽃의 모습이 다르게 보인다. 좀 더 환하게 빛을 발한다. 영원성이 꽃의 모습에 일시적으로 들어와 있는 것처럼 존재계의 영광이 드러난다.

남편이나 아내, 친구, 벗의 얼굴을 볼 때도 좀 더 깨어서 보라. 명상의 눈으로 바라보라. 그러면 상대의 몸뿐 아니라 몸에서 발산되는 것, 몸 너머에 있는 것이 보인다. 몸 주위에 있는 영적 오라가 보인다. 사랑하는 이의 얼굴이 더 이상 내가 사랑하는 이의 얼굴이 아니다. 신성의 얼굴이다. 아이를 보라. 완전히 깨어난 각성으로 아이가 노는 모습을 보라. 그러면 갑자기 아이의 모습이 완전히 달라 보일 것이다.

먼저 사물을 깨어서 보는 것으로 시작하라. 이러한 이유로 파탄잘리는 무종 삼매, 초관조 삼매에 대해 이야기하기에 앞서 다른 삼매를 이야기하고 있는 것이다. 사물에서 시작하여 본질적인 대상으로 옮겨가라.

예를 들어 새가 나무 위에서 울고 있다. 그 순간 전 존재계가 존재하지 않고 나와 새만이 존재하는 것처럼 깨어 있으라. 온 마음을 새의 노래에 집중하라. 그러면 차이가 느껴질 것이다. 마음의 소음이 사라지거나 멀어지고, 새와 새의 노래 소리가 나를 온통 채운다. 이 순간 나와 새만이 존재한다. 그러다가 새가 노래를 멈추는 순간, 노래 소리의 부재(不在)를 들어보라. 그러면 대상은 신비해진다.

이 점을 항상 기억하라. 노래 소리가 멈추면 공간에 파장을 남긴다. 부재의 파장을 남긴다. 같은 소리가 아니다. 노래가 있다가 사라지고 노래의 부재만이 파장으로 남을 때 분위기는 완전히 변한다. 이를 잘 지켜보라. 전 존재계는 노래의 부재로 충만하다. 이는 침묵의 노래이다. 그래서 더없이 아름답다. 노래는 소리를 통해 나온다. 소리가 사라지면 부재의 소리가 침묵을 통해 흘러나온다. 새가 노래하고 난 뒤 침묵은 더욱 깊어진다. 이를 깨어서 지켜보고 그 미묘해진 대상에 대해 명상하라. 아름다운 사람이 지나갈 때 이를 지켜보라. 이 사람이 지나간 뒤에는 부재를 지켜보라. 그 사람은 뭔가를 남기고 지나갔다. 그곳의 에너지가 변한다. 분위기가 변한다.

붓다의 임종을 지켜보면서 아난다는 울고 또 울고 하면서 붓다에게 물었다.

"이제 우리는 어떻게 되는 겁니까? 스승께서 살아 계실 때

우린 깨닫지 못했습니다. 이제 가시면 우리는 어떻게 해야 됩니까?'

붓다는 이렇게 말했다고 한다.

"이제부터는 나의 부재를 사랑하라. 나의 부재에 대해 깨어 있으라."

붓다의 열반 후 붓다의 부재를 느낄 수 있도록 500년 동안 불상을 만들지 않았다. 보리수가 불상을 대신했다. 불교 사원에는 불상이 없었다. 돌로 만든 보리수가 붓다의 부재를 가리키고 있었다. 사람들이 사원에 와서 그 보리수 밑에 앉아 붓다의 부재를 지켜보았다. 많은 사람들이 깊은 명상과 침묵의 경지를 성취했다. 시간이 흐르고 신비한 붓다의 부재가 없어지면서 사람들은 불평을 하기 시작했다. '여기서 무얼 명상한단 말인가? 나무만 있고 붓다는 없다.' 붓다의 부재를 느끼기 위해서는 깊은 통찰과 깨어 있음이 필요했다. 사람들이 영묘한 붓다의 부재를 명상할 수 없게 되었을 때 드디어 불상이 만들어지기 시작했다.

대상이 완전히 사라지고 대상의 현존도 사라지고 대상의 부재도 사라지고 사념도, 무념도, 마음도, 무심의 생각도 사라지면 궁극을 깨닫는다. 이때 홀연히 위에서 은총이 내려온다. 꽃비가 내린다. 생명과 존재의 근원과 하나가 된다. 거지는 사라지고 황제가 나타난다.

초관조 삼매에서 의식은 진리로 충만하다.

진리는 최종 결론이 아니라 스스로 체험해야 하는 것이다. 진리는 생각의 대상이 아니다. 수행자는 진리 자체가 되어야 한다. 진리는 어떤 대상도 남기지 않고 완전히 홀로 존재하는 체험이다. 수행자는 지극히 순수해졌을 때 진리가 된다. 진리는 철학적 사유가 내릴 수 있는 결론이 아니다. 삼단논법으로 진리를 찾을 수 없다. 이론이나 가설로도 진리를 찾을 수 없다. 마음이 사라졌을 때 진리는 찾아온다. 진리는 이미 마음속에 숨어 있지만 마음이 수행자의 관심으로 밖으로, 대상으로 이끌기 때문에 진리를 바로 보지 못하는 것이다.

"초관조 삼매에서 의식은 진리로 충만하다." 리탐바라 (ritambhara)는 매우 아름다운 말이다. 리탐바라는 '도(道)' 와 같은 말이다. 진리라는 말도 리탐바라를 온전히 설명하지 못한다. 베다[13]에서는 이를 '리트(rit)' 라 부른다. 리트는 우주의 토대, 존재계의 법칙을 말한다. 리트는 진리와 같은 말이 아니다. 진리라는 말은 너무 메마르고 이론적인 냄새가 강하다. 사람들은 보통 '이것은 진리이고 저것은 진리가 아니다' 라고 말한다. 또 '이 이론은 진리이고 저 이론은 진

---

13)베다(veda): 고대 인도의 브라만교 근본 경전으로 인도 최고(最古)의 문헌.

리가 아니다'라고 말하기도 한다. 진리라는 말에는 지나치게 논리적인 내용이 들어 있다. 리트는 우주 조화의 법칙을 뜻한다. 별들이 움직이고, 계절이 가고 오고, 해가 뜨고 지고, 낮이 지나면 밤이 오고, 탄생 뒤에 죽음이 오는 우주의 근본 법칙을 뜻한다. 마음은 세상을 만들지만 무심은 존재계를 깨닫게 한다. 리트는 우주의 법칙이요 존재계의 중심 자체를 뜻한다.

따라서 진리라고 부르기보다는 존재의 토대라고 부르는 것이 낫다. 진리는 멀리 떨어져 있는 것, 자신과 분리되어 존재하는 것처럼 느껴진다. 리트는 인간뿐 아니라 만물의 가장 깊은 곳에 있는 존재, 즉 리탐바라이다. 초관조 삼매에서 의식은 리탐바라, 즉 우주의 조화로 충만하다. 어떠한 갈등도 불화도 존재하지 않는다. 모든 것이 제자리를 찾아간다. 리탐바라는 거짓마저도 버리지 않고 흡수한다. 악(惡)도 버리지 않고 흡수한다. 독도 버리지 않고 흡수한다. 아무것도 버리지 않는다.

진리는 거짓마저도 버리지 않는다. 리탐바라는 전체계를 받아들인다. 전체계는 너무나 조화로워 독도 자신의 역할을 수행한다. 삶도 자신의 역할을 하고 죽음도 자신의 역할을 한다. 모든 것이 새로운 빛 속에서 새롭게 보인다. 그 속에서는 불행도 자신의 역할을 한다. 추한 것도 아름답게 보인다. 리탐바라가 내려오는 순간에는 음양의 존재 이유를 깨닫는다. 음과 양은 서로를 반대하는 게 아니라 서로를 보완하고 서로를 돕는다.

이제 불만을 토로하지 않는다. 존재계에 대한 불만이 사라졌다. 왜 이것이 여기 있어야 하고, 왜 죽음이 존재해야 하는지 깨닫는다. 생명은 죽음 없이는 존재할 수 없음을 깨닫는다.

이를 도라 부르자. 도라는 말이 리탐바라를 더 정확하게 표현한다. 진리를 표현하는 데 '리탐바라' 를 쓸 수 있으면 더욱 좋다. '리탐바라' 에서는 조화의 소리가 들린다. 진리는 너무 메마르고 너무 논리적인 개념이다. 진리에 사랑을 더할 때 리탐바라에 가까워진다. 이는 헤라클레이토스[14]가 말하는 '숨은 조화' 이다. 대상이 완전히 사라졌을 때만 일어난다. 그곳에서는 다른 아무도 존재하지 않고 자신의 의식 속에서 홀로 존재한다. 비춤 없는 거울이다.

초관조 삼매에서 사념은 정지한다. 사념이 마음과 의식의 연결고리인 바, 사념이 정지하면 마음과 의식의 연결고리가 끊긴다. 사념 없이는 마음이 존재할 수 없다. 마음이 없으면 두뇌와의 연결도 끊긴다. 마음도 없고 두뇌와의 연결도 끊

---

14)헤라클레이토스(Heracleitos, B.C. 540-480): 그리스 철학자. 불이 만물의 1차적 원소이며 변화가 존재의 본질이라고 보았다. 그가 '만물은 유전한다' 고 말한 것은, 우주에는 서로 상반하는 것의 다툼이 있고, 만물은 이와 같은 다툼에서 생겨나는 것이라는 뜻이었다. 그러한 다툼 중에서도 그는 그 속에 숨은 조화를 발견하였고, 그것을 '반발조화(反撥調和)' 라 하였다.

기면 신경계와의 연결도 끊긴다. 모든 문이 열리고 의식이 경계 없이 떠다닌다. 초관조 삼매에서 사념이 정지하면 의식은 자유롭게 이동하고 자유롭게 떠다닌다. 이는 마치 뿌리도 집도 없는 구름과 같다. 들고 나는 데 아무런 장애도 존재하지 않는다.

이제 직접적인 인식이 가능하다. 직접적인 인식은 앎이다. 자신과 지식의 근원 사이에 아무런 중개자 없이, 보고 즉각 아는 것이다. 의식이 꽃을 볼 때 엄청난 일이 벌어진다. 도저히 상상할 수 없는 일이 벌어진다. 도저히 믿을 수 없는 일이 일어난다. 의식이 직접 꽃을 보면 최초로 꽃이 들어온다. 꽃만이 의식으로 들어오는 게 아니라 꽃을 통해 존재계 전체가 들어온다. 조그마한 조약돌 하나에도 모든 것이 숨겨져 있다. 바람에 춤추는 작은 잎 속에도 전체계가 들어 있다. 길가의 야생화 속에도 전체계가 미소 짓고 있다.

감각과 신경계, 두뇌, 마음, 층층의 무의식에서 빠져나오면 돌연히 개인은 사라진다. 수많은 형상을 한 광대한 에너지…… 모든 형상은 형상 없는 세계를 가리키며 녹아서 다른 형상들과 하나가 된다. 형상 없는 아름다움과 진리, 선(善)의 바다를 이룬다. 힌두교에서는 이를 삿치타난다(sat-chit-ananda)라고 부른다. 삿치타난다는 곧 진리와 의식과 지복를 뜻한다. 이것이 직접적인 인식이요 즉각적인 앎이다.

초관조 삼매에서는
감각을 통하지 않고 직접 알기 때문에
대상을 완전히 체험한다.

감각을 사용하지 않으면, 하늘을 열쇠구멍으로 보지 않으면…… 하늘을 열쇠구멍으로 보면 열쇠구멍만큼의 하늘밖에 보이지 않는다. 열쇠구멍보다 넓은 하늘을 볼 수 없다. 눈은 보이는 만큼만 본다. 손은 느끼는 만큼만 느낀다. 귀는 들리는 만큼만 듣는다. 그 이상은 볼 수도, 들을 수도 없다. 눈과 귀와 코는 열쇠구멍이다. 사람은 이 열쇠구멍을 통해서 실재를 보려고 한다. 자신 밖으로 나온 사람은, 초관조 삼매에 있는 사람은 처음으로 광대무변한 존재계와 무한계를 본다. 존재계의 모든 것이 보인다. 거기에는 시작도 끝도 존재하지 않는다. 경계도 존재하지 않는다. 나눔도 없고 한계도 없다. 모든 한계는 감각에 속한 것이다. 감각으로 인해 '한계'라는 인식이 태어난다. 존재계 자체는 무한하다. 모든 방향으로 열려 있다. 끝이 없다.

존재계의 모든 것이 보이면 처음으로 인간에 붙어 있던 가장 미묘했던 에고가 사라진다. 존재계는 너무 광대해서 작디작은 에고는 존재계를 볼 수 없다.

이런 일이 있었다.

대단한 에고이스트며 부자인 정치가가 소크라테스를 찾아왔다. 그에게는 아테네에서, 아니 그리스 전국에서 가장 크고 아름다운 저택이 있었다. 에고이스트는 걸음걸이나 말투에서 자신의 에고를 풍긴다. 에고이스트는 거만하게 걷는다.

하루는 에고이스트 정치가가 소크라테스에게 와서 거만하게 말했다. 소크라테스는 몇 분 동안 이야기를 나누다가 이렇게 말했다.

"잠깐만요. 먼저 해결해야 할 다급한 일이 있습니다. 이야기는 나중에 합시다."

소크라테스는 제자에게 세계지도를 가져오라고 말했다. 이 에고이스트 정치가는 무슨 다급한 용무 때문에 그러는지, 왜 세계지도를 가져오라는 것인지 이해할 수 없었다. 얼마 지나지 않아 정치가는 그 이유를 알게 되었다.

소크라테스가 물었다.

"이 세계지도에 그리스는 어디에 있습니까? 작지 않습니까? 다음 아테네는 어디 있습니까? 점에 불과하지요."

그리고 나서 또 이렇게 묻는 것이었다.

"선생의 저택은 어디에 있습니까? 아테네는 점에 불과했는데 선생의 저택은 어디에 있고 선생은 또 어디에 있습니까? 이는 지구의 지도일 뿐이에요. 지구는 아무것도 아닙니다. 지구보다 6천 배나 큰 태양은 우주에서 평범한 항성에 불과합니다. 우리의 태양보다 수천 배 큰 항성이 이 우주에는 도처에 깔려 있습니다. 태양계의 지도 속에 우리 지구는 어디에 있습니까? 우리의 태양계는 아주 평범한 행성계입니다. 우주에는 수백만 개의 행성계가 존재합니다. 은하계 하나만 해도 수백만 계의 행성과 항성이 존재합니다. 우리가 속한 은하계에서 지구는 어디에 있습니까? 은하계도 역시 수없이 많습니다. 우리의 태양이나 태양계는 어디에 있습니까?"

현대의 과학자들은 우주의 끝이 없다고 말한다. 은하계 위에 은하계, 그 위에 또 다른 은하계…… 끝이 없이 이어진다. 우주 어디에 존재하든, 끝은 보이지 않는다. 이런 광대한 우주 속에서 무엇을 위해 작디작은 에고에만 매달린단 말인가? 에고는 태양이 떠오르면 스러지는 아침 이슬방울처럼 사라질 존재이다. 광대한 우주가 드러나면 에고는 이슬방울처럼 사라진다. 에고는 이슬방울보다 작다. 에고가 그래도 상당히 크다는 생각은 그릇된 것이다. 감각이라는 작은 열쇠구멍으로 보면 에고는 상당히 커보인다. 열쇠구멍에서 눈을 떼고 드넓은 하늘 아래로 와보라. 드넓은 하늘 아래 에고는 티끌 같은 존재이다. 열쇠구멍 때문이다. 작은 열쇠구멍으로 세상을 보면 세상은 작아보이고 자신은 사뭇 커보인다. 하늘 아래 서면 그런 에고는 순식간에 사라진다.

소크라테스가 이어 말했다.

"이 지도에서 선생의 저택은 어디에 있고 선생은 또 어디에 있습니까?"

부자 정치가는 소크라테스의 말을 알아듣긴 했지만 대체 무슨 일이 긴급한지 물었다.

소크라테스가 대답했다.

"긴급하지요. 이를 이해하지 않고서는 우리 둘 사이의 대화는 가능하지 않습니다. 그러면 나도, 선생도 시간 낭비만 하는 거지요."

이 점을 이해하면 서로 대화의 가능성이 열린다. 에고를 한쪽에 제쳐둘 수 있다. 광활한 하늘 아래 에고는 의미 없는 존재이다. 스스로 떨어져 나간다. 에고를 내려놓는 행위마저 어리석어 보인다. 에고는 그럴 만한 가치도 없다. 전체의 모습이 드러나면 에고는 사라진다. 이 점을 잘 이해하라. 전체의 모습이 보이지 않기 때문에 에고는 존재한다. 시각이 좁아지면 좁아질수록 에고는 커진다. 시야가 흐릴수록 에고는 커진다. 시야가 완전히 흐려지면 에고는 더없이 커진다. 시야가 넓어질수록 에고는 작아진다. 시야가 완전히 드넓어지면 에고는 사라진다.

시야를 완전히 넓혀서 에고가 사라지게 하는 것, 이것이 내가 사람들에게 가르치는 것의 전부이다. 그래서 나는 그대의 마음 벽을 여러 방향에서 내려친다. 처음에는 몇 개의 구멍이 난다. 붓다를 통해 하나의 구멍이 생기고 파탄잘리를 통해 다른 구멍이 생기고 틸로빠를 통해 또 다른 구멍이 생긴다. 그것이 내가 하는 일이다. 나는 그대가 붓다나 파탄잘리나 틸로빠의 추종자가 되는 것을 원치 않는다. 추종자의 시야는 결코 클 수 없다. 그의 교리는 열쇠구멍이기 때문이다.

나는 왜 수많은 관점에서 이야기하는가? 사람들에게 좀 더 큰 시야를 주는 것, 이것이 전부이다. 그대는 마음 벽에 난 많은 구멍을 통해 동쪽을 볼 수도 있고 서쪽을 볼 수도 있으며 남쪽을 볼 수도 있고 북쪽을 볼 수도 있다. 동쪽을 보면서 '이쪽 세계밖에 없다'고 생각하지 않는다. 이미 다른 방향도 알고 있기 때문이다. 동쪽을 보면서 '이쪽만이 참된 교리이다'라고 생각하지 않는다. 나는 수많은 교리를 이야기하기 때문에 그대는 모든 방향과 교리로부터 자유로울 수 있다.

자유는 이해를 통해서 온다. 더 많이 이해하면 더 많이 자유롭다. 여러 구멍을 통해 바깥세상을 보면서 차차 자신의 열쇠구멍이 낡았다는 사실을 알게 되면서 마음의 벽을 전부 깨부수고 밖으로 나가면 어떤 세상일까 궁금해진다. 단 하나의 새로운 구멍을 통해 모든 시야가 뒤바뀌면서 자신이 알지 못했던 것을 알게 된다. 상상하거나 꿈도 꿔보지 못한 것들을 알게 된다. 사방의 벽들이 무너져 내리면 어떤 일이 벌어지는가? 드넓은 하늘 아래 실재의 세계와 직접 대면하는 일이 벌어진다.

내가 '드넓은 하늘'이라고 할 때 이 하늘은 물질적인 하늘을 말하지 않는다. 무의 하늘을 말한다. 이 드넓은 하늘은 모든 곳에 있지만 어느 곳에서도 볼 수 없다. 무이기 때문이다. 그냥 광대무변함 자체이다. 신은 광대하다고 말하는 게 아니다. 신은 물질적인 광대함이 아니라 정신적인 광대성(廣大性)이다. 존재계는 광대하지 않다. 광대한 존재계에는 한계가 있을 수밖에 없다. 아무리 광대할지라도 경계가 있기 마련이다. 그래서 존재계는 광대한 게 아니라 '광대성'이다.

충만한 시야로 대상을 보면 대상은 무한계로 스며들어 무한계와 하나가 된다. 하나 하나의 대상은 무한계 없이 존재할 수 없다. 대상은 독립적으로 존재하지 않는다. 개인성은 존재하지 않는다. 개인성은 하나의 해석일 뿐이다. 모든 곳에는 전체계만 존재한다. 부분을 전체라고 생각하면 착각에 빠진다. 무지한 사람은 그렇게 생각한다. 부분을 전체라고 잘못 생각하는 것이다. 깨달은 사람은 부분 속에서 전체를 본다.

초관조 삼매에서 얻은 지각은
그 깊이와 넓이에서 모든 지각을 초월한다.

여기서 '깊이'와 '넓이'라는 말이 매우 의미심장하다. 감각을 통해, 머리와 마음을 통해 세상을 보면 세상은 무미건조하다. 빛이 없는 상태에서 먼지만 싸이고 이내 지루한 세상이 된다. 권태만이 계속된다. 같은 나무에 같은 사람, 같은 행동, 모든 것이 판에 박힌 일상이다.

그렇지만은 않다.

사념이 없는 인간은 벌거벗은 모습이다. 사념이 없는 그대는 누구인가? 힌두교인인가 이슬람교인인가? 기독교인인가 공산주의자인가? 사념이 없는 그대는 누구인가? 남자인가 여자인가? 사념이 없는 그대는 무이다. 모든 옷이 벗겨지고 벌거벗은 몸이 된다. 순수가 되고 공이 된다. 지각이 명징해진다. 명징함과 더불어 깊이와 넓이가 같이 온다. 그 깊이와 넓이로 광대무변한 존재계를 본다. 지각을 방해하는 장애물이 사라졌다. 눈이 무한히 맑아졌다.

그 깊이로 사람들을 바라보고 세상사를 바라본다. 사물은 사라졌다. 꽃도 사람으로 화하고 나무는 벗이 되고 바위는 잠자는 영혼. 그 깊이가 열린다. 모든 곳에 문이 있고 두드리기만 하면 환영을 받는다. 어디에서 들어가든, 들어가는 곳마다 무한계이다. 이제 모든 곳이 문이기 때문이다. 이제 사람들이 문으로 존재한다. 한 사람을 사랑하면 그를 통해 무한으로 들어간다. 꽃을 보면 신의 정원이 열린다. 모래사장에 누우면 모래 한알 한알이 무한처럼 광대하게 느껴진다. 이는 종교의 고차원 수학이다.

이는 아직도 인위적인 상태라고 파탄잘리는 말한다. 사념은 사라졌다. 이제 존재계를 지각할 수 있지만 아직도 지각하는 자와 지각되는 자, 주체와 객체가 남아 있는 것이다. 몸으로 지각하는 지식은 간접적이었지만 이제는 직접적이다. 그렇지만 아직도 아는 자와 알려지는 자가 다르다. 마지막 장벽이 남아 있다. 그것은 '분리'이다. 이 분리마저 내려놓을 때, 인위적인 통제 상태를 초월할 때 주체와 객체는 사라진다. 거기에는 아는 자도 알려지는 자도 존재하지 않는다.

인위적인 상태를 모두 초월하고
무종 삼매를 얻으면 그와 더불어
생사의 해탈을 얻는다.

윤회의 수레바퀴가 멈춘다. 이제 시간도 없고 공간도 없다. 생과 사 모두 꿈과 같이 사라졌다.

이런 경지를 선에서는 이렇게 말한다. "아무것도 하지 않고 고요히 앉아 있으면 봄이 오고 풀은 스스로 자란다."[15] 이 너머의 세계는 말로 표현할 수 없다. 초관조 삼매에 도달한

다음 무종 삼매를 기다려야 한다. 무종 삼매는 풀이 스스로 자라듯 저절로 온다. 그러면 마지막 인위성도 초월하고, 초월하는 주체마저도, 사라진다. 거기에 초월하는 자는 없다. 초월이 그냥 일어날 뿐이다. 초월하는 주체가 아직도 거기 있다면 아직도 인위성이 사라지지 않은 것이다. 여기에 대해 명상가가 할 수 있는 일은 아무것도 없다.

그러면 무엇이 남는가? 사랑하는 자도 사라지고 사랑받는 자도 사라지고, 사랑만이 남는다. 아는 자도 사라지고 알려지는 자도 사라지고, 앎만이 남는다. 위치도 사라지고 의식만이 남는다. 존재계처럼 광대하고 존재계처럼 깊으며 존재계처럼 신비하게 남는다.

---

15)한문 원전은 『선림구집(禪林句集)』에 나오는 '兀然無事座 春來草自生'이다.

10장
죽음의
두려움은
각성의
부재에서
온다

오쇼 수트라

각성의 부재는
무아의 경지를 에고의 상태로 떨어뜨린다.

삶을 연기하는 것
나는 이것만을 죄라 부른다.

본질적으로 죽음에 대한 두려움은
자기 손에서 빠져나가는 삶에 대한 두려움이다.

과거도 잊고 미래도 잊으라.
이 순간이 유일한 순간이요,
유일하게 실존하는 순간이다.
이 순간을 살라!

죽음의 두려움은 각성의 부재에서 온다

주위를 둘러보라. 삶은 하나의 흐름이다. 모든 것은 흐르고 있다. 만물은 계속 움직이고 변한다. 변화가 모든 사물의 본질이다. 변화는 영원히 계속된다. 모든 것은 변한다. 변화를 받아들이라. 이는 바다에 이는 파도와 같다. 한 순간 존재했다가 다음 순간 사라진다. 변화는 이런 파도와 같다.

바다에 가면 무엇이 보는가? 바다의 해수면을 보고 그 위의 파도를 본다. 그런 다음 집으로 돌아와 사람들에게 '바다는 참 아름답다'고 말한다. 그 말은 완전히 틀린 말이다. 바다를 전혀 보지 않은 것이다. 그는 파도가 일렁이는 해수면을 보았을 뿐이다. 해변에 서서 바다를 보지만 그 바다는 진짜 바다가 아니다. 바다의 표피일 뿐이다. 바람에 파도가 일렁이는 수면 말이다.

이는 어떤 사람이 나를 보러 와서 내 옷만을 본 다음, 돌아가서 사람들에게 나를 보았다고 말하는 것이나 진배없다.

나를 보러 와서, 내 집 주위를 빙 돌면서 담벼락만을 보고는
돌아가서 나를 보았다고 말하는 것이나 다름없다. 파도는
바다에 있고 바다는 파도에 있지만 파도가 바다는 아니다.
파도는 바다의 껍질이다. 바다의 속과 중심에서 아주 멀리
떨어진 현상이다.

삶은 흐름이다. 만물은 흐르고 변화한다. 파탄잘리는 말
한다. "이것이 삶이라고 믿는 것은 각성의 부재이다." 각성
이 없는 보통 사람은 삶에서, 존재의 중심에서, 삶의 깊이에
서 너무 너무 멀리 벗어나 있다. 표면에 변화가 있고 주변에
흐름이 있지만 존재의 중심에서는 아무것도 움직이지 않는
다. 흐름도 변화도 없다.

이는 우마차의 수레바퀴와 같다. 수레바퀴는 끊임없이 돌
지만 수레바퀴의 중심은 멈춰 있다. 움직이지 않는 굴대[1]로
인하여 수레바퀴는 계속 돌 수 있다. 수레바퀴는 온 세상을
다 돌아다닐 수 있다. 수레바퀴는 움직이지 않는 굴대를 기
반으로 움직인다. 움직이는 모든 것은 영원한 것, 움직이지
않는 것 위에 서 있다. 사람들이 생활 속의 움직임만을 보면
파탄잘리는 "이것은 각성의 부재이다"고 말한다.

각성의 부재는 영원을 무상(無常)으로
순수를 불순으로, 기쁨을 고통으로

---

1)굴대: 수레바퀴의 한가운데에 뚫린 구멍에 끼우는 긴 나무 막대나 쇠막대.

자아를 비아(非我)로 떨어뜨린다.

사람이 태어나서 나이를 먹고 늙고 죽는 것만을 보면 이
는 수레바퀴만을 보는 것이다. 생로병사의 변화만을 보는
것이다. 이러한 모든 움직임 안에서 움직이지 않는 것을 본
적이 있는가? 아이도, 젊은이도, 늙은이도 아닌 것을 본 적
이 있는가? 이러한 단계의 토대를 이루는 것을 본 적이 있는
가? 모두를 담고 있으면서도, 태어나거나 죽지 않고 항상 똑
같은 것을 본 적이 있는가? 그런 것을 본 적이 없는 사람은,
그런 것을 체험해보지 못한 사람은 "아비디아(avidya), 즉
각성이 없는 사람"이라고 파탄잘리는 말한다.

삶을 깊이 들여다보지 못한다는 것은 충분히 깨어 있지
못하다는 것이다. 삶을 꿰뚫어보지 못한다는 것은 밝은 눈
이 없다는 것이다. 눈이 밝아지고 지각이 밝아지고 혜안이
생기면 '삶은 변화한다. 변화하는 이 삶이 전부가 아니다'
라는 사실을 깨닫는다. 사실 변화하고 움직이는 것은 주변
부일 뿐이다. 움직이는 것의 깊은 곳에는 영원이 있다. 영원
을 본 적이 있는가? 영원을 본 적이 없다면 이는 무명(無明)
의 삶이요 주변부에 의해 최면에 걸린 삶이다. 변화하는 삶
이 인간을 최면 속에 빠트린다. 그래서 인간은 변화하는 삶
에 푹 빠져 있다. 약간의 거리와 초연함과 관찰이 필요하다.
무상을 영원으로 착각하는 것이 무명이다. 불순을 순수로

착각하는 것이 무명이다.

무엇이 순수고 무엇이 불순인가? 파탄잘리는 세상 도덕에는 관심이 없다. 세상 도덕은 지역에 따라 다르다. 인도에서 순수한 도덕이 중국에서는 불순한 도덕이다. 인도에서는 불순한 도덕이 영국에서는 순수한 도덕이다. 인도 내에서도 서로 다르다. 힌두교에서 순수한 것이 자이나교[2]에서는 불순하다. 도덕율은 지역에 따라 다르다. 도덕을 깊이 들여다보면 심지어 개인에 따라 다르다는 것을 알 수 있다. 파탄잘리는 도덕에 대해 말하지 않는다. 도덕은 사회적 필요에 의해 나타난 인습이지 진리는 아니다. 파탄잘리와 같은 사람은 논리적인 것에 대해 말하지 않는다. 영원한 것에 대해 말한다. 지구상에는 수천 개의 도덕이 존재하지만 고정된 것은 없고 매일같이 변한다. 환경이 변하면 도덕도 변해야 하는 것이다. 파탄잘리는 도덕과는 완전히 다른 맥락에서 순수와 불순을 이야기하고 있다.

파탄잘리가 말하는 순수는 자연스러움을 뜻한다. 불순은 부자연스러움을 뜻한다. 개인에 따라 어떤 것은 자연스럽기도 하고 부자연스럽기도 하다. 따라서 하나의 고정된 기준

---

2) 자이나교(Jainism): 기원전 6세기 무렵에 마하비라가 일으킨 비브라만(非Brahman) 계통의 무신론 종교. 불교와 함께 인도의 영향력 있는 종교의 하나로, 베다의 교권을 부정하고 엄격한 계율 생활과 불살생(不殺生), 그리고 고행의 실천을 중요시한다.

은 존재하지 않는다. 불순을 순수로 잘못 아는 것은 부자연스러움을 자연스러움으로 잘못 아는 것이다. 사람들이, 전 인류가 그렇게 하고 있다. 그래서 사람들은 더욱더 불순해진다. 항상 자연스러움에 진실하라! 자연스러움을 진지하게 생각하고 찾아보라. 긴장, 불안, 불편, 이런 것들이 부자연스러움이다. 부자연스러운 상황에서는 아무도 편안할 수 없다. 부자연스러움은 인간에게 짐이 되고 인간의 정신을 파괴한다. 내가 말하는 부자연스러움은 자신의 본성에 거슬리는 것을 말한다.

파탄잘리는 말한다. "불순을 순수로 잘못 아는 것이 무명이다." 이는 곧 '부자연스러움을 자연스러움으로 잘못 아는 것이 무명'이라는 말이다. 사람들의 삶을 보면 곳곳이 부자연스러움이다. 부자연스러움을 자연스러운 것이라고 생각한다. 참다운 자연스러움이 무엇인지 완전히 잊어버린 것이다. 사회는 개인을 불순하게 만든다. 부자연스러운 것들을 강요하고 조건화를 주입하고 사상과 편견과 온갖 쓸데없는 것들을 가르친다. 때문에 개인은 잃어버린 자연스러움을 스스로 찾아야 한다.

"각성이 없으면 불순을 순수로 잘못 생각한다"는 파탄잘리의 말에서 '순수'는 외부에 의해 오염되지 않은 '자연스러움'을 말한다. 어느 누구도 자신의 이상으로 삼지 말라. 애써 붓다처럼 되려고 하지 말라. 그대 자신이 되라. 설령 붓다가 그대처럼 되려고 노력한다 해도 그대처럼 될 수 없다. 사람은 타인처럼 될 수 없다. 모두가 자신만의 존재를 지니고 있다. 그것이 순수라는 것이다. 자신의 존재를 따르는 것, 자기 자신이 되는 것이 순수이다. 이는 상당히 어렵다. 세상에 물들어 있기 때문이요 최면에 걸려 있기 때문이다. 사람들이 자신이 되는 것을 말리기 때문이다. 그래서 아주 어렵다. 그렇게 말리는 사람들 모두 대단히 훌륭한 사람들이다. 그들의 훌륭한 인격에 깊은 인상을 받는다. 훌륭한 인격의 소유자들에게는 끌어당기는 힘, 카리스마가 있다. 마치 물체가 중력에 이끌리는 것처럼 그들 주위에만 있어도 사람들은 이끌린다.

위대하다는 사람들에, 카리스마가 있는 사람들에, 그대에게 영향을 주고 변화시키려드는 사람들에 깨어 있으라. 그들로 인해 자신이 불순해질 수 있기 때문이다. 그들이 사람들을 불순하게 만들려고 하는 것은 아니다. 붓다는 사람들을 자신처럼 만들려고 하지 않는다. 위대하다는 사람들이 그대를 자신처럼 만들려고 하는 게 아니라 자신의 어리석은 마음이 그들을 흉내 내고 이상으로 삼고 닮으려고 노력하는 것이다. 그것이 인간에게 일어날 수 있는 가장 심한 불순인 것이다.

붓다와 예수, 라마크리슈나[3]를 사랑하라. 그들의 체험을 통해 더욱 풍요로워져라. 하지만 그들처럼 되려고는 하지 말라. 이 차이는 대단히 미묘해서 이해하기 어려울지 모르겠다. 사랑하고 듣고 흡수하라. 하지만 흉내 내지 말라. 할 수 있는 한 많이 배우되 항상 자신의 본성으로 배우라. 자신의 본성에 맞으면 받아들이라. 붓다가 말했다고 무조건 받아들이지 말라.

붓다는 항상 이렇게 말하곤 했다. "내가 말한다고 무조건 받아들이지 말라. 내 말이 그대에게 필요할 때, 본성으로 이해가 될 때만 받아들이라." 붓다는 수만 생을 통하여, 수많은 선과 악, 죄와 덕, 도덕과 부도덕, 고통과 기쁨을 경험하여 붓다가 된 것이다. 붓다 자신이 수많은 생과 체험을 겪어내야 했던 것이다. 그대는 어떻게 하기를 원하는가? 붓다의 말을 듣고 도취되어 붓다를 따르고 흉내 내고 싶은가? 그렇게 해서는 안 된다. 스스로 자신만의 길을 가야 한다. 어떠한 것을 받아들여도 좋으나 항상 자신의 길을 가라.

프리드리히 니체(Friedrich Nietzsche)의 『짜라투스트라는

3)라마크리슈나(Ramakrishna, 1836-1886): 이슬람교와 그리스도교의 여러 스승에게 배우고 체험한 후, 모든 종교에 똑같은 진실성이 있음을 깨달았다. 라마크리슈나의 업적은 힌두교의 전통을 현대에 살려 인도 사람들의 자신감을 고취시킴과 동시에 모든 종교의 조화를 설파, 인류협동의 이상을 드높였다는 점에서 세계사적 의의가 부여되고 있다. 그에 관한 저서로는 M. 뮐러와 로망 롤랑이 저술한 『라마크리슈나 복음』이 있다.

이렇게 말했다(Thus spoke Zarathustra)』에 나오는 다음 대목이 떠오른다. 짜라투스트라가 제자들을 떠나면서 마지막으로 해준 말은 참으로 아름답다. 이것이 그의 마지막 가르침이었다. 그는 제자들에게 해줄 수 있는 말은 모두 해주었다. 가슴을 통째로 내주었다. 짜라투스트라는 마지막으로 이렇게 말했다. "자, 내 말을 잘 들어라. 그것도 아주 잘 들어라. '짜라투스트라를 조심하라. 나를 조심하라.' 이것이 내가 그대들에게 주는 마지막 가르침이다." 이것이 모든 깨달은 사람의 최후의 가르침이다. 깨달은 사람은 너무 매혹적이어서 도취되기 십상이다. 자신이 아닌 다른 것이 자신의 본성에 들어와 자리를 잡으면 그 길은 그릇된 길이 되고 만다.

그래서 파탄잘리는 이렇게 말한다. "각성이 없으면 불순을 순수로, 고통을 기쁨으로 잘못 생각한다." 파탄잘리의 이 말을 들으면 보통 사람들은 '파탄잘리의 말이 진실일지는 모르겠지만 나는 고통을 기쁨으로 착각할 만큼 어리석지는 않습니다'라고 강변할 것이다. 아니다, 사람들은 고통을 기쁨이라고 착각하고 있다. 각성이 완전히 열릴 때까지는 사람이면 누구나 그렇게 착각한다. 고통스러운 것을 아름다운 것으로 받아들인다. 전혀 기쁨이 될 수 없는 고통을 스스로 취하면서 그런 사실을 자각하지 못한다.

매일같이 사람들은 나에게 와서 남녀 관계가 고통스럽다

고 하소연한다. 성생활이 아름답고 만족스럽다고 말하는 사람을 단 한 사람도 보지 못했다. 왜 그런가? 처음 시작할 때는 다들 좋았다고 말한다. 처음은 그럴 수밖에 없다. 누구에게나 남녀관계의 시작은 좋을 수밖에 없다. 그러면 왜 아름다웠던 관계가 시들해지고 신산(辛酸)해지는가? 왜 시간이 조금만 지나면 허니문이 끝나기도 전에 관계가 신산해지는가 말이다.

인간의 의식을 깊이 들여다본 사람들은 이렇게 말한다. "시작의 아름다움은 사람을 속이기 위한 자연의 트릭이다." 처음에 오는 트릭에 속으면 곧바로 현실이 드러난다. 시작할 때의 아름다움은 낚시할 때의 미끼와 같다. 두 사람이 처음 만나서 사랑이 싹트기 시작하면 '이보다 좋을 순 없다'라고 생각한다. 남자는 '이 여자가 세상에서 가장 아름답다'고 여자는 '이 남자야말로 세상에서 가장 멋지다'라고 생각한다. 자신의 욕망을 대상에 투사하고 허상의 세계를 시작하는 것이다. 자신이 보고 싶은 것만 보려고 한다. 실제 모습은 보려고 하지 않는다. 있는 그대로의 모습을 보려고 하지 않는다. 자신의 마음을 투사한 꿈을 보려고 한다. 상대는 스크린이다. 이 스크린에 자신의 마음을 투사하는 것이다. 얼마 안 있어 현실의 모습이 고개를 내밀기 시작한다. 섹스에 만족하고, 자연의 최면에 만족하고 나면 모든 것은 시들하고 신산해진다.

남자는 상대 여자에게 '당신을 영원히 사랑하겠습니다' 라고 철석같이 약속한다. 여자는 상대에게 '영원히 당신의 그림자가 될게요' 라고 약속한다. 자신의 약속에 스스로 속고 스스로 함정에 갇힌다. 이제 약속을 물릴 수 없다. 어떠한 일이 벌어져도 지켜야 하는 것이다. 이제 위선이 들어오고 가장(假裝)과 분노가 시작된다. 가장할 때마다 분노가 치밀어 오른다. 가장은 그만큼 힘든 무게로 다가온다. 여자의 손을 잡지만 거기에는 시적인 미학도 느낌도 존재하지 않는다. 여자를 떠나고 싶지만 그러면 상대가 상처 입을 것이다. 여자도 남자를 떠나고 싶지만 그러면 남자가 상처 입을 것이다. 그래서 커플은 서로의 손을 놓지 못한다. 여자에게 키스를 해도 입냄새밖에는 맡지 못한다. 이제 모든 것이 추해지고 반항의 마음이 생긴다. 복수의 마음이 떠오르고 책임은 상대에게 전가하고 상대가 잘못했음을 입증하려 한다. 상대가 처신을 잘못했고 상대가 나를 속인 것이다. 그러면 이제 둘 간의 삶은 가면을 쓴 생활이 된다. 추한 결혼생활의 연속이다.

　　각성이 없으면 고통을 기쁨으로 착각한다. 이 점을 잘 기억하라. 처음에는 기쁨으로 시작했다가 고통으로 끝난다. 사실은 시작도 고통이었다. 이를 잘 이해하라. 각성이 없어서 스스로 속은 것이다. 속이는 사람은 없다. 각성의 부재가 문제다. 사람은 깨어 있지 못하기 때문에 대상을 있는 그대로 보지 못한다. 깨어 있음에도 불구하고 기쁨이 고통으로 변할 수는 없다. 처음에 기쁨이 있었다면 시간이 지남에 따라 기쁨은 점점 커지는 것이 진리다.

기쁨도 성장하는 것이요 행복도 성장하는 것이다. 성장하여 마침내는 지복의 봉우리에 올라서는 것이다. 명심할지어다. '심은 대로 거둔다.' 일단 씨앗을 심으면 이를 변화시킬 수 없다. 씨앗은 심은 대로 성장할 뿐이다. 심은 대로 거둘 뿐이다. 사람은 항상 불행을 수확하면서도 자신이 심은 불행의 씨앗에 문제가 있다는 것을 깨닫지 못한다. 불행을 수확하게 되면 항상 타인이 나를 속였다고 아내가, 남편이, 친구가, 가족이, 세상이 나를 속였다고 생각한다. 악마든 누구든 뒤에서 장난치고 있다고 생각한다. 그리고 애초에 자신이 심은 씨앗이 문제라는 사실과 직면하기를 회피한다.

각성의 부재는 고통을 기쁨으로 잘못 받아들인다. 이것이 기준이다. 파탄잘리에게, 붓다에게, 샹카라차리아[4]에게 물어보라. '어떤 것이 나중에 고통으로 바뀐 것처럼 생각된다면 그것은 처음부터 고통이었다.' 이것이 기준이다. 끝이 기준이 되어야 한다. 마지막 열매가 기준이 되어야 한다.

---

4)샹카라차리아(Shankaracharya, 700-750경): 아디 샹카라(Adi Shankara). 남인도 케랄라 지방 출신의 인도 철학자이자 신비가. 인도의 고대 경전에 뛰어난 주석서들을 저술하여 불이론(不二論)의 베단타 철학을 확립시켰으며 이후 인도 철학에 지대한 영향을 끼쳤다.

각성이 없으면 비아(非我)를 자아로 잘못 인식한다. 이것이 기준이다. 사람은 비아를 자아로 잘못 인식한다. 몸이 자아라고 생각하고 마음이 자아라고 생각하며 가슴이 자아라고 생각한다. 이 모두는 거짓 함정이다. 몸은 가장 바깥층을 이루는 껍질이다. 사람은 배가 고프면 '나는 배고프다'라고 말한다. 각성의 부재이다. 자아는 몸이 배고프다는 사실을 아는 자이지 자아가 배가 고픈 것은 아니다. 어떻게 의식이 배가 고플 수 있단 말인가? 음식은 의식 속으로 들어갈 수 없다. 따라서 의식이 배가 고플 수는 없다. 일단 의식을 깨닫게 되면 항상 충만하다. 배가 고프지 않다. 의식은 완벽한 절대 존재이다. 아무것도 부족한 것이 없다. 의식은 절정이요 정상이며 궁극이다. 의식이 배고플 수는 없다. 단지 몸이 먹을 것을 필요로 할 뿐이다.

깨어 있는 사람은 '나의 몸이 배가 고프다'라고 말한다. 깨어 있음이 깊어지면 '나의 몸'이라는 말도 하지 않는다. '이 몸이 배가 고프다' 이렇게 말한다.

의식은 드넓은 하늘이요 공간이다. 이 의식을 때릴 수는 없다. 몸은 물질이기 때문에 막대기로 때릴 수 있다. 몸은 배고픔을 느낀다. 몸은 음식으로 포만감을 느끼기도 하고 굶주림으로 죽을 수도 있다. 의식은 물질도 몸도 아니다.

각성이 없는 사람은 몸을 자기라고 생각한다. 인간의 고통 중 90퍼센트는 각성의 부재에서 온다. 먼저 몸을 자기라고 생각하고 나서 고통을 받는 것이다. 그것은 꿈속의 고통이다. 몸이 자아가 아니다. 몸은 얼마 안 있어 자아를 떠나간다. 몸이 없을 때 자아는 어디에 있는가? 몸이 태어나기 전에 자아는 어디에 있었는가? 태어나기 전에 자아는 어떤 얼굴을 하고 있었는가? 몸이 죽으면 자아는 어디로 가며 어떤 얼굴을 하고 있는가? 남자가 되는가, 여자가 되는가? 의식은 남자도 여자도 아니다. '나는 남자다'라고 생각하는 사람은 각성 없는 사람이다. 의식은? 의식은 결코 남성이나 여성으로 나뉘어질 수 없다. 의식에는 성적인 것이 존재하지 않는다. 자신이 '아이다, 청년이다, 늙은이다'라고 생각하는 사람에는 각성이 없다. 어떻게 자아가 젊고 늙고 할 수 있겠는가? 의식은 젊지도 늙지도 않는다. 의식은 영원이다. 한결같다. 태어나지도 죽지도 않는다. 의식은 항상 여여(如如)하다. 생명 그 자체이다.

마음은 어떠한가? 밖에서 보면 마음은 두 번째 층이다. 마음은 몸보다 미묘하며 몸보다 의식에 가깝다. 사람은 마음을 자아라고 생각한다. 사람은 항상 '나, 나, 나'라고 말한다. 타인이 자신의 생각을 비판하면 '이건 내 생각인데, 왜 그러느냐?'고 따진다. 사람들은 진리를 위해 진리를 논하지 않는다. '나'를 위해 논쟁하고 싸운다. '내 생각은 나 자신이다. 어떻게 감히 비판하는가? 잘 들어보라. 내 말이 맞다!' 아무도 진리에 대해 신경 쓰지 않는다. 누가 진리에 신경을 쓴단 말인가? 진리가 문제가 아니라 누가 옳고 누가 틀리는 가가 문제이다. 이런 식으로 사람들은 자기 생각과 자아를 동일시한다. 보통 사람뿐 아니라 심지어 종교적이라는 사람들도 그렇다.

그 다음은 가슴이다. 가슴은 마음보다 의식에 좀 더 가까이 존재하지만 아직도 너무 멀다. 몸과 생각과 느낌…… 자신이 대상에 대해 뭔가를 느낄 때 명징하게 깨어서 느낌은 결코 자신이 아님을 보아야 한다. 느낌 역시 인간 메커니즘의 일부이다. 물론 가슴은 의식에 좀 더 가깝다. 몸보다 머리보다 가깝다. 가슴이 의식에 제일 가까우며 그 다음이 머리, 몸은 의식에 가장 멀리 떨어져 있다. 그렇다 해도 가슴은 자아가 아니다. 느낌은 하나의 현상일 뿐이다. 느낌은 왔다가 간다. 물결이 일어났다가 사라진다. 느낌은 하나의 기분이다. 한 순간에 존재했다가 다음 순간에 존재하지 않는다. 자아는 항상 존재하며 영원히, 영원히 존재한다.

그렇다면 각성이란 무엇인가? 각성은 자신이 몸도 아니라는 사실에 깊이 깨어 있는 것이다. 우파니샤드가 말하고 파탄잘리가 말했다고 해서 그런 것이 아니다. '나는 몸이 아니다'라고 맹목적으로 염송해서는 아무것도 되지 않는다. 만트라처럼 아침저녁으로 '나는 몸이 아니다, 나는 몸이 아니다'를 염송한다고 도움이 되는 것은 아니다. 이는 염송의 문제가 아니라 이해와 통찰의 문제이다. 이해하는 사람은 염송의 필요성을 느끼지 않는다.

이해하고 싶은가? 그러면 지켜보라. 배고픔이 일어나면 배고픔이 몸에서 일어나는지 자아에서 일어나는지 지켜보라. 병이 생기면 그 병이 몸에 있는지 자아에 있는지 살펴보라. 생각이 떠오르면 생각이 마음에서 일어나는지 자아에서 일어나는지 지켜보라. 느낌이 일어나면 느낌을 지켜보라. 점점 더 많이 깨어 있으라. 각성의 경지에 도달할 것이다. 염송을 통해 그 경지에 도달한 사람은 아무도 없다.

창가에 서서 창문을 통해 밖을 내다보는 사람처럼 그대는 눈 뒤에 있다. 창문을 통해 밖을 내다보는 사람은 눈을 통해 나를 보는 그대와 같다. 그대는 눈과 자신을 동일시하고 보는 행위와 자신을 동일시한다. 눈은 창문이다. 그대가 아니다.

파탄잘리는 이렇게 말한다. "사람은 오감을 통해 감각기관과 동일시하며 오감에서 에고가 일어난다." 에고는 가짜 자아다. 자아가 아닌 것은 전부 에고이다. 하지만 사람은 에고를 자아라고 생각한다.

에고는 보는 자와 보이는 대상을
동일시하는 것이다.

자신의 눈앞에 무슨 일이 벌어져도 기억을 못하는 일이 많다. 멍하니 책을 읽다가 갑자기 '아, 내가 책을 읽고 있구나' 자각하면서 지금까지 읽었던 내용이 하나도 생각나지 않을 때가 있다. 무슨 일이 벌어진 것인가? 자아가 눈이라면 어떻게 이런 일이 가능하단 말인가?

자아는 눈이 아니다. 각성이 없는 상태에서 책을 보면 그렇게 된다. 깨어 있지 않고 다른 데 정신이 팔린 것이다. 이는 눈을 감고 창문 앞에 서 있는 상태이거나 창문에 등을 돌리고 서 있는 상태이다. 그러기 때문에 창밖을 내다볼 수 없다. 매일 이런 식이다. 눈은 떠 있었지만 본 것도 없고 읽은 것도 없다는 사실을 어느 순간 갑자기 깨닫는다. 거기에 자아가 없었기 때문이다. 생각을 하고 꿈을 꾸고 다른 세계에 가 있는 등 정신이 다른 데 팔려 있었기 때문이다. 창문에 각성이 없고 눈에 의식이 없다.

텅 빈 눈에 대해 아는가? 미친 사람을 보라. 그의 눈은 비어 있다. 대상을 보고는 있지만 보지 않는다. 그의 눈이 비어 있기 때문이다. 깨달은 성자의 눈을 보라. 그의 눈 역시 비어 있다. 미친 사람의 눈과 비슷한 점은 있지만 같은 눈이 아니다. 그는 대상을 관통해서 본다. 그의 눈은 대상에서 멈추는 게 아니라 대상 너머까지 본다. 상대의 몸을 보는 게 아니라 상대의 존재를 본다. 그의 눈은 사물을 관통한다. 몸과 마음과 가슴을 지나 존재의 중심을 꿰뚫는다. 하지만 보통 사람은 자신을 모르고 살아간다.

에고는 보는 자와 보이는 대상, 보는 자와 감각기관을 동일시하는 데서 생긴다. 감각기관과의 동일시를 내려놓으면 에고는 떨어져 나간다. 에고를 버리는 다른 방법은 존재하지 않는다. 몸과 동일시하지 말라. 눈과 귀, 마음, 가슴 등과도 동일시하지 말라. 그러면 에고가 사라지고 참나가 온전한 순수성으로 존재한다. 처음으로 전체적인 현존에 머문다. 거기에 에고는 존재하지 않는다. '나'라는 마음, '나'라는 생각이 사라진 것이다.

이것이 인간의 참 본성이요 순수성이요 수정같이 맑은 존재이다. 이는 초월의 경지이다. 참나는 세상 속에서 살지만 세상은 참나 안에 없다. 참나는 세상 속에서 생활하지만 세상은 참나 속에서 존재하지 못한다. 어디에 있든지 세상에 물들지 않는다. 연꽃이 된 것이다.

삶을 연기하는 것이 유일한 죄악이다. 사는 것을 미루지 말라. 살고 싶다면 지금 여기에서 살라. 과거도 잊고 미래도 잊으라. 이 순간이 유일한 순간이요 이 순간이 유일한 존재론적 순간이다. 이 순간을 살라! 이 순간을 놓치면 영원히 놓지는 것이다. 다시는 되찾을 수 없다.

현재를 사는 사람은 미래를 걱정하지도 삶을 집착하지도 않는다. 삶을 진정으로 사는 사람은 삶을 아는 사람이요 만족하는 사람이다. 자신의 전 존재가 축복 속에 있다. 보상도 필요없고 죽음도 개의치 않는다. 지금 당장 죽음이 온다 해도 나는 준비되어 있다. 진정으로 삶을 살고, 진정으로 삶을 즐기고, 진정으로 삶을 찬미한 것이다. 단 한 순간만이라도 진정으로 산다면 그것으로 충분하다. 하지만 천 년을 산다 해도 삶을 진정으로 살지 않으면 헛것이다. 천 년의 삶도, 만 년의 삶도 무가치한 것이다. 단 한 순간만이라도 진정으로 살면 참나의 세계로 열린 영원의 문이 열린다. 그것은 시간을 넘어선 세계이다. 생명의 정수를 체험한다. 거기에는 죽음도, 걱정도, 집착도 존재하지 않는다. 언제 세상을 뜬다 해도 집착의 대상이 존재하지 않는다. 삶을 완전히, 삶의 가장자리까지 누린 것이다. 생명으로 넘쳐흐른다. 준비가 되었다.

삶을 찬미하는 분위기 속에서 죽을 준비가 되어 있는 사람은 삶을 진정으로 산 사람이다. 삶을 집착하는 것은 삶을 제대로 살지 않았음을 의미한다. 죽음마저도 삶의 일부로 포용할 수 있는 사람은 삶을 마음껏 누린 사람이다. 그는 충만하다. 파탄잘리의 수트라를 들어보라. 그의 수트라는 가장 심오하고 가장 의미심장한 경전이다.

삶 속에 흐르는 것은 죽음에 대한 두려움,
삶에 대한 집착이며 이는 배운 자든
배우지 않은 자든 누구에게나 있다.

자신의 마음을 지켜보고 자신을 잘 관찰해보면 깨어 있든 깨어 있지 않든 죽음에 대한 두려움이 항상 마음 깊은 곳에 자리잡고 있음을 본다. 무엇을 하든 죽음에 대한 두려움이 떠나지 않는다. 무엇을 즐기든 죽음의 그림자가 바로 저쪽에 도사리고 있다. 이 그림자는 항상 사람을 따라다닌다. 사람이 어디를 가든 죽음의 그림자도 함께 간다. 그것은 인간의 내면에 있는 것이다. 이를 바깥에 떼어놓을 수 없다. 이로부터 도망갈 수도 없다. 죽음에 대한 두려움이 인간 자신이다.

죽음에 대한 두려움은 어디에서 오는가? 전에 죽음을 만나본 적이 있는가? 왜 죽음을 만나본 적도 없는데 죽음을 두려워하는가? 왜 만나본 적도 없는 대상을 두려워하는가? 심리학자에게 물어보면 이렇게 대답할 것이다. '죽음을 만나본 적이 있다거나 예전에 한번 죽어보았다면 그 두려움은 일리 있는 두려움이다.' 하지만 사람은 죽음을 만나본 적이 없다. 죽음이 고통스러운 것인지 행복한 것인지 모른다. 그렇다면 인간은 왜 죽음을 두려워하는가?

아니다, 죽음에 대한 두려움은 사실 죽음에 대한 두려움이 아니다. 인간은 전혀 만나본 적이 없는 대상을 두려워할 수 없기 때문이다. 자신이 전혀 모르는 대상을 어떻게 두려워할 수 있단 말인가? 죽음에 대한 두려움은 사실 죽음에 대한 두려움이 아니다. 죽음에 대한 두려움은 삶에 대한 집착인 것이다.

사람은 삶이 여기 있지만 삶을 살지 못하고 지나치고 있음을 잘 안다. 강물이 자신을 지나치고 있다. 강둑에 서 있지만 강물은 손에 잡히지 않는다. 근본적으로 죽음에 대한 두려움은 삶을 제대로 살지 못하는 두려움이다. 곧 시간은 가버리고 없을 터이지만 인간은 계속 기다리고 준비만 한다. 준비에 중독된 것이다. 오만 가지 준비를 한 다음 삶을 누릴 것이라고 생각하지만 그 사이 삶은 손에서 몽땅 빠져나간다. 준비만 하면 무얼 하는가? 시간이 지나고 나면 거기 누릴 자가 없는데 말이다. 이것이 인간의 근원적인 두려움이다. 마음속 깊은 곳에서는 이를 느끼고 있다. 삶은 마냥 흘러가고 있는데 한 순간 한 순간 죽음이 다가오고 있다는 사실을 느낀다.

사실 이는 미래 언제가 와서 나를 저 세상으로 끌고 가는 죽음에 대한 두려움이 아니다. 죽음은 매 순간 일어나고 있다. 삶은 마냥 흘러만 가고 인간은 완전히 닫힌 채 무기력하다. 인간은 이미 죽어가고 있다. 태어난 순간부터 죽어가고 있다. 삶의 매 순간 순간은 죽음의 순간이다. 두려움은 미래 언젠가 닥칠 미지의 죽음에 대한 것이 아니라 현재 자신의 모습에 대한 것이다. 삶은 마냥 손에서 빠져나가고 있지만 나는 거기에 대해 아무것도 할 수 없다. 근본적으로 죽음에 대한 두려움은 자신의 손에서 빠져나가고 있는 삶에 대한 두려움이다.

　세상의 배운 사람들도 그 어리석음에 있어서는 보통 사람과 똑같다. 그들이 삶에 대해 배운 것은 없다. 배웠다고 하는 것은 모두 암기한 것들뿐이다. 위대한 학자도 인생에 대한 지식은 많을지언정 삶 자체는 모른다. 그들이 하는 일이란 계속 지식을 쌓는 일이다. 신에 대한 지식이 많다고 해서 신을 아는 게 아니다. '신을' 아는 자는 '신에 대해' 알 필요 없다. '신에 대해' 아는 것은 어리석고 아둔한 짓이다. '무엇에 대해' 아는 것과 '무엇을' 아는 것은 엄청난 차이가 있다. 이를 잘 알라. '무엇에 대해' 아는 사람은 항상 주위의 원을 맴돌 뿐, 중심으로 들어가지 못한다.

　파탄잘리는 말한다. "배운 자는, 경전이나 신학에 정통한 자는 일생 동안 논하고 토론한다. 오만 가지에 대한 말과 이야기, 논쟁의 연속이다. 그러는 동안 삶은 손에서 빠져나간다. 삶의 참 맛을 보지 못한 채 삶을 흘려보낸다."

　삶을 안다는 것은 삶을 산다는 것이요 두려워하지 않는다는 것이요 불확실성으로 뛰어든다는 것이다. 삶은 불확실성의 현상이기 때문이다. 삶을 산다는 것은 미지의 세계로 뛰어든다는 것이다. 삶의 매 순간은 미지의 순간이기 때문이다. 삶은 매 순간 변하면서 새로워지고 있다. 삶을 산다는 것은 미지의 세계로 떠나는 나그네가 된다는 말이요 삶이 어디로 이끌든 삶과 함께 간다는 말이요 방랑자가 된다는 말이다.

미지의 세계에 뛰어든다는 것은 위험 속으로 뛰어든다는 말이다. 삶은 위험으로 가득하다. 그래서 사람들은 자신의 문을 걸어 잠근다. 그리고 감옥 속에서 산다. 어둡지만 편안한 감방 속에서 산다. 그들은 죽음이 찾아오기도 전에 죽어 있다. 편안함을 선택하는 것은, 안전을 선택하는 것은, 친숙한 것을 선택하는 것은 삶을 선택하지 않는 것이다. 이 점을 명심하라. 삶은 미지의 현상이다. 삶은 그냥 사는 것이지 손아귀에 쥘 수 있는 것이 아니다. 집착할 수 있는 것이 아니다. 삶이 자신을 어디로 인도하든 삶과 함께 흘러가라. 흰 구름처럼 되어 어디로 가는지 모르고 바람이 부는 대로 흘러가라.

삶에는 목적이 없다. 하나의 목적을 이루면 수천 가지의 목적이 앞에서 기다린다. 정상에 올라 이게 마지막이라고 생각한다. '이제 쉬어야지.' 아니다. 하나의 정상에 오르면 수많은 정상이 기다리고 있다. 더 높은 정상들이 보이는 것이다. 삶은 그렇다. 끝이 없는 것이다. 그것이 '신은 무한하다, 삶은 시작도 끝도 없다'는 뜻이다. 두려워 떨면서 자신의 문을 걸어 잠그고 자신만의 동굴 속으로 들어가면 거기에 불행이 기다리고 있다. 집착이 기다리고 있다.

죽음을 알지 못하면 두려움을 벗어날 수 없다. 여기에는 깊이 명상해야 될 무언가가 있다. '에고는 가짜 현상이다.' 에고는 여러 가지의 조합물이다. 에고에는 실체도 없고 중심도 없다. 에고는 죽음을 두려워한다. 이는 장난감 집을 만드는 어린아이와 같다. 아이는 바람이 불면 어쩌나 불안해한다. 다른 아이가 와서 장난감 집에 손을 대면 어쩌나 불안해한다. 자기 자신에 대해서도 불안해한다. 자신이 뭔가를 잘못 건드리면 집은 이내 무너지기 때문이다.

에고는 죽는다. 아니 이미 죽어 있다. 에고에는 생명이 없다. 에고는 인간의 삶을 반사할 뿐이다. 에고는 거울과 같다. 인간의 존재는 영원하다. 그래서 학식이 많다는 이들도 죽음을 두려워한다. 지식을 배워서는 자신의 존재를 알 수 없기 때문이다. 존재는 지식으로 아는 게 아니라 지식을 놓음으로 안다. 마음을 완전히 비워냄으로써 안다. 자신의 느낌도 비워야 하고 모두 모두 비워야 한다. 완전히 마음을 비웠을 때 자신의 존재를 체험한다. 그 존재는 영원하다. 거기에는 죽음이 존재하지 않는다. 그 존재만이 죽음을 껴안을 수 있다. 거기에서 자신은 불사의 존재임을 깨닫는다.

에고는 두려워한다. 에고는 선과 악의 관념을 통해, 사랑과 미움의 관념을 통해, 아름다움과 추함의 관념을 통해 존재한다. 이중성이 태어난다. 이 에고는 왜 존재하는가? 파탄잘리는 이렇게 말한다. "깊이 들어가라. 그러면 각성의 부재를 발견할 것이다." 모든 불행의 원인은 각성의 부재이다. 이것이 모든 것의 1차적인 원인이다. "뒤로 돌아가라." 인간은 삶에 대해 강력한 집착을 가지고 있다. 살고자 하는 욕망을 놓지 못한다. 왜 그런가? 파탄잘리는 이렇게 말한다. "뒤로 돌아가라." 왜 인간은 삶을 그토록 집착하는가? 왜냐하면 인간은 불행하기 때문이다. 불행은 '드와이스(dwais)', 즉 반감에 의해 태어난다. 폭력과 시기, 분노 등과 같은 반감이 인간의 불행을 만든다. 그러한 부정적인 감정으로 어떻게 삶을 제대로 산단 말인가? 부정적인 감정의 눈으로 세상을 보면 삶은 살 만한 가치가 없어 보인다. 모든 것이 어둡고 암울하고 고통스럽다. 뒤로 돌아가 삶에 대한 욕망을 용해시켜야 한다. 삶에 대한 욕망이 녹아들면 반감이 나타난다. 삶에 대한 집착을 파고 들어가보면 집착 뒤에는 반감이 층층이 쌓여 있는 것을 볼 수 있다. 그래서 삶을 제대로 살지 못하는 것이다. 사회와 문화는 개인에게 반감을 강요한다.

그래서 파탄잘리는 말한다. "삶에 대한 집착은 가장 바깥쪽에 있는 층이다. 깊이 들어가라. 집착 밑에는 반감의 층이 자리 잡고 있음을 보게 될 것이다." 반감은 왜 생기는가? 깊이 들어가보면 집착 때문임을 알게 된다. 특정 대상에 이끌릴 때 반감이 생긴다. 끌리지 않으면 반감은 생기지 않는다. 끌림이 반감을 일으킨다. 반감은 끌림의 반대편에 있다. 깊이 들어가라. 그 다음 층인 '아스무타(asmuta)', 즉 '나'라는 에고의 느낌이 나온다. 이 '나'는 집착과 반감을 통해 존재한다. 끌림과 반감 둘 다 떨어져 나가면 '나'는 더 이상 존재할 수 없다. '나'도 동시에 떨어져 나간다.

다섯 가지 번뇌의 뿌리는
번뇌가 시작한 곳으로 되돌아가
용해시켜 없앨 수 있다.

원인만 알면 모든 문제는 풀린다. 각성의 부재, 이것이 원인이다. 그러면 어떻게 해야 하는가? 얽매임과 싸우지 말고, 집착 및 반감과도 싸우지 말고, 에고와도 싸우지 말라. 끊임없이 좀 더 깨어 있도록 노력하라. 좀 더 각성하고, 좀 더 지켜보라. '깨어 있음'을 항상 기억하라. 이 깨어 있음이 모든 것을 녹여 없앤다. 원인이 녹아 없어지면 결과는 사라진다.

사회도덕은 표피적인 변화만을 가르친다. 세상 종교는 결과와 싸우라고 가르친다. 하지만 파탄잘리는 원인을 녹이고 뿌리를 잘라내는 종교의 정수, 종교의 과학을 가르친다. 그러려면 좀 더 깨어 있어야 한다. 삶을 깨어서 살라. 그것이 참 가르침의 전부이다. 잠자는 사람처럼, 최면에 걸린 사람처럼, 술에 취한 사람처럼 살지 말라. 생활 속에서 의식을 깨우라. 하라, 활짝 깨인 의식으로 하라. 그렇게 하면 많은 문제들이 사라진다.

한번은 불교 신비가인 나가르주나[5]에게 도둑이 찾아왔다.

　도둑이 말했다.

　"저는 수많은 선생과 스승을 찾아다녔습니다. 저는 하도 유명해서 그분들 모두 저를 압니다. 사실 저는 이 나라 도둑계의 우두머리입니다. 이 나라의 웬만한 사람이면 다 저를 압니다. 제가 그분들을 찾아가면 한결같이 이렇게 말합니다. '먼저 도둑질과 강도질을 그만두라. 먼저 그런 생활을 청산하지 않으면 이 세계에 입문조차 할 수 없다.' 하지만 저는 그 일을 지금 그만둘 수 있는 형편이 아닙니다. 그래서 선생님을 찾아온 것입니다. 어떻게 하면 좋을까요?'

　나가르주나가 말했다.

　"그렇다면 스승을 찾아다닐 게 아니라 도둑을 찾아다녀라. 스승은 도둑질을 하고 안 하고에 관심이 없다. 나도 관심 없다. 이렇게 해보라. 도둑질이나 강도질은 계속 하되 깨어서 하라."

　도둑이 말했다.

　"아, 그것이라면 할 수 있을 것 같습니다."

　이제 도둑은 나가르주나에게 걸려들었다. 2주가 지나서

---

5) 나가르주나(Nagarjuna, 150-250년경): 용수(龍樹)의 인도 이름. 남인도 출생. 신흥 대승불교(大乘佛教)사상을 연구, 그 기초를 확립하였으며 그가 『중론(中論)』에서 전개한 공(空)의 사상은 그 이후의 모든 불교사상에 많은 영향을 끼쳤다.

도둑은 다시 나가르주나를 찾아와서 이렇게 하소연을 했다.

"저를 속이셨군요. 지난밤 난생 처음으로 왕이 사는 궁전에 잠입을 했는데…… 선생님의 말씀대로 깨어 있으려고 노력을 했죠. 보물 창고를 열자 보석이 산더미 같았습니다. 그런데 선생님 말씀 때문에 빈손으로 나올 수밖에 없었습니다."

나가르주나가 물었다.

"무슨 일이 있었는가?"

도둑이 대답했다.

"제가 깨어서 보석을 움켜쥐려고 할 때마다 손이 말을 듣지 않는 거예요. 손이 움직이면 제가 깨어 있지 않게 되고, 그렇게 두세 시간 동안 끙끙대고 있었습니다. 깨어서 보석을 훔치려고 했는데 그게 전혀 안 되는 거예요. 보석을 손에 넣고 깨어 있으려고 수차례 시도했지만 보석을 다시 내려놓을 수밖에 없었습니다. 제가 깨어 있을 때마다 손이 말을 듣지 않았습니다."

용수가 일렀다.

"바로 그거야. 핵심을 이해했다."

각성이 없으면 화를 내고 폭력을 휘두르고 시기하고 소유욕에 사로잡힌다. 이는 모두 곁가지이다. 뿌리가 아니라는 말이다. 각성이 있으면 화를 낼 수도, 시기할 수도, 공격적일 수도, 폭력적일 수도, 탐욕에 사로잡힐 수도 없다. 사회도덕은 '탐욕을 버리라, 화를 내지 마라'고 가르친다. 그것이 사회도덕이다. 그렇게 해서는 아무런 도움이 안 된다. 감정을 억압할 뿐이다. 탐욕도 그대로, 분노도 그대로인 가운데 사회도덕 몇 가지를 머리에 넣을 뿐이다. 몇 가지의 도덕은 사회 윤활유로서의 역할은 할지 몰라도 문제를 근원적으로 해결하진 못한다.

파탄잘리는 사회도덕을 가르치지 않는다. 모든 종교의 뿌리와 종교의 과학을 가르친다. "결과의 원인을 파악하라." 이것이 그의 가르침이다. 원인은 항상 깨어 있지 않음, 무각성, 무명이다. 깨어 있으라. 그렇게 하면 모든 문제는 사라진다.

**다섯 가지 번뇌의 감정들은
명상을 하면 사라진다.**

번뇌에 대해 걱정할 필요없다. 좀 더 명상하고 좀 더 깨어 있으면 된다. 먼저 분노, 시기, 증오, 반감, 끌림 등 감정들이 사라진다. 감정들은 사라지지만 씨앗은 그대로 남아 있다. 그래서 내면으로 깊이 깊이 들어가야 한다. 사람들은 보통 외부 대상의 자극을 받을 때만 화를 낸다고 생각한다. 하지만 그렇지 않다. 화를 내지 않을 때도 화는 저 밑바닥에서 끊임없이 흘러가고 있다. 그렇지 않다면 화가 날 때 그 화는 대체 어디서 온단 말인가? 누군가 모욕적인 언사를 하면 당장 화가 치민다. 방금 전까지만 해도 기분이 좋아서 웃고 있었는데 순간적으로 얼굴색이 변하면서 분노가 끓어오른다. 이 분노는 어디에서 오는가? 자신의 마음속 어딘가에 이미 있었으니까 그것이 올라오는 것 아니겠는가! 분노는 필요할 때마다, 기회를 포착할 때마다 터져나온다.

먼저 명상을 하라. 그러면 번뇌의 감정들이 사라진다. 하지만 거기에 만족하지는 말라. 아직도 마음의 저류에는 번뇌의 감정들이 흐르고 있다. 어느 순간이고 터져나올 준비를 하고 있다. 따라서 번뇌의 감정들이 사라진 것에 안주하지 말라. 씨앗을 없애야 한다. 명상의 1단계는 번뇌의 감정들이 사라지고 마음의 저류로 내려오는 데 도움이 된다. 그래도 밖에서는 편안하지만 안에서는 번뇌가 계속 흐른다. 명상이 좀 더 깊어져야 하는 것이다.

이것이 곧 파탄잘리가 말하는 '사마디(samadhi)'와 '디아나(dhyana)'의 차이다. 디아나, 곧 명상은 외부 표현을 없애는 1단계이다. 사마디는 마지막 단계, 모든 씨앗이 불타 없어지는 궁극의 단계이다. 여기에서 존재와 생명의 근원에 도달한다. 그 경지에서는 어떠한 것도 집착하지 않는다. 죽음도 두려워하지 않는다. '나'가 사라진다. 그때 내면에 신

이 들어오고 '아함 브라흐마스미(aham brahmasmi), 곧 내
가 신이요 존재계다' 는 말을 할 수 있다.

11장
각 성 ,
과 거 를
연 소 시 키 는
불

오쇼 수트라

각자가 책임을 져야 한다.
자신의 존재와 행동에 대해 책임을 져야 한다.

전적으로 부자유한 세상에서
전적으로 자유롭게 살 수 있다.

'보는 자는 보이는 자가 아니다.'
이 한 가지만 명심하라.

각성, 과거를 연소시키는 불

인간은 현재에 살고 있는 것처럼 보이나 이는 겉모습일
뿐이다. 인간은 과거에 산다. 인간은 현재라는 시점을 지나
가고는 있으나 과거에 그 뿌리를 박고 있다. 현재는 평범한
의식의 소유자가 사는 시제가 아니다. 평범한 의식의 소유
자는 과거가 진짜 시간이요 현재는 과거와 미래를 이어주는
순간적인 시점에 불과하다. 그에게는 과거가 진짜 시간이요
미래가 진짜 시간이지 현재는 진짜 시간이 아닌 것이다. 미
래는 과거의 연장선에 다름 아니다. 미래는 과거의 끊임없
는 투사에 다름 아니다.

현재는 실존하지 않는 듯이 보인다. 현재를 생각하면 현
재에는 아무것도 찾을 수 없다. 현재를 찾는 즉시 그 현재를
지나가버리기 때문이다. 현재를 찾기 바로 직전에 현재는
미래에 있었다. 붓다 의식에게는, 깨어난 존재에게는 현재
만이 실존한다. 몽유병자처럼 깨어나지 못한 일반 의식에게

는 과거와 미래만이 실존할 뿐, 현재는 존재하지 않는다. 현재는 깨어난 사람에게만 존재하며 과거와 미래는 존재하지 않는다.

왜 그런가? 왜 인간은 과거에 사는가? 마음은 과거가 모여서 이루어진 것이기 때문이다. 마음은 기억이다. 자신이 한 모든 행위, 꿈꾼 것들, 원했으나 이룰 수 없었던 것, 과거에 상상했던 모든 것들이 마음이다. 마음은 죽은 존재이다. 마음의 눈을 통해서 보면 현재를 찾을 수 없다. 현재는 삶이며 이 삶은 죽은 매개체를 통해서는 결코 접근할 수 없기 때문이다. 이미 죽은 매체를 통해서는 삶 속으로, 생명 속으로 들어갈 수 없다. 생명은 죽음으로 다가갈 수 없다. 마음은 죽었다. 마음은 거울에 쌓이는 먼지와 같다. 먼지가 많이 쌓이면 거울은 제 역할을 할 수 없다. 먼지의 층이 아주 두꺼우면 거울은 아무것도 비추지 못한다.

모든 인간은 먼지를 모은다. 먼지를 모을 뿐 아니라 마치 보물이라도 되는 양 매달린다. 과거는 지나갔다. 왜 과거에 매달리는가? 이미 지나간 과거에 대해서는 아무것도 할 수 없다. 되돌아갈 수도 없고 되돌릴 수도 없다. 왜 과거에 집착하는가? 과거는 보물이 아니다. 과거가 소중하다고 생각하며 거기에 매달리면 마음은 과거를 미래에 다시 살고 싶어한다. 미래는 좀 더 다듬고 장식한 과거이다. 과거는 똑같은 과거가 될 수 없다. 마음은 미지의 것을 생각할 수 없기 때문에 이미 알려진 것만을 투사할 수 있을 뿐이다.

과거란 무엇인가? 인간은 과거에 무엇을 하는가? 좋든 나쁘든, 과거에 한 것은 무엇이나 반복된다. 그것이 업(業)이라는 것이다. 그제 화를 낸 것은 어제 화가 반복될 가능성을 만들었다. 그리고 인간은 화를 거듭 거듭 반복한다. 분노에 더 많은 에너지를 주고 분노의 기분에 더 많은 힘을 주고 거름을 주고 물을 준다. 이렇게 되면 오늘은 더 강력한 힘과 에너지로 분노를 반복한다. 내일은 오늘의 희생양이 될 것이다.

자신이 하거나 생각하는 행위에는 지속하는 힘이 있다. 각각의 행위는 무의식으로 통하는 문을 열기 때문이다. 각각의 행위는 인간의 에너지를 빨아먹는다. 화가 났다가 기분이 가라앉으면 '이제 나에게는 화가 없다'고 생각한다. 아니다. 화난 기분만 없어졌을 뿐, 아무것도 변한 것은 없다. 바퀴가 굴러가면서 위에 있던 바퀴살이 아래로 내려왔을 뿐이다. 불과 몇 분 전에 분노가 수면 위로 떠올랐다가 이제 무의식 속으로, 깊은 존재 속으로 가라앉은 것이다. 분노는 거기에서 잠복하고 있다. 분노에 따라 행동하는 것은 분노에 힘을 주는 것이요 분노를 키우는 것이다. 분노의 감정은 마치 흙 속에서 적당한 때가 오기만을 기다리다가 제때가 되면 싹을 틔우는 씨앗과 같이 고동친다.

행위와 생각은 스스로 지속하는 힘이 있다. 행위나 생각에 관심을 보이는 것은 에너지를 주는 것이다. 행위나 생각이 에너지를 받으면 습관적으로 반복한다. 그대는 행위를 하지만 행위자는 아니다. 습관의 힘 때문에 어쩔 수 없이 하는 것이란 말이다. 습관은 제2의 천성이라고들 한다. 이는 절대 과장된 표현이 아니다. 과장된 표현이 아니라 과소평가이다. 현실에서 습관이 제1의 천성이 되고 본성은 제2의 천성이 된다. 인간의 본성은 책의 부록이나 주석처럼 변질되고 습관이 책의 본문이 되어버리는 것이다.

사람은 습관을 통해 산다. 사실 정확하게 표현하자면 습관이 사람을 통해 산다. 습관에는 스스로 지속하는 힘이 있다. 습관은 사람의 에너지를 빨아먹고 산다. 자신이 과거에 습관을 도와주었고 현재에도 도와주고 있다. 시간이 흐르다 보면 습관이 주인이 되고 자신은 습관의 하인이요 그림자가 되어버린다. 습관이 명령을 내리는 상관이요 자신은 명령에 복종하는 부하가 된다. 항상 습관의 명령에 따라야만 하는 것이다.

습관은 사람에게 '이것을 하라, 저것을 하라' 강요한다. 사람은 습관의 희생자다. 되풀이하는 행동 하나 하나, 생각—생각도 마음의 미묘한 행동이다—하나 하나가 점점 더 강력한 힘을 휘두른다. 그러면 자신은 행동과 생각의 포로가 된다. 감옥처럼 습관 속에 갇힌다. 이런 삶은 감옥에 갇힌 죄수의 삶이며 노예의 삶이다. 과거의 반복에서 오는 습관,

자신이 하는 행동, 사회가 주입하는 조건화 등이 감옥을 만든다. 사람의 몸을 옥조이는 감옥 속에서 허우적거리면서도 자신이 행동을 하고 있다고 생각한다. 그것은 스스로를 속이는 것이다. 화가 나면 내가 화를 내고 있다고 생각한다. 거기에 대해 이성으로 논리를 세우고는 어쩔 수 없었다고 생각한다. '내가 화를 내지 않았다면 아이는 길을 잃어버렸을 거야. 내가 화를 내지 않았다면 모든 게 틀어지고 사무실이 엉망이 되고 부하 직원이 말을 듣지 않았을 거야. 아이를 똑바로 교육시키고 일을 제대로 꾸려나가야 하기 때문에 나는 화를 낼 수밖에 없었어.' 이는 합리화이다. 이렇게 에고는 그대가 주인이라고 계속 생각하지만 그대는 주인이 아니다. 화는 습관에서 일어나고 과거에서 일어난다. 화가 일어나면 거기에 대해 변명할 구실을 찾는다. 화는 그대의 내면에 있다.

어느 순간 갑자기 슬픔이 찾아오거나 행복이나 기쁨이 찾아오는 경우가 있다. 어떤 사람을 사회에서 완전히 격리시켜 실험한다. 생활에 필요한 것을 지원해주면 그는 혼자서도 관계 속에서 사는 사람의 기분을 모두 체험한다. 이를 놓고 보면 분명 특정 기분은 관계와 그 대상에서 오는 게 아니라 자신 안에서 나오는 것임을 알 수 있다. 하지만 사람은 기분을 타인에게서 찾는다. 그것은 합리화일 뿐이다. 좋게 느끼든 나쁘게 느끼든, 느낌은 모두 자신의 무의식과 과거에서 온다. 자신 외에는 어느 누구도 자신의 느낌에 대해 책임이 없다. 아무도 상대를 화나게 할 수 없고 아무도 상대를 행복하게 할 수 없다. 사람은 스스로 행복해하고 스스로 화를 내며 스스로 슬퍼한다. 이를 깨닫지 않으면 노예생활을 면할 길이 없다.

'나에게 일어나는 일은 무엇이나 절대적으로, 무조건적으로 내게 책임이 있다'는 사실을 깨우칠 때 자신의 주인 됨을 회복할 수 있다. 타인에게 책임을 전가하면 나의 잘못이 아니기 때문에 한때 기분이 좋을 수는 있다. 하지만 이는 진리의 길이 아니다.

내가 전적으로 책임을 지기 시작하면 처음에는 상당히 슬프고 우울할 것이다. 그러나 사람은 누구나 자신의 존재와 행동에 대해 절대적으로 책임이 있다. 처음에는 자신이 책임을 져야 한다는 사실이 대단히 우울할 것이다. 나는 항상 행복하기를 원했는데 이제 내가 나의 불행에 대해 전적으로 책임을 져야 한다? 자신의 지복을 꿈꾸면서 어떻게 자신에 대해 화를 낼 수 있단 말인가? 이런 사실 때문에 사람은 책임을 상대에게 전가한다. 항상 상대에게 책임을 떠넘기면 노예상태를 면할 수 없다. 아무도 상대를 변화시킬 수 없기 때문이다. 누가 상대를 변화시킬 수 있는가? 어느 누가 상대를 변화시켜 본 적이 있는가? 세상에서 가장 성취하기 힘든 소원은 상대를 변화시키는 것이다. 상대를 변화시킨 사람은 존재하지 않는다. 상대는 스스로의 세계에서 존재하기 때문에 상대를 변화시키는 것은 애초부터 불가능하다. 상대는 변화시킬 수 있는 존재가 아니다. 하지만 사람들은 계속 상대에게 책임을 떠넘긴다. 상대에게 책임을 떠넘기는 버릇 때문에 근본적인 책임은 자신에게 있다는 사실을 깨닫지 못한다. 근본적으로 변화시켜야 할 대상은 상대가 아니라 자신의 내면이다.

자신의 행동이나 기분에 대해 스스로 책임을 지기 시작하면 처음에는 의기소침할 것이다. 그러나 이런 의기소침의 과정을 지나가면 기분이 밝아진다. 상대에게서 자유로워진다. 상대에 매이지 않아 행복하다. 전세계가 다 불행하고 부자유하다 해도 나는 자유다. 그렇지 않다면 어떻게 붓다가 가능하겠는가? 어떻게 파탄잘리가 가능하고 내가 가능하겠는가? 세계는 그대로다. 세계는 그대로이지만 크리슈나[1]는 춤을 추고 노래를 부른다. 그는 세상에서 자유로워진 것이다. 첫 번째 오는 자유는 책임 전가를 하지 않고 스스로 책임질 때 온다. 그러면 즉각적으로 많은 일들이 가능해진다.

카르마의 철학은 '내 문제는 내 책임이다' 는 사실을 토대로 한다. 심은 대로 거둔다. 원인과 결과의 고리가 잘 보이지 않는다 해도, 결과가 존재한다면 원인도 어딘가에 존재한다.

---

1)크리슈나(Krishna): 힌두교 신화에서 비슈누의 화신이라고 여겨지는 신.

어떤 일이 생기면, 슬픈 일이 생기면 눈을 감고 슬픔을 지켜보라. 슬픔이 이끄는 대로 따라가라. 슬픔 속으로 깊이 들어가라. 그러면 곧 슬픔의 원인과 조우할 것이다. 이는 모든 생과 관련 있기 때문에, 이 생뿐 아니라 다른 많은 생도 관련 있기 때문에 시간이 좀 걸릴 수도 있다. 슬픔 속으로 깊이 들어가면 아픈 상처들을 보게 될 것이다. 슬픔은 상처들에서 비롯된다. 이들 상처는 아물지 않는 채로 내면에 존재한다. 결과의 원인을 쫓아 근원으로 들어가면 상처는 치유된다. 어떤 식으로 치유되는가? 왜 치유되는가? 거기에는 어떤 뜻이 담겨 있는가?

근원을 쫓아 뒤로 갈 때, 혹은 안으로 들어갈 때 제일 먼저 떨어지는 것은 상대에 대한 책임 전가이다. 상대에 대한 책임 전가는 밖으로 나가는 것이다. 원인을 찾아 밖으로 나가 타인에게서 찾는 방법은 그릇된 것이다. '왜 아내는 성질이 고약한가?' 그리고 아내의 행동 하나 하나에 '왜'를 집어넣는다. 이는 첫 단계를 잘못 밟는 것이다. 첫 단계를 잘못 밟으면 전 과정이 잘못되고 빗나간다.

왜 나는 불행한가? 왜 나는 화가 나는가? 눈을 감고 이에 대해 깊이 명상하라. 바닥에 누워 눈을 감고 몸을 이완한 다음 내가 왜 화나는지 느껴본다. 아내에 대해서는 잊어버려라. 아내는 하나의 구실일 뿐이다. 무엇이 되었든 구실에 대해서는 잊어버려라. 자신 속으로 깊이 들어가 분노를 관통하라. 분노를 강처럼 사용하라. 분노의 물결을 타고 내면으로 흘러 들어가라. 그곳에서 미묘한 상처들을 발견할 것이다.

자신의 상처를 건드릴 때, 아픔을 자극할 때 아내가 미워 보인다. 자신의 얼굴이 못생겼으면 이것이 하나의 상처가 되어 아픔으로 불쑥불쑥 튀어나온다. 성질 고약한 아내 때문에 자신의 못생긴 얼굴을 자각한다. '가서 거울이나 좀 봐요!' 마음이 아프다. 다른 여자와 좋지 못한 행실을 범했다면 성질 고약한 아내는 그 얘기를 곧잘 꺼낼 것이다. '왜 그 여자하고 실없이 웃었어요? 그 여자하고 나란히 앉아서 뭘 했어요?' 상처를 건드린다. 좋지 못했던 행실로 인해 죄의식을 느낀다. 상처는 살아 있다. 그럴 때는 두 눈을 감고 분노를 느껴보라. 분노를 있는 그대로 떠올리고 자세히 바라보라. 그러면서 에너지를 타고 과거로 흘러가라. 분노는 과거에서 오는 것이다. 분노는 미래에서 올 수 없다. 미래는 실체로 존재하지 않는 시제일 뿐이다. 분노는 현재에서도 오지 않는다.

카르마의 철학이 보는 시각은 이렇다. 분노는 미래에서 오지 않는다. 미래는 아직 오지 않았기 때문이다. 분노는 현재에서도 오지 않는다. 사람은 현재가 도대체 무엇인지도 모르기 때문이다. 오직 깨달은 자만이 현재를 안다. 분노는 과거에서 온다. 사람은 과거에 살기 때문이다. 상처가 기억 속에 숨어 있다. 뒤로 돌아가보라. 뒤로 돌아간 자리에서 하나의 상처가 보일 수도 있고 여럿이 보일 수도 있다. 작기도 하고 크기도 하다. 깊이 깊이 들어가서 분노가 나오는 상처와 그 근원을 찾으라. 상처는 이미 기억 속에 있기 때문에 들어가서 찾으면 발견할 수 있다. 상처는 거기에 있다. 모든 과거가 거기 기억 속에 있다. 카르마는 감긴 필름과 같이 안에서 기다리고 있다. 감긴 필름을 풀면 필름의 내용이 보이기 시작한다. 이는 프라티 프라사브(prati-prasav)의 과정이다. 프라티 프라사브는 원인의 뿌리로 되돌아가는 것을 뜻한다. 깨인 의식으로 뒤돌아가면, 깨인 의식으로 상처를 느끼면 상처는 바로 그 자리에서 치유된다. 이것이 프라티 프라사브의 아름다움이다.

상처는 왜 그런 식으로 치유되는가? 상처는 무의식과 무각성(無覺醒)에 의해 생기기 때문이다. 상처는 수면상태에 있는 무지의 부분이다. 깨인 의식으로 뒤돌아가 상처를 보면 의식은 치유력을 발휘한다. 뒤로 돌아간다 함은 깨인 의식으로 무의식에서 행한 것들로 돌아가 본다는 것을 말한다. 뒤로 돌아가 보라. 의식의 빛이 상처를 치유한다. 의식의 빛에는 치유력이 있다. 깨인 의식으로 보면 보는 것마다 치유된다.

뒤로 돌아가서 보는 자는 과거를 풀어낸다. 그러면 과거는 더 이상 맘대로 작용하지 않는다. 과거는 더 이상 그를 지배하지 못한다. 이제 그의 존재 안에 과거가 설 자리는 없다. 과거가 설 자리를 잃으면 현재가 눈앞에 나타난다. 사람에게는 공간이 필요하다. 지금 사람의 내면은 과거에 죽은 것들로 넘쳐나는 쓰레기장이다. 현재가 비집고 들어설 자리가 없는 것이다. 그 쓰레기장은 줄곧 미래를 꿈꾼다. 쓰레기장의 반은 더 이상 존재하지 않는 것들로 차 있고, 나머지 반은 아직 오지 않은 것들로 차 있다. 그런 쓰레기장에 현재가 어디에 들어선단 말인가? 하염없이 문밖에서 기다리고 있을 뿐이다. 그래서 현재는 통로 역할밖에 하지 못한다. 과거에서 미래로 가는 통로 말이다. 순간의 길이를 가진 통로 말이다.

과거를 끝장내라! 과거를 끝장내지 못하는 사람은 유령 같은 삶을 산다. 그런 삶은 진실되지도, 실존하지도 않는 삶이다. 과거가 그대를 통해 살고 있고 죽은 자가 그대의 존재에 출몰하고 있다.

뒤로 돌아가라. 기회가 있을 때마다, 무슨 일이 일어날 때마다 뒤로 돌아가라. 행복, 불행, 슬픔, 분노, 시기 등이 일어날 때마다 눈을 감고 뒤로 돌아가라. 그렇게 명상을 하다보면 곧 뒤로 돌아가는 데 익숙해질 것이다. 제때에 뒤로 돌아가면 많은 상처들이 나타난다. 상처가 나타날 때 아무것도 하지 말라. 아무것도 할 필요없다. 그냥 거기 있는 상처를 보라. 지켜보라. 관찰하라. 어떤 분별심도 일으키지 말고 지켜보라. 분별심을 일으키고 '이건 나쁘다. 저건 그렇게 하면 안 되는데'라고 생각하면 상처의 문은 닫힌다. 문이 닫히고 상처는 더 깊이 숨어버린다.

비난하지도 말고 아무 관심도 보이지 말라. 그냥 동떨어진 관찰자가 되어 관(觀)하라. 거부하지 말라. '이것은 나쁘다'라고 생각하지도 말라. 그런 생각은 상처를 거부하고 억누르는 것이다. 초연하라. 그냥 관찰하고 지켜보라. 자비심으로 지켜보라. 그러면 상처는 치유되기 시작한다. 초연한 마음으로, 자비심으로 상처에 다가가면 상처는 증발하여 사라진다. 거기에 이유는 없다. 이는 자연스런 현상이요 존재계의 흐름이다. 나는 이를 체험으로 말한다. 시도해보라. 누구나 체험할 수 있다. 이것이 곧 길이다.

과거로 돌아가라. 과거로 돌아가라 함은 과거를 기억하라는 말이 아니다. 기억으로써는 아무 일도 일어나지 않는다. 기억은 무능력하다. 이 차이를 잘 알라. 기억은 아무런 도움이 되지 못한다. 오히려 해로울 뿐이다. 재생(再生), 곧 다시 살아야 한다. 기억과 재생은 완전히 다르다. 둘 간의 차이는 대단히 미묘하기 때문에 이를 잘 이해해야 한다. 어린시절을 기억한다고 하자. 어린시절을 기억할 때 자신은 지금 여기에 있다. 그 시절로 뒤돌아가 다시 사는 것이 아니다. 눈을 감고 7살 때 마당을 뛰놀던 시절을 떠올린다. 자신은 여기에 있다. 영화처럼 과거가 스크린에 나타난다. 나비를 잡으러 나비 뒤를 쫓고 있다. 나는 보는 자이고 아이는 대상이다. 아니다, 이렇게 기억해서는 아무것도 일어나지 않는다. 기억은 무능력하다. 아무런 도움을 주지 못한다.

상처는 대단히 깊은 것이다. 표면에 머무르면서 기억을 하면 아무 일도 일어나지 않는다. 기억은 의식적인 마음의 부분이다. 문제가 되는 것은 무의식에 숨어 있다. 기억은 쓸모없는 것들을 떠올리거나 마음의 입맛에 맞는 것들만 떠올린다.

에고는 자신의 추한 모습을 다시 보고 싶어하지 않는다. 그래서 좋지 않은 기억들을 모두 무의식에 몰아넣는다. 불행했던 것은 모두 잊고 행복했던 것만을 기억한다. 인간은 끊임없이 행복을 갈망하고 불행은 잊고자 노력한다. 인간은 모두 이렇게 선택한다. 그래서 어른이 되어서는 어린 시절이 천국이었다고들 한다. 좋지 않았던 기억들은 모두 잊으려고 노력하면서 말이다. 어린 시절의 기억은 존재하지 않는다. 허구이다. 에고가 만들어 낸 허구이다. 그래서 항상 지나간 과거를 기억하면 행복했던 추억만을 떠올릴 뿐, 불행했던 일은 떠오르지 않는다. 지나간 일을 다시 사는 것은 행복했던 일과 불행했던 일 모두를 다시 사는 것이다.

재생, 즉 다시 산다 함은 무엇을 말하는가? 다시 산다 함은 다시 어린아이가 된다는 말이다. 마당에서 뛰어놀고 나비를 잡고 하는 기억을 떠올린다는 말이 아니다. 지켜보지도 말라. 그냥 어린아이가 되어보라. 누구나 할 수 있다. 내 안에는 아직도 어린아이가 있으며 어린아이는 나의 일부분이기 때문이다. 무의식에 자신이 살았던 모든 것이 층층이 쌓여 있다. 어린 시절도 거기 있고 청년 시절도 거기 있고 노년도 거기 그대로 있다. 모든 것이 층층이 거기 쌓여 있다.

누워서 눈을 감고 뒤로 돌아가라. 이 방법을 간단하게 명상해볼 수 있다. 여러 번 하다보면 하는 방법을 터득하게 된다. 매일 밤 잠자리에 누워 아침으로 돌아가라. 아침부터 잠자리에 들기까지. 뒤로 돌아가라. 잠자리에 들기 전에 무엇을 했는가? 우유를 마셨다면 그것을 다시 살라. 아내와 싸웠다면 그것을 다시 살라. 좋고 나쁘고를 분별하지 말라. 그냥 모두 일어난 일이다. 그냥 일어난 일을 다시 살라. 아침 자명종이 울리고 잠에서 깨어났을 때로 돌아가라. 자명종을 다시 들어보라. 그날 일어난 순간 순간 속으로 들어가 다시 살라. 그렇게 하면 생기가 넘치는 가운데 숙면을 취할 수 있다. 그날의 일을 완전히 끝냈기 때문이다. 이제 그날의 일은 마음속에 아무런 문제를 일으키지 않는다. 그날을 깨인 의식으로 다시 산 것이다.

일과 중에는 많은 일에 빠져 있어서 깨어 있기가 어려웠다. 아직은 시장에서도 깨어 있을 수 있는 상황은 아니다. 아마 신전에 가서 잠깐 동안이나마 깨어 있었는지는 모른다. 신전에서 명상을 하면서 잠시 동안 깨어 있었는지는 모른다. 아직 이 깨어 있음을 시장이나 가게에 갔을 때, 세상사에 시달릴 때 유지하지 못한다. 세상에서는 그냥 무의식에 빠진다. 다시 몽유병자와 같은 습에 빠진다. 그러나 잠자리에 누웠을 때는 일과 중보다는 쉽게 깨어 있을 수 있다. 그냥 지켜보라. 깨어 있으라. 일과 중의 일들이 다시 일어나도록 허용하라.

깨어 있는 사람은 순간을 산다. 과거를 살지 않는다. 차이는 이렇다. 과거에 살면 미래가 태어나고 카르마의 수레바퀴가 굴러간다. 현재에 살 때 카르마의 수레바퀴는 멈춘다. 카르마의 수레바퀴에서 빠져나온다. 이제 미래가 생기지 않는다.

현재는 결코 미래를 만들지 않는다. 과거만이 미래를 만들어 낼 뿐이다. 현재에 살면 과거의 연속성이 사라지고 순간에서 순간으로 살게 된다. 지금 이 순간을 사는 것이다. 이 순간이 가면 다음 순간이 온다. 지나간 순간으로 사는 게 아니다. 각성으로, 깨어 있음으로, 느낌과 존재로 산다. 그러면 미래에 대한 걱정과 꿈과 상상이 사라지고 과거의 영향도 사라진다. 무게가 사라지고 하늘로 날아오른다. 중력이 그 의미를 상실한다. 새가 되어 날개를 활짝 펴고 드넓은 창공을 날 수 있다. 끊임없이 하늘을 날 수 있다. 다시 돌아올 필요없다. 이미 다시 돌아올 곳이 사라졌다. 돌아올 수 없는 지점을 넘어선 것이다.

깨어나지 못한 사람은 땅 위를 걷는다. 그것도 젖은 땅을 걸으며 과거라는 발자국을 남긴다. 깨어난 사람은 새와 같이 하늘을 난다. 그는 하늘에 발자국을 남기지 않는다. 아무런 흔적도 남기지 않는다. 뒤를 돌아봐도 하늘이요 앞을 내다봐도 하늘이다. 발자국도 없고 기억도 없다.

이는 붓다가 되면 기억 기능을 상실한다는 말이 아니다. 붓다에게도 기억이 있지만 이는 생리적인 기억이 아니다. 마음이 기능을 하지만 붓다의 수족으로써 기능을 할 뿐이다. 붓다는 마음과 동일시하지 않는다. 붓다에게 가서 '전에 뵌 적이 있는데 저를 기억하시나요?'라고 물어보라. 그는 기억한다. 그는 어느 누구보다 명징하게 기억한다. 그에게는 아무런 짐이 없기 때문이다. 그의 마음은 거울과 같이 맑다.

이 차이를 분명하게 이해할 수 있어야 한다. 사람들은 완전히 깨달으면 마음이 떨어져 나가기 때문에 모든 걸 망각한다고 생각하는 경향이 있다. 깨달은 사람은 기억에 압도되지 않는다. 그는 기억이란 기능을 부릴 줄 안다. 깨달으면 기억이 더 좋아진다. 마음이 거울과 같이 깨끗해지기 때문이다. 그의 기억은 실존적인 기억이다. 생리적인 기억이 아니다. 둘 간의 차이는 대단히 미묘하다.

어제 어떤 사람이 나에게 와서 화를 냈다고 하자. 그가 오늘 다시 오면 나는 그의 얼굴을 기억한다. 그를 알아본다. 그러나 나에게는 그의 화로 인해 받은 상처가 없다. 화는 그의 문제이다. 그가 화를 냈다고 해서 상처받지 않는다. 그가 화를 낸 것은 스스로에게 돌아갈 뿐, 나는 받은 바 없다. 나는 우연히 거기에 같이 있었을 뿐이다. 나에게는 상처가 없다. 그는 나에게 어제 화냈던 사람과 똑같은 사람이 아니다. 오늘의 그일 뿐이다. 그래서 나와 그 사이에서 분노가 끼어들 틈이 없다. 분노는 현재 순간에 벌어지는 관계에 영향을 줄 수 없다. 분노가 현재의 관계에 영향을 주었다면 그것은 심리적인 상처로 남는 기억이다.

실존적인 기억은 좋다. 그것은 항상 거기 있다. 붓다도 제자들을 기억해야 한다. 아난다는 아난다, 사리푸트라[2]는 사

2)사리푸트라(Sariputra): 붓다의 십대 제자 중의 한 사람으로 지혜제일(智慧第一). '사리불(舍利弗)'로 음역.

리푸트라임을 기억한다. 누가 아난다고 누가 사리푸트라인지, 붓다는 절대로 혼동하는 법이 없다. 붓다에게도 기억이 있지만 이는 두뇌의 한 기능일 뿐이다. 휴대용 컴퓨터에 저장된 기억을 마음대로 꺼내 쓰듯이 말이다. 붓다의 두뇌는 휴대용 컴퓨터이다. 붓다 자신과 분리된 현상이다. 그는 기억을 바탕으로 관계를 하지 않는다. 기억을 짊어지고 다니지 않는다. 필요할 때 꺼내 쓰지만 기억과 동일시하지 않는다.

완전히 깨인 각성으로 현재에 살 때 '지금 여기에' 산다. 다른 곳에서 살지 않는다. 깨어 있는 사람에게는 현재만이 유일한 실존이기 때문이다. 그에게는 과거도 미래도 실존하지 않는다. 삶 전체가 현재 벌어지는 현상이 된다. 카르마도, 카르마의 씨앗도 쌓이지 않는다. 자신이 스스로 만든 속박에서 해방된다.

누구나 자유를 얻을 수 있다. 자유를 얻기 위해 기다리지 말라. 지금 이 순간 지복 속에 있을 수 있다. 불행에서 해방되기 위해 기다리지 말라. 기다림은 무익한 일이다. 기다려서는 아무 일도 일어나지 않는다.

자유, 이는 내면의 현상이다. 속박에서 해방되는 것이다. 완전히 부자유한 세상에서 완전히 자유로운 삶을 살 수 있다. 감옥에서마저도 완전히 자유로운 삶을 살 수 있다. 이는 내면의 문제이기 때문이다. 카르마의 씨앗이 깨지면 자유로워진다. 붓다를 수인(囚人)으로 만들 수 없다. 감옥에 가둘 수는 있어도 수인으로 만들 수는 없다. 붓다는 설령 감옥에 갇힌다 해도 여전히 자유로운 몸이기 때문이다. 그의 의식은 완전히 깨어 있기 때문이다. 의식이 완전히 깨어난 사람은 속박에서 벗어난 완전한 자유, 해탈의 경지에 머문다. 각성은 자유요 무각성은 속박이다.

깨어 있으라. 각성의 에너지를 과거에 불어넣으라. 그러면 각성의 에너지는 과거 전체를 연소시킬 것이다. 고통도 기쁨도 사라지고, 선도 악도 사라진다. 선과 악의 이중성을 초월할 때 해탈이 찾아온다. 거기에는 기쁨도 없고 고통도 없다. 거기에서 침묵이, 깊디 깊은 침묵의 세계가 펼쳐진다. 이 침묵 속에 완전히 새로운 사치다난다(Satchidananda), 즉 진리와 의식과 법열의 세계가 드러난다. 그 침묵 속에, 그 깊디 깊은 침묵 속에 진리와 의식과 법열이 일어난다.

나는 전적으로 파탄잘리에 동의한다. 많은 사람들이 파탄잘리의 가르침을 통해 니르바나[3]에 도달했다. 그러므로 파탄잘리의 가르침에 귀를 기울이라. 그냥 듣지만 말고 그의 정신을 온몸으로 흡수하라. 그러면 많은 가능성의 세계가 열린다. 그는 내면 과학의 세계에서 가장 위대한 과학자 중한 사람이다.

---

3)니르바나(nirvana): 열반(涅槃).

질문
제3의 심리학, 붓다 심리학을 개발한다고 했는데 연구에 필요한 붓다들은 어디에서 구합니까?

처음은 한 사람으로 시작한다. 한 사람이 이미 여기 있다. 그는 조만간에 여럿을 붓다로 만들 것이다. 한 사람이 있으면 곧바로 많은 사람들이 깨달을 수 있다. 그 한 사람이 촉매제의 역할을 하기 때문이다. 한 사람의 붓다가 무슨 일을 한다고 해서 그러는 게 아니다. 그냥 거기에 있는 것 자체만으로 일들이 일어나기 시작하는 것이다. 바로 이런 것이 촉매제의 역할이다. 한 사람의 촉매 역할로 많은 사람들이 붓다로 변할 것이다. 본질적으로 모든 사람이 붓다이다. 깨달음을 언제까지 미룰 수 있는가! 언제까지 연기할 수 있는가! 연기하는 것도 쉽지 않다. 최선을 다해서 수만 가지 문제를 만들고 미루고 연기한다 해도 결코 쉽지 않은 일이다.

나는 그대가 죽어서 붓다로 다시 태어나도록 그대를 심연으로 밀어넣기 위해 여기에 있다. 문제는 한 사람을 발견하는 것이다. 한 사람이 존재하면 토대가 마련된다. 토대가 마련되면 많은 사람들이 깨달을 수 있다. 많은 사람들이 있으면 수없이 많은 사람들이 깨달을 수 있다. 첫 번째의 사람은 스파크의 역할을 한다. 작은 스파크로도 전세계를 불태울 수 있다. 이는 과거가 증명한다. 고타마[4]가 붓다[5]가 되자 수많은 사람이 붓다가 되기 시작했다. 사실 이는 '붓다가 되는' 것의 문제가 아니다. 인간은 이미 붓다이기 때문이다. 다른 사람이 깨우쳐 주기만 하면 되는 일이다.

머칠 전에 나는 라마크리슈나의 우화를 읽었다. 참으로 좋은 우화였다. 나는 이 우화를 만날 때마다 그냥 지나가지 않고 읽는다. 우화는 스승이 제자에게 촉매제의 역할을 한다는 내용이다.

이야기는 이렇다.

어느 날 암컷 호랑이가 새끼를 낳다가 죽었다. 양떼가 이 호랑이 새끼를 보고 기르게 되었다. 양떼 속에서 이 새끼 호랑이는 자신이 양이라고 생각했다. 너무나 당연한 생각이다. 양들과 함께 살고 양들과 함께 커가면서 자신도 당연히 양이라고만 생각했던 것이다. 양들과 함께 풀을 뜯어 먹고 살았다. 다른 동물을 잡아먹어야 하는지에 대한 생각이 머리에 들어오지 않았다. 그는 자신이 호랑이라고는 꿈에서조차 생각하지 않았다. 하지만 그는 호랑이였다.

하루는 어른 호랑이가 양의 무리를 바라보다가 자신의 눈을 믿을 수 없었다. 어린 호랑이가 양떼 속에 있지 않은가! 양들이 어린 호랑이를 두려워하지 않는 건 물론 같이 노는

---

4)고마타(Gautama): 붓다의 속가 이름.
5)붓다(Buddha): 여기서는 석가모니의 이름을 가리키는 고유명사가 아니라 '깨달은 사람'을 가리키는 일반명사.

것이었다. 어른 호랑이가 어린 호랑이를 붙잡으려 했다. 어린 호랑이는 울며 달아났지만 결국 어른 호랑이에게 붙잡히는 신세가 되었다. 어린 호랑이는 두려움으로 부들부들 떨고 있었다. 다른 양 떼들과 같이 달아나려고 애를 썼지만 어른 호랑이에게 붙잡히고 만 것이다. 어른 호랑이는 어린 호랑이를 호숫가로 끌고 갔다. 그대가 나에게 저항하는 것처럼 어린 호랑이는 가지 않으려고 발버둥을 쳤다. 사력을 다했다. 죽는 게 두려워 울부짖으며 애원을 했다. 하지만 어른 호랑이는 그를 놓아주지 않고 호숫가로 끌고 갔다.

호수는 거울과 같이 잔잔했다. 어른 호랑이는 어린 호랑이가 물 위를 보게 했다. 어린 호랑이는 눈물이 그렁그렁한 눈으로 물 위에 비친 모습을 보았다. 눈물 때문에 앞이 잘 보이지는 않았으나 호랑이같이 생긴 자신의 모습을 보았다. 눈물이 그치고 자신의 새로운 정체성에 대한 느낌이 생기기 시작했다. 양의 마음이 서서히 사라졌다. 이제 그는 더 이상 양이 아니었지만 자신의 깨달음을 믿을 수 없었다. 몸은 아직도 떨고 있었다. 두려웠다. 그는 이렇게 생각했다. '내가 꿈을 꾸고 있는 거야. 어떻게 순식간에 양이 호랑이로 변할 수 있단 말인가! 그럴 수는 없는 노릇이다. 예전에 그런 일은 없었어.' 그는 자신의 눈을 믿을 수 없었지만 빛의 섬광이 그의 존재 속으로 뚫고 들어왔다. 그리고 완전히 다른 존재가 되어버렸다.

어른 호랑이는 그를 자신이 사는 동굴로 데려갔다. 이제 그는 저항하거나 주저하거나 두려워하지 않았다. 점점 용기가 솟아오르면서 마음이 대담해졌다. 동굴에 갈 때 그는 호랑이처럼 걷기 시작했다. 어른 호랑이는 그에게 먹으라고 고기를 던져주었다. 풀만 뜯어 먹던 어린 호랑이에게는 고기가 역겨웠다. 고기를 먹는다는 게 거의 불가능에 가까웠다. 하지만 어른 호랑이는 그의 말을 듣지 않고 강제로 고기를 먹게 했다. 어린 호랑이가 코를 고기에 갔다 댔을 때 마음속 뭔가가 일어났다. 고기 냄새가 그의 내면에 깊이 잠들어 있던 것을 일깨운 것이다. 고기 냄새가 좋아지자 그는 먹기 시작했다. 고기 맛을 보자 그의 존재를 꿰뚫고 포효가 터져나왔다. 그 포효 속에서 양은 완전히 사라지고 찬란한 위용을 갖춘 호랑이가 그 모습을 드러냈다.

이것이 스승과 제자 사이에 벌어지는 일의 전 과정이다. 어른 호랑이가 필요하다. 어른 호랑이가 있으면 이렇게 저렇게 아무리 피하려 해도 피할 수 없다. 내가 그대를 호숫가로 데리고 가려하면 반항을 하겠지만 나는 데리고 간다. 그대는 평생 동안 풀만 뜯어 먹고 있다. 그대는 고기 냄새를 완전히 잊어버렸지만 나는 고기를 먹게 할 것이다. 일단 맛만 보면 포효는 터져나오게 되어 있다. 그러한 포효 속에 양은 사라지고 붓다가 태어날 것이다.

삶은 신비이다. 첫 번째 신비는 인간은 생명이 전혀 없는 가운데서도 살아 있다는 것이다. 태어났다고 모두가 생명이 넘치는 것은 아니다. 태어남은 하나의 기회일 뿐이다. 이 기회를 붙잡아 생명이 넘치는 삶을 살 수도 있고 이 기회를 날려버릴 수도 있다. 기회를 날려버리면 죽은 삶을 산다. 겉으로 보기에는 생명이 있는 듯하지만 안을 깊이 들여다보면 거기에는 생명의 흐름이 없다.

생명을 성취해야 한다. 그러기 위해서는 많은 노력이 필요하다. 생명은 내면에 씨앗으로 존재한다. 기름진 땅에 심고 거름을 주고 보살피고 사랑과 각성의 물을 주어야 한다. 그럴 때에만 씨앗은 싹을 틔운다. 그럴 때에만 나무로 자라나 열매를 맺고 꽃을 피울 수 있다. 존재가 꽃으로 피어나지 않으면 산다 해도 이름뿐인 삶이요 기회를 내버리는 삶이다. 삶이 축제가 되지 않으면 생명이 빠진 삶이다.

엑스터시, 니르바나, 깨달음, 거기에 어떤 이름을 붙이든 그것은 꽃피어남이다. 삶이 불행하다면 거기에는 생명이 없다. 불행은 꽃피어날 수 있는 기회를 놓친 삶을 의미한다. 불행은 생명이 터져나오려고 애쓰지만 껍질이 너무 단단한 삶을 뜻한다. 씨앗의 생명이 밖으로 나가려는 것을 씨앗의 껍질이 막고 있는 것이다. 에고가 너무 강해서 문이 닫혀 있는 것이다. 불행은 수많은 색채와 무지개, 꽃, 노래로 터져 나오려는 생명의 피나는 노력이다.

불행은 부정적인 상태이다. 불행은 엑스터시가 없는 상태이다. 이를 깊이 이해해야 한다. 그렇지 않으면 늘 불행과 싸워야 한다. 사실 아무도 불행과 싸울 수 없다. 불행은 엑스터시의 부재(不在)이기 때문이다. 이는 마치 어둠과 같다. 아무도 어둠과 싸울 수 없다. 어둠과 싸우려고 드는 것은 어리석을 뿐이다. 불을 켜면 될 일이다. 불을 켜기만 하면 어둠은 곧장 사라진다. 하지만 어둠과 직접 싸울 수는 없다. 그것은 빛의 부재이기 때문이다. 도대체 누구와 싸운단 말인가? 어둠은 실존하지 않는다. 어둠은 던져버리거나 죽이거나 때릴 수 있는 대상이 아니다. 어둠에 대해서는 아무것도 할 수 없다. 어둠과 싸우면 에너지만 낭비할 뿐이다. 아무리 싸워도 어둠은 아무런 피해도 입지 않고 그냥 거기에 있다. 어둠에 대해 무언가를 하고 싶다면 빛에 대해 무언가를 해야 한다. 어둠이 아니다. 촛불을 켜야만 한다. 촛불을 켜면 어둠은 당장 사라진다.

불행한 사람은 어떻게 하면 불행에서 빠져나올까, 궁리하고 노력한다. 여기, 이 점에서 영적인 사람과 비영적인 사람의 차이가 확연히 드러난다. 비영적인 사람은 불행과 싸우고 불행하지 않는 상황을 만들려고 노력하고 불행을 눈에 띄지 않는 곳으로 밀쳐내려고 한다. 영적인 사람은 엑스터시를 구하고 지복을 구하고 사치다난다——이를 신이라 불러도 좋다——를 구한다. 비영적인 사람은 존재하지 않는 것과 싸우지만 영적인 사람은 실존하는 것, 빛과 지복의 현존을 구한다.

이 두 길은 정반대의 길이다. 두 길은 계속 평행선을 달리기 때문에 그 어디에서도 만나지 않는다. 비영적인 사람은 두 길이 갈렸던 지점으로 다시 돌아와야 한다. 그는 어둠과 싸우고 불행과 싸우는 것은 어리석다는 것을 깨달아야 한다. 따라서 불행에 대해서는 잊어버리고 빛을 찾아 나서라. 빛이 오면 아무것도 할 필요가 없어진다. 불행은 저절로 사라지기 때문이다.

삶은 하나의 가능성으로 존재한다. 때문에 삶을 잘 살피고 노력해서 실존적인 삶을 찾아야 한다. 사람은 태어날 때 생명력이 없다. 생명력은 하나의 가능성으로 존재할 뿐이다.

인간은 씨앗처럼 산다. 99퍼센트의 인간이 씨앗처럼 산다. 인간이 씨앗처럼 사는 데는 몇 가지 이유가 있다. 씨앗처럼 살면 첫째 편안하다. 삶에는 도처에 위험이 도사리고 있기 때문에 씨앗처럼 살면 안전한 것이다. 씨앗은 외부의 자극에 취약하지 않다. 하지만 싹을 틔우면 취약하게 된다. 동물이나 아이들, 사람들에게 짓밟히거나 꺾일 수 있다. 씨앗이 싹을 틔우면 취약하고 불안전해진다. 주위에 온갖 위험이 도사리고 있다.

삶은 위대한 모험이다. 씨앗 속에 숨어 있으면 안전하게 보호받는다. 아무도 죽이려 들지 않는다. 생명을 틔우지도 않은 사람은 아무도 죽일 수 없다. 생명을 틔웠을 때만 죽음의 가능성이 생긴다. 더 생생하게 살아 있으면 더 위험하게 취약해진다. 더 많이 살아 있으면 더 많은 위험이 도사린다. 완전히 살아 있는 사람은 가장 큰 위험 속에 산다. 그러므로 사람들은 씨앗처럼 보호받으며 안전하게 살고 싶어한다.

삶은, 삶의 본질은 불안전함이다. 이 점을 유념하라. 안전한 삶은 가능하지 않다. 오직 안전한 죽음만이 가능하다. 그래서 세상에는 생명보험이 그렇게도 많다. 삶을 보장하는 것은 가능하지 않다. 삶을 보장한다는 것은 보호와 안전을 위해 자신의 삶을 닫아건다는 말이다. 삶에는 위험이 가득하다. 주위에 수많은 위험이 도사리고 있다. 그래서 99퍼센트의 사람들은 씨앗의 삶을 선택한다. 무엇을 보호한단 말인가? 거기에는 보호할 것이 없다. 씨앗은 길가의 돌처럼 죽어 있다. 계속 씨앗의 삶을 살면 불행이 계속되기 마련이다. 씨앗으로 머무는 것이 씨앗의 운명이 아니다. 싹을 틔우는 것이 씨앗의 운명이다. 드넓은 자유의 하늘로 비상하기 위해서 새는 먼저 알의 껍질을 깨고 나와야 한다.

다른 모든 가능성들이 삶에 존재하는 것처럼 죽음도 삶에 존재한다. 삶은 죽음의 위험을 감수한다. 죽음은 삶을 반대하지 않는다. 죽음은 삶이 꽃피어나는 배경이다. 죽음은 삶의 반대가 아니다. 그것은 마치 하얀 분필로 글씨를 쓸 수

있는 칠판과 같다. 분필로 하얀 벽에 글씨를 써보라. 아무것
도 보이지 않는다. 칠판에 분필로 글씨를 쓰면 글씨가 훤히
드러난다. 죽음은 삶이라는 글씨가 드러나는 칠판과 같다.
죽음은 삶의 반대가 아니라 삶의 배경이다. 진정으로 삶을
살고 싶은 사람은 죽음을 받아들일 준비를 해야 한다. 그냥
죽음을 받아들일 뿐 아니라 환영해야 한다. 매 순간 죽음에
준비되어 있어야 한다. 죽음을 받아들이지 않으면 계속 죽
은 삶을 산다. 삶을 보호할 수 있는 유일한 길은 씨앗 속에
머무는 것이다. 알 속에서 죽는 것이다. 사실 많은 새들이
세상에 나오지 못하고 알 속에서 죽는다.

　　인간은 항상 '나는 죽음을 두려워한다'고 생각하지만 사
실은 그렇지 않다. 인간은 삶을 두려워한다.

　　본질적으로 죽음에 대한 두려움은 삶에 대한 두려움이다.
살아 있는 것만이 죽을 수 있기 때문이다. 죽음을 두려워하
면 삶을 두려워하게 된다. 떨어짐을 두려워하면 솟아오름을
두려워하게 된다. 오직 솟아오른 물결만이 밑으로 떨어지기
때문이다. 거부당하는 것을 두려워하면 타인에게 접근하는
것을 두려워하게 된다. 거부당하는 것을 두려워하면 사랑을
할 수 없다. 죽음을 두려워하면 삶을 살 수 없다. 이름뿐인
삶, 불행과 어둠과 밤의 삶이 되어버린다.

　　그냥 태어나는 것만으로는 충분하지 않다. 삶을 살기 위
해서는 먼저 몸으로 태어나야 하겠지만 그것으로 충분하지

않다. 다시 한번 더 태어나야 하는 것이다. 힌두인은 이를 '드위즈(dwij)'라고 부른다. 드위즈는 두 번 태어남을 뜻한다. 첫 번째 부모로부터 태어나는 것은 잠재된 가능태로 태어나는 것이다. 이 가능성을 꽃피우려면 두 번째로 태어나야 한다. 예수는 이를 부활이라 했다. 두 번째 태어남에서는 모든 껍질과 알, 에고, 과거, 알고 있는 것들을 깨고 낯선 미지의 세계, 위험이 즐비한 존재계로 나아간다. 매 순간 죽음이 도사리고 있다. 매 순간 죽음의 냄새를 맡으면서도 생기가 넘친다.

생명은 결코 죽는 법이 없다. 그것이 삶을 안 사람의 체험이다. 보통의 인간에게는 알을 깨트리고 나올 만한 용기가 없다. 그런 용기도 없이 어떻게 삶을 알고 죽음을 알 수 있겠는가? 인간은 죽지만 생명은 죽지 않는다. 인간도 에고도 삶의 부정이기 때문에 불행 속에서 살 수밖에 없다. 에고를 부정하라. 그러면 삶이 일어난다. 예수와 붓다, 마호메트, 마하비라, 짜라투스트라[6], 노자 등과 같이 이 땅의 위대한 사람들이 한결같이 힘주어 말하는 게 있으니, '에고를 부정하라. 그러면 삶이 풍요롭게 일어난다'는 것이 그것이다.

---

6)짜라투스트라(Zarathustra): 독일 철학자 프리드리히 니체의 철학적 서사시 『짜라투스트라는 이렇게 말했다』에 나오는 주인공. 산 속에 숨어 살던 짜라투스트라는 '신은 죽었다'고 하는 깨달음을 얻고 산을 내려와 여행하면서 세상에 가르침을 전한다.

그러나 인간은 에고를 집착한다. 에고를 집착하는 것은 곧 어둠과 불행을 집착하는 것이다.

어떻게 천국이 지옥에서 태어날 수 있는가? 어떻게 법열이 불행에서 태어날 수 있는가? 아니다, 불행은 더 많은 불행을 낳을 뿐이다. 아이는 노인만큼 불행하지 않다. 사실은 그 반대가 되어야 한다. 노인은 삶을 살 만큼 살았다. 삶을 충분히 산 노인은 삶의 정점에, 절정에 도달하고 꽃으로 피어나야 마땅하다. 하지만 노인은 삶의 절정과는 너무나 멀리 떨어져 있다 그는 솟아오르는 물결을 타지도 못하고 천국에 도달하지도 못했다. 반대로, 그는 지옥의 나락으로 자꾸만 떨어졌다. 아이가 노인보다 더 천국에 가까워 보인다. 이는 참으로 불합리한 현상이다. 자연을 거스르는 일이기 때문이다. 아이는 씨앗으로 태어난다. 그러면 마땅히 노인은 거대한 참나무가 되어 있어야 하는데 그렇지 않다. 노인은 인생의 길을 가다 지옥에 도달했다. 이를 보면 삶이란 상승의 현상이 아니라 추락의 현상처럼 보인다. 태양을 향하여 떠오르는 현상이 아니라 어두운 나락으로 떨어지는 현상처럼 보인다.

왜 인간은 나이를 먹으면서 그렇게 되는가? 인간은 아이 때도 불행하고 늙어서도 불행하다. 같은 길에서 벗어나지 못했기 때문이다. 아이로 인생의 여정을 시작하여 늙을 때까지 불행을 쌓아 모은다.

지옥에서는 천국이 나올 수 없다. 오늘 불행한데 어떻게 내일 행복할 수 있겠는가? 내일도 자신에게서 나온다. 다른 데서 나오지 않는다. 내일은 시계에서 나오지 않는다. 나의 내일은 나에게서 나온다. 어제가 오늘을 만나 내일이 된다. 이는 간단한 산수다. 오늘이 불행하고 고통스러운데 어떻게 내일이 기쁘고 행복할 수 있는가? 불가능하다! 죽을 때까지 불가능하다.

인간이 죽을 때 모든 어제도 같이 죽는다. 이렇게 모든 어제가 죽으면 내일은 불행에서 나오지 않는다. 난생 처음 일어나는, 대단히 새로운 내일이 된다. 내일은 마음에서 나오는 게 아니라 존재에서 나온다. 다시 태어난 것이다.

고통이란 현상을 잘 이해하라. 왜 인간은 그토록 불행한가? 무엇이 그토록 많은 불행을 만들어내는가? 사람들의 내면을 들여다보면 불행이 층층이 쌓여 있다. 그런 불행을 짊어지고 어떻게 계속 살아갈 수 있는지, 내 눈에는 거의 기적에 가까운 일로 보인다. 사람들에게는 희망이 체험보다 강하고, 꿈이 실재보다 강한 것임에 틀림없다. 그렇지 않다면 인간은 살아남을 수 없다. '내일은 모든 걸 바꾸어놓는 일이 일어날 수 있을 거야'라고 하는 희망이 없으면 인간의 삶에는 아무것도 남지 않는다. '내일이 기적이다.' 인간은 윤회를 거듭하면서 계속 이 생각뿐이다. 수천만 번의 내일이 와서 오늘이 되었지만 희망은 아직도 살아 있다. 오늘도 희망이 살고 있다. 사람이 사는 게 아니다. 사람은 생명이 붙어 있기 때문에 사는 게 아니라 희망이 있기 때문에 산다.

희망이 인간의 유일한 삶이다. 실낱같은 희망으로 모든 고통을 견뎌낸다. 천국을 꿈꾸면서 지옥의 고통을 잊는다. 인간은 꿈속에서 산다. 꿈이 인간의 생명을 지탱해준다. 현실은 누추하다. 왜 인간은 그렇게 많은 고통 속에서 살면서도 고통의 원인을 알지 못하는가?

고통의 원인을 알려면 더 이상 고통을 피하지 말아야 한다. 어떤 것을 피하면 그것을 알 길이 없다. 무언가에 대해 알고 싶다면 그 대상과 대면해야 한다. 그런데 인간은 삶이 힘들 때 희망을 꿈꾼다. 희망을 꿈꾸는 즉시 내일이 오늘보다 중요해진다. 이것은 삶을 회피하는 것이다. 삶의 불행에서 달아나는 사람은 희망이 마약처럼 작용한다. 삶이 고통스러울 때 희망이란 마약으로 고통을 잊으려 한다. 그리고 희망이란 마약에 점점 깊이 빠져든다. 희망이란 마약은 존재하지 않는다. 마리화나[7]도 LSD[8]도 비교가 되지 않는다. 희망은 궁극의 LSD이다. 인간은 희망만 있으면 모든 걸 참고 견딜 수 있다.

---

7)마리화나(marijuana): 대마의 잎이나 꽃을 원료로 하여 만든 마약. 주로 담배에 섞어서 피운다.
8)LSD: 맥각(麥角)의 알칼로이드로 만든 강력한 환각제. 맛과 색, 냄새가 없고 적은 양으로도 강력한 환각을 일으킨다.

현실을 도피해서 희망하지도 말고 꿈꾸지도 말라. 슬프면 슬픔이 사실이다. 슬픔과 함께하라. 슬픔에서 달아나려 하지 말라. 슬픔에 집중하라. 슬픔을 허용하고 슬픔과 대면하라. 슬픔의 반대편으로 가려지 말라. 처음에는 대단히 고통스런 체험이 될 것이다. 슬픔과 정면으로 맞서면 슬픔은 사방에서 몰려오기 때문이다. 자신은 슬픔의 바다에 떠 있는 배처럼 느껴진다. 거대한 파도가 와서 집어삼킬 듯하다. 두렵고 뼛속까지 떨린다. 두려우면 두려워하라. 떨리면 떨리. 하지만 '회피하는 깃', 이것만은 하지 말라. 회피하지 말라. 슬픔을 허용하고 슬픔 속으로 깊이 들어가라. 바라보라, 지켜보라. 분별하지는 말라. 그대는 수백만 년 동안 슬픔을 피하기만 했다. 그냥 지켜보면서 슬픔 속으로 뚫고 들어가라. 그러다 보면 고통이 서서히 가라앉는다. 슬픔과의 고통스런 만남 속에서 실재의 모습이 드러난다. 그러면 멀지 않아 슬픔 속으로 더 깊이 들어갈 수 있으며 슬픔의 원인을 발견할 수 있다. 왜 불행한지, 불행의 원인은 무엇인지 깨달을 수 있다.

불행의 원인은 밖에 있는 게 아니라 내면에 숨어 있다. 불행은 연기와 같다. 인간의 존재 안에서 연기가 피어오르면 연기를 뚫고 깊이 들어가라. 거기 불이 난 곳이 있다. 연기를 없앨 수 없다. 불을 꺼야 한다. 불을 끄면 연기는 자동적으로 사라진다. 원인을 먼저 발견하라. 그리고 적절한 조치를 취하면 결과는 사라진다. 원인에 대해서만 조치를 취할 수 있지 결과에 대해서는 아무런 조치를 취할 수 없다. 이 점을 명심하라. 결과와 싸우면 그 싸움은 모두 허사로 돌아간다.

그래서 파탄잘리는 프라티 프라사브, '뒤로 돌아가라' 고 말한다. 결과를 뚫고 지나가 원인으로 돌아가라는 것이다. 원인은 틀림없이 내면 어딘가에 있다. 결과는 주위에서 피어오르는 연기와 같다. 인간은 연기가 피어오르면 희망으로 도피한다. 연기가 나지 않는 날을 꿈꾼다. 이는 어리석은 짓이다. 어리석을 뿐 아니라 원인을 놓침으로써 자기를 파괴하기까지 한다.

식별지(識別智)를 얻은 이는
마음의 세 구나(guna)와 오유[9] 사이에서 떠오르는
변화와 걱정, 과거 경험, 갈등 때문에
모든 것이 불행으로 통한다는 사실을 안다.

파탄잘리는 '식별지를 얻은 이' 라고 말한다. 산스크리트어로 이는 '비베크(vivek)' 라고 한다. 비베크는 사물을 식별하는 힘, 각성, 의식 등을 뜻이다. 우리는 각성을 통해 사

---

9)오유(五唯): 색(色) 성(聲) 향(香) 미(味) 촉(觸) 등의 마음 분별.

물을 식별할 수 있다. 무엇이 진리이고 무엇이 가짜이며, 무엇이 결과이고 무엇이 원인인지 알 수 있다. 식별지를 얻은 비베크의 사람은, 의식이 깨어난 사람은 모든 것이 고통으로 변한다는 것을 안다.

현재 인간의 모든 것은 고통으로 향한다. 앞으로도 그렇게 살면 모든 것은 계속 고통으로 향한다. 이는 주변 상황을 바꾸는 문제가 아니다. 이는 내면에 깊게 뿌리내린 것의 문제이다. 내면에 있는 무엇이 지복의 가능성을 방해하고 있다. 내면에 있는 무엇이 지복으로 꽃피어나는 것을 훼방하고 있다. 의식이 깨어난 사람은 모든 것이 고통으로 향한다는 사실을 안다.

이제 삶에서 해볼 것은 다 해보았다. 모든 것이 고통으로 향하는 것을 깨달은 적이 있는가? 내가 증오를 하면 이 증오는 고통으로 향한다. 사랑을 해도 결국 이 사랑은 고통으로 간다. 이렇게 보면 삶이란 참으로 불합리한 것처럼 보인다. 증오가 고통으로 가면 사랑은 행복으로 가야 마땅하다. 그러나 사랑을 해보라, 어디로 가는지. 처음은 몰라도 결국으로 불행으로 간다. 왜 그런가? 삶은 정녕 불합리하고 부조리한 것인가? 그 안에 논리와 합리는 존재하지 않는가? 삶은 혼돈인가? 하고 싶은 것은 무엇이든 다 해보라. 결국 불행으로 끝난다. 불행이 인간의 숙명적인 길처럼 보인다. 모든 길은 불행으로 통하는 것처럼 보인다. 어떠한 것으로 시작해도 좋다. 오른쪽에서, 왼쪽에서, 아니면 중도에서 시작해도 좋다. 힌두인으로, 무슬림으로, 기독교도로, 자이나교도로 시작해도 좋다. 남자로, 여자로, 현자로, 바보로, 사랑이 충만한 자로, 증오가 넘치는 자로 시작해도 좋다. 이 모든 것은 불행으로 간다. 모든 길은 불행으로 통하기 때문에 무엇을 하는가는 상관이 없는 듯 보인다. 누구나 자신의 길을 마치고 나면 불행의 땅에 와 있는 것이다.

나는 불행한 빈자(貧者)를 보았다. 또 나는 불행한 부자도 보았다. 나는 불행한 낙오자도 보았고 불행한 출세자도 보았다. 무엇을 한다 해도 마지막으로 도착하는 곳은 불행의 땅이다. 정녕 모든 길은 지옥으로 향하는가? 가만히 보면 인간에게는 선택할 여지가 없는 듯 보인다.

그렇다, 모든 길은 불행으로 통한다. 자신이 변하지 않으면 말이다. 자신만 변하면 모든 길은 천국으로 통할 수 있다. 자신이 변하지 않고 그대로이면 무엇을 하는가는 문제가 아니다. 겉으로 들어난 행위는 의미가 없다. 내면 깊숙이에 있는 자아가 문제이다. 사랑을 하든 증오를 하든, 불행이나 엑스터시를 만드는 것도 자신이요 고통이나 지복을 만드는 것도 자신이다. 자신이 변하지 않으면 행위는 아무런 의미가 없다. 증오에서 사랑으로, 이 여자에서 저 여자로, 이 집에서 저 집으로 옮겨다니는 것은 아무런 도움이 되지 않는다. 시간과 정력을 낭비하는 것이다. 먼저 자신을 변화시

켜야 한다. '왜 모든 길은 불행으로 통하는가?'

　"식별지를 얻은 이는 마음의 세 구나와 오유 사이에서 떠오르는 변화와 걱정, 과거 경험, 갈등 때문에 모든 것이 불행으로 통한다는 사실을 안다." 이 말을 잘 이해해야 한다. 삶의 모든 것은 흐름이다. 삶은 흐름이기 때문에 우리는 아무것도 기대하거나 예견할 수 없다. 기대하는 사람은 불행 속에 빠진다. 기대는 흐르지 않고 고정된 세계에서나 가능하기 때문이다. 끊임없이 흐르고 변화하는 세계에서 기대는 헛된 꿈이다. 파틴질리는 말한다. "변화 때문에 불행이 생긴다." 삶이 흐르지 않고 완전히 고정되면 어떠한 변화도 없으면…… 사랑하는 여자가 언제나 청춘이고 항상 기뻐서 노래를 부른다고 하면 자신도 아무런 변화 없이 고정된 삶을 산다. 그런 사람은 진정 사람이라고 할 수 없으며 그런 삶도 진정한 삶이라고 할 수 없다. 자신의 기대를 완전히 충족하는 삶일지는 모르지만 그것은 돌과 같은 삶이다. 그런 삶에서는 권태가 생겨나고 권태는 불행을 잉태한다. 변화가 없는 삶에는 필연적으로 권태가 오기 마련이다.

**마음의 세 구나와 오유 사이에서
떠오르는 갈등**

　힌두인들이 말하길 인간 존재를 구성하는 세 구나와 오유 사이에 끊임없는 싸움이 벌어진다. 힌두교에서는 삿트바(sattva), 라자스(rajas), 타마스(tamas) 등이 인간의 인성을 이루는 세 구나, 즉 세 가지 속성이라고 한다. 삿트바는 인간 존재의 가장 순수한 것, 모든 선과 순수성과 거룩함의 가장 본질적인 것이다. 그 다음 라자스는 에너지와 활기, 기력, 힘 등의 속성이다. 마지막으로 타마스는 나태, 불활동, 무기력의 속성이다. 이 세 가지 속성이 인간 존재를 구성하고 있다.

파탄잘리는 세 구나가 서로 갈등을 일으키면서 문제를 야기한다고 말한다. 인간에게는 나태의 속성이 존재한다. 그러기 때문에 밤에는 잠을 잔다. 불면증이 있는 사람은 타마스의 요소가 부족한 사람이다. 그들에게는 안정제가 도움이 된다. 안정제는 화학적으로 타마스의 성질을 만들어내기 때문이다. 안정제가 사람 내부에 들어가면 타마스, 즉 나태의 마음을 일으킨다. 라자스가 많은 사람, 즉 힘과 에너지가 넘치는 사람들은 쉽게 잠을 이루지 못한다. 서양에서 불면증이 보편화된 것은 이런 이유 때문이다. 서양에는 라자스적인 요소가, 에너지적인 요소가 너무 많다.

서양이 세계를 지배할 수 있었던 이유는 여기에 있다. 영국과 같은 소국이 전세계의 반을 지배했던 것은 영국인들이 라자스적인 성향이 대단히 강한 민족이었기 때문이다. 인구가 6억이나 되는 인도는 아직도 가난을 면치 못하고 있다.

너무나 많은 사람들이 아무 일도 하지 않는다. 이렇게 일하지 않는 수많은 인도인들은 인도에 점점 무거운 부담이 되고 있다. 그들은 국가의 재산이 아니라 국가의 짐이다. 인도인들에게는 타마스, 즉 나태의 성질이 너무 강하다.

그 다음 라자스와 타마스 둘 다에 반대되는 삿트바가 있다. 이 세 가지 요소가 인간이란 존재를 구성하고 있다. 세 요소는 각기 다른 차원에서 활동한다. 이들은 모두 필요하다. 서로간의 갈등으로 형성되는 긴장을 통해 인간은 존재할 수 있다. 세 구나가 그 긴장을 상실하고 조화로워지면 인간은 죽는다. 힌두인들에 따르면, 세 구나가 긴장 속에 있을 때 존재와 창조가 가능하며, 이 세 요소가 조화롭게 되면 존재는 용해되고 창조는 해체된다고 한다. 인간의 죽음이란 이 세 구나가 몸 안에서 조화를 이루는 것이다. 세 구나 간의 긴장이 형성되지 않으면 인간은 더 이상 존재할 수 없는 것이다.

이것이 문제로다. 세 구나의 긴장이 없으면 인간은 살 수 없다. 세 구나의 긴장을 상실하는 날 인간은 죽는다. 또한 인간은 세 구나와 더불어서도 살 수 없다. 세 구나는 서로를 반대하며 각기 인간을 자기 방향으로 끌고 가기 때문이다.

인간의 마음은 하나가 아니라 여럿이라고 파탄잘리는 말한다. 인간의 마음은 하나가 아니라 세 개이다. 세 개의 마음은 그 순열과 조합으로 삼천 개도 될 수 있다. 인간의 마음은 여럿이다. 각각의 마음은 인간을 자기 방향으로 끌고 간다. 인간은 개인이 아니라 군중이다. 안에 수많은 마음이 들끓고 있는데 어떻게 편안하고 어떻게 행복하겠는가? 인간은 네 마리의 소가 끄는 달구지와 같다. 네 마리의 소는 인간이라는 달구지를 동시에 네 방향으로 끈다. 이런 상태에서는 아무 데도 갈 수 없다. 서로 삐걱거리는 소음을 내다가 달구지는 주저앉고 만다. 그래서 인간의 삶은 공허하다. 세 구나가 서로 충돌한다. 세 구나 전체는 마음의 오유, 즉 브릿티[10]와 충돌한다.

습관이 형성되고 마음은 오유를 취한다. 인간은 게을러서 일을 해야 먹고살 수 있다. 그래서 인간의 마음은 일을 습관화한다. 이런 상태에서 휴식은 가능하지 않다. 조용한 곳에 물러난다 해도 편히 쉬지 못하고 명상도 못하고 잠도 제대로 자지 못한다. 사람은 편히 쉬지 못한다. 휴식하는 데는 다른 자세가 필요하기 때문이다. 게으른 사람이 일을 해야 할 때 마음은 긴장을 만들어 낸다. 게으르지 않은 사람이 일을 할 때도 마음은 어떤 긴장을 형성한다. 마음과 세 구나는 항상 충돌을 일으킨다. 이것이 불행의 이유라고 파탄잘리는 말한다. 그렇다면 어떻게 할 것인가? 불행의 이유를 어떻게 바꿀 수 있는가? 아니다, 이유는 이미 거기에 존재하기 때문

---

10)브릿티(vritti): '상태', '행위', '삶의 습관' 등을 뜻하는 산스크리트어.

에 바꿀 수 없다. 바꿀 수 있는 것은 자신밖에 없다.

**불행을 만드는 보는 자와 보이는 자의
연결고리를 깨야 한다.**

자신의 구나, 오유, 마음의 잔꾀, 마인드 게임, 함정, 과거 습관, 상황에 변화주기, 기대 따위를 모두 지켜보는 관조자가 되어야 한다. 이 모든 것에 깨어 있어야 한다. '보는 자는 보이는 자가 아니다.' 이 하나만을 잘 명심하라. 눈앞에 무엇이 보이든 그것은 나 자신이 아니다. 나의 게으른 습관이 보이는가? 그것은 '나'가 아니다. 계속 일 속에 파묻혀 사는가? 그런 모습도 참된 나가 아니다. 과거에서 오는 조건화가 보이는가? 그것도 나가 아니다. 보는 자는 보이는 자가 아니다. 나는 각성이다. 각성은 보이는 것들을 모두 초월해 있다. 관찰자는 피관찰자 너머에 있다.

인간은 초월의식이다. 이것이 비베크요 이것이 각성이다. 이것이 붓다의 경지이다. 붓다는 계속 그 자리에서 머문다. 보통 사람이 계속 붓다의 경지에 올라가 머문다는 것은 힘들다. 하지만 단 몇 순간이라도 보이는 자를 넘어 보는 자의 경지로 가면 그 순간 불행은 사라진다. 그 순간 구름이 걷히고 파란 하늘을 일견(一見)한다. 그 일견 속에 자유와 지복이 엿보인다. 처음에는 몇 순간만 가능할 것이다. 점점 영적으로 성장해 나가면서 그 체험을 깊이 느끼고 그 정신을 온몸으로 흡수하면서 일견의 순간들이 더 많이 찾아올 것이다. 그러다가 어느 날 모든 구름이 걷히고 보는 자가 모든 것을 넘어가는 순간이 찾아올 것이다. 이런 식으로 우리는 미래의 불행을 피할 수 있다.

지난 과거에 고통을 받을 만큼 받았다. 미래에도 고통을 또 받을 필요는 없다. 다시 고통을 받는다면 그것은 자신 책임이다. 이것이 마스터 키다. '나는 초월해 있다.' 이 점을 항상 명심하라. 몸이 보인다면 그 몸은 나가 아니다. 마음에 흘러가는 생각이 보인다면 그 생각도 나가 아니다. 보는 자가 어떻게 보이는 자가 될 수 있단 말인가? 보는 자는 항상 보이는 자 너머에 있다. 보는 자는 피안의 존재, 초월의 존재이다.

12장
요가의
8 수족

오쇼 수트라

인간의 해탈을 위해
세계는 존재한다.

모든 번뇌의 뿌리는 무명이며
무명의 해결책은 지식이 아니라 각성이다.

동일시하면
무명의 세계를 떠돈다.

비실재의 세계에서 떠도는 것은
세상을 집착하는 일이며
실재의 세계로 돌아오는 것은
존재의 집에 돌아오는 일이다.

삶에 올바른 방향을 줄 때
곧바로 내면에서 존재의 중심이
열리기 시작한다.

요가의 8수족

'인간의 해탈을 위해 세계는 존재한다.' 이를 먼저 이해하자. '이 세상은 왜 존재하는가? 왜 이렇게 불행해야 하는가? 무엇을 위해? 인간이 불행해야만 되는 목적은 무엇인가?' 이런 생각을 종종 해본 적이 있을 것이다. 많은 사람들이 나에게 와서 이렇게 묻고는 한다. "가장 본질적인 질문입니다. '도대체 인간은 왜 존재합니까? 인생은 고통의 연속인데 그 목적은 무엇입니까? 정녕 신이 존재한다면 왜 세상의 혼돈을 없애지 않는 것입니까? 지옥과도 같은 인생의 고통을 없앨 능력이 신에게는 없는 것입니까? 신은 왜 이런 인생을 살도록 인간에게 끊임없이 강요하는 것입니까?"

여기 요가에 답이 있다. 파탄잘리는 말한다.

"보는 자가
인생을 경험하여

해탈을 체험하도록…….”

고통은 수행을 위해 존재한다. 고통이 없으면 성숙할 수 있는 가능성이 없기 때문이다. 고통은 금을 정제하는 불과 같다. 금이 '왜요?' 라고 따지면 순금으로 정제될 수 있는 가능성이 없어진다. 불을 통과하면서 금이 아닌 요소들을 모두 녹여내야만 순금이 태어나는 것이다. 이것이 곧 해탈이다. 성숙, 온전히 성숙해져서 쓸모없는 것은 모두 떨어져 나가고 순금만, 순수만 남는 것이다.

삶을 깨닫는 데는 다른 방도가 없다. 인생을 깨닫는 데 다른 길이 존재할 수 없다. 포만감을 알려면 먼저 배고픔을 알아야 한다. 배고픔을 피하는 것은 곧 포만감을 피하는 것이다. 물맛을 알려면 먼저 갈증을, 그것도 심한 갈증을 알아야 한다. '나는 갈증 따위는 느끼고 싶지 않아' 라고 하면 갈증을 푸는 그 깊은 물맛을 체험할 수 없다. 빛이 무엇인지 알려면 어두운 밤을 통과해야 한다. 어두운 밤은 빛을 깨닫기 위한 준비 과정이다. 삶에 대해 알려면 죽음을 통과해야 한다. 죽음은 삶을 지각할 수 있는 민감성을 키운다. 둘은 서로를 반대하는 게 아니라 서로를 보완한다.

요가는 이 세상은 삶을 배우는 학교, 수행을 하는 학교라고 말한다. 따라서 불행한 삶이라도 피하지 말라. 도피하지 말라. 그러기보다는 불행한 삶을 살라. 전체적으로 몰입하여 살라. 더 이상 살지 않아도 될 만큼 치열하게 살라. 깨달은 사람은 더 이상 삶 속으로 돌아오지 않아도 될 만큼 치열하게 살았기 때문에 윤회를 하지 않는다. 삶이 내준 모든 시험을 통과한 것이다. 더 이상 배울 게 없는 것이다. 하지만 배움을 완전히 끝내지 못한 사람은 거듭해서 같은 삶 속으로 되돌아와야 한다. 사람은 경험을 통해서 아무것도 배우지 못하는 것 같다. 그래서 같은 경험을 수없이 반복하고 있는 게 아닐까. 같은 분노를 수없이 반복한다. 대체 몇 만 번이나 화를 냈는가? 세어보라. 그대는 분노를 통해 무엇을 배웠는가? 아무것도 배우지 못했다. 예전과 같은 상황이 연출되면 어김없이 분노는 튀어나온다. 마치 처음으로 화를 내는 것처럼 말이다.

대체 몇 번이나 욕망에 사로잡혔는가? 수없는 욕망을 되풀이했음에도 불구하고 내일도 욕망에 사로잡힐 것이다. 전에 흘러가던 습대로 할 것이다. 마치 아무것도 배우지 않겠다고 결심한 사람처럼 말이다. 배울 준비가 된 사람은 요기[1]가 될 준비가 된 사람이다. 그러나 배우지 않겠다고 결심하는 사람은, 눈을 감은 채 절대로 뜨지 않겠다는 사람은, 무의미한 일을 계속해서 반복하고 싶은 사람은 계속해서 처음 상태로 되돌아와야 한다. 시험을 통과하지 못하면 똑같은

---

1)요기(yogi): 요가 수행자.

학년으로 계속 되돌아와야 한다.

삶을 다른 식으로 받아들이지 말라. 삶은 거대한 수행 학교, 유일한 대학교이다. '대학교(university)'라는 말은 '우주(universe)'에서 왔다. 그러므로 사실 대학교를 '유니버시티'로 부르는 것은 합당하지 않다. 그 이름은 너무 거대하다. 우주 전체가 유일한 대학교이다. 사람들은 스스로 자신의 대학교를 만들어놓고 이를 통과하면 모두를 졸업하는 줄로, 깨닫는 줄로 착각한다. 아니다. 자신이 만들어놓은 작은 대학교는 소용이 없다. 삶의 대학교, 우주 대학교를 졸업해야 한다.

우리는 진정으로 체험할 때 그 체험에서 자유로워질 수 있다. 예수는 이렇게 말한다. "진리를 알라. 진리가 너희를 자유롭게 할지니." 삶의 하나 하나를 경험할 때마다 깨어 있으라. 완전히 깨인 의식으로 일어나는 일을 지켜보라. 즉각 새로운 것을 체험할 것이다. 그리고 그 체험에서 자유로워질 것이다. 이것이 참된 체험이다. 이 체험은 경전에서 빌려온 것도, 타인에게서 꾸어온 것도 아니다.

체험은 타인에게서 빌려올 수 있는 성질의 것이 아니다. 이론은 타인에게서 빌려올 수 있다. 그런 이유로 이론은 모두 누추하다. 수많은 사람들의 손을 거치기 때문이다. 빌려온 경험은 수많은 사람들의 손을 거친 낡은 지폐와 같다.

체험은 언제나 새롭다. 아침의 풀잎 이슬처럼 아침에 핀 장미처럼 신선하다. 체험은 항상 순수하고 순결하다. 그 체험은 아무도 손대지 않은 것이다. 이 우주에서 자신만이 처음으로 만난 것이다. 자신의 체험은 자기 것이다. 그 누구의 것도 아니다. 아무도 체험을 줄 수 없다.

깨달은 붓다들은 길은 가리킬 수 있지만 사람을 대신에서 그 길을 걸어줄 수 없다. 자신이 걸어야 한다. 그 누구도 대신해줄 수 없다. 거기에는 어떠한 가능성도 없다. 붓다는 눈을 내어줄 수 없다. 설령 붓다가 눈을 내어준다고 해도 이를 받는 사람은 붓다의 눈을 자기 식으로 바꿔버릴 것이다. 눈은 존재 자체를 변화시킬 수 없다. 눈이 변화시키기에 인간의 존재는 너무 거대하다. 나의 손을 빌려줄 수 없다. 설령 빌려준다 해도 손의 감촉은 빌린 사람의 것이지 나의 것이 아니다. 그는 나의 손으로 뭔가를 느끼고 경험하겠지만 그 것은 순전히 그의 경험이지 나의 경험이 아니다. 진리는 빌려줄 수 있는 대상이 아니다.

체험은 우리를 체험에서 자유롭게 한다. 매일같이 사람들이 나를 찾아와서 이런 말을 한다. "분노에서 자유로워진 사람은 어떻게 사나요? 정욕에서 자유로워진 사람은 어떻게 사나요? 이것저것에서 자유로워진 사람은 어떻게 사나요?" 내가 "분노를 철저히 살고, 정욕을 철저히 살라"고 이야기하면 그들은 놀래 자빠진다. 그들은 자신을 억압하는 방법을 물으러 왔던 것이다. 다른 구루[2]에게 가면 억압의 수행법을 얻을 수 있었을 터인데…… 억압해서는 절대로 해탈의 길로 갈 수 없다. 억압이란 체험을 억압하는 것이다. 억압이란 체험의 뿌리를 모두 잘라내는 것이다. 억압은 인류에게 가장 큰 속박이다.

무명이 온갖 미혹과 환영과 나툼의 원인이다. 지식을 축적한다고 혜안이 열리는 게 아니다. 무명이 원인이지만 지식이 그 해결책은 아니다. 아무리 지식을 긁어모은다 해도 자신은 똑같은 자신이다. 지식에 매달리면 지식에 중독된다. 아무리 지식을 긁어모은다 해도 자신은 변한 게 없다. 더 많이 알면 더 적게 존재한다.

더 많이 존재하고 자신의 존재가 더 강해지며 깨어나면 무명의 뿌리는 녹아 없어지기 시작한다. 모든 고통의 뿌리는 무명이다. 그렇다고 지식이 무명의 해결책이 아니다. 깨어남이 해결책이다.

둘 사이의 미묘한 차이를 제대로 이해하지 못하면 무지 속에 자아를 상실하며 지식 속에 자아를 더 많이 상실한다. 우파니샤드에는 대단히 직선적인 언명이 있다. "사람은 무명 속에 자아를 상실하고 지식 속에서는 더 많은 자아를 상

---

2)구루(guru): 영적 스승.

실한다." 무명이 사람을 그릇된 길로 인도한다면 지식은 더욱 그릇된 길로 인도한다.

무명은 지식의 부재가 아니다. 무명이 지식의 부재라면 이 길은 참으로 싸고 쉬운 길이다. 지식은 타인에게 빌릴 수 있지만 존재는 타인에게 빌릴 수 없다. 지식은 훔칠 수 있지만 존재는 훔칠 수 없다. 인간은 존재를 향하여 한발 한발 성장해 나가야 한다. 어떤 일을 하면서 성장하지 않으면 그 일은 자기의 것이 되지 않는다. 성장한다면 그 일은 자기의 것이 된다. 무언가를 소유한다 하더라도 그 소유에 의해 그릇된 길로 빠지지 않는다. 나는 나의 소유물을 지켜본다. 자신의 소유물은 빼앗길 수 있지만 자신의 존재는 빼앗길 수 없다. 자신의 존재에 깨우침이 일어나지 않으면 무명은 해결되지 않는다.

무명은 지식의 부재가 아니다. 무명은 각성의 부재이다. 무명은 수면 상태요 혼수 상태요 최면 상태이다. 잠 속에서 걷고 잠 속에서 일하는 상태이다. 자신이 무엇을 하는지 자각하지 못한다. 자신의 존재에 빛이 없다. 어둡다. 빛에 대해 지식을 쌓는 사람은 빛하고 거리가 멀어진다. 오히려 빛에 관한 지식은 빛으로 가는 길에 장애물일 뿐이다. 빛에 대해 너무 많이 알게 되면 자신이 빛을 전혀 체험하지 못했다는 사실을 까맣게 잊는다. 그리고 자신의 지식에 의해 스스로 속는다.

내가 늘 사랑하는 일화를 말해주겠다. 틸로빠의 제자인 싯다[3] 나로빠[4]에 관한 일화이다. 나로빠가 그의 스승 틸로 빠를 만나기 전이요 아직 깨닫기 전이었다. 구도자라면 이 일화는 꼭 들어야 한다. 이는 모든 사람들에게 일어나기 때 문이다. 이 일이 나로빠에게 일어났느냐, 아니냐는 중요하 지 않다. 구도의 길을 가면 누구에게나 꼭 한 번은 일어나는 일이다. 이 일이 일어나지 않고는 깨달을 수 없다. 역사적으 로 일어난 일인지 아닌지는 확실치 않다. 심리적인 면에서 보면, 나는 이 일이 틀림없이 역사적으로 일어난 일임을 확 신한다. 이 일을 거치지 않고는 초월의 세계로 나아갈 수 없 기 때문이다.

처음 나로빠는 위대한 펀디트[5]였다. 전하는 일화에 따르 면 그는 유명한 대학교를 관장했으며 자신의 제자만 해도 1 만 명이나 되었다고 한다. 그의 주위에는 항상 수많은 고대 경전이 흩어져 있었다.

---

3) 싯다(siddha): (궁극적인 자유를) 성취한 자. 이따금 초자연적인 힘을 발휘하는 사람을 가리키기도 함.
4) 나로빠(Naropa, 1016-1100): 인도 벵갈의 바라문 가문 출신. 일화에 따르면 날 란다사에서 금강승(金剛乘)의 가르침을 탐구하던 중 천녀인 공행녀를 만나 카규 파의 시조 틸로빠를 소개받았다. 티베트에서 온 마르빠에게 6개 요가를 포함한 여러 심오한 교리를 전수하였고 마르빠는 티베트에 돌아가 티베트 불교의 한 종 파인 카규파(Kagyu, 喝擧派)를 일으켰다.
5) 펀디트(pandit): '덕망 높은 학자'를 이르는 산스크리트어.

어느 날 나로빠는 피곤했던 차에 깜빡 잠이 들었다가 비전을 보았다. 나는 그가 본 것을 꿈이 아니라 '비전'이라 부른다. 그것은 보통의 꿈이 아니었기 때문이다. 그가 본 것은 너무나 의미심장한 것이어서 꿈이라고 부르는 것은 합당하지 않다. 그것은 비전이었다.

나로빠는 잠 속에서 아주 아주 못생긴 노파를 보았다. 그 노파는 너무 너무 못생겨서 그는 잠 속에서도 벌벌 떨었다. 너무 추해서 도망을 치고 싶었다. 하지만 잠 속에서 어디로 도망을 간단 말인가? 그는 노파에 최면이 걸린 것처럼 붙잡혔다. 노파의 몸은 구역질이 날 정도였지만 노파의 두 눈만큼은 자석처럼 끄는 데가 있었다.

그녀가 물었다.

"나로빠, 무엇을 하는가?"

나로빠가 대답했다.

"공부를 하고 있습니다."

노파가 다시 물었다.

"무엇을 공부하고 있는가?"

나로빠가 대답했다.

"철학과 종교, 인식론, 언어, 문법, 논리 등을 공부하고 있습니다."

노파가 물었다.

"공부한 걸 모두 이해하는가?"

나로빠가 대답했다.

"물…… 물론, 이해하지요."

노파가 재차 물었다.

"말과 그 뜻을 이해하는가?"

난생 처음 듣는 질문이었다. 나로빠는 일생 동안 오만 가지 질문을 다 받아보았다. 그는 위대한 학자였던 것이다. 수많은 학생들이 묻고 질문하고 했지만 이런 질문은 아무도 하지 않았다. '말과 그 뜻을 이해하냐?' 노파의 눈은 너무나 날카로워서 거짓말은 전혀 통하지 않을 것 같았다. 거짓말을 하면 노파가 단박에 알아차릴 것이었다. 노파 앞에서 나로빠는 자신이 벌거벗고 서 있는 듯한 느낌을 받았다. 자신의 존재 깊은 곳까지 꿰뚫어보는 눈이었다. 그러니 거짓말은 애당초 불가능했다. 노파만 아니었다면 '물론, 나는 모든 뜻을 이해하오' 라고 말했을 것이다. 그러나 이 추하게 보이는 노파에게는 거짓말을 할 수 없었다. 사실을 말할 수밖에 없었다.

나로빠가 말했다.

"예, 말들은 이해합니다."

노파가 매우 기뻐하면서 춤을 추고 웃기 시작했다.

노파가 매우 기뻐하는 것을 보고…… 기쁨이 넘쳐나면서 노파의 모습이 바뀌기 시작했다. 그리고 추했던 모습이 온데간데없어졌다. 묘한 아름다움이 노파의 존재에서 발산되기 시작했다. 노파가 너무나도 기뻐하는 모습을 보면서 노파를 좀 더 기쁘게 만들어주고자 하는 마음에 그는 "예, 저는 의미 또한 이해합니다"라고 말해버렸다.

노파의 웃음이 뚝 그쳤다. 춤도 멈췄다. 그러더니 이번에는 울기 시작하는 것이었다. 그녀는 추한 모습으로 되돌아갔다. 아마 수천 배는 더 추한 모습으로.

나로빠가 물었다.

"아니, 왜 그러십니까? 왜 우시는 거죠? 방금 전에는 왜 웃고 춤을 추었습니까?"

노파가 대답했다.

"처음에 난 당신과 같은 위대한 학자가 거짓말을 하지 않는 걸 보고 너무 기뻐서 웃고 춤을 추었다. 당신이 이제 거짓말을 하니 통곡하는 것이다. 나도 알고 당신도 안다. 당신은 그 뜻을 모른다는 걸."

이 비전이 사라지고 나로빠는 변형되었다. 그는 대학교에서 빠져나왔다. 그리고 일생 동안 다시는 경전에 손을 대지 않았다. 그는 완전히 무지한 자신을 깨달았다. 말을 이해해서는 자신을 속일 뿐이요 추한 노파가 될 뿐임을 깨달았다.

지식은 추하다. 학자들 곁에 가면 지식의 고약한 냄새가 진동한다. 지식은 죽은 것이다.

지혜로운 사람은, 삶을 이해하는 사람은 신선하다. 삶의 향기가 난다. 펀디트나 지식인하고는 완전히 다르다. 삶의 뜻을 이해하는 사람은 아름답다. 말을 이해하는 사람은 추하다. 그 노파는 밖에 있는 사람이 아니라 나로빠 내면의 투사였다. 나로빠는 지식을 쌓고 쌓아 추한 노파가 되었던 것이다. '나는 삶의 뜻을 알지 못한다'는 깨우침만으로도 추함은 아름다움으로 곧장 변형된다.

나로빠에게 경전은 그리 큰 도움이 되지 못했다. 그래서 그는 끊임없이 진리를 찾았다. 이제 살아 있는 스승이 필요할 때였다. 그는 길고 긴 구도의 장정 끝에 틸로빠를 만났다. 틸로빠 또한 그를 찾고 있었다.

인간은 자신이 무언가를 체험했을 때 자신의 체험을 나누고 싶어한다. 자비심이 떠오르는 것이다. 깨달았을 때 인간의 마음에는 자비심이 떠오른다. 틸로빠는 깨달았다. 그는 궁극의 실체를 만났다. 그래서 자비심이 떠올랐다. 그는 자신의 체험을 나눌 만한 사람을 찾고 또 찾았다. 깨달은 사람은 삶을 이해하지 못하는 사람과는 자신의 궁극의 체험을 나누지 못한다. 그에게는 감수성이 예민한 가슴의 소유자, 여성적인 가슴의 소유자가 필요하다. 스승이 쏟아붓는 체험을 받아들이려면 제자는 여성적인 가슴을 가지고 있어야 한다.

틸로빠와 나로빠가 서로 만났다. 틸로빠가 말했다. "나로빠, 이제 내가 참고 기다려온 말을 모두 해주겠다. 나로빠

너를 위해 모든 말을 해주겠다. 이제 네가 왔으니 나의 짐을 내려놓을 수 있겠다."

나로빠의 비전은 참으로 의미심장하다. 그 비전은 모든 구도자의 비전이 되어야 한다. 지식이 쓸모없는 것을 깨닫지 못하면 지혜를 구할 수 없다. 사람은 위조지폐를 소중한 보물인 양 간직하고 있다. 지식이 위조지폐임을 깨달아야 한다. 지식은 앎도 아니요 이해도 아니다. 지식은 머리의 지적인 작용의 소산이다. 지식인은 말을 이해하지만 그 뜻은 놓친다. 이를 이해하면 모든 지식을 내던지고 삶을 아는 자를 찾아 나선다. 가슴과 가슴으로, 존재와 존재로 깨달은 자와 대면할 때 깨달음의 전수가 일어나기 때문이다. 제자가 지식인이면 깨달음의 전수는 불가능하다. 지식이 커다란 장벽으로 버티고 서 있기 때문이다.

'각성'이란 말을 명심하라. 아침에 서서히 잠에서 깨어난다. 잠이 떨어져 나간다. 삶이라는 잠에서도 이와 같이 깨어난다. 수면상태에서 빠져나온다. 서서히 눈을 뜨고 사물을 본다. 가슴이 열리기 시작한다. 존재가 열리기 시작한다. 가슴과 존재가 열리면 이제 수면상태에 있을 때의 자신이 아니다. 아침에 잠에서 깨어날 때 자신이 완전히 다른 사람이 된다는 것을 관찰해본 적이 있는가? 잠잘 때의 자신과 깨어나서의 자신이 다른 존재라는 것을 지켜본 적이 있는가? 인간은 잠 속에서 완전히 다른 사람이 된다. 낮에는 할 수 없었던 일들을 한다. 낮에는 믿지 않았던 일들을 믿는다. 꿈 속에서는 온갖 불합리한 것들을 믿는다. 잠에서 깨어나서는 자신의 꿈과 어리석음을 보고 웃는다.

그래서 힌두인들은 세상은 마야[6]라고 한다. 마야의 재료 는 꿈이다. 실재하지 않는다. 깨어나라! 깨어나면 자신을 둘 러싸고 있는 모든 환영이 사라진다. 존재계의 완전히 새로 운 모습이 드러난다. 이것이 자유요 해탈이다. 이 자유는 환 영으로부터의 자유이다. 꿈으로부터의 자유이다. 존재하는 것처럼 보이지만 실재 존재하지 않는 것들로부터의 자유이 다.

비실재의 세계에서 떠도는 것은 세상을 집착하는 일이며 실재의 세계로 돌아오는 것은 존재의 집에 돌아오는 일이 다.

무명의 타파로 일어나는
보는 자와 보이는 자의 분리는
해탈로 가는 길이다.

첫 단계는 내가 보이는 것과 분리되어 있음을 깨어서 기 억하는 것이다. 어떠한 대상을 보든 나는 보는 자이다. 저기

---

6)마야(maya): 고대 인도의 베단타학파의 술어로서, 환영(幻影)과 허위(虛僞)에 충만한 물질계.

있는 나무가 참으로 푸르고 아름답게 꽃 피어 있다. 나무는 객체이다. 나는 주체이다. 둘을 분리하라. 나무가 거기 있고 나는 여기 있음을 알라. 나무는 밖에 있고 나는 안에 있다. 나무는 보이는 자이고 나는 보는 자이다. 나무가 너무나 아름답고 거기 핀 꽃이 황홀하게 이끌면 '나는 보는 자' 임을 기억하기 어렵다. 빠져들고 싶어진다. 자신을 잊고 싶어진다.

사실 사람들은 항상 자신을 잊고 싶어하고 자신에게서 도망치고 싶어한다. 자신에게 지칠 대로 지친 것이다. 아무도 자신과 홀로 있고 싶어하지 않는다. 자신에게서 도피할 수 있는 방법을 수만 가지 마련한다. '아, 나무가 아름답구나' 라고 말하는 순간 자신에게서 도피한다. 자신을 잊어버린다. 매혹적인 여자가 앞을 지나가면 자신을 잊어버린다. 보이는 자 속에서 보는 자를 잃어버리는 것이다.

보이는 자 속에서 보는 자를 잃어버리지 말라. 아무리 많이 보는 자를 놓친다 해도 보는 자를 다시 불러오라. 끊임없이 보는 자를 되찾아라. 점점 자신이 강해지는 것을 느낄 것이다. 앞에 어떤 것이 지나간다 해도, 설령 신이 지나간다 해도 파탄잘리는 말한다. "그대는 보는 자, 신은 보이는 자임을 기억하라." 이 점을 잊지 말라. 오직 보는 자와 보이는 자가 다름을 알 때 비전이 분명해지고 의식이 하나로 모아지며 각성이 자리를 잡고 존재가 중심에 뿌리를 내린다.

거듭 계속해서 '자기기억' 속으로 들어가라. 자기기억은 에고를 기억하는 것이 아니다. 이 점을 유념하라. '나는 누구다'를 기억하는 것이 아니라는 말이다. 이는 안에는 보는 자, 밖에는 보이는 자가 있음을 기억하는 것이다. 이는 '나'의 문제가 아니다. 이는 의식의 문제이다. "무명의 타파로 일어나는 보는 자와 보이는 자의 분리는 해탈로 가는 길이다." 자신을 둘러싸고 있는 모든 것들에 점점 깊이 깨어 있게 됨에 따라 주변 세상만이 자신을 둘러싸고 있는 게 아니라 몸도 자신을 둘러싸고 있는 것임을 깨닫는다. 몸도 역시 객체요 대상이다. 나는 지금 내 손을 보고 있고 느끼고 있다. 따라서 나는 손과 분리된 존재임에 틀림없다. 내가 몸 자체라면 몸을 느낄 수 있는 길은 존재하지 않는다. 깨닫기 위해서는 분리가 필요하다. 지식과 앎(의식)이 분리되어야 한다. 모든 무명은 분리의 망각에 다름 아니다. 자신의 몸마저 타자로 볼 때 의식은 존재의 집에 정착을 한다.

감정이나 생각마저도 자신이 아니라 타자임을 보게 된다. 예전에는 감정이나 생각이 나와 분리되어 있음을 보지 못했다. 이제는 마음의 스크린에 생각이 지나가는 것을 본다. 생각은 창공에 흘러가는 구름과 같다. 북쪽으로 흰 구름, 먹구름이 지나가는 것을 본다. 생각이 오면 이 생각이 어디서 오는지, 어디로 흘러가는지를 잘 지켜보라. 생각 속에 빠지지 말라. 생각과 하나가 되지 말라. 생각 속에 빠지는 것, 생각과 하나가 되는 것을 '타다트미아(tadatmya)', 즉 동일시라고 한다. 그것이 곧 무명이다. 동일시할 때 무명에 빠진다. 동일시를 끊을 때 분리되고 관조할 때 각성의 세계로 나아간다.

이것이 곧 우파니샤드가 말하는 '네티[7] 네티', 즉 제거의 수행 방편이다. 세상을 보고 '나는 세상이 아니다', 몸을 보고 '나는 몸이 아니다', 생각을 보고 '나는 생각이 아니다', 감정을 보고 '나는 감정이 아니다'라고 말한다. 이렇게 끊임없이 나 아닌 모든 것을 제거해 나간다. 그러다가 보는 자만이 남고 보이는 자는 모두 사라지는 순간이 온다. 보이는 자와 더불어 온 세상이 사라진다.

그러한 의식의 홀로 있음 속에 엄청난 아름다움이 있고 엄청난 단순성이 있으며 엄청난 순수와 간소함이 있다. 그 의식 속에 앉아 있으면, 그 의식의 중심 속에 있으면 걱정도 없고 불안도 없으며 고통, 불행, 증오, 사랑, 분노도 없다. 모든 것이 사라진다. 오직 자신만이 남는다. '나는 누구이다'는 느낌도 존재하지 않는다. '나는 누구이다'는 느낌도 각성 속에서 나와 분리된다. 그냥 내가 존재한다. 너무 단순해서 '나는 누구이다'나 나의 존재에 대한 각성마저도 없다.

---

7)네티(neti): '아니다'는 산스크리트어.

이것이 곧 '존재'가 뜻하는 것이다. 존재를 어떻게 정의하느냐의 철학적인 문제가 아니다. 체험의 문제, 어떻게 체험하느냐의 문제이다. 모든 것이 제거되고 꿈도 녹아들고 온 세상이 사라진다. 자신 안에 앉아 아무것도 하지 않는다. 한 조각의 생각도, 한 줄기의 감정도 지나가지 않는다. 모든 것이 침묵 속에 고요히 가라앉는다. 시간은 멈추고 공간은 사라진다. 이때가 초월의 순간이다. 이때 처음으로 무명의 옷을 벗는다. 이렇게 자신의 존재 속에서 성숙한다. 이렇게 지식인이 아니라 깨우친 자가 된다. 지식을 긁어모으는 게 아니라 모인 지식을 자신과 분리시킨다. 완전히 벌거벗은 슈냐타[8]가 된다.

파탄잘리는 이것이 무명에서의 해방이라고 말한다. 그래서 첫 단계는 계속해서 분리해 나가는 것이다. 대상을 볼 때마다 보는 자를 기억하라. '나는 분리되어 있다.' 그러면 곧바로 침묵이 내려온다. '나는 보는 자이지 보이는 자가 아니다'를 기억하는 순간 자신은 세상의 일부가 아니라 세상을 초월한다.

사람은 거듭 거듭 보는 자를 잊는다. 처음에는 보는 자를 계속 기억한다는 것이 어렵겠지만 24시간 중에서 단 한 순

---

8)슈냐타(shunyata): 모든 것이 사라진 '공(空)'을 뜻하는 산스크리트어.

간만이라도 기억할 수 있다면 그것으로 충분하다. 그렇게 계속하다보면 기억하는 순간들이 늘어간다. 그러다 보면 보는 자의 기억이 끊이지 않고 이어져 더 이상은 기억하려는 노력이 필요없어지는 날이 온다. 숨과 같이 자연스럽게 흐른다. '기억'이라는 말은 사실 정확한 말이 아니다. 기억에는 노력이 있기 때문이다. 그것은 그냥 저절로 일어나는 현상이다.

실재하는 것과 실재하지 않는 것의
식별을 흔들림 없이 수행하면
무명은 흩어진다.

이것이 하나의 단계이고 다음에 또 다른 단계가 온다. 두 개의 단계는 서로 같이 작용한다. 또 다른 단계를 두 번째 단계라고 부르는 것은 옳지 않다. 둘은 동시에 작용하기 때문이다. 하지만 처음에는 보는 자와 보이는 자의 식별에서 시작하는 것이 좋다. 이 단계를 먼저 해야 다른 단계가 보다 쉬워진다. 다른 단계는 보다 미묘한, 실재와 비실재의 차이를 식별하는 것이기 때문이다.

예를 들어보자. 일상생활에서 사람은 실재하는 것과 실재하지 않는 것의 차이를 구분하지 못하고 완전히 혼동한다. 너무나 혼동한 나머지 자신이 지어낸 공상마저도 실재로 착각하기도 한다. 공상을 실재로 받아들이면 공상은 자신에게 실재의 것처럼 영향을 미친다. 영향을 미치면 공상은 더욱 사실처럼 보인다. 이렇게 하여 악순환이 계속된다.

밤에 누군가 자신의 가슴에 올라타 칼로 자신을 찌르려고 하는 악몽을 꾸고 있다고 생각해보자. 비명을 지른다. 비명 때문에 잠을 깬다. 눈을 떠보면 자신의 가슴 위에는 아무도 없다. 아마 잠 속에서 베개나 자신의 손을 가슴에 갖다대고 누르면서 그런 악몽을 꾸었을 것이다. 잠에서 깨고 나서는 모두가 꿈이라는 것을 알지만 가슴은 여전히 가쁘게 고동친 다. 이제 완전히 잠에서 깨어났다. 모든 게 꿈이었다. 불을 켜보면 방안에는 아무도 없다. 자신의 숨소리만 약간 거칠 뿐. 마음이 완전히 진정되는 데는 약간의 시간이 더 걸릴 것 이다.

어떻게 실재가 아닌 꿈이 사람의 몸에 실재적인 영향을 주는가? 거기에는 두 가지 가능성이 있다. 첫 번째 가능성은 몸이 실재하지 않는다는 것이다. 힌두인들은 그런 시각으로 삶을 본다. 꿈이 실재와 같은 영향을 미친다면 삶 역시 꿈과 같다는 것이다. 실재하지 않는다는 것이다. 두 번째 가능성 은 꿈을 실재로 받아들이는 일이다. 그때 꿈은 자신에게 어 떤 영향을 주는 실재가 된다. 모든 것은 받아들이기 나름이 다. 꿈을 사실로 받아들이면 그 사람에게 꿈은 사실이 된다. 꿈을 올바로 이해할 때 꿈은 비실재의 모습을 드러낸다. 자신에게 어떠한 영향도 미치지 못한다.

지금 배가 고픈가? 그냥 지켜보라. 실재인가, 몸의 느낌인가? 아니면 그냥 매일 이 시간에 밥을 먹기 때문인가? 시계가 식사 때를 알리기 때문인가? 식사 시간이 가까워지면 사람들은 시계의 명령에 순종한다. '배고픔을 느껴라.' 하지만 배고픔은 실재하는 것인가? 배고픔이 실재하는 것이라면 시간이 흐를수록 배고픔을 더 많이 느껴야 한다. 그런데 현실에서는 어떤가? 매일 한 시에 밥을 먹는 사람은 한 시만 되면 배고픔을 느낀다. 이때 참아보라. 15분 정도 지나면 배고픔이 서서히 가시기 시작한다. 한 1시간쯤 지나면 배고픔은 완전히 없어진다. 왜 그런가? 배고픔이 참으로 실재한다면 1시간 후에는 더 많은 배고픔을 느껴야 하는데 현실에서는 왜 사라지는가? 배고픔은 마음이 지어낸 것이기 때문이다. 배고픔은 몸의 실재적인 요구가 아니라 상상의 요구, 비실재의 요구이다.

실재하는 것과 실재하지 않는 것을 지켜보라. 그러면 많은 것들을 깨달을 수 있다. 많은 것들을 정연하게 식별할 수 있다. 삶은 점점 더 간명해진다. 비실재를 찾아내는 것, 이것이 산야스[9]의 의미이다. 실재하지 않는 것들을 식별하게 되면 비실재로부터 더 이상 영향을 받지 않는다. 삶은 좀 더

---

9)산야스(sannyas): 세속적인 것을 내려놓고 명상과 수행의 세계에 입문하는 일.

간명해지고 좀 더 자연스러워진다. 이렇게 꾸준히 실재와 비실재를 식별해 나가면 삶의 99퍼센트가 비실재라는 사실을 깨닫는다. 나는 '99퍼센트'라고 했다. 1퍼센트는 마지막 단계를 위해 남겨놓는다. 마지막 단계에서는 그 1퍼센트마저도 비실재가 된다. 오직 자신만이 남는다. 모든 것이 비실재로 느껴지며 떨어져 나간다. 마지막에는 의식만이 실재로 남는다.

나이를 먹고 늙어도 보는 자는 그대로이다. 건강하기도 하고 병들기도 하지만 보이는 자는 그대로이다. 내면의 의식은 항상 그대로이다. 내면의 의식은 한결같으며 유일한 실재이다. 힌두인들은 실재를 영원에서 영원으로 지속하는 것으로 정의한다. 그들의 정의에 따르면, '영원한 것은 실재하는 것이요 순간적인 것은 실재하지 않는 것이다.' 이 순간에 왔다가 다음 순간에 가는 것은 실재가 아니라는 말이다. 그것은 꿈이다. 그것을 실재라 부르지 말라. 순간에만 의미가 있고 다음 순간에는 의미가 없어지는 것은 꿈이다. 힌두인들은 이렇게 말한다. "누구나 죽을 때 삶은 마치 존재하지 않았던 것처럼 무의미해진다. 따라서 삶 전체는 꿈이다."

실재와 비실재를 식별하고 구분해 나가다 보면 각성이 점점 더 날카로워진다. 실재와 비실재의 이러한 식별과 구분은 각성을 키우는 좋은 방편이다. 이 점을 명심하라. 핵심은 무엇이 실재이고 무엇이 비실재인가를 아는 데 있지 않다.

핵심은 실재와 비실재를 식별하면서 각성을 보다 세밀하게 하는 데 있다. 이는 하나의 방편이다. 방편에 사로잡히지 말라. 사람들은 항상 방편에 사로잡힌다. 이는 하나의 방편임을 항상 잊지 말라. 하나의 수단임을 잊지 말라. 실재와 비실재를 좀 더 깨어서 꿰뚫고 들어가면 둘 사이에는 어떤 일이 일어나는가? 치열함이 좀 더 깊어지고 좀 더 생생해진다. 두 눈은 삶의 현상을 꿰뚫어보고 저 멀리까지 내다본다. 이것이 핵심이다.

요가에서는 모든 것이 방편이다. 요가의 목적은 인간의 의식을 완전히 깨우는 데 있다. 가슴에 한 조각의 어둠도 남기지 않고 온 집안을 빛으로 환하게 밝히는 일이다. '실재하는 것과 실재하지 않는 것의 식별을 흔들림 없이 수행하면 무명은 흩어진다.' 여기에서 보듯 요가의 핵심은 무명을 없애는 것이다.

인간이 추구하는 빛은 내면에 있다. 따라서 구도는 내면의 구도가 되어야 한다. 구도는 어떤 목적을 지니고 외부 세계의 길을 가는 것이 아니다. 구도는 내면의 길을 떠나는 것이다. 내면의 길을 떠나 존재의 중심에 도달해야 한다. 인간이 구하는 것은 이미 내면에 있다. 양파의 껍질을 벗기기만 하면 된다. 인간의 내면에는 무명의 껍질이 층층이 쌓여 있다. 다이아몬드가 진흙 속에 감춰져 있다. 없는 다이아몬드는 만드는 게 아니다. 다이아몬드는 이미 거기에 있다. 층층의 진흙을 들춰내기만 하면 된다.

보물은 이미 거기 있다. 이는 아주 본질적인 것이다. 이를 이해하라. 어쩌면 자신에게는 열쇠가 없을지도 모르겠다. 먼저 열쇠를 찾으라. 보물이 아니다. 이는 아주 근원적이고 본질적인 문제이다. 우리의 모든 노력은 이러한 통찰을 바탕으로 하기 때문이다. 없는 보물을 만드는 것이라면 그것은 무한히 힘든 대장정이 될 것이다. 그 누구도 없는 보물을 만들어 낼 수 있을지 없을지 확언할 수 없다. 먼저 열쇠를 찾으라. 보물은 이미 가까이에 있다. 몇 개의 층에 달린 자물쇠를 따기만 하면 된다.

구도는 부정적이다. 구도는 긍정적이지 않다. 자신의 존재에 무언가를 더하는 작업이 아니다. 뭔가를 빼내는 작업이다. 자신이 아닌 무언가를 계속 잘라내는 일이다. 구도는 일종의 수술이다. 의학적인 의미의 수술은 아니지만 수술은 수술이다. 자신의 존재에 아무것도 더하지 않는다. 그러기보다는 자기가 가지고 있는 것을 계속 제거한다. 부정한다. 그러므로 우파니샤드는 '네티 네티'의 방편을 이야기한다. 네티 네티는 자신이 부정하는 주체가 될 때까지 계속 부정하는 작업이다. 더 이상 부정할 수 없게 될 때까지, 모든 게 사라지고 중심만 남을 때까지, 부정할 수 없는 의식만 남을 때까지 계속 부정해 나가는 일이다. '나는 이것이 아니다. 나는 저것이 아니다.' 이런 식으로 계속 부정해 나가라. 네티 네티. 계속 부정해 나가라. 그러면 자신만이, 부정하는 주체만이 남을 때가 온다. 더 이상은 아무것도 잘라낼 수 없을 때가 온다. 그러면 수술이 끝난다. 보물이 있는 지점에 도달한 것이다.

요가의 여러 부문을 수행하여
불순함이 사라지면
영적인 빛이 떠오르며
실재의 각성에 도달한다.

파탄잘리는 없는 무언가를 만들어야 한다고 말하지 않는다. 그는 무언가를 파괴해야 한다고 말하고 있다. 인간은 자신의 존재보다 훨씬 더 많은 것을 소유하고 있다. 그것이 문제이다. 자신의 존재에 너무나 많은 것들을 모아 붙였다. 다이아몬드 위에 너무나 많은 진흙을 발라 놓았다. 이 진흙을 씻어내야 한다. 진흙을 완전히 씻어내면 순간 다이아몬드가 드러난다. 없는 순수함과 성스러움과 신성을 만들어내는 게 아니다. 그것은 불순함을 없애는 것이다. 불순함을 없애면 인간은 순수해진다. 성스러워진다. 그러므로 이 길은 전적으로 다른 길이다. 몇 가지를 떼어내고 잘라내고 제거하는 길이다.

이것이 곧 산야스[10]의 길이다. 산야스는 포기를 뜻한다. 산야스의 길은 집을 떠나고 가족을 떠나고 아이들을 떠나는 길이 아니다. 집과 가족을 떠나는 것은 너무 잔혹하다. 가슴에 사랑이 있다면 정녕 그렇게 할 수 없다. 산야스는 아내를 떠나는 일이 아니다. 문제는 아내가 아니기 때문이다. 아내도, 아이도, 집도 신으로 가는 길을 막지 않는다. 집을 떠나 출가를 하는 것은 삶을 이해하지 못했기 때문이다. 자신이 내면에 쌓아놓은 것들을 떠나라!

산야스가 무엇인지 그 참다운 의미를 이해하는 사람은 우파니샤드가 말하는 '네티 네티'를 이해한다. 이렇게 말한다. '나는 몸이 아니다. 나는 몸에 깨어 있기 때문이다. 깨어 있음의 눈으로 나와 몸이 떨어져 있음을 본다.' 양파 껍질을 벗기듯 깊이 깊이 들어가라. '나는 생각이 아니다. 생각은 왔다가 가지만 나는 그대로이다. 나는 감정이 아니다…….' 생각이나 감정 등은 종종 너무 강력해서 자신을 완전히 잊어버리기도 하지만 좀 있으면 갈 것이다. 생각은 존재하지 않고 나는 존재했던 시간이 있었다. 생각이 존재하고 나는 존재하지 않았던 시간이 있었다. 이제 생각이 지나가고 나는 그대로 남는 시간이 있다. 나는 생각이 될 수 없다. 왜냐하면 생각은 왔다가 가는 것이기 때문이다. 생각과 나는 분리되어 있다. 양파의 껍질을 계속 벗겨나가라.

---

10)산야스(sannyas): 깨달음을 위하여 세속을 포기하는 일.

아니다, 몸은 내가 아니다. 생각도 내가 아니다. 느낌도 내가 아니다. 이 세 가지 층 모두가 내가 아니라는 것을 깨달으면 에고는 흔적도 남기지 않고 사라진다. 에고는 이들 세 가지 층과의 동일시에 다름 아니기 때문이다. 에고가 사라지면 참나는 그대로 남지만 더 이상 '나'라는 말을 할 수 없다. '나'라는 말은 그 의미를 상실한다. 이렇게 에고가 사라지고 나면 존재의 집으로 돌아온다.

내가 '불순한 것을 떠나라'고 할 때 이는 몸이 불순하다거나 마음이 불순하다거나 느낌이 불순하다는 말은 아니다. 아무것도 불순하지 않다. 대상과 동일시할 때의 동일시가 불순할 뿐이다. 모든 것은 순수하다. 몸이 스스로 움직이고 사람이 간섭하지 않을 때 몸은 완벽하다. 의식이 스스로 움직이고 몸이 간섭하지 않을 때 의식은 순수 그 자체이다. 존재계를 간섭하지 않는 삶은 순수한 삶이다. 만물은 순수하다. 나는 몸을 비난하지 않는다. 나는 어느 것도 비난하지 않는다. 이 점을 정확히 알라. 모든 것은 있는 그 자체로 아름답다. 하지만 동일시하면 불순함이 태어난다.

자신이 몸이라고 생각하는 것은 몸에 간섭하는 행위이다. 내가 몸을 간섭하면 즉각 몸은 반발하여 나를 간섭한다. 몸이 나를 간섭하면 불순함이 태어난다.

파탄잘리는 말한다. "요가의 여러 부문을 수행하여 불순함이 사라지면……" 동일시를 끊기 위해, 마음의 혼란을 끊기 위해, 나 아닌 다른 사람이 되고자 하는 혼돈을 끊기 위해…… 인간은 아무것도 분명하지 않다. 중심이 없다. 인간의 마음은 수많은 사람들로 들끓는다. 모두가 모두를 대상으로 간섭한다. 이것이 불순함이다.

"영적인 빛이 떠오르며……" 불순함이 사라지면 갑자기 영적인 빛이 떠오른다. 이 빛은 밖에서 오지 않는다. 이 빛은 순수와 순결 속에 있는 가장 깊은 내면의 존재이다. 영적인 빛이 나타난다. 모든 것이 분명해진다. 수없는 혼돈이 사라지고 투명한 지각이 떠오른다. 이제 모든 것을 있는 그대로 볼 수 있다. 마음의 투사도, 아무런 상상도, 실재의 왜곡도 없다. 그냥 사물을 있는 그대로 볼 뿐이다. 두 눈은 텅 비고 존재는 침묵에 잠긴다. '나의 것'은 모두 사라지고 이제 마음의 투사는 가능하지 않다. 그냥 수동적으로 보는 자, 삭쉰(sakshin)이 된다. 즉 관조자가 되는 것이다. 이것이 존재의 순수이다.

자, 이제 파탄잘리의 중심 가르침인 요가의 8단계를 보자.

요가의 8단계는
야마, 니야마, 아사나, 프라나야마, 프라티아하라,
다라나, 디아나, 사마디 등이다.

이는 하나의 문장, 하나의 씨앗에 요가 전체를 함축한 것이다. 이는 많은 것들을 함축하고 있다. 먼저 각 단계의 정확한 의미를 살펴보자. 파탄잘리는 이를 '단계와 수족(手足)'이라고 부른다. 그렇다, 이는 단계이자 수족이다. 서로 이어진다는 의미에서 단계이다. 요가라는 유기체의 부분이라는 의미에서 수족이다.

예를 들어보자. 나의 손과 발, 심장은 서로 따로따로 놀지 않는다. 서로 분리된 존재가 아니다. 서로가 모여 하나의 통일된 유기체를 형성한다. 심장이 멈춰도 손이 움직일 수 있는가? 모든 것은 서로 연결되어 있다. 손과 발과 심장은 하나 하나 따로 떨어진 사다리의 가로대가 아니다. 가로대 하나가 부러진다고 해서 사다리 전체가 부서지는 것은 아니다. 파탄잘리는 요가의 여덟 부문을 '단계'라고 부른다. 거기에는 순서가 있고 그 순서에 따라 성장하기 때문이다. 요가의 여덟 부문은 단계일 뿐만 아니라 수족이기도 하다. 몸이라는 유기체의 수족 말이다. 수족은 어느 하나도 버릴 수 없다. 단계를 버릴 수 있을지 몰라도 수족은 버릴 수 없다. 수족은 기계의 부품이 아니기 때문이다. 떼어낼 수도 없다. 수족이 모여 하나의 인간을 구성하기 때문이다. 수족은 전체와 하나로 연결되어 있다. 전체는 수족을 통해 조화로운 통일체로 기능한다.

그래서 이들 요가의 8수족은 하나가 끝나면 다음으로 넘어간다는 의미에서 단계이다. 서로는 깊이 연결되어 있다. 1단계를 하지 않고 바로 2단계를 할 수 없다. 1단계를 첫 번째로 하고 2단계를 두 번째로 해야 하는 것이다. 8단계는 여덟 번째로 해야만 한다. 8단계를 첫 번째로 해서도 안 되는 것은 물론 네 번째로 해서도 안 된다. 여덟 단계는 순차적으로 해야 하는 단계임과 동시에 조화롭게 통일된 유기체이다.

야마(yama)는 금계(禁戒)를 말한다. 사실 이를 '금계'로 옮기면 원래의 의미를 상실하고 만다. 금계는 '억압'처럼 들린다. 프로이트 이후 억압이라는 말은 추해졌다. 금계는 억압이 아니다. 파탄잘리 시대의 야마라는 말은 금계와는 완전히 다른 의미를 지니고 있었다. 말이란 시대를 내려오면서 계속 변하는 법이다. 야마라는 말에서 나왔으며 오늘날 인도에서 쓰이는 '사미얌(samyam)'이라는 말도 억압이나 통제를 뜻한다. 원래의 의미를 완전히 상실하고 말았다.

파탄잘리가 말하는 금계는 자신을 억압하라는 말이 아니다. 자신의 삶에 방향을 주라는 말이다. 에너지를 억압하는 게 아니라 에너지에 올바른 방향을 주라는 말이다. 삶의 길에는 수많은 방향이 있다. 그런데 인간은 가야 될 길의 반대 방향으로 가고 있다. 인간의 삶이 그렇다. 그렇게 해서는 그 어느 곳도 갈 수 없다. 이는 차를 운전하는 것과 같다. 몇 리를 북쪽으로 운전하다가 마음이 변해서 남쪽으로 갔다가 또 다시 마음이 변해서 이번에는 서쪽으로 간다. 마음은 이런 식으로 삶을 운전한다. 그렇게 운전하면 태어난 자리에서 죽는다. 태어난 자리를 벗어나지 못하는 것이다. 그런 삶에는 충만한 체험이 있을 수 없다. 사람은 수많은 방향으로 길을 간다. 그리고 헛수고를 한다. 자꾸만 좌절의 수렁으로 들어간다. 삶이 공허해진다.

금계를 지키는 것은 자신의 생명 에너지에 올바른 방향을 주는 것이다. 누구나 생명 에너지에는 한계가 있는 법이다. 아무런 방향성도 없이 생명 에너지를 쓸모없는 데 낭비하면 가야 할 데를 가지 못한다. 조만간 에너지가 텅 비게 될 것이다. 그 텅 빔은 붓다의 공이 아니다. 그것은 부정적인 텅 빔이다. 에너지의 용기에 아무것도 남지 않아 텅 빈 것이다. 이런 사람은 죽음이 찾아오기도 전에 죽는다. 자연과 존재계, 신이 인간에게 일정한 에너지를 주었다. 이 일정한 에너지를 제대로 쓰면 에너지는 무한한 세계로 통하는 문이 될수 있다. 모든 에너지를 불러모아 한 방향으로 나아가고, 올바른 방향으로 나아가고, 깨인 의식으로 길을 가고, 각성으로 걸어가며 군중이 아니라 개인으로 길을 가는 것이 금계의 참된 의미이다.

보통 인간의 내면에는 군중이 들어 있다. 혼자가 아니다. 수많은 목소리들이 제각각 떠들어댄다. 이 목소리는 이쪽으로 가라하고 저 목소리는 저쪽으로 가라한다. 한 목소리는 이 신전으로 가라하고 다른 목소리는 극장이 더 좋다고 말한다. 수많은 목소리들이 자신의 말을 들으라고 아우성이다. 어느 쪽을 선택해도 마음이 편치 않다. 꼭 후회를 한다. 극장을 선택하면 신전으로 가라고 우긴 목소리가 계속해서 문제를 일으킨다. '여기서 대체 무얼 하는가? 괜한 시간 낭비야. 신전에 가야지. 기도가 훌륭한 것이지. 신전에 갔으면 참으로 좋은 경험을 했을지도 모르는데……. 깨달음의 기회가 있었을지도 몰라. 내가 그 기회를 놓친 거야.' 설령 신전에 간다 해도 같은 문제가 발생한다. 신전에 가면 극장에 가자고 우긴 목소리는 '여기서 무엇을 하는 거야? 여기 멍청하게 앉아 있는 일이 뭐 좋은 일이라고. 기도는 옛날에 수도 없이 했지만 아무런 응답도 못 받았잖아. 이건 순전히 시간 낭비야.' 라고 떠들어댈 것이다. 주위를 둘러보아도 무의미하게 앉아 아무런 이득도 되지 않는 일을 하는 바보들뿐이다. '극장에 갔다면 얼마나 재미있었을까? 정말로 좋은 찬스였는데.' 기회를 놓친 것이다.

군중이 아닌 개인이 되지 않으면, 조화로운 통일체가 되지 않으면 어디를 가든지 항상 기회를 놓친다. 항상 객으로 떠돈다. 존재의 집을 모른다. 항상 이곳과 저곳을 떠돌 뿐, 존재의 집은 보이지 않는다. 정신이 혼미해진다. 금계를 반하는 삶은 혼미한 삶이다. 서양에서는 금계는 노예가 되는 일이요 금계를 거스르는 것이 자유인이 되는 일이라고 생각한다. 아니다. 자신이 통일된 개인이 되지 않으면 자유인이 될 수 없다. 세상의 자유는 사실 자기기만이다. 어쩌면 그것은 자살이다. 스스로를 죽이고 자신의 가능성을 파괴하고 에너지를 파괴한다. 어느 날 세상을 등져야 하는 날이 오면 일생을 노력하고 노력했지만 아무것도 얻은 게 없으며 아무런 성장도 없었다는 것을 깨우칠 것이다.

금계의 본질적인 뜻은 삶에 방향을 주는 것이다. 금계란 자신의 존재 중심을 향해 좀 더 깊이 내려가는 것이다. 어떻게 하면 좀 더 존재 중심으로 들어갈 수 있는가? 자신의 삶에 올바른 방향을 주는 즉시 중심이 느껴지기 시작한다. 삶에 올바른 방향을 주면 자신은 중심을 향해 나아간다. 삶의 방향과 중심은 서로를 채워준다. 금계를 하지 못하면 두 번째 단계로 넘어갈 수 없다. 그래서 파탄잘리는 요가의 여덟 부문을 '단계'라 부른 것이다.

두 번째는 니야마(niyama), 곧 권계(勸戒)이다. 자신을 다스리기 위해 일정한 계율을 지키는 수행자의 삶이다. 파탄잘리 시대의 아름다운 말들이 모두 누추해졌다. 우리는 생활에 일정한 규율이 없으면 본능의 노예가 되고 만다. 사람들은 이를 자유라고 생각하지만 떠도는 생각의 노예 노릇을 하는 것이다. 그것은 자유가 아니다. 자신을 종처럼 부리는 상전이 없을지 모르나 내면에는 수많은 주인이 들어앉아 있다. 이 주인들이 나를 종처럼 부린다. 계율을 세워 자신의 삶을 다스리는 사람만이 미래 어느 날 스스로 주인이 될 수 있다.

사실 이것은 아주 먼 미래의 이야기이다. 진짜 주인은 제8단계를 통과했을 때 드러나기 때문이다. 그것이 최종 목적이다. 그때 나는 '지나(jina)', 곧 승리자가 된다. 깨어난 자, 붓다가 된다.

세 번째는 아사나(asana), 곧 좌법(坐法)이다. 모든 단계는 앞 단계에서 나온다. 규율을 만들어 삶을 규칙적으로 살면 좌법을 얻는다. 시간이 날 때면 좌법을 하라. 조용히 앉아 있어 보라. 몸이 근질근질해서 가만 앉아 있기 힘들 것이다. 여기저기 가렵고 아프고 다리에 쥐가 나기도 한다. 신체의 많은 부위들이 불안정함을 깨닫는다. 예전에는 미처 몰랐던 것들이다. 그냥 앉아 있기만 한데 왜 그렇게도 많은 문제들이 떠오르는가? 몸에서 개미가 기어가는 느낌을 받는다. 눈을 뜨고 가려운 곳을 바라보면 개미는 없다. 몸이 자신을 속인 것이다. 수행의 세계에 몸은 준비가 되어 있지 않다. 여기저기 몸이 많이 망가졌다. 몸이 말을 듣지 않는다. 이미 몸이 자신의 주인이 된 것이다. 항상 몸이 시키는 대로 했기 때문에 이제 단 몇 분 조용히 앉아 있기가 힘들다.

사람들을 조용히 앉아 있게 하면 무척 고통스러워한다. 누구에게 '아무것도 하지 말고 조용히 앉아 있으시오'라고 하면 그는 '마음속으로 염송을 하게 만트라 하나를 주십시오' 라고 부탁할 것이다. 그에게는 무언가를 하는 일이 필요하다. 그냥 앉아 있는 일은 쉽지 않아 보인다. '아무것도 하지 않고 고요히 앉아 있는' 일은, 우리가 할 수만 있다면, 세상에서 가장 아름다운 일이다.

아사나는 이완된 몸의 자세를 뜻한다. 참다운 아사나에서는 몸이 이완되어 깊은 휴식 속에 잠긴다. 때문에 몸을 움직일 필요가 없어진다. 그 순간 갑자기 몸을 초월한다.

'보라, 여기 개미들이 많이 기어오른다' 라고 충동질을 해서 긁게 함으로써 몸은 명상하는 사람을 세상으로 잡아내린다. 몸은 또 이렇게 말하기도 한다. '그렇게 멀리 가지 마라. 돌아오라. 어디를 가는가?' 의식이 육체를 벗어나 위로 향하기 시작하면, 몸은 반항하기 시작한다. 이런 일을 겪어본 적이 없을 것이다. 몸은 명상하는 사람의 관심을 끌기 위해 여러 문제를 만든다. 문제가 생기면 명상에서 현실로 돌아와야 한다. 몸은 이렇게 요구한다. '나에게 관심을 보이라.' 몸이 특정 부위에 아픔이나 가려움을 일으키면 긁고 싶어진다. 몸은 이제 평상시의 몸이 아니다. 거세게 반항을 하는 것이다. 이는 몸이 쓰는 술책이다. 내가 너무 멀리 달아날까봐 몸은 나를 부른다. '너무 멀리 가지 마라. 뭔가를 하라. 여기서 하라. 몸에 매여 있고 세상에 매여 있으라.' 의식이 하늘로 날아오르기 시작하면 몸은 두려워한다.

아사나는 금계와 권계의 삶을 사는 사람에게만 찾아온다.

생활에 절제가 있고 절도가 있을 때 아사나는 가능하다. 이때는 가만히 앉아 있을 수 있다. 이제 몸은 내가 수행에 단련된 사람이라는 것을 안다. 앉고 싶을 때 앉는다. 아무것도 걸리는 것이 없다. 몸은 계속 자기 말을 지껄이겠지만 점점 줄어들다가 멈출 것이다. 아무도 몸의 말을 들어주지 않기 때문이다. 이는 억압이 아니다. 몸을 억압하는 것이 아니다. 현실에서는 이와 반대로 몸이 나를 억압하려고 든다. 하지만 나는 몸에게 어떠한 관심도 주지 않고 그냥 푹 쉰다. 몸에게 휴식을 주어본 적이 없기 때문에 몸은 휴식이 무엇인지 모른다. 사람은 항상 들떠서 산다. 아사나는 휴식이다. 그것도 아주 깊은 휴식이다. 이렇게 깊이 휴식할 수 있으면 많은 일들이 가능해진다.

몸이 휴식할 줄 알면 이제는 호흡을 제어할 수 있다. 이제 점점 더 깊이 들어간다. 호흡은 몸과 영혼을 이어주는, 몸과 마음을 이어주는 다리이다.

아사나 다음은 프라나야마(pranayama), 즉 조식(調息)이다.

며칠 동안 주의 깊게 살펴보라. 화가 날 때 호흡의 리듬이 어떻게 바뀌는지 살펴보라. 날숨이 길어지는지 들숨이 길어지는지 아니면 똑같은지 잘 살펴보라. 들숨이 짧고 날숨이 길 수 있으며 반대로 들숨이 길고 날숨이 짧을 수 있다. 들숨과 날숨의 길이를 지켜보라. 성욕이 일어날 때도 호흡의 변화를 지켜보라. 고요히 앉아 밤하늘을 보는데 주위가 모두 평화에 잠길 때가 있다. 그때도 호흡을 유심히 지켜보라. 사랑이 넘칠 때의 호흡은 어떻게 변하는지 살펴보라. 싸울 때의 호흡도 놓치지 말라. 다른 분위기와 상황 속에서도 호흡의 변화를 살펴보라. 많은 것을 깨닫게 될 것이다.

조식은 가르칠 수 있는 것이 아니다. 사람의 호흡은 모두 다르기 때문에 자신의 조식은 스스로 발견해야 한다. 마치 지문이 사람마다 다른 것처럼 호흡과 그 리듬도 사람마다 다르다. 호흡은 전적으로 개인적인 현상이다. 그래서 나는 호흡을 가르치지 않는다. 스스로 호흡의 리듬을 발견해야 한다. 내 호흡의 리듬은 상대에게 맞지 않거나 나아가서는 해로울 수도 있다. 자신의 리듬, 스스로 발견해야 한다.

그것은 그리 어렵지 않다. 전문가에게 물어볼 필요도 없다. 한 달 동안 자신의 기분과 상태, 그리고 호흡의 리듬을 정확하게 기록한다. 그러면 자신이 편안하게 깊은 휴식 상태로 들어갔을 때의 호흡이 어떠하며, 마음이 조용히 가라앉고 차분하게 평정을 유지할 때의 리듬이 어떠하고, 갑자기 미지의 세계로 지복이 넘쳐흐를 때의 리듬이 어떠한지를 알 수 있다. 지복이 넘쳐흐르는 순간에는 어마어마해서 온 세상과 나누어도 그 지복은 결코 줄지 않는다.

우주와 하나가 되는 체험의 순간을 느끼며 지켜보라. 분리도 다리도 떨어져 나가는 체험의 순간을 지켜보라. 나무와 새, 강과 바위, 모래와 바다 등과 하나가 될 때 지켜보라.

호흡에는 몹시 폭력적이고 거칠고 추하며 고통스러운 지옥형의 호흡에서 깊디깊은 침묵이 흐르는 천국형의 호흡에 이르기까지 아주 다양하게 존재한다. 자신의 리듬을 발견하면 이를 지속적으로 수련하라. 삶의 일부가 되게 하라. 호흡 수련이 무의식에까지 이르면 수련하던 호흡을 항상 유지할 수 있다. 이 호흡의 리듬을 계속 수련하고 유지하면 그 삶은 요기의 삶이 된다. 화를 내지도, 성적으로 흥분하지도, 증오심이 일어나지도 않는다. 어느 순간 갑자기 변형이 일어나는 것을 체험한다.

프라나야마는 인류 의식의 역사상 가장 위대한 발견 중의 하나이다. 요가의 길은 내면으로 떠나는 여행이다. 프라나야마는 네 번째이다. 파탄잘리 요가의 길에는 여덟 단계밖에 없다. 그러므로 프라나야마에서 구도 여행의 반을 마친다. 프라나야마를 배운 사람은 여기에서 구도 여행의 반을 마친다. 선생에게 배운 게 아니라—선생이 주는 것은 가짜임으로 나는 이를 인정하지 않는다—각성을 통하여 스스로 프라나야마를 발견한 사람은 여기에서 여행의 반을 마친다. 프라나야마는 인류에게 가장 중요한 발견 중의 하나이다.

조식의 프라나야마 다음에는 제감(制感)의 프라티아하라가 온다. 제감은 내면의 집으로 돌아오는 것이다. 올바른 호흡의 리듬을 주는 프라나야마가 끝나야 제감은 가능하다. 이제 모든 호흡의 종류를 안다. 존재의 집에서 가장 가까운 호흡에서 참나와 가장 멀리 떨어진 호흡까지 모든 가능성들을 안다. 폭력과 성욕, 분노, 시기, 소유욕 등의 호흡을 하면 참나로부터 멀리 떨어진다. 자비와 사랑, 기도, 감사 등의 호흡을 하면 존재의 집에 가까이 다가간다. 프라나야마가 끝나야 제감이 가능하다. 이제 길을 알았다. 존재의 집으로 돌아오는 법을 배웠다.

그 다음에는 다라나(dharana), 즉 응념(凝念)이 온다. 존재의 집이 가까워 오고 내면의 가장 깊은 중심이 가까워 오기 시작하면 존재의 문이 보인다. 제감을 통해 존재의 문까지 도달한다. 프라나야마는 안과 밖을 연결하는 다리이다. 제감은 존재의 문이다. 제감 다음에 응념이 가능하다. 제감에서는 마음을 하나의 대상에 모을 수 있다. 먼저 몸에 방향을 주고 다음에 생명 에너지에 방향을 주었다. 이제는 의식에 방향을 줄 차례이다. 의식에 방향을 주어 아무렇게나 흩어지지 않게 한다. 그리고 의식을 한 곳에 모은다. 이것이 응념이다.

의식이 이쪽에서 저쪽으로, 저쪽에서 또 다른 쪽으로 흔들릴 때 생각은 일어난다. 의식이 한 대상에 집중이 되면 생각은 멈춘다. 의식이 원숭이처럼 계속해서 이리저리 뛰어다니면 많은 생각들이 일어나고 마음은 시장 바닥처럼 잡다한 것으로 가득해진다. 조식과 제감 후에는 한점에 의식을 모을 수 있게 된다.

의식을 한 점에 모을 수 있을 때 디아나(dhyana), 즉 선정(禪定)은 가능해진다. 응념 속에서 마음을 한 곳에 모은다. 그리고 그 한 점마저도 놓는다. 그러면 완전히 존재의 중심 속으로 들어간다. 이는 어디로 가는 게 아니다. 어디로 간다 함은 밖으로 가는 것을 뜻하기 때문이다. 응념 속에서 일어나는 단 하나의 생각도 자신 밖에 있는 것이다. 대상이다. 생각이 있으면 홀로 존재하는 게 아니라 둘로 존재한다. 응념 속에서는 대상과 나, 둘로 존재한다. 응념 이후에는 대상마저 내려놓아야 한다.

사원이나 신전이 할 수 있는 일은 여기 응념까지다. 그 이상은 신전도 어쩔 수 없다. 신전도 대상이기 때문이다. 신상(神像)도 대상이기 때문이다. 신전을 통해서는 다라나, 즉 응념의 경지까지밖에 갈 수 없다. 그래서 그 이상을 넘어가는 종교에서는 신전도 신상도 존재하지 않는다. 신전이나 신상은 사라져야 한다. 신전은 완전히 텅 비어야 한다. 거기에는 참나만이 존재한다. 거기에는 다른 아무도, 아무런 대상도 존재하지 않는다. 오직 순수 주체만이 존재한다.

디아나, 즉 선정은 순수 주체요 명상이다. 선정은 묵상의 상태가 아니다. 무언가에 대해 묵상하는 것은 응념의 단계에 있는 것이다. 응념한다는 것은 응념할 대상이 아직도 존재한다는 상태이다. 선정은 명상이다. 모든 것이 떨어져 나가고 아무것도 남아 있지 않은 가운데 아주 밝게 깨어 있다. 대상은 떨어져 나가고 주체는 깨어 있다. 깊은 응념의 상태에서 대상은 사라지고 존재의 중심이 드러나지만 아직도 '나' 라는 느낌이 떨어지지는 않았다. 그런 느낌이 한동안 진행된다. 대상은 떨어졌지만 주체는 아직도 떨어지지 않았다. '나는 존재한다' 는 느낌이 사라지지 않은 것이다.

이는 에고는 아니다. 산스크리트어에는 이 상태를 표현하는 단어가 두 개 있다. 아항카르(ahankar)와 아스미타(asmita) 등이 그것들이다. 아항카르는 '나는 존재한다' 는 뜻이다. '나는 존재한다' 는 느낌이 완전히 떨어지지 않았다. '나는 존재한다' 는 생각은 에고이다. 선정 속에 에고는 완전히 사라진다. 아스미타는 '존재한다' 는 뜻이다. 존재한다는 느낌, 여기에서 에고는 존재하지 않고 에고의 그림자만 남는다. 존재한다는 느낌, 아직도 그림자가 남아 있는 현상, 하나의 느낌이 아직 떠나지 않고 있다. 아침 안개처럼 희미하게 자신의 주위를 떠돌고 있다. 선정 속에 아침이 밝아오고 있지만 태양이 완전히 떠오르지 않았다. 아스미타, 존재한다는 느낌이 아침 안개처럼 희미하게 남아 있다.

아스미타도 사라질 때, 자신은 더 이상 존재하지 않음을 깨달을 때 사마디(samadhi), 즉 삼매가 일어난다. 무아경, 황홀경이 일어난다. 물론 참나는 여전히 존재하지만 참나의 거울에 비치는 대상이 완전히 사라졌다. '나는 존재한다' 거나 '존재한다'는 느낌마저도 완전히 사라졌다는 말이다. 삼매는 모든 것을 초월하는 일이다. 초월하면 더 이상 세상으로 돌아올 존재는 사라진다. 삼매는 돌아올 수 없는 다리이다. 거기에서는 그야말로 모든 것이 사라진다. 삼매에 든 사람은 신이다. 우리는 붓다를, 마하비라를 신으로 생각한다. 삼매에 든 사람은 이 세상의 존재가 아니다. 그의 육체는 아직도 여기 있는 것처럼 보일지 모르나 그의 참나는 더 이상 이 땅에 존재하지 않는다. 그는 더 이상 이 세상 사람이 아닌 것이다. 그는 아웃사이더이다. 그의 몸은 여기 있을지 모르나 그의 집은 다른 데 있다. 그가 이 땅을 걷고 있을지 모르나 그의 존재는 이 땅을 걷고 있지 않다. 이런 말이 있다. "삼매에 든 사람은 이 세상에 살지만 이 세상은 삼매에 든 사람 속에서 살지 못한다."

이것이 곧 요가의 8단계이자 8수족이다. 여덟 단계는 아주 밀접하게, 유기체처럼 서로 연결되어 있는 고로 '수족'이라 한다. 하나 다음에 다른 하나가 순서대로 오는 고로 '단계'라 한다. 아무 데서나 시작하면 안 된다. 야마, 즉 금계에서 시작해야 한다.

이제 다른 몇 가지를 더 살펴보자. 이들은 파탄잘리 가르침의 핵심을 이루기 때문에 꼭 짚고 넘어가야 하는 것들이다. 금계는 나와 타자를 이어주는 다리이다. 금계는 생활의 절제를 말한다. 나와 타자, 나와 사회 사이에서 일어나는 일이다. 나와 타자 사이의 일은 보다 깨어 있는 생활이 되어야 한다. 무의식적으로 행동해서도, 기계나 로봇처럼 생활해서도 안 된다. 생활 속에서 깨어 있으려는 노력을 통해 의식을 점점 깨워야 한다. 상대나 대상에 기계적인 반응을 하지 말라. 기계적인 반응은 꼭 필요할 때만 하라. 기계적인 반응이 깨어 있는 반응이 되게 하라.

기계적인 반응과 깨어 있는 반응은 완전히 다르다. 첫째, 기계적인 반응은 기계처럼 자동적으로 나온다. 깨어 있는 반응은 깨어 있는 의식에서 나온다. 사람들은 누가 자기 욕을 하면 즉각적으로 기계적인 반응을 보인다. 상대에게 욕을 한다. 이는 기계적인 반응이다. 상황을 이해하려는 한 치의 틈도 없다. 금계의 사람은 상대의 말을 듣고 생각을 한다.

구제프는 자신의 전 생애를 송두리째 바꿔놓은 이야기를 자주 하곤 했다.

구제프의 나이 9살 때 할아버지가 돌아가셨다.
할아버지는 임종시에 구제프를 불러 이렇게 얘기했다.
"가난해서 네게 줄 게 아무것도 없지만 그래도 뭔가를 주고 싶구나. 내가 평생 보물처럼 간직해온 건 이거야. 너의 증조할아버지가 내게 물려준 거야. 네가 지금 어려서 그걸 이해하기 힘들겠지만, 그래도 잘 기억해두라. 크면 이해할 수 있는 날이 올 거야. 그때를 위해 잘 기억해두라. 지금은 어려서 이해되지 않아도 미래를 위해서 꼭 기억해두라."

그리고 나서 할아버지는 구제프에게 이것을 이야기해주었다.

"누가 너를 욕하거든 꼭 24시간 후에 답을 하라."

후에 할아버지의 이 말 때문에 구제프의 삶은 변형된다. 누가 24시간 후에 기계적인 반응을 보일 수 있는가? 기계적인 반응은 즉각적으로 나온다.

구제프는 이렇게 말했다.

"누가 나를 모욕하거나 비난하는 말을 하면 '내일 다시 오겠습니다. 나는 24시간이 지나야 거기에 답을 할 수 있습니다. 할아버지하고 약속을 했거든요. 그분이 돌아가시고 안 계시다고 해서 약속을 물릴 수는 없습니다. 내일 다시 오겠습니다' 라고 말할 것이다."

그런 말을 들으면 상대는 당황할 것이다. 왜 그런지 이해하지 못할 것이다.

구제프는 상대의 욕에 대해 숙고했다. 그가 생각을 하면 할수록 상대의 모욕은 욕으로써의 의미가 없어졌다. 때때로 상대의 말이 옳게 느껴지기도 했다. 그럴 때에 구제프는 상대를 찾아가서 감사를 표했다.

"제가 모르고 있던 걸 일깨워 주셨습니다."

어떤 때는 상대의 모욕이 절대적으로 틀렸음을 알 때도 있었다. 상대가 절대적으로 틀렸다면 신경 쓸 일이 없다. 아무도 거짓에 대해 신경 쓰지 않는다. 자신이 상처를 입는다는 것은 상대의 모욕에 뭔가 진실이 담겨 있다는 뜻이다. 그렇지 않다면 상처 입을 일이 없는 것이다. 하여튼 상대가 절대적으로 틀렸을 때는 상대를 찾아갈 필요가 없었다.

구제프는 이렇게 말했다.

"나는 수없이 모욕을 당할 때마다 할아버지와의 약속을 지키려고 노력했다. 서서히 분노는 나에게서 멀어져갔다."

비단 분노뿐만 아니라 다른 감정들에 대해서도 할아버지와의 약속을 실천했다. 그리고 부정적인 감정들이 모두 사라져갔다. 구제프는 이 시대 깨달음을 얻은 최고봉 중의 하나였다. 그는 붓다였다. 구제프는 구도의 여정을 할아버지가 임종시에 준 작은 약속으로 시작했다. 그 약속은 구제프의 인생을 송두리째 바꿔놓았다.

금계는 나와 타자를 이어주는 다리다. 삶도 깨어서 살고 관계도 깨어서 하라. 금계 다음에는 권계와 좌법, 이 둘은 몸을 다루는 일이다. 그 다음에 오는 조식은 다리다. 금계가 나와 타자를 이어주는 다리라면 권계와 좌법은 몸과 마음을 이어주는 다리(조식)를 위한 준비과정이다. 제감과 응념은 마음을 준비한다. 선정은 마음과 영혼을 이어주는 다리다. 삼매는 깨달음의 성취다. 그 모든 것이 하나의 사슬처럼 이어진다. 이것이 삶의 전부이다.

사람들과의 관계가 변해야 한다. 타자와 관계하는 방식이 변해야 한다. 예전에 하던 대로의 관계를 계속 유지하면 삶의 변화는 가능하지 않다. 관계를 바꾸어야 한다. 아내와의 관계, 친구와의 관계, 자식과의 관계를 지켜보라. 관계의 방식을 바꾸라. 관계에서 바꿔야 될 것은 대단히 많다.

금계는 자신의 주변에 좋은 환경을 만드는 일이다. 싸우고 미워하고 성내고, 주위 사람들에게 적개심을 보이면서 어떻게 내면으로 들어갈 수 있는가? 그러한 감정들로 살면 내면으로 들어갈 수 없다. 표면에서 그렇게 동요하면 내면의 여행을 할 수 없다. 주변에 편안하고 우호적인 분위기를 만드는 것이 금계이다. 타인과의 관계가 아름답고 명상적이면 타인은 나의 내면 여행을 방해하지 않는다. 방해하지 않는 것은 물론 도와주기까지 한다.

권계와 좌법은 몸을 위한 수행이다. 몸도 하나의 메커니즘이기 때문에 규칙적인 생활이 몸과 건강에 좋다. 불규칙적인 생활을 하면 몸에 혼란이 온다. 오늘은 1시에 점심을 먹었다가 내일은 11시에 먹고 모래는 10시에 먹으면 몸은 혼란을 느낀다. 몸에는 생체 시계가 있다. 그래서 몸은 일정한 패턴으로 움직인다. 매일 정해진 시간에 밥을 먹으면 몸은 상황을 질서 정연하게 인식한다.

제때에 음식물이 들어오면 위액이 나온다. 아무 때나 먹고 싶을 때 먹으면 위액은 제대로 분비되지 않는다. 위액이 제대로 분비되지 않으면 음식물이 차가워지고 소화에 문제가 생기기 시작한다. 음식이 식기 전에 위액이 분비되어 곧바로 영양분을 흡수해야 한다. 위액이 제 시간에 분비되면 음식물은 6시간 안에 흡수될 수 있다. 위액이 제때 분비되지 않으면 12시간에서 18시간이 걸릴 수 있다. 그러면 몸이 무거워지거나 무기력해진다. 영양분의 흡수를 통해 에너지를 얻기는 하지만 이 에너지는 활력 있는 에너지가 아니다. 가슴에 돌덩이가 있는 것처럼 몸이 무겁다. 음식물은 제때 소화가 될 때 맑은 에너지를 공급한다.

권계와 좌법, 즉 규칙적인 생활과 자세는 몸을 위한 수행이다. 몸을 다룰 수 있을 때 세상은 아름다워진다. 에너지를 다룰 수 있을 때 세상은 빛이 난다. 무디거나 무겁지 않고 항상 생생하게 살아 있으며 에너지가 넘쳐흐른다. 그럴 때 몸은 지혜로워지고 새로운 각성으로 빛이 난다.

그 다음에 오는 조식은 다리다. 깊은 호흡은 몸과 마음을 이어주는 다리다. 호흡을 통해 몸을 바꿀 수 있다. 호흡을 통해 마음도 바꿀 수 있다. 제감과 응념, 즉 귀향과 집중은 마음을 변형시킨다.

그 다음에 오는 선정은 마음과 무심, 즉 마음과 참나를 이어주는 다리다. 선정은 삼매로 가는 다리다.

사마디라는 말은 아름답다. 모든 것을 풀었다는 뜻이다. 사마단(samadhan), 즉 모든 것을 성취했다는 말이다. 여기에는 더 이상 바랄 욕망도 없고 더 이상 성취할 것도 없다. 초월이 일어났다. 존재의 집에 도착했다.

질문
외부 조건이나 환영으로 존재의 부분을 억압하거나 무시하는 방법으로도 상위의 단계로 올라갈 수 있나요?

아니다, 그것은 불가능한 일이다. 이 질문은 '자신의 일부분을 밑에 떼어놓고 사다리를 올라갈 수 있습니까'는 질문과 하등 다를 바 없다. 나의 일부를 밑에 떼어놓고 나의 또다른 일부가 사다리를 올라간다? 그게 어떻게 가능하단 말인가? 인간은 하나의 통일체이다, 유기체이다. 인간은 부분으로 나눌 수 있는 존재가 아니란 말이다. 이것이 '개인(individual)'이란 말의 뜻이다. '인디비주얼', 즉 나눌 수 없다는 말이다. 인간은 나눌 수 없는 존재이다. 신성의 문은 자신의 존재 전체가, 몽땅 들어가야 한다. 뒤에 아무것도 떼어놓고 들어갈 수 없다.

그래서 나는 분노를 억압하면 신의 사원에 들어갈 수 없다고 누누이 강조하는 것이다. 사람들은 분노를 억압하면서 신전에 들어가려고 한다. 신전에 들어갈 때 분노를 밖에 놓

고 들어가려 한다. 그것은 위선이다. 분노와 함께 밖에 남은
자는 누구이고 분노가 없는 척하며 안으로 들어간 자는 누
구인가? 둘로 나뉘어서 하나의 나는 들어가고 다른 하나의
나는 밖에 남을 수 있단 말인가? 성(性)을 억압하는 사람도
신의 사원에 들어갈 수 없다. 성은 누구인가? 성은 나이다.
나의 에너지이다. 뒤에 자신의 일부를 떼어놓고 신전 안으
로 들어갈 수 없다. 자신의 일부를 밖에 떼어놓으면 나의 전
체성은 밖에 남는다. 단지 한 가지 가능성이 있으니, '나는
사실 밖에 있지만 신전 안으로 들어갔다고 꿈꾸는' 것이 그
것이다. 세상의 수많은 마하트마[11]들이 하는 게 바로 그것이
다. 그들은 신전 밖에 있으면서 신전 안으로 들어갔다고, 신
을 보고 있다고, 천국에 있다고, 해탈을 얻었다고 꿈꾼다.

　오직 전체성으로만 들어갈 수 있다. 어느 부분도 떼어놓
고 들어갈 수 없다. 사람들은 신전 안으로 들어갈 때 자신의
추한 부분들에 대해 고민한다. 나는 그들의 고민을 이해할
수 있다. 자신의 추한 부분들을 가지고 신전 안으로 들어가
고 싶어하지 않는다. 이 추한 부분들을 신에게 보여줄 수는
없는 노릇이다. 나는 사람들의 고민을 이해한다. 신의 사원
에 들어가기 전에 성도, 분노도, 시기도, 증오도 모두 내려놓
고 싶어진다. 순결하고 순수한 존재로 들어가고 싶어진다.

---

11) 마하트마(mahatma): '위대한 영혼'이라는 뜻으로, 위대한 성자나 성인을 가
리킨다.

생각 자체는 좋지만 그것은 가능하지 않은 일이다. 유일한 길은 자신이 변형되는 것이다. 추한 부분을 억지로 떼어놓으려 하지 말라. 변형시켜라. 우리는 추함을 아름다움으로 변형시킬 수 있다.

정원에서 수목 가꾸는 일을 지켜본 일이 있는가? 냄새나는 동물의 분뇨와 거름, 퇴비 등을 수목에 준다. 몇 달이면 거름은 땅속으로 스며들고 아름다운 꽃들이 피어나 신성한 향기를 주위에 발산한다. 이것이 바로 변형이다. 코를 찌르던 냄새가 향기로 변한 것이다. 거름의 추한 모습이 아름다운 꽃으로 변한 것이다. 삶은 변형을 필요로 한다. 신의 사원에는 변형의 불을 통과한 존재 전체로 들어가는 것이다. 그러므로 아무것도 억압하지 말라. 억압하지 말고 변형의 열쇠를 찾으라.

분노는 자비심으로 변형될 수 있다. 분노가 없는 사람은 결코 자비로운 사람이 될 수 없다. 그것은 불가능하다. 자이나교의 24티르탕카라[12]는 하나같이 무사계급인 크샤트리아 출신들로 자비와 비폭력의 설파하는 스승들이 된 것은 결코 우연이 아니다. 붓다도 무사계급 출신으로 자비의 위대한 화신이 되었다. 그들의 내면에는 다른 평범한 사람들보다 분노가 많았다. 그들의 분노가 변형되자 엄청난 자비의 에너지가 되었다.

인간에게 분노는 필요하다. 지금은 방어 기제[13]로써 필요하지만 후에는 변형의 에너지로써 필요하게 될 것이다. 분노는 순수 에너지다. 화가 난 어린아이를 본 적이 있는가? 온 세상을 집어삼킬 듯, 빛나며 생동감 있는 모습이 아름답게 보이기까지 한다. 아이나 아기들을 보면 얼굴이 빨개져서 울고불고 하는 모습이 원자 에너지다. 순수 에너지다. 이 에너지를 억압할 게 아니라 이해하고 변형시키는 법을 가르쳐야 한다.

사람의 존재에는 7센터가 있다. 에너지를 위로 상승시키는 열쇠를 찾아 히니의 센터에서 다른 센터로 상승시키면 수많은 변형을 체험한다. 에너지가 가슴 차크라[14], 즉 가슴 센터에 도달하면 존재는 사랑으로 넘쳐흐른다. 이 에너지가 제3의 눈에 도달하면 의식이 되고 각성 자체가 된다. 에너지가 마지막 차크라인 사하스라라(sahasrara)에 도달하면 존재는 꽃피어난다. 존재의 생명나무가 개화한다. 즉 붓다가 되는 것이다. 이 에너지는 똑같은 에너지다.

따라서 에너지를 비난하거나 억압하지 말라. 변형시켜라.

---

12)티르탕카라(teerthankara): 윤회의 수레바퀴에서 해탈하여 다른 인간을 구제하는 자이나교의 스승들.
13)기제(機制): 인간의 행동에 영향을 미치는 심리의 작용이나 원리.
14)차크라(chakra): '바퀴'라는 뜻의 산스크리트어. 회음부와 정수리 사이에 존재하는 7개의 에너지 센터. 회음부에 잠자고 있는 쿤달리니(kundalini) 에너지를 일깨워 상승시키면 상위의 차크라가 열리기 시작하며, 각 차크라가 열릴 때마다 영적인 깨달음이 온다.

좀 더 이해하고 좀 더 깨어 있으라. 그렇게 할 때 신의 사원에 전체로 들어갈 수 있다. 다른 길은 존재하지 않는다. 다른 길이 있다면 그것은 꿈꾸는 것이요 상상하는 것이다.

13장
죽음과
수행

오쇼 수트라

죽음이 삶에 흡수되면
삶의 수행, 즉 야마가 태어난다.

항상 내면의 목소리에 귀를 기울이라.
그렇지 않으면 온 생애를 낭비한다.

자신이 주인이 되면 아름답지만
하인이 되면 추해진다.

사상과 철학과 종교 등
훔친 것들로 스스로에게 짐 지우지 말라.
내면의 공간이 꽃피어나게 하라.

죽음과 수행

요가의 1단계인 금계는
다음 오계(五戒)로 되어 있다.
비폭력, 솔직, 정직,
성욕의 절제, 무소유 등이 그것이다.

비폭력, 솔직, 정직, 성욕의 절제, 무소유 등의 오계는 요가의 토대이다. 금계를 이루는 이들 오계를 실천하지 못하고 앞으로 나아가면 문제가 생길 수 있다. 따라서 먼저 오계를 잘 이해해야 한다.

이들 오계는 에고를 완전히 죽이는 작업이다. 에고가 계속 존재하든 아니면 오계를 실천하든, 오직 둘 중 하나만 가능하다. 둘은 결코 양립할 수 없다. 힘의 세계—요가는 무한한 힘의 세계이다—로 들어가기 전에 먼저 신전 밖에 에고를 완전히 내려놓아야 한다. 어떤 식으로든 에고가 존재하면 요가의 힘을 오용할 수 있는 가능성이 존재한다. 에고가 남아 있으면 요가의 노력은 전부 허사로 돌아간다. 우스꽝스러운 남의 흉내에 지나지 않게 된다.

이들 오계는 인간을 정화한다. 타인을 이롭게 하며 타인에게 축복이 되는 힘을 준다. 오계는 누구나 필히 지켜야 할 것들이다. 아무도 오계를 피해 가서는 안 된다. 물론 피하고 싶으면 피해갈 수 있다. 금계를 통과해서 지나가는 것보다 피해가는 것이 훨씬 쉽다. 금계는 만만치 않은 노력을 요구하기 때문이다. 금계 없이 집을 짓는 것은 토대 없이 집을 짓는 행위와 같다. 그런 집은 어느 때고 무너져 내릴 것이다. 그래서 이웃도 죽고 자신도 죽을 것이다. 먼저 이를 잘 이해해야 한다.

두 번째…… 일전에 상당히 의미 있는 질문을 받았다. "산스크리트어로 야마는 죽음을 뜻하면서 동시에 내면의 수행을 뜻합니다. 죽음과 내면의 수행 사이에 어떠한 연관성이 있습니까?" 연관성이 있다. 이 역시 잘 이해해야 한다. 산스크리트어는 아주 뜻 깊은 언어이다. 산스크리트어와 비견될 만한 언어는 세상에 존재하지 않는다. 산스크리트어 하나하나는 대단한 정성과 의식(意識)으로 만들어졌다. 산스크리트어는 자연 언어가 아니다. 세상의 언어 모두는 자연 언어이다. '산스크리트(Sanskrit)'라는 말 자체는 '창조되고 정제됨'을 뜻한다. 고대 인도의 자연 언어에는 프라크리트

(Prakrit)가 있다. '프라크리트' 라는 말 자체의 의미는 '필요에 의해 자연스럽게 생겨남' 의 뜻이다. 이에 반해 산스크리트어는 정제된 언어이다. 산스크리트어는 자연의 꽃이 아니라 정제된 정수이다. 단어 하나를 만드는 데 굉장히 많은 정성과 노력이 들어갔다. 단어 하나를 만들기 위하여 모든 가능성들을 사색하고 사량(思量)했다. 금계를 뜻하는 야마라는 말도 잘 이해해야 한다. 야마는 죽음의 신을 뜻한다. 야마는 또한 내면의 수행을 뜻하기도 한다. 죽음과 내면의 수행 사이에는 어떤 연관의 가능성이 있는가? 아무런 연관성이 없는 것처럼 보인다. 하지만 연관성이 있다.

지구상에는 두 가지 유형의 문화가 존재한다. 두 문화 다 균형을 상실하고 한쪽으로 기울어져 있다. 한쪽으로 치우치지 않고 전체적으로 온전한 문화, 성스러운 문화의 가능성은 아직 보이지 않는다. 왜 그런가? 왜 균형 잡힌 문화가 그토록 어려운가? 사회가 성을 억압하면 성은 죽음으로 표현된다. 사회가 죽음을 억압하면 죽음은 성으로 표현된다. 죽음과 성은 삶의 양극이기 때문이다. 삶은 성에서 나온다. 그래서 성은 삶을 뜻한다. 삶은 성의 표현이요 죽음은 성의 종말이다.

죽음과 성을 같이 생각해보면 둘은 서로 상극의 관계에 있는 것처럼 보인다. 죽음과 성은 서로 화해할 수 없는 존재처럼 말이다. 대체 어떻게 화해를 시킨단 말인가? 차라리 하나를 잊고 다른 하나를 취하는 것이 현명해 보인다. 둘을 동시에 기억하면 마음은 둘이 공존한다는 사실을 받아들이기 힘들어한다. 둘은 공존한다. 함께 존재하는 것이다. 죽음과 성은 사실 둘이 아니다. 한 에너지의 다른 표현일 뿐이다. 음과 양, 한쪽은 능동적이고 다른 한쪽은 수동적이다.

이를 지켜본 적이 있는가? 여자와 관계를 할 때 오르가슴의 순간이 오면 남자는 두려워한다. 오르가슴의 절정에서는 삶과 죽음이 동시에 존재하기 때문이다. 삶의 절정을 경험하면서 동시에 죽음의 나락을 경험한다. 절정과 나락이 동시에 존재한다. 그래서 오르가슴을 자신도 모르게 두려워한다. 사람들은 오르가슴이 생명이기 때문에 오르가슴을 갈망한다. 오르가슴이 죽음이기 때문에 오르가슴을 피한다. 오르가슴은 가장 아름다운 순간이요 가장 황홀한 순간이기 때문에 오르가슴을 갈망한다. 오르가슴은 가장 위험한 순간이요 죽음의 문턱이기 때문에 오르가슴을 피한다.

각성의 사람은 죽음과 성이 똑같은 에너지임을 안다. 전체가 균형 잡힌 성스러운 문화는 죽음과 성을 동시에 받아들인다. 전체가 균형 잡힌 문화는 한쪽으로 치우치지 않는다. 한쪽 극단으로 가기 위해 다른 한쪽을 피하지 않는다. 매 순간 인간에게는 삶과 죽음이 동시에 존재한다. 이를 이해하기 위해서는 이중성을 초월해야 한다. 초월, 이것이 요가의 전부이다.

야마는 그 뜻이 깊다. 죽음을 깨달은 사람만이 금계의 삶을 살 수 있기 때문이다. 성과 삶은 알았지만, 죽음을 피하고 죽음으로부터 도망 다니고 죽음에 눈을 감고 등을 돌리며 죽음의 문제를 무의식 속에 밀어넣으면 금계의 삶을 창조할 수 없다. 무엇을 위해 죽음을 피하는가? 죽음을 피하는 삶은 먹고 마시는 탐닉의 삶이다. 거기에는 잘못된 게 없기는 하지만 그렇다고 그게 삶의 전부여서는 곤란하다. 그런 삶은 부분적인 삶이다. 부분을 전체로 받아들이는 사람은 삶을 놓친다. 너무나 소중한 삶과 기회를 놓친다.

죽음이 다가오는 것을 깨닫는 사람은 곧바로 삶에 대해 다시 생각하기 시작한다. 죽음이 삶에 흡수되기를 바란다. 죽음이 삶에 흡수되면 야마가 태어난다. 수행의 삶이 태어난다. 그리고 항상 죽음을 기억하면서 산다. 자신이 죽음을 향해 가고 있다는 사실을 알면서 구도의 길을 간다. 이 순간이 영원하지 않다는 것을 알면서 이 순간을 누린다. 죽음은 자신의 그림자가 되고 자기 존재의 일부가 되고 미래의 일부가 된다. 죽음을 온전히 흡수한 것이다. 이런 사람은 금계를 수행할 수 있다. 이제 '어떻게 살 것인가?'라고 생각한다. 삶은 목표가 아니라 과정이기 때문이다. 죽음도 삶의 일부이다. '어떻게 살 것인가?' 이제 아름답게 살고 아름답게 죽을 수 있다. '어떻게 살 것인가?' 삶은 이제 지복의 크레센도가 되고 죽음은 그 절정이 된다.

그런 식으로 삶을 전체적으로 살고 죽음도 전체적으로 맞이하는 것, 이것이 금계의 전부이다. 금계는 억압의 수행이 전혀 아니다. 금계는 방향이 있는 삶이요 방향감각을 지닌 삶이다. 죽음을 완전히 자각하고 사는 삶이다. 삶이라는 강에는 두 둑이 있다. 의식의 강물은 삶과 죽음이라는 양 둑 사이로 흐른다. 죽음을 부정하고 삶을 사려는 사람은 한쪽 둑만으로 삶의 강을 타는 사람이다. 이런 의식의 강은 전체가 될 수 없다. 반쪽이 상실된 것이다. 아름다운 반쪽이 부족한 것이다. 그런 삶은 피상적이다. 깊이가 결여되어 있다. 죽음을 모르는 삶에는 깊이가 없다.

금계의 삶은 균형의 삶이다. 파탄잘리의 오계는 삶에 균형을 준다. 이를 오해하고 다시 균형을 상실한 채 살 수도 있다. 요가는 탐닉을 반대하는 게 아니라 균형을 찬성한다. 요가는 이렇게 말한다. '생생하게 살라. 항상 죽음을 준비하라.' 이는 모순적인 말처럼 들린다. 요가는 말한다. '즐겨라. 하지만 이곳은 나의 집이 아님을 유념하라. 이곳은 하룻밤 머무는 곳이다.' 아무것도 잘못된 것은 없다. 보름날 다람살라[1]에서 즐기는 것도 나쁘지 않다. 즐겨라. 하지만 다람살라는 내일이면 떠나야 할 곳이다. 존재의 집이 아님을 명심하라. 하룻밤을 유숙한 것으로 감사하라. 하룻밤의 시간

---

1) 다람살라(dharamsala): 성지 순례자들을 위한 숙소.

은 좋았다. 하지만 이 하룻밤이 영원하기를 바라지는 말라. 이 하룻밤이 영원하기를 바라는 것은 한쪽 극단으로 치우치는 일이다. 하룻밤이 영원하지 않다고 즐기지 않는 것도 또 다른 한쪽 극단으로 치우치는 일이다. 하여튼 한쪽 극단에 치우치면 자신은 반쪽의 존재가 된다.

평범한 탐닉의 생활은 사실 단조롭다. 평범한 요가의 생활 또한 단조롭고 지루하다. 모순이 존재하고 서로 다른 색깔이 존재하는 삶 속에서 각양각색의 색깔은 서로 조화를 이룬다. 풍요로운 삶을 이룬다. 나는 그런 풍요로운 삶을 사는 것이 곧 요가라고 생각한다.

오계는 나와 삶을 절단하지 않는다. 오히려 나의 부분이 된다. 이 점을 잘 알아야 된다. 사람들은 보통 파탄잘리의 오계는 자신과 삶을 절단하는 것으로 받아들인다. 금계는 그렇지 않다. 금계는 오히려 그 반대를 뜻한다.

파탄잘리를 결코 삶을 반대하지 않는다. 그는 삶을 사랑한다. 깨달은 사람은 삶을 반대하지 않는다. 비폭력이란 삶을 사랑하는 일이다. 내게 비폭력은 사랑을 의미한다. 삶을 너무 사랑하기 때문에 아무도 해칠 수 없는 것이다. 그것이 비폭력이다. 삶을 치열하게 살면 자신이 어쩔 수 없는 일들이 많이 일어난다. 그것에 대해 걱정할 필요없다. 걱정하면 미칠 것이다. 걱정하지 말라. 다음 한 가지만 기억하라. '나는 의도적으로 아무도 해하지 않는다. 뜻하지 않게 사람을

해하게 되는 경우에도 사랑의 느낌을 잃지 않는다.'

너무 배가 고파 꼭 나무의 열매를 따야 한다면 나무에게 감사하고 그 열매를 따. 먼저 나무에게 물어보라. '이 열매를 땁니다. 열매를 따는 일은 분명 당신을 침해하는 일이지만 배가 너무 고파 죽을 지경입니다. 그래서 이 열매를 따지 않을 수 없군요. 이 열매에 대해서는 다른 식으로 보답하겠습니다. 물을 주고 거름이 필요하면 거름을 주겠습니다. 내가 지금 받는 것은 꼭 돌려드리겠습니다. 더 많이 돌려드리겠습니다.' 생명을 사랑하고 돕고, 살아 있는 모든 것들을 이롭게 하고자 한다면 스스로 축복이 되라. 자신이 피할 수 있는 일은 하지 말고 피하라. 피할 수 없는 일은 다음에 꼭 갚도록 하라.

나무에게 허락을 받는 것과 받지 않는 것 사이에는 분명히 차이가 있다. 심지어 과학자들도 차이가 있다고 말한다. 나무에게 먼저 허락을 받고 열매를 따보라. 나무는 상처를 입지 않는다. 이는 침해가 아니다. 나무는 오히려 반가워한다. 나무는 지나가는 행인을 도울 수 있어서 행복해한다. 나무는 자신의 열매를 타인과 나눌 수 있어서 더욱 풍요로워진다. 언젠가 열매는 떨어질 것이다. 나무에게 나눔의 기회를 주는 것이다. 나무의 의식이 성장할 수 있는 기회를 주는 것이다.

비폭력은 타인을 이롭게 하고 타인을 돕는 것이다. 자신도 돕고 타인도 돕는 것이다. 이것이 첫 번째 금계요 자기수행이다. 비폭력은 사랑을 뜻한다. 사랑을 하면 모든 일이 해결된다. 사랑을 하지 않으면 자신이 설령 비폭력적이라 할지라도 쓸모없다.

파탄잘리는 왜 금계를 첫 번째 수행으로 삼았는가? 사랑이 첫 번째 수행이요 모든 것의 토대이기 때문이다. 다른 사람을 해할 수 있는 마음이 조금이라도 남아 있는 상태에서 요가의 힘을 얻는 사람은 위험할 수가 있다. 비록 아주 희미할지라도 남을 해할 수 있는 마음은 어느 순간이고 위험해질 수 있다. 누구에게나 상대를 공격하고자 하는 마음이 있다. 따라서 타자를 해하고자 하는 마음은 흔적도 없이 사라져야 한다.

사람이 상대를 해하는 방법은 헤아릴 수 없다. 상대를 해하는 방법이 너무 많아서 아무도 자신을 방어할 수 없다. 어떤 때는 '좋은' 방법으로, 호의로, 합리적으로 상대를 해한다. 상대에게 뭔가를 말하면서 '내가 말하는 것은 진리입니다'라고 말하면서 교묘하게 상대방에게 상처를 입힌다. 그런 진리는 거짓보다 못하다. 그렇게 말하지 말라. 상대에게 진리가 좋게 들리지 않으면 차라리 침묵을 지켜라. 항상 자신이 말하는 것을 잘 살피라. 무슨 바람으로 그 말을 하는

가? 진리의 이름으로 상대에게 상처를 입히고자 하는 건 아
닌가? 그렇다면 그 진리는 이미 오염된 진리이다. 이는 도덕
적이지도 윤리적이지도 않다. 비도덕적인 것이다. 그런 진
리는 내버려라.

말하노니, 거짓도 사랑으로 말하면 선이 되며, 비록 진리
라 할지라도 상대를 해하고자 하는 마음에서 말하면 악이
된다. 이 원리를 잘 이해하라. 원리를 잘 사용하는 법을 배
워야 한다. 나는 많은 사람들이 나쁜 목적을 위해 좋은 원리
를 사용하는 것을 보았다. 자신의 에고를 충족시키기 위해
경건한 사람이 된다. 그런 경건함은 죄이다. 자신의 자만심
을 위해 성격 좋은 사람이 된다. 그런 좋은 성격은 없느니만
못하다. 좋은 성격이 에고를 위한 것이라면 그것은 나쁜 성
격보다 더 나쁘다. 따라서 항상 내면을 들여다보라. 자신이
무엇을 하고 있으며 왜 하고 있는지 항상 내면을 잘 살펴보
라. 마음은 에고의 일을 합리화하고 스스로 속는다. 그런 합
리화에 결코 만족하지 말라.

비폭력이 첫째이다. 사랑이 항상 첫째이다. 사랑을 아는
사람은 모든 것을 안다. 사랑의 기운이 자신을 감싸고 돈다.
가는 곳마다 품위가 배어나오고 자신의 존재를 선물로 나눈
다. 비폭력은 부정적이지 않다. 비폭력은 사랑의 긍정적인
느낌이다. '비폭력'이라는 말 자체는 부정적이다. 사람들이
폭력적이고 그들에게 폭력의 힘이 강하기 때문에 폭력을 부

정하는 말이 필요한 것이다. 말만 부정적일 뿐 비폭력 자체는 긍정적이다. 그것은 사랑이다.

둘째, 솔직은 거짓말을 하지 않고 참말을 말하는 것이다. 거짓된 모습을 보이지 않고 참 모습을 보이는 것이다. 어떤 대가를 치르더라도 진실된 모습을 보이라.

다른 사람의 가면을 벗기려고는 하지 말라. 그들이 자신의 가면에 행복하다면 그들이 알아서 할 일이다. 따라서 타인의 가면을 벗기려고 들지 말라. 타인의 가면도 벗겨내야 한다고 생각하는 사람들이 있다. 인간이란 무릇 언제나 진실되게 살아야 한다고 생각하는 사람들은 다른 사람의 가면은 억지로라도 벗겨야 한다고 생각한다. '왜 가면을 쓰는가? 벗으라.' 아니다, 그럴 필요까지 없다. 자신에게 진실되면 된다. 다른 사람을 변화시키려고 애쓸 필요없다. 자신이 성장할 수 있다면 그것으로 족한 것이다. 사회 개혁가가 되지 말라. 남을 가르치거나 변화시키지 말라. 자신이 변화되는 것, 그것이 더없이 훌륭한 사회 메시지이다.

참되다는 것은 자신의 존재에 항상 거짓이 없다는 말이다. 어떻게 하면 항상 진실될 수 있는가? 다음 세 가지를 잘 기억하라.

'너는 어떠해야 된다.' 이런 타인의 말을 듣지 말라. 항상 내면의 목소리에 귀를 기울이라. 타인의 말을 듣고 살다간 인생 전체를 낭비한다. 항상 내면에서 울려나오는 목소리에 진실하라. 내면의 목소리에 진실할 때 내면의 충만함으로 춤출 수 있는 날이 온다. 보라, 먼저 자신의 존재를 보라. 타인이 자신을 조종하거나 멋대로 하게 놔두지 말라. 요청하지도 않았는데 나를 조종하고, 나를 변화시키고, 나에게 방향을 가리키려는 사람들이 수없이 많다. 나의 삶을 인도하려는 사람들이 많다. 그러나 인도자는 항상 내면에 있다. 거기에 삶의 청사진이 있다.

참되다는 것은 자신에게 진실하다는 것을 말한다. 그것은 대단히 위험한 일이다. 그래서 자신에게 진실한 사람을 찾아보기 힘들다. 자신에게 진실한 사람은 성취한다. 상상할 수 없는, 참 깊은 아름다움, 품위, 충만 등을 성취한다. 사람들이 우울한 것은 자기 말을 들어주는 이가 아무도 없기 때문이다.

항상 내면의 목소리를 들으라. 타인의 말을 듣지 말라. 수많은 사람들이 자기 말을 사라고 거리에서 행상을 한다. 거리에서, 세상에서 사람들은 온통 자기 생각을 파는 데 여념이 없다. 세상의 거리는 행상인으로 가득하다. 너무 많은 행상인들의 말을 들으면 미치게 될 것이다. 따라서 다른 사람의 말을 듣지 말라. 눈을 감고 내면의 목소리를 들으라. 그것이 곧 명상이다. 이것이 첫 번째다.

그 다음 두 번째, 첫 번째를 제대로 하면 두 번째를 할 수 있다. 가면을 쓰지 않는 일이 그것이다. 화가 나면 화를 내라. 부담스러울 수 있다. 하지만 화를 숨기고 웃지 말라. 그것은 거짓이다. 우리는 항상 화날 때도 웃으라고 배웠다. 하지만 그 웃음은 거짓이요 가면이다. 안면 운동에 불과하다. 가슴은 분노로 가득한데 얼굴은 웃는 표정을 짓는다. 그러면 웃는 본인은 가짜가 된다.

가면을 쓰면 다른 부정적인 일들도 발생한다. 웃고 싶을 때 웃지 못하는 것이다. 심리적인 메커니즘이 뒤죽박죽이 되는 것이다. 화를 내고 싶을 때 화를 내지 못하고 미워하고 싶을 때 미워하지 못했기 때문이다. 이제 사랑하고 싶은데 되지 않는다. 사랑의 기능이 뜻대로 작용하지 않는다. 이제 웃고 싶을 때 억지로 웃어야 한다. 웃음을 참을 수 없어서 '하, 하, 하' 큰 소리로 웃고 싶지만 가슴이 막혀 웃음이 나오지 않는다. 웃음이 나온다 해도 아주 희미하거나 피상적이다. 웃어도 즐겁지 않다. 기분이 밝아지지도 않고 유쾌하지도 않다.

솔직의 세 번째는 항상 현재에 머무는 것이다. 모든 거짓은 과거와 미래에서 온다. 지나간 것은 지나간 것이다. 붙잡으려 하지 말라. 짐으로 들고 다니지 말라. 과거의 짐을 들고 다니면 현재에 진실할 수 없다. 아직 오지 않은 것은 오지 않은 것이다. 불필요하게 미래에 신경 쓰지 말라. 미래를 걱정하면 현재가 망가진다. 현재에 있을 수 없다. 현재에 진실하라. 현재에 진실할 때 그 삶은 참될 수 있다. 지금 여기에 존재하는 것이 참된 존재이다. 과거도 없고 미래도 없다. 지금 이 순간이 모든 것이요 지금 이 순간이 영원이다.

이들 세 가지를 일컬어 파탄잘리는 솔직이라 한다. 이 세 가지를 성취했을 때 자신의 입에서는 진실만이 나온다. 보통의 경우에는 진실만을 말하기 위해서는 깨어 있어야 한다. 아니다. 내가 말하는 것은 이것이다. '먼저 참되라. 그러면 항상 진실만을 말하게 된다.' 참된 사람은 거짓말을 하지 않는다. 항상 진실만을 말한다.

세 번째는 정직, 곧 도둑질을 하지 않는 것이다. 마음은 대도(大盜)이다. 마음은 항상 무언가를 훔친다. 물건을 훔친다는 게 아니라 다른 사람의 생각을 훔친다. 사람들은 진리에 대해 이야기하면서 많은 것들을 자기 것인 양 떠든다. 사실 그것들은 모두 훔친 것이다. 그러므로 인간은 도둑이다. 자신이 무엇을 하고 있는지 자각하지 못할 뿐이다.

파탄잘리는 이렇게 말한다. "도둑질 하지 말라." 지식이든 물건이든 아무것도 훔치지 말라. 부족하더라도 자신이 되라. '이것은 내 것이 아님'을 알라. 부족하면 부족한 대로, 비어 있으면 비어 있는 대로 놔두라. 훔친 것으로 집을 채우지 말라. 계속 훔치면 고유한 자신의 모습을 몽땅 잃어버린다. 자신의 공간은 사라지고 타인의 생각과 의견이 본인의 내면을 채운다. 타인에게서 훔친 것들은 결국 아무런 가치가 없는 걸로 드러나게 되어 있다. 자기 자신한테서 나온 것만이 진정한 가치가 있다. 자신에게서 나온 것만이 자기 것이 될 수 있다. 아무리 훔친다 해도 그것은 자기 것이 될 수 없다.

도둑의 마음은 편하지 않다. 항상 붙잡히는 것을 두려워한다. 설령 붙잡히지 않는다 해도, 도둑은 훔친 물건이 자기 것이 아니라는 사실을 안다. 이는 도둑의 존재에 계속 부담으로 남는다.

파탄잘리는 말한다. "어떤 식으로든, 어느 차원에서든 도둑이 되지 말라." 훔치지 않을 때 자신의 독창성이 개화할 수 있다. 생각이나 철학, 종교 등의 훔친 것들로 자신의 영혼에 짐을 지우지 말라. 자신의 내면이 꽃피어날 수 있게 하라.

네 번째는 브라흐마차리아(brahmacharya), 즉 성욕의 절제이다. 브라흐마차리아라는 말은 번역하기 대단히 어렵다. 성욕의 절제, 혹은 독신으로 번역되었다. 하지만 이 둘 다 정확한 번역은 아니다. 브라흐마차리아는 이들보다 훨씬 폭넓은 개념이기 때문이다. 성욕의 절제는 대단히 빈약하다. 성욕의 절제는 브라흐마차리아의 부분일 뿐, 전체는 아니다. 브라흐마차리아라는 말은 '신과 같이 사는 것', '신성한 삶'을 뜻한다. 물론 성은 신성한 삶 속에서 사라진다.

브라흐마차리아는 성을 반대하지 않는다. 성을 반대하면 성은 결코 사라지지 않는다. 브라흐마차리아는 에너지의 변형이다. 성을 반대하기보다는 성 에너지를 상위의 센터로 상승시킨다. 상승하는 에너지가 일곱 번째 센터인 사하스라라 차크라에 도달하면 브라흐마차리아 현상이 일어난다. 생명 에너지가 첫 번째 센터인 물라다라(muladhara) 차크라에 머물면 성이요 일곱 번째 센터에 도달하면 사마디가 된다.

성을 지나치게 탐닉하는 것은 스스로를 죽이는 짓이다. 성의 지나친 탐닉은 자신의 생명 에너지를 파괴하기 때문이다. 성을 지나치게 탐닉하는 사람은 시장에 가서 다이아몬드를 주고 돌을 사는 사람이다. 그는 시장에서 물건 한번 진짜 잘 샀다고 즐거운 마음으로 집에 돌아온다. 성에서는 순간적인 기쁨을 맛보고 굉장히 많은 양의 에너지를 소비한다. 같은 에너지가 엄청난 지복을 가져다줄 수 있는데도 말이다. 성 에너지를 지복으로 변형시키려면 에너지를 상위의 센터로 상승시켜야 한다.

성에 대해 반대하지 말라. 대신 성을 변형시켜라. 성을 반대하는 사람은 성을 변형시킬 수 없다. 우리는 어떤 대상을 적대시하면 그 대상을 결코 이해할 수 없다. 상대를 이해하기 위해서는 깊은 공감이 필요하다. 상대를 적대시하는 사람이 어떻게 상대를 공감할 수 있겠는가? 대상을 적대시하는 사람은 대상을 관찰하지 않는다. 그냥 무조건 대상에게서 도망친다. 성과 친구가 되라. 성은 엄청난 가능성을 지닌 에너지다. 성은 가공하지 않은 신이다. 가공하지 않은 사마디다. 성은 변화시키고 변형시키고 변용시킬 수 있다. 요가는 비금속을 귀금속으로 변형시키고 변용시키는 길이다. 철을 금으로 변용시키는 것, 이것이 요가의 전부이다. 요가는 연금술이다. 내면의 연금술이다.

브라흐마차리아는 성 에너지 자체와 존재 내에서 성 에너지의 움직임을 이해하려는 노력이다. 어떻게 해서 성 에너지가 기쁨을 주며 그 기쁨은 어디서 나오는가 성적인 결합에서 오는가, 성적인 발산에서 오는가, 아니면 다른 데서 오는가를 이해하려는 노력이다. 성 에너지를 잘 지켜보면 기쁨은 다른 데서 오는 것임을 발견할 수 있다. 성행위 시에 사람의 몸은 큰 충격을 받는다. 많은 에너지가 발산되기 때문이다. 충격으로 온몸을 떤다. 그 충격 속에서 생각이 멈춘다. 그것은 전기충격과 유사하다.

브라흐마차리아는 이런 모든 현상을 이해하는 것이다. 명상가의 에너지가 상승하면 그는 에너지의 댐이 된다. 이것이 브라흐마차리아이다. 계속 에너지를 축적한다. 에너지를 축적함에 따라 에너지의 수위가 올라간다. 이는 댐과 같다. 비가 퍼부으면 댐의 수위는 계속해서 올라간다. 하지만 댐에 누수가 발행하면 수위는 올라가지 않는다. 성관계는 명상하는 존재의 누수현상이다.

누수가 발생하지 않으면 수위가 계속 높아지다가 어느 순간이 온다. 에너지가 차오르다가 어느 순간 다음 센터로 상승하기 시작하는 것이다. 제일 먼저 단전 센터로 상승한다. 에너지가 차면 물라다라에서 두 번째 센터인 단전으로 상승한다. 단전 센터에서는 불사의 느낌을 체험한다. 거기에서 아무것도 죽지 않는다는 사실을 깨닫는다. 두려움이 사라진다. 두려움이 밀려올 때 무언가가 자신의 단전을 때리는 현상을 관찰해본 적이 있는가? 그런 현상은 단전이 죽음과 불사의 센터이기 때문에 일어난다. 에너지가 이 센터로 이동하면 불사의 느낌을 체험한다. 누가 자신을 죽이려고 해도 자신은 죽는 존재가 아님을 안다. '육체는 죽일 수 있어도 영혼은 죽일 수 없다.'

그러다가 다시 에너지가 차오르면 이번에는 세 번째 센터로 상승한다. 세 번째 센터에서는 깊디 깊은 평화를 체험한다. 자신이 참으로 평화로울 때 호흡이 가슴을 넘어 배까지 들어가는 것을 관찰해본 적이 있는가? 평화의 센터가 단전 위에 있기 때문이다. 단전이 죽음과 불사의 센터라면 단전 위의 센터는 긴장과 평화의 센터이다. 거기에 에너지가 없으면 긴장을 느낀다. 두려움을 느낀다. 거기에 에너지가 있으면 긴장이 사라진다. 대단히 차분하고 잔잔하며 평온하고 평화롭다.

세 번째 센터에 에너지가 차면 네 번째 가슴 센터로 상승한다. 여기에서는 사랑이 떠오른다. 아직 사랑이 꽉 차오른 것은 아니다. 사람들이 사랑이라 부르는 것은 '사랑'이란 아름다운 이름으로 변장한 섹스에 다름 아니다. 사람들이 사랑을 입에 담을 때 그들의 가슴에 진정한 사랑이 일어나는 것은 아니다. 사랑은 에너지가 네 번째 가슴 센터로 상승했을 때만 가능하다. 이 센터는 사랑으로 충만하다. 전 존재계와의 사랑, 만물과의 사랑이 충만하다. 내가 사랑이 된다.

그 다음 에너지는 다섯 번째 목 센터로 상승한다. 이 센터는 침묵의 센터이다. 침묵, 사색, 생각, 언변의 센터이다. 말과 침묵이 이 센터에 있다. 사람들의 목 센터는 말의 기능만한다. 침묵의 기능을, 침묵으로 들어가는 기능을 모른다. 에너지가 목 센터로 차오를 때 돌연히 침묵을 느낀다. 침묵하고자 노력해서 그런 것도, 억지로 침묵하고자 해서 그런 것도 아니다. 그냥 자신이 침묵으로 충만한 존재임을 발견한다. 이제 말을 할 때 노력이 필요하다. 목소리가 음악처럼 아름다워진다. 입에서 나오는 말은 모두 생명의 빛을 발하는 시가 된다. 말을 통해 침묵을 전달한다. 사실 침묵이 말보다 더 많은 것을 전달한다.

목 센터에 에너지가 차오르면 에너지는 여섯 번째 제3의 눈으로 상승한다. 여기에서는 빛을 본다. 각성과 의식의 빛을 본다. 이 센터에서는 수면과 최면이 일어난다. 최면 거는 것을 본 적이 있는가? 최면술사는 피술자에게 두 눈을 양미간에 고정하라고 암시한다. 두 눈을 양미간에 고정시키면 제3의 눈은 잠이 든다. 이것이 제3의 눈을 잠재우는 방법이다. 에너지가 제3의 눈에 도달하면 충만한 빛을 체험한다. 모든 어둠이 사라지고 무한한 빛이 자신을 감싼다. 여기에서는 그림자도 존재하지 않는다. 티베트에 예전부터 이런 말이 전해온다. "요기가 깨달으면 그림자를 드리우지 않는다." 현실에서 그렇다는 말은 아니다. 물론 깨달은 요기의 몸도 그림자를 드리운다. 하지만 내면 깊은 곳에서는 사방이 빛으로 가득하다. 근원 없는 빛! 근원이 있는 빛은 그림자를 드리운다. 근원이 없는 빛은 그림자조차 드리우지 않는다.

이제 요기의 삶에는 전혀 다른 의미가 나타나고 전혀 다른 차원이 열린다. 그는 이 땅을 걷지만 이 땅에 속한 존재가 아니다. 마치 땅 위를 나는 것처럼 말이다. 이제 불성(佛性)이 가까워졌다. 신의 정원이 가까이에 있다. 그래서 신의 정원에서 나는 향기를 맡을 수 있다. 여기에서 처음으로 붓다를 이해할 수 있다. 제3의 눈 이전에는 단편적으로만 깨달음을 이해했을 뿐이다. 여기에서는 깨달음의 문이 멀지 않다. 신의 사원이 보인다. 이제 두드리기만 하면 문이 열리고 붓다가 된다. 마지막 세계가 대단히 근접해 있기 때문에 처음으로 깨달음이 무엇인지를 느끼기 시작한다.

그 다음 에너지는 일곱 번째 사하스라라로 간다. 여기에서 에너지는 신성한 생명, 즉 브라흐마차리아가 된다. 이제 인간이 아니라 신이다. 여기서 바그왓타(bhagwatta), 즉 신성을 성취한다. 이것이 곧 브라흐마차리아이다. 브라흐마차리아를 얻었을 때 비로소 세상은 소유함 없이 자기 것이 된다.

금계의 마지막은 무소유의 수행이다. 소유욕을 내려놓으라. 소유욕이 일어난다는 것은 자신이 거지라는 뜻이다. 대상을 소유하려 함은 자신이 그 대상을 소유하지 못하고 있음을 보여준다. 내가 주인이다. 따라서 대상을 소유하려 노력할 필요가 없다.

예를 들어 한 사람을 사랑한다고 하자. 이때 상대를 소유하려 들면 자신에게 사랑이 없는 것이다. 상대의 사랑에 대해 확신이 없다. 그래서 온갖 안전장치를 해놓는다. 상대가 떠나지 못하도록 교활하고 영리하게 안전장치를 해놓는다. 하지만 이는 사랑을 죽이는 행위이다. 사랑은 자유이다. 사랑은 자유 속에서 산다. 사랑은 상대에게 자유를 준다. 사랑의 본질적 중심은 자유이다. 상대를 소유하려들 때 모든 것이 파괴된다. 참으로 사랑하고 싶다면 소유하려 들지 말라. 사랑에 깊이 잠겨 있는데 무얼 소유한단 말인가? '이 사람은 내 것이다.' 이런 주장을 하지 말라. 이는 대단히 피상적인 사랑이다. 진정으로 소유한 사람은 무소유의 사람이 된다. 그러므로 무소유의 수행을 게을리 해서는 안 된다. 깨어 있으라. 아무것도 소유하려 들지 말라. 대상을 누릴 수 있음에 감사하라. 소유하지 말라!

소유는 인색한 마음이다. 인색한 사람은 결코 꽃피어날 수 없다. 인색한 사람은 영적인 변비에 걸린 사람이다. 자신의 문을 활짝 열고 나누라! 자신이 가진 모든 것을 나누라. 그러면 더욱더 성장할 것이다. 나누는 만큼 성장한다. 주라, 그러면 채워질 것이다. 근원은 영원하다. 인색하지 않다. 지혜, 사랑, 무엇이 되었든 나누라! 나눔이 무소유의 뜻이다.

세상의 어리석은 사람들처럼 되지 말라. 그들은 이렇게 생각한다. '집을 떠나 산으로 들어가라. 무소유를 실천하려면 집에서 살 수 없다.' 집에 살면서도 무소유를 실천할 수 있다. 집에 산다고 집을 소유해야만 한다는 법은 없다. 산에 들어간다고 해서 산을 소유하는 것은 아니지 않는가? 산을 소유하지 않고도 산에서 살 수 있다면 왜 집을 소유하지 않고 집에서 살 수 없는가? 어리석은 사람들은 이렇게 말한다. '아내를 버리고 자식을 버리라. 무소유를 실천하려면 모두를 떠나라.' 어리석은 생각이다.

집을 떠나서 어디로 가려는가? 어디를 간다 해도 소유욕은 늘 자신과 함께한다. 장소는 아무런 차이를 주지 않는다. 어디에 있든 소유욕을 이해하고 내려놓으라. 아내에게는 아무런 문제가 없다. '내' 아내라고 말하지 말라. 이 '나' 를 놓으라. 자식들에게도 아무런 문제가 없다. 훌륭한 아이들이요 신의 아이들이다. 아이들을 돌보고 사랑할 수 있는 훌륭한 기회를 받았지 않은가? 이 기회를 잘 활용하되 '나' 라는 말은 내려놓으라. 아이들이 나를 통해서 세상에 나왔다고 해서 내 소유물이 아니다. 그들은 미래와 전체계의 아이들이다. 나는 그들의 매개체이지 소유주가 아니다.

그렇다면 집을 떠날 필요없다. 어디에 존재하든, 신이 어디에 살게 했든 거기서 살라. 무소유의 삶을 살라. 그러면 어느 날 자신의 존재가 꽃피어난다. 막혔던 곳들이 뚫리고 에너지가 넘쳐흐른다. 흐름이 된다. 흐름은 아름답다. 막힘은 추하다. 죽어 있다.

과거에 종교는 대단히 파괴적이었다. 인류를 불구로 만들었다. 모든 사람을 죄인으로 만들었다. 이는 인류에게 저지른 가장 나쁜 범죄이다. 그들의 간악한 술책은 이렇다. 먼저 사람들에게 죄의식을 심는다. 사람들이 죄의식으로 떨면서 두려워하고 무서워하고 지옥 같은 생활을 할 때 그들에게 구원의 손길을 내민다. 그리고 어떻게 하면 고통스런 삶에서 자유로워질 수 있는지 가르친다. 왜 처음에 죄의식을 심는가? 인간은 죄의식을 느끼면 불구가 된다. 성장을 두려워하고 미지의 세계로 가는 것을 무서워한다. 그리하여 성장이 정지되고 죽은 영혼이 된다. 바로 그때 세상 종교는 구원의 손길을 내미는 것이다.

파탄잘리는 사람들에게 죄의식을 심지 않는다. 어떤 것에 대해서도. 이런 의미에서 그는 종교적이라기보다는 과학적이고, 사제라기보다는 심리학자이다. 그는 설교하지 않는다. 그가 말하는 것은 성장을 위한 청사진이다. 성장하고 싶다면 수행을 해야 한다는 것이다. 수행은 외부에서 강요를 받는 것이어서는 안 된다. 그러면 죄의식이 태어난다. 수행은 내면의 이해에서 나와야 한다. 우러나오는 수행은 아름답다. 그 차이는 상당히 미묘하다. 누군가 시켜서 하는 수행은 노예의 수행이다. 스스로 우러나와서 수행을 할 때 삶의 현상을 깊이 이해할 수 있다. 주인이 되어 수행할 수 있다. 주인의 수행은 아름다우며 노예의 수행은 추하다.

이런 이디시[2]의 옛 농담을 들은 적이 있다.

쭘바흐라는 재단사가 있었다. 어떤 사람이 쭘바흐를 찾아왔다. 쭘바흐에게 주문한 양복을 찾으러 온 것인데 양복을 살펴보니 한쪽 소매가 다른 쪽의 소매보다 길었다. 그는 왜 소매가 이 모양이냐고 쭘바흐에게 따졌다.

쭘바흐가 이렇게 말했다.

---

2)이디시(Yiddish): 고지(高地) 독일어 방언에 슬라브어·헤브라이어가 섞여서 생긴 언어로, 헤브라이 문자를 사용한다. 중부 유럽의 여러 나라 및 그 지방 출신 유대인 사이에서 사용된다.

"그래서 어쨌다는 말입니까? 왜 그렇게 화를 내십니까? 보십시오. 이것도 하나의 예술 작품입니다. 사소한 결함을 가지고 그렇게 야단법석을 피우면 안 되지요. 짧은 쪽 소매의 팔을 살짝 안으로 당기면 되는 일이에요."

남자가 한 손을 안쪽으로 살짝 당기자 이번에는 양복의 등 쪽이 걸렸다.

그가 다시 쭘바흐에게 따졌다.

"등 쪽에 뭐가 걸리잖아요."

재단사 쭘바흐가 말했다.

"괜찮습니다. 등을 약간만 구부려보세요. 이건 예술 작품이에요. 고치면 안 되는 거라구요. 아름답지 않습니까?"

그래서 남자는 등을 구부린 채 양복점을 나갔다. 등을 구부리고 한 손은 안쪽으로 당긴 채 걷는 게 여간 불편한 것이 아니었다. 그래도 어쩌겠는가? 너무 훌륭한 양복인데. 남자가 집으로 가는 도중에 다른 남자를 만났다.

그가 남자에게 말을 걸었다.

"대단히 훌륭한 양복인데요. 쭘바흐가 만든 거지요, 틀림없지요?"

남자는 놀랐다. 그래서 물었다.

"아니, 어떻게 아셨습니까?"

다른 남자가 대답했다.

"어떻게 아냐구요? 그런 재단사만이 당신 같은 병신을 위해 훌륭한 양복을 만들 수 있으니까요."

종교가 인류에게 한 일이 이와 같다. 종교는 사람을 위해
아름다운 계율을 만들었다. "그래서 어떻단 말인가?" 종교
는 인간에게 등을 구부리라고 주문한다. 그러면 괜찮을 거
라고, 당신 모습이 아름답다고. 무슨 일이 있어도 계율은 지
켜야 한다. 인간이 목적이 아니다. 계율이 목적이다. 계율에
맞춰 사람이 병신이 되어야 괜찮다. 불구가 되어야 괜찮다.
꼽추가 되어야 괜찮다. 하지만 어떤 일이 있어도 계율은 지
켜야 한다.

파탄잘리는 그런 유형의 계율을 주지 않는다. 그는 삶을
깊이 이해한다. 상황을 전체적으로 이해한다. 파탄잘리의
계율은 인간을 돕는 데 그 목적이 있다. 파탄잘리의 계율은
수행자가 집을 짓기 전에 참고하는 모델 하우스와 같다. 이
는 새로운 집을 다 지을 때까지 도움이 된다. 건물이 완성되
면 모델 하우스는 그 임무를 마친다. 이렇게 계율은 일시적
인 목적이지 궁극적인 목적이 아니다. 파탄잘리의 계율은
각각 특정 목적이 있다. 수행자의 성장을 돕는 목적이 있다.

첫 번째는 아마, 금계이다. 비폭력과 진실 등 오계를 잘 지
켜야 한다. 이들 계율은 각각 특징이 있다. 그리고 오계는
사회 속에서만 실천이 가능하다. 산중에 혼자 살면서 오계
를 수행할 수 없다. 산중에서는 기회도 없고 그럴 필요도 없

다. '거짓말을 하지 않는 솔직함'은 상대가 있어야 가능한 것이다. 히말라야 정상에 혼자 있으면서 '거짓말을 하지 않는 솔직함'은 생각할 수 없다. 거기에서 누구에게 진실을 말하고 거짓을 말한단 말인가?

야마는 나와 너를 이어주는 다리이다. 나와 너 사이의 일을 맑게 하는 것, 이것이 첫 번째이다. 나와 너 사이의 일들이 맑지 않으면 걱정이 끊임없이 생겨난다. '타인과의 관계를 정리하라.' 이것이 첫 번째 야마의 뜻이다. 사람들과 계속 불화를 일으키면 긴장과 걱정이 끊이지 않는다. 꿈속에서도 악몽으로 다가온다. 항상 그림자처럼 따라다닌다. 어딜 가나 따라다닌다. 먹을 때나 잘 때, 명상 중에도 분노와 폭력의 마음이 불쑥불쑥 튀어나온다. 생활을 흩뜨리고 마음을 산란케 한다. 마음이 고요하거나 평화로울 수 없다.

그래서 파탄잘리는 먼저 야마를 이야기한다. 사람들과의 관계를 맑게 하라. 거짓을 말하지 말라. 폭력을 행사하지 말라. 소유욕을 버리라. 그래서 나와 너 사이에 일어날 수 있는 갈등의 소지를 없애라. 원만한 관계를 유지하라. 내 존재의 주변과 타자의 주변이 조화롭게 만나도록 하라. 관계의 소용돌이를 가라앉히라. 그래서 전체계와의 깊은 친밀성을 체험하라. 깊은 친밀성 속에서 성장이 가능하다. 그렇지 않으면 외부 세계에서 일어나는 수많은 불안과 걱정은 수행자의 주의를 빼앗고 마음을 산란케 하며 에너지를 소진시킴으로써 수행자의 홀로 있음과 평화를 앗아간다. 타자와의 관계가 편안치 않으면 자신과도 편안할 수 없다. 그건 불가능하다.

따라서 먼저 타자와의 관계를 편안히 해야 자신과도 편안할 수 있다. 주변이 요동치지 않고 편안해지면 수행자의 존재에서 맑은 평화가 일 것이다. 첫째는 나와 너의 관계이다.

두 번째 단계는 니야마이다. 니야마는 권계(勸戒)를 뜻한다. 니야마는 타자와는 아무런 관련이 없다. 타자와 관련된 야마는 이미 했다. 이제 자신과의 작업을 해야 할 때이다. 히말라야 동굴에 들어가서는 첫 번째 야마를 할 수 없다. 야마의 상대가 없기 때문이다. 하지만 니야마는 히말라야 동굴에 들어가서도 할 수 있다. 니야마는 사회의 작업이 아니라 개인의 작업이기 때문이다. 야마가 나와 너의 관계라면 니야마는 나와 나 자신과의 관계이다.

청정, 만족, 고행, 자아탐구,
그리고 신으로의 귀의가 지켜야 될 계율이다.

이 다섯 가지를 깊이 이해해야 한다. 먼저 쇼차(shaucha), 즉 청정이다. 사람은 몸으로 나투다[3] 세상에 존재한다. 몸이

---

3)나투다: 저 너머의 세계가 물질이나 정신으로 이 세상에 나타나다.

아프면 사람도 아프다. 몸이 병들면 사람도 병든다. 몸에 피로나 독소가 쌓이면 사람은 무거워진다. 하늘로 날아오를 수 있는 날개를 상실한다. 그래서 몸과 그 청정에 대한 수행을 해야 한다.

우리 음식에는 사람을 땅으로 끌어내리는 음식이 있는가 하면 하늘로 날아오를 수 있게 해주는 음식이 있다. 중력의 영향을 많이 받는 삶이 있는가 하면 공중부양하는 삶도 있다.

어떤 것은 사람을 가볍게 하고 또 어떤 것은 사람을 무겁게 한다. 사람을 무겁게 하는 것은 불순하며 사람을 가볍게 하는 것은 청정하다. 청정한 것은 무게가 없으며 불순한 것은 무거운 짐이다. 건강한 사람은 무게 없는 가벼움을 느끼며 건강하지 못한 사람은 땅으로 쏠린다. 건강한 사람은 가벼움으로 달리지만 건강하지 못한 사람은 앉아서도 존다.

요가에는 세 가지 구나가 있다. 삿트바와 라자스, 타마스 등이 그것들이다. 삿트바는 청정이고 라자스는 에너지이며 타마스는 무거움과 어둠이다. 먹는 것이 사람의 몸을 만들고 나아가서 사람을 만든다. 고기를 먹으면 사람은 탁해진다. 우유와 과일을 먹으면 사람은 가벼워진다. 단식을 하는 동안 몸이 사라진 것처럼 가벼워지는 것을 체험해본 적이 있는가? 물론 체중계에 올라가면 몸무게가 당연히 나타나겠지만 몸의 무게를 느끼지 않는다. 왜 그런가? 몸이 소화의 부담을 느끼지 않아도 되기 때문이다. 일상적인 소화의 부담에서 해방되기 때문이다. 단식하는 동안은 몸에게 휴가다. 에너지가 다른 데로 쓰이지 않고 자연스럽게 흐른다. 몸은 편안하고 존재는 행복하다.

수행자는 음식을 가릴 줄 알아야 한다. 먹는 것은 사소한 것이 아니다. 각별한 주의를 기울여야 한다. 사람의 몸은 과거에 먹은 것으로 구성되기 때문이다. 매일 먹는 것으로 몸은 구성된다. 많게 먹느냐 적게 먹느냐, 올바르게 먹느냐 아니냐는 수행자에게 대단히 중요하다. 폭식하는 사람들이 있다. 몸이 요구하는 것보다 지나치게 많이 먹는 것이다. 폭식하는 사람은 땅 쪽으로 처진다. 무겁다. 적당한 양을 먹는 사람은 가볍다. 행복하다. 에너지가 막히지 않고 흐른다. 내면의 하늘을 비상하고 싶은 사람은, 내면의 중심으로 들어가고 싶은 사람은 무거움을 느껴서는 안 된다. 그렇지 않으면 내면의 여행을 완성할 수 없다. 나태해서는 내면의 중심으로 들어갈 수 없다.

따라서 먹는 것과 마시는 것에 각별한 주의를 기울이라. 몸의 상태와 그 관리에 각별한 주의를 기울이라. 여기서는 사소한 것도 중요하다. 방향이 없이 헤매는 보통 사람에게는 중요하지 않을 것이다. 구도의 길에 들어서면 중요하지 않은 것이란 존재하지 않는다.

쇼차, 즉 청정은 음식의 청정과 몸의 청정, 마음의 청정 등

세 층의 청정을 말한다. 네 번째 층인 자신의 존재는 청정을 필요로 하지 않는다. 존재는 불순해질 수 없는 것이기 때문이다. 가장 깊은 곳의 중심은 항상 청정하며 순결하다. 그러나 그 중심은 불순해질 수 있는 것들과 매일 불순해지는 것들로 덮여 있다. 매일같이 사용하는 몸에는 때가 낀다. 매일같이 사용하는 마음에는 생각이 낀다. 생각도 때와 같다. 사람은 생각 없이는 이 세상에서 살 수 없다. 사람은 생각을 해야 한다. 몸은 때가 껴서 더러워지고 마음은 생각이 껴서 더러워진다. 몸도 마음도 목욕이 필요하다. 이를 생활화해야 한다. 계율로써 하지 말고 자연스럽게 하라.

청정해진 사람에게는 즉시 많은 가능성의 문들이 열린다. 모든 것은 서로 연결되어 있기 때문이다. 자신의 삶을 바꾸고 싶다면 항상 처음부터 시작하라.

니야마의 두 번째 과정은 산토샤(santosha), 즉 만족이다. 존재를 통째로 느끼고 건강하며 가볍고 새롭고 젊고 순결하게 사는 사람은 만족을 안다. 깊은 수용의 느낌이 산토샤, 만족이다. 있는 그대로의 전 존재계에 예스(yes)라고 말할 때의 느낌이다.

보통 마음은 '다 틀렸어'라고 말한다. 마음은 불평거리를 찾아다닌다. '이것도 틀렸고 저것도 틀렸고……' 마음은 항상 부정적인 것이다. 항상 노우(no)라고 말하는 노우맨이다. 마음은 예스라고 말하는 순간 멈춘다. 그래서 마음이 예스라고 말하는 것은 대단히 어렵다. 마음에게는 예스라고 말할 필요가 없다. 이런 현상을 지켜본 적이 있는가? 노우라고 말하는 마음은 계속 생각한다. 노우는 최종결론이 아니기 때문이다. 노우는 의문거리의 마침표가 아니다. 시작에 불과하다. 노우는 출발이고 예스는 도착이다. 생각의 대상에 예스라고 말하면 그 생각에 마침표가 찍힌다. 마침표가 찍히면 더 이상 생각하고 불평하고 투덜거릴 대상이 존재하지 않는다. 예스라고 말하는 순간 마음은 정지한다. 이 마음의 정지가 바로 만족이다.

만족은 위안을 의미하지 않는다. 이 점을 유념하라. 나는 만족한다는 사람들을 많이 보았다. 그들이 말하는 만족은 만족이 아니다. 스스로를 위안하는 것이다. 만족과 위안은 전혀 별개의 것이다. 위안은 위조지폐이다. 스스로를 위안한다고 해서 만족이 찾아오지 않는다. 오히려 불만이 깊은 곳에 자리잡는다. 불만으로 인해 걱정이 생기고 불안이 생긴다. 이런 일이 아무런 의미도 없다는 사실을 알 때 마음은 스스로를 설득한다. '이게 아니라고, 나는 만족하고 있다고.' 이는 가짜 만족을 스스로에게 강요하는 것이다. '나는 만족해. 나는 권력도 명예도 부도 필요없어.' 아니다, 이렇게 말하는 마음에게는 권력도 명예도 부도 필요하다. 정말 필요하지 않다면 '필요없어'라는 말을 하지 않는다.

사람은 권력과 명예와 부를 갈망한다. 하지만 현실 세계에서 그러한 것들을 얻을 수 없으니까 마음은 교활한 쪽으로 흐른다. '아, 이런 것들은 내게 불가능하다.' 마음에서는 이런 것들이 불가능하다는 것을 깨닫지만 패배자가 될 수는 없는 노릇이다. 무능력자나 낙오자가 될 수는 없는 노릇이다. 그래서 마음은 이렇게 결정한다. '나는 권력도 명예도 부도 필요없어.'

위안은 하나의 속임수이다. 만족은 혁명이다. 만족을 아는 사람은 연속적인 실패에 눈을 감고 이렇게 말하지 않는다. '이 세상은 환영이다. 나는 아무것도 원하지 않는다.' 일본의 위대한 하이쿠[4] 시인인 바쇼[5]는 다음과 같은 짧은 하이쿠를 지었다.

"아침 햇살에 사라지는 이슬방울을 보면서

세상은 환영이며 덧없다고 말하지 않는 자는

복받은 존재이다."

참으로 드문 하이쿠이다.

세상은 덧없다고 환영이라고 말함으로써 스스로를 위안하는 것은 참으로 쉽다. 하지만 청정한 사람은 만족을 안다. 만족이란 무엇인가? 만족이란 보는 것이다. 전체를 보는 것

---

4)하이쿠(haiku): 5 · 7 · 5의 17음절로 구성되는 일본 고유의 짧은 시.

5)바쇼 마쓰오(松尾芭蕉, 1644-1694): 일본 에도시대 전기의 하이쿠 작가. 바쇼의 문학은 여정(餘情)을 중시한 중세적인 상징미를 근세적인 서민성 속에 살린 것으로, 하이쿠의 예술성을 높인 공적이 매우 크다.

이다. 전체의 모습이 얼마나 아름다운지. 아침을 보며 아침의 아름다움을 볼 때, 오후를 보며 오후의 아름다움을 볼 때, 밤을 보며 밤의 아름다움을 볼 때 만족은 자동적으로 온다. 자신을 둘러싸고 있는 것을 볼 때 그 경이, 그 경이의 연속…… 매 순간이 기적이다. 하지만 사람의 눈은 완전히 멀어 있다. 꽃이 피어도 꽃을 보지 못하고 아이들이 웃어도 웃음소리를 듣지 못한다. 강물이 노래를 불러도 듣지 못하고 별이 춤을 추어도 보지 못한다. 붓다들은 사람들을 깨우러 오지만 사람들은 깊이 잠들어 있다. 그래서 사람들은 만족을 모르는 것이다.

만족은 이미 존재하는 모든 것을 자각하는 것이다. 이미 존재하는 것을 일견(一見)할 수 있다면 무얼 더 바라는가? 더 바라는 것은 감사함을 모르는 마음이다. 전체계를 바라보는 사람은 그냥 감사한다. 자신의 존재에서 올라오는 엄청난 감사함을 느낀다. 감사하는 사람은 이렇게 말한다. '모든 게 좋고 아름답다. 모든 게 성스럽다. 나는 감사함을 느낀다. 내가 한 것이 없는데도 불구하고 살고 존재하고 숨쉬고 보고 들을 수 있는 아름다운 삶을 받았기 때문이다. 꽃이 피어나는 것을 보고 새가 노래하는 것을 들을 수 있는 기회를 받았기 때문이다.'

깨어나면 조금만 깨어나면 바꿀 것도, 바랄 것도 없으며 나는 이미 모든 것을 받고 있음을 깨달을 수 있다. 하지만 사람은 불평 때문에, 구름같이 많은 불평 때문에, 부정적인 마음 때문에 이를 보지 못한다. 눈이 연기로 가득해서 불을 보지 못하는 것이다.

만족은 그냥 보는 것이다. 삶을 다른 시각으로 보는 것이다. 욕망의 눈으로 보는 게 아니라 있는 그대로를 보는 것이다. 욕망의 눈으로 보면 만족할 수 없다. 욕망은 끊임없이 이어지기 때문에 욕망의 눈으로는 결코 만족할 수 없다. 만 루피[6]가 있는 사람은 십만 루피를 원한다. 십만 루피가 있으면 백만 루피, 천만 루피를 원한다. 욕망은 목표에 도달하면 항상 사람보다 앞서간다. 욕망은 결코 사람과 함께 가지 않는다. 그래서 사람은 욕망을 만날 길이 없다. 아무리 달려가도 욕망은 저 지평선 쪽으로 달아난다. 그것이 욕망의 속성이다. 욕망은 불만을 사람에게 내려놓고 달아난다. 그래서 불만족이 인간의 상태이다. 불만족의 삶은 지옥 같은 삶이다.

이를 이해하는 사람은 욕망의 눈으로 사실을 보지 않는다. 욕망을 내려놓고 즉각적이고 직접적으로 사물을 본다. 눈을 뜨고 그냥 보라. 모든 것은 완벽하다! 나도 보았다. 나의 체험을 말하는 것이다. 모든 것은 너무나 완벽해서 하나도 고칠 것이 없다. 더 이상 손댈 것이 없다. 이를 알면 어둠

---

6)루피(Rupee): 인도의 화폐 단위.

이 내리는 것처럼 만족이 내려온다. 태양이, 이글거리는 욕망의 태양이 지고 저녁의 고요한 산들바람과 침묵의 어둠이 내려온다. 그리고 밤의 따뜻함과 만족의 자궁이 나를 감싼다.

파탄잘리는 만족의 과정 다음으로 타파[7], 즉 고행을 이야기한다. 이는 대단히 미묘하고 민감한 문제여서 잘 이해해야 한다. 만족의 과정 이전에 고행을 할 수도 있겠지만 그렇게 하면 자신의 욕망으로 고행을 하게 된다. 그런 고행은 모크샤, 즉 해탈과 천국, 신성을 얻고자 하는 욕망을 놓지 않는다. 이렇게 되면 이제 고행은 욕망을 실현하기 위한 하나의 도구로 전락한다. 그래서 파탄잘리는 만족의 과정을 먼저 수행한 다음 고행의 과정을 밟으라고 말하는 것이다. 만족할 줄 아는 사람에게 고행은 욕망을 성취하기 위한 도구로 전락하지 않는다. 이때의 고행은 검소하고 아름다운 삶이 된다. 하나나 둘을 더 갖느냐 아니냐의 문제가 아니다. 고행의 참 뜻을 알 때 그런 건 문제가 되지 않는다. 소유냐 아니냐도 전혀 문제가 되지 않는다. 참다운 고행은 복잡한 삶이 아니라 단순한 삶이다.

이를 이해하기가 간단치 않을 것이다. 만족을 모르고 고행을 하면 그 고행은 복잡해진다. 만족을 모르는 상태에서

---

7)타파(tapa): '열(熱)' 혹은 '고통' 등을 의미하는 산스크리트어. 단순한 육체적인 고행이 아니라 '열과 에너지를 생성시키는' 수행을 뜻함.

검소하고 고통스런 수행을 감행하는 사람들이 있다. 집을 떠나고 옷을 벗고 나체로 수행한다[8]고 하지만 나체가 검소함을 의미하지 않는다. 나체의 생활은 오히려 복잡할 수 있다. 검소함은 만족의 그림자로 따라온다. 만족할 줄 아는 사람은 왕궁에 살면서도 검소할 수 있다. 소유냐 아니냐가 검소함을 규정짓지 않는다. 마음의 상태가 검소함을 규정짓는다.

고행은 검소함을 뜻한다. 검소한 생활을 뜻한다. 그렇다면 검소한 생활이란 무엇인가? 그것은 아이와 같은 삶이다. 주어진 모든 것을 누리지만 집착하지 않는다.

하지만 간단한 일이 아니다. 궁전에 사는 사람도 그의 마음에 궁전이 없으면 그 삶은 고행이 될 수 있다. 오두막에 사는 사람이 그의 마음에 오두막이 있으면 그 삶은 고행이 될 수 없다. 왕좌에 황제처럼 앉아 있어도 산야신이 될 수 있다. 거리에서 벌거벗고 수행을 한다 해도 산야신이 아닐 수 있다. 이는 사람들이 생각하는 것처럼 그렇게 간단하지 않다. 그러므로 겉모습은 믿지 말라. 사물을 보다 깊이 들여다보라.

만족의 과정을 거쳐야 고행의 과정이 가능하다. 만족의 과정을 거쳐야만 고행은 욕망의 도구로 전락하지 않을 수

---

8)옷을 벗고 나체로 수행한다: 인도 자이나교 공의파(空衣派)의 사제는 옷을 완전히 벗고 생활한다.

있기 때문이다. 그런 고행의 삶은 복잡하지 않고 단순·소박하다. 왜 단순한가? 만족의 과정을 거친 고행의 삶은 더 행복하기 때문이다. 삶은 복잡해질수록 불행해진다. 수많은 일들이 여기저기서 괴롭힌다. 삶은 단순할수록 행복해진다. 필요없는 것들에 신경을 쓰지 않아도 되기 때문이다. 호흡처럼 단순하게 살면 되는 것이다.

그 다음에는 스와디아야(swadhyaya), 즉 자아탐구가 온다. 청정과 만족, 고행을 통하여 모든 쓰레기와 쓸데없는 것들을 버린 사람만이 자아를 탐구할 수 있다. 그렇지 않은 사람은 자아탐구를 할 수 없다. 인간의 마음에는 너무나 많은 쓰레기가 있다. 이런 상태에서 자아를 탐구하면 자아탐구가 되지 않고 마음에 있는 온갖 쓰레기 탐구가 될 것이다.

파탄잘리는 아주 아주 과학적으로 나아간다. 고행으로 삶이 단순해지고 더 이상 쓰레기를 모으지 않을 때, 깊은 만족을 얻어 더 이상 욕망에 집착할 필요가 없어졌을 때, 순수하고 청정해져서 삶의 무거움이 사라졌을 때 사람은 향기가나고 가볍고 날개가 나오고 하늘을 날아오를 수 있다. 이때 자아탐구를 한다. 이제 자아를 탐구할 수 있다. 자아탐구는 자아 분석을 의미하지 않는다. 자아탐구는 자아를 깊이 들여다보는 것이요 자아에 대해 명상하는 것이다.

자아탐구의 과정 다음에는 2단계의 마지막 과정이 온다. 신으로의 귀의가 그것이다. 파탄잘리의 단계와 과정은 정말

정밀하다. 각 단계와 과정은 그대로 정확하다. 그는 틀림없이 아주 오랫동안 각 단계와 과정을 연구했을 것이다. 오직 자아를 깊이 탐구했을 때만 신에게 귀의할 수 있다. 자아를 깊이 탐구하지 않고서는 신에게 귀의할 수 있는 방법이 없다. 자아를 신에게 귀의시켜야 하기 때문이다. 이를 제대로 이해했을 때 귀의할 수 있다. 그렇지 않으면 귀의는 가능하지 않다.

사람들은 나를 찾아와서 이렇게 말하곤 한다. "우리는 귀의하고 싶습니다." 나에게 무엇으로 귀의한단 말인가? 아무것도 가진 게 없는 사람이 텅 빈 것을 놓고 귀의를 한다? 거기에는 귀의할 자아가 있어야 한다. 말만으로는 귀의할 수 없다. 먼저 자신이 귀의할 수 있는 상황이 되어야 한다. 자아탐구를 통하여 자아가 내면에 빛의 기둥처럼 솟아오르고 그 자아를 송두리째 이해하며 본체가 아닌 모든 것을 잘라내고 불의 시험을 통과해서 순수 자아만이 그 원시적인 아름다움으로 존재할 때, 그때야 비로소 신에게 귀의할 수 있다.

파탄잘리는 하나 더 대단히 진귀한 말을 한다. "신이 존재하느냐 않느냐는 중요하지 않다"는 것이 그것이다. 파탄잘리의 신은 이론의 신이 아니다. 증명의 대상이 아니다. "신은 귀의하기 위한 구실에 불과하다"고 파탄잘리는 말한다. 사실 귀의의 대상은 존재하지 않는다. 파탄잘리의 눈으로 보면, 신 없는 귀의를 할 수 있다면 그것도 좋은 일이다. 그는 신을 믿어야 한다고 강요하지 않는다. 그는 너무나 과학적이어서, 신은 귀의를 위해 필요할 뿐, 누구에게나 꼭 존재해야 하는 것은 아니라고까지 말한다. '그렇다면 어디에 귀의를 해야 한다는 것입니까?' 라는 질문이 당연히 나올 것이다.

파탄잘리는 말한다. "신 없이 귀의할 수 있다면 우리는 굳이 신을 강요하지 않는다." 귀의가 핵심이지 신은 핵심이 아니다. 진실로 지금 내가 하는 말을 이해할 수 있다면 '귀의가 곧 신이 된다'. 귀의한다 함은 신성이 된다는 말이다. 귀의한다 함은 신성에 도달한다는 말이다. 하지만 그 전에 자신이 사라져야 한다. 먼저 자신을 찾아야 사라질 수 있다. 통합된 전체로써의 자신을 발견해야 신의 사원에 가 신의 발아래 귀의할 수 있다. 대양에 자신을 온전히 쏟아붓고 사라질 수 있다.

청정, 만족, 고행, 자아탐구, 그리고 신으로의 귀의가 지켜야 할 계율이다. 이들은 성장을 위한 계율이다. 금지의 계율이 아니라 도움의 계율이다. 억압의 계율이 아니라 창조의 계율이다.

마음이 망상에 의해 어지러울 때는
망상의 반대를 생각하라.

이는 참으로 훌륭하고도 유용한 방편이다. 자신이 불만족을 느낄 때는 어떻게 하는가? 파탄잘리는 그 반대를 생각해보라고 말한다. 불만족을 느낄 때 만족을 생각하라. 만족이란 무엇인가? 만족이란 균형을 가져오는 것이다. 화가 났을 때 사랑을 불러오라. 사랑을 깊이 생각하면 곧바로 에너지가 변한다. 화와 사랑은 같은 에너지이다. 서로 반대되는 것은 같은 에너지에서 나온다. 화가 났을 때 사랑의 마음을 불러오면 화는 사랑의 에너지로 변한다. 따라서 화가 났을 때는 사랑에 대해 깊이 생각하라.

이렇게 해보라.

먼저 불상을 하나 마련한다. 불상은 자비를 표현한다. 화가 날 때는 언제나 방으로 들어가 불상을 바라보라. 불상 앞에 앉아 자비심을 느껴보라. 내면에서 변형이 일어날 것이다. 흥분이 가라앉으면서 서서히 분노가 변한다. 그리고 자비심이 떠오른다. 분노와 자비심은 다른 에너지가 아니다. 둘은 같은 에너지이다. 분노의 에너지가 변하여 상승한다. 해보라!

이 방편은 억압의 방편이 아니다. 이를 명심하라. 사람들은 나에게 묻는다. "파탄잘리는 억압을 가르치나요? 화날 때 자비심을 생각하는 것은 억압이 아닌가요?" 아니다. 이는 억압이 아니라 승화이다. 화가 날 때 자비심을 생각하지 않고 그냥 화를 억누르면 그것은 억압이다. 꾹꾹 참으면서 얼굴에는 미소를 띠고 화가 안 난 척한다. 화는 안에서 부글부글 끓고 폭발의 순간을 기다린다. 이것이 억압이다. 우리는 어느 것도 억압하지 않는다. 미소를 띠며 화가 나지 않은 척하지도 않는다. 우리는 에너지를 변형시킬 뿐이다.

서로 반대되는 것은 양극이다. 증오를 느낄 때는 사랑을 생각하라. 욕망을 느낄 때는 무욕을 생각하라. 침묵이 함께 온다. 어떠한 것이 되었든 반대편을 깊이 생각하고 내면에서 일어나는 일들을 지켜보라. 하는 방법을 터득하면 한결 쉽게 할 수 있다. 이 방편의 열쇠를 쥐기만 하면 어느 때고 분노를 자비심으로 변화시키며 증오를 사랑으로, 슬픔을 행복으로 변화시킬 수 있다. 고통이 지복이 될 수 있다. 고통과 지복은 같은 에너지이기 때문이다. 에너지는 다르지 않다. 이 에너지를 어떻게 연결해야 하는지를 알기만 하면 된다.

이 방편을 계속 수행하면 분노의 에너지가 자비심으로 바뀐다. 여기에는 어떤 억압도 있을 수 없다. 모든 것은 자비심으로 표현되어 나온다.

표현에는 두 가지 길이 있다. 서양에서는 카타르시스[9]를

---

9)카타르시스(catharsis): 억압된 정서를 배출시키는 정신요법.

대단히 중요하게 생각한다. '엔카운터 그룹(Encounter Group)'나 '프라이멀 세라피(Primal Therapy)' 등은 모두 카타르시스를 바탕으로 하는 정신요법들이다. 내가 창안한 '다이나믹 명상(Dynamic Meditation)'도 카타르시스 명상이다. 현대인들은 억압을 승화시키는 열쇠를 잃어버렸다. 파탄잘리는 카타르시스에 대해 전혀 이야기하지 않는다. 왜 그는 카타르시스에 대해 이야기를 하지 않는가? 당시 사람들은 감정을 승화시키는 방법과 열쇠를 알고 있었기 때문이다. 현대인들은 카타르시스의 방법과 열쇠를 잃어버렸다. 그래서 나는 카타르시스 기법을 가르친다.

사람에게는 분노가 존재한다. 잘만 하면 분노를 자비심으로 변형시킬 수 있지만 사람들은 그 방법을 모른다. 이는 사실 가르칠 수 있는 기법이 아니다. 요령처럼 스스로 터득해야 하는 것이다. 직접 해야 한다. 직접 해봄으로써 배워야 한다. 달리 방도가 없다. 이는 마치 수영과 같다. 직접 물속에 빠져 실수도 하고 위험한 상황을 당해보기도 하고 물을 먹어도 봐야 한다. 이런 전 과정을 통과해야 요령이 생기고 혼자서 수영하는 법을 터득하는 것이다. 너무나도 간단한 수영이 말이다.

파탄잘리는 카타르시스에 대해 한마디도 언급하지 않는다. 나는 현대인을 위해 카타르시스를 이야기한다. 카타르시스를 이해하고 승화시킬 줄 아는 사람은 더 이상 카타르시스가 필요하지 않다. 왜냐하면 카타르시스는 일면 에너지의 낭비이기 때문이다. 하지만 불행하게도 사람들은 지금 현 상태로는 아무것도 할 수 없다. 너무나 오랜 세월 동안 억압을 해왔기 때문에 승화의 노력은 억압으로 보여진다. 그래서 현재 사람들에겐 카타르시스가 유일한 길이다. 먼저 발산하라. 카타르시스를 통해 가벼워질 때 승화의 방편을 배울 수 있다.

승화에서는 높은 수준에서 에너지를 이용한다. 같은 에너지를 질적으로 전혀 다르게 사용한다. 이렇게 해보라!

분노나 슬픔이 일 때 고요히 앉아 슬픔이 행복 쪽으로 이동한다고 느껴보라. 슬픔이 행복으로 이동하도록 도와주라. 너무 서두를 필요는 없다. 처음에 슬픔은 행복 쪽으로 가기를 꺼릴 것이다. 인간은 기나긴 세월 동안 수많은 생을 거치면서 슬픔이 행복 쪽으로 가도록 허용본 적이 없다. 그래서 처음에는 슬픔이 주저할 것이다. 말이 한번도 가보지 않은 길로 몰 때 말이 주저하는 것처럼 말이다. 말은 지나갔던 길, 이미 알고 있는 길이 아니면 가려고 들지 않는다. 그래서 처음에는 슬픔을 잘 설득해야 한다. 슬픔에게 이렇게 말한다. '두려워할 필요없다. 이쪽으로 오라. 이는 좋은 길이다. 너는 행복이 될 수 있다. 걱정할 것이 전혀 없다.' 슬픔을 잘 설득하라. 그러면 어느 날 슬픔이 새로운 길로 움직이는 것을 느낄 것이다. 그래서 행복이 되는 것을 체험할 것이다. 슬픔이 행복으로 변형되는 날, 요기가 태어난다. 그전에는 아니다. 그전에는 열심히 준비해야 한다.

부정적인 것은 무엇이나 나와 타자 모두에게 위험하다. 부정적인 것은 무엇이나 나와 타자에게 지옥을 만든다. 불행을 만든다. 깨어 있으라. 부정적인 것은 생각만 해도 현실로 드러난다. 행동으로 옮겼을 때만 현실이 되는 게 아니라 생각만 해도 현실로 나타난다. 어떤 사람을 죽이는 생각을 했다면 이미 그것은 살인이다. 그 사람은 물론 살아 있겠지만 그대는 마음속에서 그를 죽였다. 그는 이전처럼 온전히 살지 못한다. 그대는 그를 조금 죽인 것이다. 그가 설령 살아 있을지라도 그대는 살인자다. 그대 안에는 살인자의 에너지가 계속 진동한다.

사실 생각과 감정과 행동 사이에는 별 차이가 없다. 똑같다. 이들은 씨앗과 싹, 나무와의 관계와 같다. 씨앗이 존재하면 이미 나무도 존재하는 것이다. 때문에 부정적인 생각이 떠오를 때마다 이를 승화시키고 변형시켜라. 부정적인 생각은 위험하다. 시간의 차이만 있을 뿐, 모든 생각은 행동으로 나타난다. 모든 생각은 사물이 된다.

이런 걸 경험해본 적이 있는가? 호텔에 묵기 위해 호텔방으로 들어갔을 때나 모르는 집을 처음 방문했을 때 갑자기 느낌이 달라지는 것을 경험한다. 호텔방에서는 수많은 일들이 벌어진다. 많은 종류의 사람들이 오고 간다. 그래서 호텔방은 매우 혼잡한 곳으로 변한다. 수많은 생각들이 붐빈다. 호텔방은 겉에서 보는 것처럼 빈 방이 아니다. 잡다한 생각들이 진동하는 곳이다. 호텔방으로 들어가면 수많은 생각의 영향을 받기 때문에 갑자기 느낌이 달라지는 것이다.

부정적인 생각을 할 때마다 나와 타자에게 악업(惡業)을 짓는다. 긍정적인 에너지와 긍정적인 생각도 다른 사람에게 영향을 준다. 밝은 영향을 준다. 세상에 자비심을 보내면 세상은 그 자비심을 받는다. 그냥 생각만으로 세상을 밝게 하는 것이다. 무심의 경지에 이른 사람은 자신의 주변에 공(空)의 공간을 만든다. 그 공의 공간 속에서 붓다가 되는 사람들이 나올 것이다.

너의 공(空)을 차버려라.
그걸 나에게 가져올 필요는 없다.
네가 진정으로 비워지면
공에 대한 생각도 일어나지 않을 것이다.

Osho

오쇼에 대하여

오쇼의 가르침은 어떠한 틀로도 규정하기 힘들 만큼 다양한 주제를 다루고 있다. 그의 강의는 삶의 의미를 묻는 개인적인 문제에서부터 현대사회가 안고 있는 시급한 정치·사회적인 문제에 이르기까지 거의 모든 주제를 망라한다. 오쇼의 책은 그가 직접 저술한 것이 아니라, 다양한 국적의 청중들에게 들려준 즉흥적인 강의들을 오디오와 비디오로 기록하여 책으로 펴낸 것이다. 그는 자신의 강의에 대해 이렇게 말했다. "내가 무슨 말을 하건 그 말은 지금 이 시대의 당신들을 위한 것일 뿐만 아니라 다가오는 미래 세대를 위한 말이기도 하다."

런던의 『선데이 타임스Sunday Times』는 20세기를 빛낸 천 명의 위인들 중 한 사람으로 오쇼를 선정했으며, 미국의 작가 탐 로빈스(Tom Robbins)는 오쇼를 '예수 이후로 가장 위험한 인물'로 평하기도 했다. 인도의 『선데이 미드데이Sunday Mid-Day』는 인도의 운명을 바꾼 열 명의 인물을 선정했는데, 그중에는 간디, 네루, 붓다 등의 인물과 더불어 오쇼가 포함되어 있었다.

오쇼는 자신의 일에 대해 새로운 인간이 탄생하도록 기반을 닦는 것이라고 했으며, 이 새로운 인간을 '조르바 붓다(Zorba the Buddha)'로 부르곤 했다. 조르바 붓다란 니코스 카잔차키스의 소설 속 주인공인 그리스인 조르바처럼 세속의 즐거움을 누리는 동시에, 붓다와 같은 내면의 평화를 겸비한 존재를 일컫는다. 오쇼의 가르침에 일관되게 흐르는 정신은, 과거로부터 계승되어온 시대를 초월한 지혜와 오늘날의 과학문명이 지닌 궁극적인 가능성을 한데 아울러 통합하는 것이다.

또한 오쇼는 점점 가속화되는 현대인들의 생활환경에 맞는 명상법을 도입하여 인간의 내면을 변화시키는 데 혁명적인 공헌을 했다. 그의 독창적인 '역동 명상법'들은 심신에 쌓인 스트레스를 풀어줌으로써 일상생활 속에서 더 수월하게 평화와 고요함을 경험할 수 있게 해준다.

아래의 두 책을 참고하여 오쇼의 생애에 대해 더 자세하게 알아볼 수 있다.

· 『Autobiography of a Spiritually Incorrect Mystic』
· 『Glimpses of a Golden Childhood』

오쇼 국제 명상 리조트

Osho International Meditation Resort

www.osho.com/meditationresort

위치

인도 뭄바이(Mumbai)에서 남동쪽으로 160킬로 떨어진 뿌네(Pune)에 위치하고 있는 오쇼 국제 명상 리조트는 휴가를 즐기기에 매우 적합한 곳으로, 우람한 나무들이 주거지역을 둘러싸며 40에이커에 달하는 아름다운 정원을 형성하고 있습니다.

특징

매년 100개국이 넘는 나라로부터 수많은 방문객들이 오쇼 국제 명상 리조트를 찾아오고 있습니다. 이 독창적인 명상 리조트는 축제를 즐기듯 즐거운 분위기 속에서 더 평온하며 더 깨어있는 창조적인 방식으로, 새로운 삶의 길을 경험할 수 있는 기회를 제공합니다. 몇 시간의 단기 프로그램에서부터 해를 넘기는 장기 프로그램에 이르기까지, 선택의 폭이 매우 다양합니다. 아무것도 하지 않고 그저 휴식을 취하는 것도 오쇼 국제 명상 리조트에서 제공하는 프로그램 중의 하나입니다. 모든 프로그램은 '조르바 붓다(Zorba the Buddha)'라는 오쇼의 비전에 바탕을 두고 있습니다. 조르바 붓다는 날마다의 일상생활에 창조적으로 임하며 침묵과 명상 속에서 고요하게 휴식하는 새로운 유형의 인간을 뜻합니다.

명상 프로그램

활동적인 명상, 정적인 명상, 전통적인 명상법, 혁신적인 방편들, 오쇼의 역동 명상법에 이르기까지 각 개인에 맞는 명상 프로그램이 하루 종일 진행됩니다. 이 명상 프로그램들은 세계에서 가장 큰 규모의 명상홀인 '오쇼 오디토리엄(Osho Auditorium)'에서 진행됩니다.

멀티버시티 Multiversity

오쇼 멀티버시티가 제공하는 다양한 종류의 개인 세션, 수련 코스와 그룹 워크숍은 창조적인 예술, 건강 요법, 인간관계 개선, 개인의 변형, 작업 명상, 비의적인 학문과 선(禪)적인 접근방식이 도입되었고, 프로그램의 범위 또한 스포츠와 레크리에이션 등을 망라하고 있습니다. 이처럼 다양한 프로그램들은 명상과 결합되어 성공적인 효과를 내고 있는데, 이것은 오쇼 멀티버시티가 인간을 여러 부분들의 조합으로 보는 것에서 그치지 않고, 그를 훨씬 뛰어넘는 존재로 인식하는 명상적 이해에 기반하기 때문입니다.

바쇼 스파 Basho Spa

고품격의 바쇼 스파에는 울창한 나무와 열대식물에 둘러싸인 야외 수영장, 독창적 스타일의 넉넉한 자꾸지(Jacuzzi), 사우나, 테니스장을 비롯한 여러 체육 시설 등이 아름답게 배치되어 있습니다.

먹거리

리조트 내의 여러 식당에서는 서양식, 아시아식, 인도식 채식 요리가 제공되며, 대부분의 식재료는 명상 리조트의 방문객을 위해 유기농법으로 생산된 것들입니다. 빵과 케이크 역시 리조트 내에서 자체적으로 만들고 있습니다.

야간 행사

야간에도 다양한 종류의 행사가 벌어집니다. 그중 최고로 꼽히는 댄스파티를 비롯해 별빛 아래서 행해지는 보름날 명상 프로그램, 각양각색의 쇼와 음악 공연, 그리고 여러 가지 명상법들이 진행됩니다. 이 밖에도 플라자 카페(Plaza Cafe)에서 친구들을 만나 즐기거나, 정적에 잠긴 아름다운 정원을 산책하는 것도 좋습니다.

편의 시설

리조트 내에는 은행, 여행사, 피시방이 준비되어 있습니다. 기본적인 생필품은 갤러리아(Galleria)에서 구입이 가능하며, 멀티미디어 갤러리 (Multimedia Gallery)에서는 오쇼의 미디어 저작물을 구입할 수 있습니다. 그 밖에 더욱 다양한 쇼핑을 즐기고 싶은 분들은 뿌네 시내에서 인도의 전통 상품을 비롯한 다국적 브랜드의 여러 가지 물건들을 구입할 수 있습니다.

숙박 시설

리조트 내에서는 오쇼 게스트하우스(Osho Guesthouse)의 품격 있는 객실을 이용할 수 있습니다. 더 오랜 기간의 체류를 원하는 방문객은 '리빙 인(Living In)' 이라는 패키지 프로그램을 이용하거나, 리조트 밖에 있는 다양한 종류의 호텔과 아파트를 이용할 수도 있습니다.

더 많은 정보를 보시려면 아래의 웹사이트를 참고하시기 바랍니다.

www.OSHO.com

오쇼 닷컴에서 제공하는 내용

인터넷 매거진, 오쇼 서적, 오디오와 비디오, 영어와 힌디어로 된 오쇼
저작물들,
오쇼 명상법에 대한 정보, 오쇼 멀티버시티의 프로그램 스케줄,
오쇼 국제 명상 리조트에 관한 정보

관련 웹사이트

http://OSHO.com/resort
http://OSHO.com/magazine
http://OSHO.com/shop
http://www.youtube.com/OSHO
http://www.oshobytes.blogspot.com
http://www.Twitter.com/OSHOtimes
http://www.facebook.com/pages/OSHO.International
http://www.flickr.com/photos/oshointernational

아래의 주소를 통해 오쇼 국제 재단에 접촉할 수 있습니다.
www.osho.com/oshointernational
oshointernational@oshointernational.com